普通高等院校经济管理类"十三五"应用型规划教材
【国际经济与贸易系列】

# 国际金融理论与实务

## 第2版

INTERNATIONAL FINANCE THEORY AND PRACTICE

主　编　朱旭强　张　革
副主编　陆　仰　肖新成
参　编　缪玉林　杨新松

机械工业出版社
China Machine Press

图书在版编目（CIP）数据

国际金融理论与实务 / 朱旭强，张革主编 . —2 版 . —北京：机械工业出版社，2017.7
（2023.8 重印）
（普通高等院校经济管理类"十三五"应用型规划教材·国际经济与贸易系列）

ISBN 978-7-111-57477-4

I. 国⋯  II. ①朱⋯  ②张⋯  III. 国际金融 – 高等学校 – 教材  IV. F831

中国版本图书馆 CIP 数据核字（2017）第 160364 号

  本书从汇率和汇率决定理论、国际收支和内外均衡的调节、国际金融实务三个方面出发，系统地介绍了国际收支、国际储备、外汇与汇率、汇率决定理论、外汇业务和外币使用、开放经济下的内外均衡与政策调节、国际货币体系、国际金融市场、国际金融机构及协调等内容。本书首先是强调运用性，由浅入深地介绍相关的基本概念和国际金融的相关实务，每章还附有实际的案例以便读者更好地理解相关内容；其次是强调理论讲解的透彻性，对汇率决定理论、内外均衡理论等做了较为透彻的讲解，以便读者通过这些章节的学习提高对经济金融事件的现实分析能力。

  本书可作为经济管理类专业本科生的教材，也可作为广大经济工作者的自学参考用书。

出版发行：机械工业出版社（北京市西城区百万庄大街 22 号　邮政编码：100037）
责任编辑：程　琨　　　　　　　　　　　　　　　责任校对：殷　虹
印　　刷：北京建宏印刷有限公司　　　　　　　　版　　次：2023 年 8 月第 2 版第 8 次印刷
开　　本：185mm×260mm　1/16　　　　　　　　印　　张：16.25
书　　号：ISBN 978-7-111-57477-4　　　　　　　　定　　价：36.00 元

客服电话：（010）88361066　68326294

版权所有·侵权必究
封底无防伪标均为盗版

# Preface 第 2 版前言

本书第 1 版面世已经历时五年，在这五年中经济与金融环境发生了深刻的变化，我国的外汇储备从峰值接近 4 万亿美元开始下降，人民币加入了 SDR，汇率变动也日趋市场化。这些新变化要求我们重新审视国际金融的教学内容，对第 1 版做必要的更新以适应新形势。另外，在编写第 1 版时，编者受限于水平和精力，教材中有不少疏忽与错误，我们对读者深表歉意，希望第 2 版的修正能让真诚的读者不再忍受这些疏漏。

第 2 版由朱旭强、张革老师进行全局设计，其中朱旭强编写了第三章至第六章，张革编写了第八章和第九章，陆仰编写了第一章和第二章，肖新成编写了第七章并参编了第四章，缪玉林参编了第二章、第三章、第七章，杨新松参编了第一章和第八章。在本书第 1 版使用的过程中，江苏理工学院金融系的同学提供了宝贵的反馈意见，感谢每位提供反馈意见的同学。同时感谢机械工业出版社的编辑，第 2 版最终得以出版离不开他们的支持与耐心。

由于编者水平有限，恳请各位读者批评指正。

编 者
2017 年 3 月

# 第 1 版前言　Preface

随着我国市场化进程的不断加快和参与金融全球化程度的不断加深，国际金融正发挥着越来越重要的作用。国际金融作为一门课程，归根结底属于经济学学科的范畴，和一般经济理论不同的是，国际金融也涉及一些相关的实践操作，比如外汇远期交易、外汇期货交易等。根据我们的理解，国际金融的教学至少应该包括三个重要的方面：一是汇率，即汇率变动会对一国经济产生怎样的影响，汇率由哪些因素决定，以及这些因素如何决定汇率等；二是国际金融活动对一国的宏观经济有何影响，主要包括国际收支以及国际储备的相关概念，当国际收支失衡以后应该如何调节、调节的效果如何等；三是国际金融中外汇业务和外汇交易的操作以及基本原理。基于以上思考，本书主要从理论和实务两个角度对国际金融的基本概念和基本原理进行阐述，试图让读者掌握国际收支、国际储备等基本概念，理解汇率的决定理论以及国际收支的调节理论，对各种外汇交易的原理以及操作能够有所认识。本书根据应用型本科人才培养的要求编写而成，强调实践的运用性与理论讲解的透彻性，可以作为经济管理类本科生用书，也可作为广大经济工作者的自学参考用书。

本书共分九章，主要内容包括国际收支，国际储备，外汇、汇率与汇率制度，汇率决定理论，外汇业务和外币使用，开放经济下的内外均衡与政策调节，国际金融市场，国际货币体系、国际金融机构及协调等内容。

本书由缪玉林、朱旭强设计。其中，缪玉林编写了第三章、第七章，参编了第二章、第五章；朱旭强编写了第四章至第六章；陆仰编写了第一章和第二章，参编了第三章；张革编写了第八章和第九章；姚双林参编了第七章和第八章。在本书写作的过程中，刘婷和任洁根据编者的授课讲义做了大量的文字校对工作，在此对她们表示感谢。同时也要感谢机械工业出版社的编辑，是他们的耐心与支持才使得本书最终得以出版。

由于编者水平有限，书中欠妥当之处在所难免，恳请各位读者批评指正。

编　者

2012 年 3 月

# Suggestion 教学建议

"国际金融"是金融专业的主干课程和其他财经类专业的专业基础课,也是国家教育部确定的高等学校财经类专业的核心课程。本课程以开放经济为前提,从全球视角分析了经济和金融活动现象及其内在的运行规律,不仅为解释国际货币和金融关系提供了分析工具与基本的理论框架,而且为我国政府、企业和个人参与国际经济和金融活动提供了理论指导。

本课程是一门理论和实践相结合的课程,以汇率、国际收支和国际金融实务为主线。通过学习本课程,学生应该能够掌握国际金融的相关概念,了解国际金融市场、国际货币体系、国际金融机构等宏观运行条件,熟悉外汇即期交易、远期交易、外汇期货、外汇期权等实务操作,熟悉汇率决定、内外均衡等相关理论,并具备一定的基础分析能力。

本课程以课堂教学为主。在教学中,根据专业的不同,任课教师可以灵活分配教学内容,建议课程总学时为48个学时,金融专业的学生更应注重分析能力的培养,其他相关专业的学生则应注重基本概念的理解。

各章节学时分配建议如下:

| 章节 | 教学内容 | 金融专业 | 其他专业 | 备注 |
| --- | --- | --- | --- | --- |
| 第一章 | 国际收支 | 4 | 6 | |
| 第二章 | 国际储备 | 4 | 4 | |
| 第三章 | 外汇、汇率与汇率制度 | 4 | 6 | |
| 第四章 | 汇率决定理论 | 8 | 4 | 其他专业可选讲 |
| 第五章 | 外汇业务和外币使用 | 8 | 8 | |
| 第六章 | 开放经济下的内外均衡与政策调节 | 8 | 4 | 其他专业可选讲 |
| 第七章 | 国际金融市场 | 4 | 6 | |
| 第八章 | 国际货币体系 | 4 | 6 | |
| 第九章 | 国际金融机构及协调 | 4 | 4 | |
| 合计 | | 48 | 48 | |

本课程考核以闭卷为主。考核时应考虑作业、课堂表现、学生分析能力等平时成绩所占的比例;试卷的内容要反映本课程的特点,也要反映不同专业的要求。建议平时成绩所占比例为30%~40%,期末考试成绩所占比例为60%~70%。

# 目 录 Contents

第 2 版前言
第 1 版前言
教学建议

## 第一章 国际收支 /1

引言 /1
学习目标 /1
第一节 国际收支概述 /1
第二节 国际收支平衡表 /4
第三节 国际收支平衡表的分析 /12
第四节 国际收支失衡 /15
案例分析 1-1 我国 2010 年国际收支运行情况 /20
案例分析 1-2 2016 年国际收支形势分析 /22
核心概念与本章小结 /25
本章习题 /25

## 第二章 国际储备 /27

引言 /27
学习目标 /27
第一节 国际储备概述 /27
第二节 国际储备管理 /33
第三节 我国的国际储备 /36
案例分析 2-1 我国巨额外汇储备的形成和运用 /39
案例分析 2-2 人民币纳入 SDR 货币篮子对中国经济的影响及其应对策略 /42

核心概念与本章小结 /45
本章习题 /46

## 第三章 外汇、汇率与汇率制度 /47

引言 /47
学习目标 /47
第一节 外汇与汇率概述 /47
第二节 汇率制度 /55
第三节 影响汇率的因素及汇率变动对经济的影响 /64
案例分析 人民币升值对浙江纺织业的影响 /70
核心概念与本章小结 /71
本章习题 /72

## 第四章 汇率决定理论 /74

引言 /74
学习目标 /74
第一节 金本位制下汇率的决定 /74
第二节 购买力平价理论 /77
第三节 利率平价理论 /81
第四节 国际收支理论 /84
第五节 汇率的货币学说与超调模型 /87
第六节 汇率的资产组合平衡模型 /94
案例分析 4-1 汇率形成的机制 /98
案例分析 4-2 美联储加息可能性加大或导致中国资金外流再次加速 /99
案例分析 4-3 中国央行提高逆回购利率 /100

核心概念与本章小结 /101
本章习题 /102

## 第五章 外汇业务和外币使用 /104

引言 /104
学习目标 /104
第一节 即期外汇交易与远期外汇交易 /104
第二节 套汇与利率套利 /110
第三节 外汇期货交易 /113
第四节 外汇期权交易 /120
第五节 互换交易 /126
第六节 跨币种投资的收益与风险 /130
案例分析 振华港机外汇套保巨盈秘籍 /136
核心概念与本章小结 /138
本章习题 /139

## 第六章 开放经济下的内外均衡与政策调节 /141

引言 /141
学习目标 /141
第一节 开放经济下内外均衡的目标与调节工具 /141
第二节 开放经济下内外均衡的政策搭配 /147
第三节 财政政策与货币政策的效果分析：蒙代尔-弗莱明模型 /152
案例分析 金融危机下我国经济内外失衡与政策搭配探讨 /159
附录6A 斯旺理论有效的前提 /162
核心概念与本章小结 /164
本章习题 /164

## 第七章 国际金融市场 /166

引言 /166

学习目标 /166
第一节 国际金融市场概述 /166
第二节 欧洲货币市场 /172
第三节 国际货币市场和国际资本市场 /178
第四节 国际外汇市场 /184
第五节 国际黄金市场 /188
案例分析 日本离岸金融市场 /191
核心概念与本章小结 /193
本章习题 /194

## 第八章 国际货币体系 /195

引言 /195
学习目标 /195
第一节 国际货币体系概述 /195
第二节 国际金本位制 /197
第三节 布雷顿森林体系 /200
第四节 牙买加体系 /207
第五节 区域货币一体化 /213
案例分析 周小川：关于改革国际货币体系的思考 /219
核心概念与本章小结 /221
本章习题 /221

## 第九章 国际金融机构及协调 /223

引言 /223
学习目标 /223
第一节 国际金融机构概述 /223
第二节 国际货币基金组织 /225
第三节 世界银行集团 /231
第四节 区域性国际金融机构 /236
第五节 国际金融协调 /239
案例分析 "亚投行"的成立与宗旨 /248
核心概念与本章小结 /249
本章习题 /250

## 参考文献 /251

# 第一章

# 国际收支

## 引言

在国际经济交往的过程中,各国之间会发生贸易、投资、政治、文化和科技等方面的往来,通常都会引起相互间的债权债务关系和国际收支的变化。例如,进出口商品贸易、国际间相互提供劳动或服务、国际援助或馈赠以及国际资本的移动等,都会因国际间的货币往来关系而产生国际收支问题。国际收支问题是一个非常复杂的国际金融学问题,要全面系统地理解和把握国际收支的理论与政策体系,首先需要对国际收支的基本概念与内涵做出界定,运用会计方法对国际收支的内容进行系统记录,对国际收支状况进行分析,并在此基础上分析国际收支失衡的原因以及国际收支失衡对一国经济产生的影响。

## 学习目标

(1) 掌握国际收支的概念
(2) 了解国际收支平衡表的内容与编制方法
(3) 掌握国际收支平衡表的分析
(4) 熟悉国际收支的均衡与失衡
(5) 掌握国际收支失衡的原因
(6) 掌握国际收支失衡对一国经济产生的影响

## 第一节 国际收支概述

### 一、国际收支概念的演变

早期的国际收支概念,出现在 17 世纪初期。由于当时国际经济交易的主要形式是国际贸易,因此当时的国际收支主要是指贸易收支,即一个国家一定时期内进口与出口的对比情况。国际收支当时的含义主要是指一个国家对外贸易需要结算的差额。

后来，随着国际经济交易内容、范围的扩大，国际收支的概念也在不断发展。在垄断资本主义时期，国际收支的内容又增加了一部分——资本收支。在国际金本位制度崩溃以后（第一次世界大战爆发以后），国际收支不仅仅包括一国的贸易收支，它的含义扩展为一国的外汇收支。凡是在国际经济交往（包括国际信贷）中，必须通过外汇收支进行清算的交易，都属于国际收支的范围，当时的国际收支的含义主要是指一个国家在一定时期内的外汇收支。

第二次世界大战（简称二战）后，随着国际贸易以及国际经济、政治、文化的不断发展，国际经济关系也有了新的变化，从而国际收支概念又有新的发展。国际收支的含义更为广泛，它包括一个国家在一定时期内的全部对外经济交易收支，即除了涉及外汇收支的国际经济交易外，它还包括各种不涉及外汇收支的经济交易，如易货贸易、补偿贸易、无偿援助等单方面转移的国际经济交易形式，又如记账结算等实物交易已经发生，但没有外汇收付的经济交易形式等。这些经济交易在国际经济中有着重要的意义，国际收支的概念开始以交易为基础，而不再以支付为基础。

## 二、国际收支的概念

从国际收支的演变过程可以看出，在世界经济发展的不同阶段，国际收支的内涵有一定的差异。狭义的国际收支是以支付为基础的国际收支，仅指一国在一定时期内对外收入和支出的总额。因为一国对外交往会产生货币支付（外汇收支），但并非所有的经济交往都涉及货币支付，如外国实物形式提供的无偿援助和投资等就不涉及货币支付。广义的国际收支是以交易为基础的国际收支，既包括货币形式的外汇收支，也包括非货币形式的外汇收支，如没有发生货币偿付的各种经济交易、捐款、赠款、侨汇等也列入国际收支之中。目前，世界各国普遍采用广义的国际收支概念。

国际货币基金组织（IMF）于1945年提出了国际收支的定义："国际收支是一个国家在一定时期内，对外经济交易的全部系统记录。"之后又根据实际情况对这个定义进行了修改，但仍然属于广义的国际收支概念。

1978年，国际货币基金组织对国际收支的定义为："国际收支是一种一定时期的统计报告。它反映的是：①一个经济体与世界上其他经济体之间的商品、劳务以及收益方面的交易；②这个经济体所持有的货币性黄金、特别提款权的所有权变动与其他变动，以及这个经济体对世界上其他经济体的债权和债务的变化；③无偿转移及对应的科目，这些科目是会计上必须用来平衡上述未能相互抵消的交易和变动的账目。"这里的经济体是指一个国家（或地区），其实质是指一个国家的居民。

国际货币基金组织所给出的国际收支的定义，其内容简明扼要，基本上符合世界各国国际收支的实际情况。我国在编制国际收支平衡表时，原则上也采用了这个定义。我们可以把国际收支的概念概括为："一国（或地区）在一定时期内，居民与非居民之间的全部经济交易的系统记录。"

### 三、国际收支概念的理解

国际收支概念的内涵非常丰富，为准确地理解国际收支的概念，我们应该注意以下四个方面的内容。

**1. 国际收支属于一个流量概念**

国际收支反映的是一国在一定时期内对外的全部经济交易的变动值即增减额，它是一个流量概念。当提及国际收支时，总是需要指明是属于哪一段时期的。这一报告期可以是一年，也可以是一个季度或一个月。在编制国际收支平衡表时，通常以一年作为报告期。

**2. 国际收支是以经济交易为基础，而不是以支付为基础**

国际收支反映的内容是经济交易。国际收支概念中的经济交易是指经济价值从一个经济实体向另一个经济实体的转移。根据转移的内容和方向，经济交易可以分为五种类型：

（1）商品和商品或商品和劳务之间的交换，如双边贸易中的以货易货、以商品为报酬的劳务输入等。

（2）金融资产与商品或劳务之间的交换，如商品或劳务的进出口。

（3）金融资产与金融资产之间的交换，如货币资本的借贷、货币和商品的直接投资、有价证券投资，以及无形资产，如专利权、版权的转让买卖等。

（4）无偿的、单向的商品或劳务转移，如国际间实物捐赠、义务援助等。

（5）无偿的、单向的金融资产转移，如国际捐款、政府间赠款、债务豁免、战争赔款、银行存款形式的遗产继承等。

**3. 国际收支发生在居民和非居民之间**

只有发生在居民与非居民之间的交易才属于国际收支的范畴，而发生在居民之间的交易则属于国内交易。居民是一个经济概念，指在一个国家或地区内永久或长期居住并受其法律管辖和保护的自然人和法人，包括政府、企业、个人和其他非营利团体。

判断一国居民的标准在于居住地和居住时间，而并不是国籍。也就是说，在本国居住时间超过一年的自然人，不论其国籍是否属于本国，均属于本国居民，而在本国居住时间不超过一年的自然人，不论其国籍是否属于本国，一律为本国的非居民。因此，移民属于其工作所在国的居民，逗留时间在一年以上的留学生、旅游者属于所在国的居民。

企业或非营利团体等法人，在哪个国家注册，就属于哪个国家的居民，即法人属于注册国的居民。因此，跨国公司的母公司和子公司应该分别属于所在国的居民，母公司与子公司之间、子公司与子公司之间的公司内贸易应该被记入国际收支。

此外，国际货币基金组织还规定：

（1）各国驻外大使馆、领事馆的外交工作人员以及一国在海外的驻军都属于所在国的非居民。

（2）联合国、国际货币基金组织、世界银行等国际性机构及其代表处，属于任何国家的非居民。

#### 4. 国际收支是个事后概念

由于分析的目的有所不同，所使用的国际收支的内涵也随之不同，国际上目前通用的是会计性的国际收支，它是对已发生事件的记录，反映的是过去的一个会计年度内，居民和非居民所发生的经济交易，因此属于一个事后概念。

### 四、区分国际收支和国际借贷的概念

通过前面的分析可以看出，国际收支是从广义的角度，反映一国在一定时期内，居民与非居民之间的经济交易的系统记录。这一定义强调国际收支是以经济交易为基础的，是一个流量的概念，与一个特定的报告期相联系。与国际收支相对应的一个概念是国际借贷，正确区分国际收支和国际借贷这两个概念，避免把它们混淆起来，对理解国际收支概念的基本内涵是十分重要的。

国际借贷是指一国在一定日期对外债权债务的综合情况。这里的一定日期是指某一个时点，如某年某月某日，一般为年底，一国的对外债权与对外债务情况。例如，一国居民出口一批商品，由此就获得了一笔对外债权，而进口一批商品则会发生一笔对外债务。在国际金融学中，我们用国际借贷来表示这种国际间的债权债务关系。国际借贷是一个存量概念，反映的是某一个时点的变化，而汇率、价格等因素引起的变化通常不在国际收支中反映出来，这些变化通过国际借贷反映出来。

国际借贷与国际收支既相互联系又相互区别：一方面，这两个概念之间具有密切关系，国际借贷是产生国际收支的原因，国际借贷的发生，必然会形成国际收支。各国之间的债权债务在一定时期内必须进行清算和结算，这个过程一定涉及各国间的货币收支问题，这就属于国际收支问题。因此，国际借贷是原因，国际收支是结果。另一方面，这两个概念又是有区别的。首先，国际收支是一个流量概念，描述在一定时期的发生额，而国际借贷则是一个存量概念，描述一国在一定时点上的对外债权债务余额。其次，除了国际借贷以外，单边转移行为也会导致国际收支（支付）现象，但并未发生债权债务关系，因而不包括在国际借贷范围之内。因此，国际收支的范围要比国际借贷的范围更加宽泛。

## 第二节　国际收支平衡表

### 一、国际收支平衡表的概念

一国在一定时期内，居民与非居民之间会发生大量的、各种各样的对外经济交往活动，这些国际经济交易通过国际收支表现出来。要系统了解一国的国际收支状况及其变化情况，需要对有关数据进行收集和整理，因此需要通过编制国际收支平衡表来完成。

国际收支平衡表（balance of payment statement）是指一国根据国际经济交易的内容和范围设置科目和账户，按照复式记账法的原理，系统地记录该国在一定时期内（一年、半年、一季或一月），各种对外往来所引起的全部国际经济交易的统计报表。

通过编制国际收支平衡表，可以集中反映一国在一定时期内的国际收支平衡状况，使本国政府掌握本国外汇资金的来源和运用情况，及时了解本国的国际储备资产的变动情况，分析本国国际收支不平衡的原因，从而能够及时制定相关的对外经济政策，用以改善本国的国际收支状况，促进本国的经济发展。此外，还可以将各国的国家收支平衡表进行对比，获取各国国际经济交往中的经济信息，有利于各国掌握世界贸易的发展趋势，预测世界经济的发展动向。

由于各国的经济状况以及国际经济交易的内容和范围并不完全相同，因而各国所编制的国际收支平衡表的内容和格式也有所不同。为了便于各会员方编制国际收支平衡表，国际货币基金组织出版了《国际收支手册》，并多次进行了修改，对平衡表所采用的概念、准则、惯例、分类方法以及标准构成等都做了统一的规定或说明，要求会员方每年按统一格式提交国际收支平衡表。为方便各国对国际收支平衡表进行比较，国际货币基金组织还将各个会员方的国际收支平衡表编成年鉴出版。《国际收支手册》于1993年已出至第5版，其标准格式如表1-1所示。目前的最新版是国际货币基金组织于2009年出版的《国际收支和国际投资头寸手册》（第6版），其标准格式简表如表1-2所示。

表1-1 国际收支平衡表

| | 贷方 | 借方 |
|---|---|---|
| 1. 经常账户 | | |
|   1.1 货物和服务 | | |
|     1.1.1 货物 | | |
|         一般货物 | | |
|         用于加工的货物 | | |
|         货物修理 | | |
|         各种运输工具在港口购买的货物 | | |
|     1.1.2 服务 | | |
|         运输 | | |
|         旅游 | | |
|         通信服务 | | |
|         保险服务 | | |
|         金融服务 | | |
|         计算机和信息服务 | | |
|         专有权利使用费和特许费 | | |
|         其他商业服务 | | |
|         个人、文化和娱乐服务 | | |
|         别处未提及的政府服务 | | |
|   1.2 收入 | | |
|     1.2.1 职工报酬 | | |
|     1.2.2 投资收入 | | |
|         直接投资 | | |
|         证券投资 | | |
|         其他投资 | | |
|   1.3 经常转移 | | |
|     1.3.1 各级政府部门 | | |

| | 贷方 | 借方 |
|---|---|---|
| 1.3.2 其他部门 | | |
| 　　　　工人的汇款 | | |
| 　　其他转移 | | |
| 2. 资本和金融账户 | | |
| 　2.1 资本账户 | | |
| 　　2.1.1 资本转移 | | |
| 　　2.1.2 非生产、非金融资产的收入或放弃 | | |
| 　2.2 金融账户 | | |
| 　　2.2.1 直接投资 | | |
| 　　　　国外 | | |
| 　　　　在报告经济体内 | | |
| 　　2.2.2 证券投资 | | |
| 　　　　资产 | | |
| 　　　　负债 | | |
| 　　2.2.3 其他投资 | | |
| 　　　　资产 | | |
| 　　　　负债 | | |
| 　　2.2.4 储备资产 | | |
| 　　　　货币黄金 | | |
| 　　　　特别提款权 | | |
| 　　　　在基金组织的储备头寸 | | |
| 　　　　外汇 | | |
| 　　　　其他债权 | | |
| 3. 净误差和遗漏 | | |

资料来源：国际货币基金组织. 国际收支手册［M］. 5版. 北京：中国金融出版社，1993：43-48.

**表1-2　国际收支平衡表标准格式简表**（根据第6版整理）

| | 贷方 | 借方 |
|---|---|---|
| 1. 经常账户 | | |
| 　1.1 商品和服务 | | |
| 　　1.1.1 商品 | | |
| 　　1.1.2 服务 | | |
| 　1.2 初次收入 | | |
| 　1.3 二次收入 | | |
| 2. 资本账户 | | |
| 3. 金融账户 | | |
| 　3.1 直接投资 | | |
| 　3.2 证券投资 | | |
| 　3.3 金融衍生品和雇员股票期权 | | |
| 　3.4 其他投资 | | |
| 　3.5 储备资产 | | |
| 4. 错误与遗漏账户 | | |

资料来源：国际货币基金组织. 国际收支和国际投资头寸手册［M］. 6版. 2009：301-308.

从2015年起，我国国家外汇管理局按照国际货币基金组织最新国际标准《国际收支和国际投资头寸手册》（第6版）编制和发布国际收支平衡表。与之前相比，主要变化：

一是将储备资产纳入金融账户统计，并在金融账户下增设"非储备性质的金融账户"，与原金融项目包含的内容基本一致；二是项目归属变化，如将经常账户下的转手买卖从原服务贸易调整至货物贸易统计，将加工服务（包括来料加工和出料加工）从原货物贸易调整至服务贸易等；三是项目名称和细项分类有所调整，如将经常项目、资本项目和金融项目等重新命名为经常账户、资本账户和金融账户，将收益和经常转移重新命名为初次收入和二次收入等；四是借方项目用负值表示。

## 二、国际收支平衡表的编制原理

### （一）国际收支平衡表的编制原则

国际收支平衡表是按照"有借必有贷，借贷必相等"的复式记账原则进行编制的。任何一笔交易发生，必然涉及借方和贷方两个方面。每一笔经济交易都要以相等的金额，同时在相应的贷方科目和借方科目上进行登记，借贷双方方向相反。由于借贷双方所登记的金额总是保持相等，因此，从理论上来讲，国际收支平衡表的借方和贷方总额应当相等，其借贷之和为零。但是在实际工作中，将国际收支平衡表各项目进行汇总后，可能会产生贷方和借方数字不等的情况，这就会出现一定的差额，如贸易差额、经常项目差额等。

国际收支平衡表的借方项目为负，用数学符号"-"表示；贷方项目为正，用数学符号"+"表示。借方记录的是资金的使用，是对非居民进行支付的交易，表现为外汇的流出，反映资产或资源持有量的增加、负债的减少，包括进口外国商品和服务、购买外国金融资产、海外旅游、经常转移中对外援助、汇款、偿还国外债务等。贷方记录的是资金的来源，表现为外汇的流入，是接受非居民支付的交易，反映资产或资源持有量的减少、负债的增加，包括出口商品和服务、外币银行存款提取、来自国外的汇款、外商投资等。

### （二）编制国际收支平衡表的两个经验法则

就外汇增减变化的角度而言，编制国际收支平衡表有两个经验法则：

第一，凡是引起本国从外国获得外汇收入的交易记入贷方，凡是引起本国对国外有外汇支出的交易记入借方。

第二，凡是引起本国外汇供给的交易记入贷方（本国政府削减外汇储备），凡是引起本国外汇需求的交易记入借方（本国政府增加外汇储备）。

### （三）国际收支平衡表的其他编制原则

#### 1. 计价原则

在国际经济交易中，由于交易价格的类型非常多，因此应该对国际收支平衡表中的交易价格采用统一的标准，否则各国编制出来的国际收支平衡表就缺乏可比性。因此，国际货币基金组织规定：使用市场价格作为交易的计价基础；对于缺乏市场价格情况下的交易，如易货贸易等交易，利用同等条件下的已知市场价格推断出需要的市场价格，再以此进行计价。

#### 2. 记录日期

国际收支平衡表的编制一般反映某一个年度内的国际收支情况。在一笔具体的经济交易中，往往存在着许多时间概念，如签订买卖合同、货物装运、交货、报关、付款等，应该依据哪一个时间来判定该交易是否可以记载在当年国际收支平衡表中？国际货币基金组织对经济交易的记录日期有明确的规定：以所有权变更日期为准。对于预付款和应收款，按照所有权变更原则进行记录。

#### 3. 记账货币

由于国际经济交易涉及多种货币，为了使各种交易间具有记录和比较的基础，需要在记账时将其折算成同一货币，这种货币就是记账货币（recording currency）或记账本位币。大多数国家都把美元作为记账货币。在国际收支平衡表记账时，以不同货币结算的对外经济交易，需要按记账货币和具体交易货币之间的汇率，折算成记账货币。编制国际收支平衡表时采用的记账单位直接关系到整个统计数字的真实有效性，选择记账单位应该以币值稳定和国际通用为原则。

### 三、国际收支平衡表的主要内容

由于世界各国从本国的国情考虑，根据本国对外的实际经济交易情况出发，所编制的国际收支平衡表各具特色，并不完全相同，但都参照国际货币基金组织于 2009 年出版的《国际收支与国际投资头寸手册》（第 6 版）"国际收支平衡表标准组成部分"来编制，同时根据本国的具体情况进行调整。国际收支平衡表的内容主要包括经常账户、资本账户与金融账户、错误与遗漏账户和储备与相关项目等账户。下面分别进行介绍。

#### （一）经常账户或经常项目

经常账户（current account）是国际收支平衡表中最基本、最重要的账户，它反映一个国家（或地区）与其他国家（或地区）之间实际资源的转移，表现了一个国家或地区自我创汇的能力，是一个国家或地区对外经济交往的基础。它包括货物（goods）、服务（services）、收入（income）和经常转移（current transfers）四个子项目。

##### 1. 货物

货物记录商品的进口和出口。出口记入贷方，进口记入借方，其差额称为贸易差额（trade balance）。在统计进出口时，如果出口国按离岸价格（FOB）计算，进口国以到岸价格（CIF）计算，这样做不利于正确统计国际收支。因此，国际货币基金组织规定进出口交易一律按离岸价格（FOB）计入经常项目的贸易收支，而运输费和保险费则列入经常项目的劳务收支。

货物除了包括"一般商品"的出口和进口之外，还包括：用于加工的货物，即运到国外进行加工的货物的出口和运到国内进行加工的货物的进口；货物的修理，即向非居民支付的或从非居民得到的交通工具修理费；各种运输工具在港口采购的货物，包括居民/非居民从岸上采购的燃料和物资等；非货币性黄金（nonmonetary gold）即不作为储备资产的黄金的进出口。

2. 服务

服务的输出输入，即服务贸易，又称无形贸易（invisible trade）。服务输出记入贷方，服务输入记入借方。当今，服务贸易的内容已非常广泛，该项下主要包括运输、旅游、通信、建筑、保险、金融、电子计算机和信息服务，专有权（专利、版权、商标、制作方法、经销权等）的使用费和特许费，个人服务、文化和娱乐服务（如音像及其有关服务），政府服务等内容。

3. 收入

收入是指生产要素（包括劳动力与资本）在国家之间的流动所引起的报酬的收支，因而它包括：

（1）职工报酬（compensation of employees）。受雇在国外工作的季节工人、边境工人和工作时间不超过一年的短期工作的工人，以及在外国领事馆、国际组织驻本国机构工作的工人等的工作报酬与其他报酬，记入贷方。同理，受雇在本国工作的外国季节工人、边境工人、短期工作的工人、在本国驻外领事馆工作的工人应得报酬则记入借方。

（2）投资收入（investment income，或称为"投资收益"），指居民与非居民之间有关金融资产与负债的收入与支出，包括有关直接投资、证券投资和其他投资所得收入与支出。本国居民因拥有外国企业直接投资资本所有权、证券和债权（长短期贷款和存款）所得股利、利润和利息收入记入贷方。非居民因拥有本国直接投资资本所有权、证券和债权所得股利、利润和利息记入借方。

4. 经常转移

经常转移指商品、劳务或金融资产在居民与非居民之间转移后，并未得到补偿与回报，因而也被称为无偿转移（unrequited transfers）或单方面转移（unilateral transfers）。该项目主要包括：

（1）各级政府的无偿转移，如战争赔款、政府间的经援、军援和捐赠，政府与国际组织间定期交纳的费用，以及国际组织作为一项政策向各国政府定期提供的转移等。

（2）私人的无偿转移，如侨汇、捐赠、继承、赡养费、资助性汇款、退休金等。从本国向外国的无偿转移记入借方，而从外国向本国的无偿转移则记入贷方。

## （二）资本和金融账户

资本和金融账户由资本账户（capital account）和金融账户（financial account）两大部分组成。

### 1. 资本账户

资本账户反映资产在居民与非居民之间的转移。资产从居民向非居民转移，会增加居民对非居民的债权，或减少居民对非居民的债务；资产从非居民向居民转移，则会增加居民对非居民的债务，或减少居民对非居民的债权。因此，这个账户表明本国在两个时点之间的时期内资产与负债的增减变化。

同经常账户以借方总额和贷方总额的记录方法不同,资本账户是按净额(net amount,即借贷差额)来记入借方和贷方。债权或资产的净减少,以及负债的净增加,记为贷方项目;资产的净增加,以及负债的净减少,记为借方项目。资本账户的主要组成部分包括:

(1) 资本转移(capital transfers)。它主要包括投资捐赠(investment grants)和债务注销(debt cancellation,指债权人放弃债务,而未得到任何回报)。投资捐赠可以现金形式来进行(即定期或不定期向非居民转移资产价值的征收税款,如遗产税等),也可以实物形式(如交通设备、机器和机场、码头、道路、医院等建筑物)来进行。资本转移不同于除战争赔款、经援、军援外的经常转移之处在于:后者经常发生,规模较小,并直接影响捐助者与受援者的可支配收入和消费;前者则不经常发生,规模较大,也不直接影响双方当事人的可支配收入的消费。

(2) 非生产、非金融资产收购/出售(acquisition/disposal of non-product, non-financial assets)。它包括不是由生产创造出来的有形资产(土地和地下资产)和无形资产(专利、版权、商标、经销权等)的收买或出售。关于无形资产,需要指出,经常账户的服务项下记录的,是无形资产的运用所引起的收支,而资本账户的资本转移项下记录的,则是无形资产所有权的买卖所引起的收支。

### 2. 金融账户

金融账户反映居民与非居民之间投资和借贷的增减变化。同资本账户一样,金融账户也是按净额记录的:居民对非居民的投资提供的信贷的净增加记入借方,相反则记入贷方。金融账户按投资类型可以分为:

(1) 直接投资(direct investment)。其主要特征是投资者对另一经济体的企业拥有永久利益。这意味着直接投资者(direct investor)对在外国投资的企业拥有10%或10%以上的普通股(common stock)或投票权,从而对该企业的管理拥有有效发言权,可以对该企业的经营管理施加相当大的影响。直接投资项下包括股本资本、用于再投资的收益和其他资本。

(2) 证券投资(portfolio investment)。它是指跨越国界的股本证券和债务证券的投资。股本证券包括股票、参股或其他类似文件[如美国的存托凭证(ADRs)]。债务证券包括:① 长期债券、无抵押品的公司债券、中期债券等;② 货币市场工具,或称可转让的债务工具,如短期国库券、商业票据、银行承兑汇票、可转让的大额存单等;③ 派生金融工具(derivative financial instruments,或称为衍生金融工具),如商品、货币、利率和指数期权、金融期货等。

(3) 其他投资(other investment)。它是指所有直接投资和证券投资未包括的金融交易,包括贷款(贸易贷款和其他贷款)、预付款,以及金融租赁项下的货物、货币和存款(指居民持有外币和非居民持有本币)等。

### (三) 净误差和遗漏

净误差和遗漏(errors and omission)是人为设置一个平衡账户,是一个平衡项目

(balancing items)。按照复式记账原则,从理论上说,国际收支平衡表的借方总额和贷方总额应该相等,借贷双方的净差额应该为零,但在实际编制过程中,由于内容多、原因复杂,造成编制结果和实际情况发生偏离。例如,各部门在编制国际收支平衡表时所搜集和运用的原始资料、统计的数字和资料,来自海关统计、企业报表等渠道,为了逃税或隐瞒真实情况或保密等原因,很多数字是不真实的,而且所获取的资料本身也很难做到准确和完整。这些原因会造成国际收支平衡表出现净的借方余额或净的贷方余额,这就需要人为设立一个平衡账户——净误差和遗漏,来抵消净的借方余额或净的贷方余额。当经常账户、资本和金融账户总计贷方总额大于借方总额,从而出现贷方余额时,则在净误差和遗漏项下的借方记入与该余额相同的数额;反之,当出现借方余额时,则在净误差和遗漏项下的贷方记入相同数额。

### (四) 储备与相关项目

储备与相关项目(reserves and related items)实际是平衡经常账户、资本账户和金融账户差额的一个项目,因而也是平衡项目(Balancing Items)。因此,这个项目要反方向记录:增加记入借方,减少则记入贷方。它包括以下几项:

(1) 储备资产(reserve assets),又称官方储备(official reserves)或国际储备。储备资产是指一国货币当局为弥补国际收支赤字和维持汇率稳定而持有的在国际间可以被普遍接受的流动资产,包括货币性黄金、特别提款权、在基金组织的储备头寸、外汇资产和其他债权。

(2) 使用国际货币基金组织的信贷和贷款,主要指成员方从 IMF 的提款,但不包括储备部分的提款。

(3) 对外国官方负债,是指本国政府和货币当局对非居民的负债。

(4) 例外融资(exceptional financing,或称为特殊融资),是一国货币当局为平衡其国际收支而采取的资金融通措施,包括以下五个方面的交易:

1) 转移项目,如政府间赠款和从 IMF 贴补账户上得到的赠款等。

2) 涉及注销债务的债务/股本转换等的直接股本投资或其他股本投资。

3) 政府或中央银行的对外借款(包括通过发行债券的对外借款)。

4) 经济实体在政府授意下的对外借款。

5) 与重新调整债务有关的其他交易,如重新安排现有债务或累计的债务以及偿还拖欠的款项。

### 四、编制国际收支平衡表

下面通过实例来说明国际收支平衡表的编制,现假定发生以下四笔交易:

(1) 某国企业出口价值 60 万美元的设备,该企业在海外银行的存款相应增加。

(2) 某国居民到外国旅游花销 20 万美元,该费用从该居民的海外存款中扣除。

(3) 某国企业在海外投资所得利润 200 万美元,其中 70 万美元用于当地再投资,80

万美元购买当地商品运回国内，50 万美元结售给政府换取本币。

（4）某国政府动用 30 万美元储备向国外提供无偿援助，另提供相当于 100 万美元的粮食药品援助。

会计分录如下：

（1）借：其他投资——银行存款　　　　　　　600 000
　　　贷：商品出口　　　　　　　　　　　　　　　　　　600 000
（2）借：服务进口　　　　　　　　　　　　　200 000
　　　贷：其他投资——银行存款　　　　　　　　　　　　200 000
（3）借：商品进口　　　　　　　　　　　　　800 000
　　　　对外直接投资　　　　　　　　　　　700 000
　　　　外汇储备　　　　　　　　　　　　　500 000
　　　贷：投资收入　　　　　　　　　　　　　　　　　2 000 000
（4）借：经常转移　　　　　　　　　　　　1 300 000
　　　贷：外汇储备　　　　　　　　　　　　　　　　　　300 000
　　　　　商品出口　　　　　　　　　　　　　　　　　1 000 000

根据以上四笔经济交易所编制的国际收支平衡表的简表，如表 1-3 所示。

表 1-3　某国国际收支平衡表　　　　　　　　　　（单位：万美元）

| 项目 | 贷方（+） | 借方（-） | 差额 |
| --- | --- | --- | --- |
| 一、经常账户 |  |  |  |
| 1. 商品 | 60(1) + 100(4) | 80(3) | +80 |
| 2. 服务 | — | 20(2) | -20 |
| 3. 收入 | 200(3) | — | +200 |
| 4. 经常转移 | — | 130(4) | -130 |
| 二、资本和金融账户 |  |  |  |
| 1. 资本账户 | — | — | 0 |
| 2. 金融账户 | — | — | 0 |
| 　直接投资 | — | 70(3) | -70 |
| 　证券投资 | — | — | 0 |
| 　其他投资 | 20(2) | 60(1) | -40 |
| 3. 储备资产 | 30(4) | 50(3) | -20 |
| 合计 | 410 | 410 | 0 |

## 第三节　国际收支平衡表的分析

### 一、国际收支平衡表分析的意义和作用

国际收支平衡表是系统地记录一国在一定时期内各种对外往来所引起的全部国际经济交易的统计报表，通过分析一国国际收支平衡表，可以判断该国在全球国际经济交易中所

处的地位，该国整体的国际收支状况如何，该国货币汇率的未来走势如何，以及政府是否需要对外汇市场进行干预等，国际收支平衡表对本国和外国贸易商和投资者、本外国政府机构以及国际金融组织都具有非常重要的意义。

一国通过编制国际收支平衡表，并且对其进行分析，具有十分重要的作用，具体表现为：

第一，能够使本国清楚地掌握外汇资金的来源状况、运用状况以及国际储备资产的变动情况，为编制外汇预算提供帮助。

第二，通过分析国际收支不平衡的原因，采取正确的调节措施进行调节。

第三，通过对国际收支平衡表的综合分析以及和其他国家国际收支平衡表的横向分析，全面了解本国的国际经济地位，从而制定与本国经济发展状况相适应的对外经济政策。

## 二、国际收支平衡表的分析方法

国际收支平衡表的每个项目都具有深刻的内涵，反映了一个国家各方面的对外经济活动状况。国际收支平衡表的分析方法一般包括静态分析法、动态分析法、比较分析法。

### （一）静态分析法

静态分析法是指对一国在某一时期（一年或一个季度）对国际收支平衡表进行账面上的分析的方法。静态分析法通过分析国际收支平衡表中的各个项目和差额，以及各项目差额形成的原因及其对国际收支总差额的影响，找出国际收支总差额形成的原因。静态分析法主要分析贸易收支差额、经常账户差额、资本和金融账户差额以及综合账户差额。

**1. 贸易收支差额**

贸易收支差额也称为净出口，是指包括商品与服务在内的进出口贸易之间的差额。如果这一差额为正，代表该国存在贸易顺差；如果这一差额为负，代表该国存在贸易逆差；如果这一差额为零，代表该国贸易收支平衡。由于贸易收支在全部国际收支中占有很大的比重，它的差额也在一定程度上决定一国国际收支的总差额。在分析一国国际收支状况时，贸易收支差额具有特殊的重要性。它能够比较快地反映出一国对外经济交往的情况，还反映一国（或地区）自我创汇的能力，以及一国（或地区）的产业结构和产品在国际上的竞争力及在国际分工中的地位，是一国对外经济交往的基础。因此，世界各国十分重视贸易收支的差额。

**2. 经常账户差额**

经常账户差额是一定时期内一国商品、服务、收入和经常转移项目贷方总额与借方总额的差额。当贷方总额大于借方总额时，经常账户为顺差；当贷方总额小于借方总额时，经常账户为逆差；当贷方总额等于借方总额时，经常账户收支平衡。经常账户差额与贸易差额的主要区别在于收入项目余额的大小。由于收入项目主要反映的是资本通过直接投资或证券投资所取得的收入，因此，如果一国净国外资产数额越大，从外国得到收益也就越多，该国经常账户就越是容易出现顺差；相反，如果一国净国外负债越大，向国外付出的收益也就越多，该国经常账户就越是容易出现逆差。

经常账户差额是国际收支分析中最重要的国际收支差额之一。它反映了一国在对外经济关系中所拥有的实际资源的增减变化，可以用来分析和衡量一国国际收支的真实平衡状况，对一国对外经济关系以及国内经济发展具有重要的意义和作用。

**3. 资本和金融账户差额**

资本和金融账户差额是指国际收支中资本账户与直接投资、证券投资以及其他投资和储备资产的差额。该差额具有以下两层含义：第一，它反映了一国为经常账户提供融资的能力。根据复式记账的原则，国际收支中的一笔贸易流量通常对应一笔金融流量，当经常账户出现赤字时，必然对应着资本和金融账户的相应盈余，这意味着一国利用金融资产的净流入为经常账户提供融资。因此，如果该差额越大，代表一国为经常账户提供融资的能力就越强。第二，该差额还可以反映一国金融市场的发达和开放程度。随着经济和金融全球化的不断发展，资本和金融账户已经不仅仅局限于为经常账户提供融资，或者说国际资本流动已经逐步摆脱了对国际贸易的依赖，而表现出具有相对独立的运动规律。

对资本和金融账户差额进行分析时，要考虑影响国内和国外资产的投资收益率与风险的各种因素，包括利率、投资回报率以及预期的汇率趋势等因素。因此资本和金融账户差额，反映了一国的金融和资本市场的发达、开放程度以及国际融资水平。

**4. 综合账户差额**

国际收支综合账户差额是指将经常账户差额与资本和金融账户差额进行合并后，剔除官方储备与错误和遗漏以后所得的余额。它是全面衡量一国国际收支状况的综合指标，通常所说的国际收支差额往往就是指国际收支的综合差额。如果综合差额为正，则称该国国际收支存在顺差；如果综合差额为负，则称该国国际收支存在逆差；如果综合差额为零，则称该国国际收支平衡。国际收支综合差额具有非常重要的意义，可以根据这一差额判断一国外汇储备的变动情况以及货币汇率的未来走势。如果综合差额为正，该国外汇储备就会不断增加，本国货币将面临升值的压力；如果综合差额为负，该国外汇储备就会下降，本国货币将面临贬值的压力。该国的中央银行可以运用这一差额判断是否需要对本国的外汇市场进行干预，政府也可以根据这一差额确定是否应该对经济政策进行调整。

## （二）动态分析法

动态分析法是指对一国不同时期的国际收支状况进行纵向比较分析的方法。由于一国某一时期国际收支与之前的发展过程是有联系的，是具有连续性的，因此在分析国际收支时，要将静态分析、动态分析结合起来。通过对相互衔接的不同时期的国际收支进行连续的分析，可以掌握一国国际收支发展的动态情况，全面地分析问题，得出正确的结论。进行动态分析时，要将总量分析和结构分析相结合，将表内的变化与不同时期的国内外经济政治状况、财政金融政策、进出口政策等相联系，要注意不同时期市场规模和融资成本的变化以及融资方式的新动向和主要货币汇率的变化情况。

## (三) 比较分析法

比较分析法就是对同一时期不同国家的国际收支状况进行横向比较研究的方法。通过对不同国家相同时期的国际收支平衡表比较分析，尤其是对主要经济大国的国际收支平衡表的分析，可以了解世界各国的对外经济发展情况，掌握世界贸易和国际金融的发展动向，进而把握世界经济的发展趋势，为本国制定经济发展战略提供依据。

## 第四节 国际收支失衡

### 一、国际收支平衡与失衡的含义

分析和判断国际收支平衡与否的主要依据是各国的国际收支平衡表。在实践中，对国际收支平衡与不平衡的理解和判断显然并非如此简单。那么，如何判断一国国际收支是否平衡呢？可以从以下几个方面进行分析。

**1. 国际收支是形式上平衡还是实质上平衡**

国际收支平衡表是按照借贷复式记账法编制的，即一笔国际经济交易将会产生金额相同的一笔借方记录和一笔贷方记录，因此借方总额与贷方总额必然相等。尽管某些项目会出现借方金额大于贷方金额或贷方金额大于借方金额的现象，但这些赤字或盈余必然会由其他项目的盈余或赤字相抵消，即国际收支平衡表中全部对外收支差额为零。但是这种平衡是经过会计技术处理的账面平衡，是形式上的平衡而不一定是实质上的平衡。

要判断国际收支是否真正平衡，必须将国际收支分为两大项目：一类是实质性项目，又称线上项目；另一类是平衡项目，又称线下项目。线上项目主要包括经常项目、长期资本项目以及部分短期资本项目所代表的自主性交易；线下项目主要包括部分短期资本、平衡项目等调节性交易。由于自主性交易的差额必然要由调节性交易来调节或弥补，并且总是等于调节性交易差额。因此，只有自主性交易收支相抵，即线上项目的借方金额和贷方金额相等或基本相等，国际收支才是实质上的平衡；如果自主性交易收支不能相抵，而必须以调节性交易来弥补才能维持平衡，那么这种平衡是虚弱的，缺乏稳固的基础，所以是不能长久维持下去的，这种状态不能代表国际收支的真正平衡。

**2. 国际收支是会计意义上的平衡还是经济意义上的平衡**

会计意义上的平衡的含义是指国际收支平衡表中借贷双方科目上的平衡。不管是全部项目的平衡，还是实质性的项目平衡，如果这种平衡是通过某种不正常的或对整个经济长期稳定发展不利的政策手段，如强制性压缩进口、大量借入外债，特别是用短期外债来人为地实现的平衡，就是一种虚假的平衡。真正的国际收支平衡应该是经济意义上的平衡，即在保持外汇市场均衡和国内经济均衡稳定发展情况下所达到的国际收支平衡。

**3. 国际收支是数量上的平衡还是内容上的平衡**

数量上的平衡又有绝对平衡和相对平衡的区别。绝对平衡是指国际收支差额为零的情况。由于一国的国际收支经常不是顺差，便是逆差，不可能达到绝对的平衡，所谓的平衡也就是相对的基本平衡。而且相对平衡的界限也不是固定不变的，必须根据不同国家、不同时期的经济状况来确定。例如，一年10亿美元的国际收支逆差对于美国这样一个每年国际经济交易上万亿美元的经济大国来说，可算是基本平衡了，但对于一个每年国际经济交易只有几十亿美元的小国来说，10亿美元的逆差就足以引起严重的国际收支危机。对于一个国内经济迅速增长的国家来说，国际收支逆差稍大一点，一般被认为是正常的，可以看作基本平衡，但同样数额的逆差，在该国经济不景气的情况下，就应该看作国际收支不平衡。

然而，即使在总量上达到国际收支的基本平衡，也只是表面现象。这种平衡是否真正对本国经济有利，还必须分析一国对外经济交易的实际内容和内在结构。如果输出的货物都是对本国经济发展有利的，输入的货物也不妨碍本国的经济发展，输入资本的投资项目填补了国家的空缺或能够扩大创汇，输出资本也是为了国家长远的发展战略，这就是在内容上实现了国际收支平衡。否则，就不是真正意义上的平衡。

**4. 国际收支是静态上的平衡还是动态上的平衡**

国际收支平衡不仅在数量上是相对的，在时间上也是相对的。国际收支平衡表中所反映的国际收支状况是固定在某一时点上的（如年末），是静态的，但现实中的国际收支是动态的、不断变化的。基期的平衡有可能演变为报告期的不平衡。若前几期积累了大量顺差，某一期发生适度的逆差也应看作正常的，是从不平衡走向平衡的表现；同理，本期的大量进口入超，如果是为以后几期增加生产、扩大出口准备条件的话，也应该看作正常的。有的国家甚至采取在短期内适度逆差的方针，以扩大利用外资，只要这种逆差不超过一定的限度，并且可以在较长的时期内恢复平衡，就是适度的、正常的。因此，动态平衡的概念，就是要结合因国际收支在较长时期内发展变化的趋势来判断国际收支的状况。

可见，判断国际收支是否平衡，是否应该采取调节措施，不能以静态的数量平衡作为标准，更不能以简单的账面平衡作为调节的目标，而应结合国内经济的稳定发展和增长来判断，并以内容平衡和外部平衡的统一作为调节目标。

一般来说，世界各国都或多或少会出现国际收支的不平衡，因此，国际收支的失衡是绝对的。但是，一国的国际收支在较短时间内和较小范围内的不平衡是正常情况，只有当国际收支处于长期、持续、大量的不平衡，而且无法得到有效改善时，才会导致国际收支危机。

## 二、国际收支失衡的原因

国际收支失衡的原因是多种多样的，有经济的因素，也有非经济的因素；有来自内部的因素，也有来自外部的因素；有实物方面的因素，也有货币方面的因素等。按照发生原因的不同，可将国际收支失衡的类型分为以下六种。

### （一）季节性、偶然性失衡

由于生产和消费存在季节性变化的规律，因而进口和出口也会随之发生变化。生产和消费的季节性变化对进口和出口的影响是不一样的，这就使得一国国际收支也会发生季节性变化，从而产生的国际收支的失衡称为季节性失衡。例如对以农产品为主要出口商品的发展中国家而言，国际收支失衡就常常表现为季节性失衡。因为在农产品收获的季节，这些国家可以通过农产品的出口，形成贸易顺差。但在农产品收获之前，由于需要进口化肥、机械设备以及满足人们日常需要的必需品，往往又会出现贸易逆差，这种贸易差额的季节性变化是十分明显的。

一国政治、经济、自然等方面的偶发性事件，也会导致一国国际收支的失衡。这被称为偶然性失衡。例如日本在2011年3月发生9级大地震，导致随后出现海啸等自然灾害，日本在短期内往往会引起出口下降。但由于需要进口食品、药品以及其他生活必需品以应付这些自然灾害，往往又会导致进口增加，从而出现国际收支失衡。一般地说，偶然性失衡对国际收支的影响是一次性的，且引起的失衡也是暂时性的，因此一国经常采取动用国际储备的方法加以解决。

### (二) 结构性失衡

当一国的产业结构及相应的生产要素配置，不能完全适应国际需求结构等国际经济结构的变化时，所发生的国际收支失衡，称为结构性失衡。世界各国由于自然资源和其他生产要素禀赋的差异而形成了一定的国际分工格局，这种国际分工格局随要素禀赋和其他条件的变化将会发生变化，任何国家都不能永远保持既定不变的比较利益。如果一个国家的产业结构不能随国际分工格局的变化而得到及时调整，便会出现结构性失衡。此外，从需求角度看，消费者偏好的改变、代替天然原料的合成材料的发明、出口市场收入的变化、产品来源及价格变化等都会使国际需求结构发生变化，一国的产业结构如不能很好地适应这种变化而得到及时调整，也会出现结构性失衡。

### (三) 周期性失衡

由于受经济周期的影响，市场经济会不断出现繁荣、衰退、萧条、复苏四个阶段。在经济周期的不同阶段，无论是价格水平的变化，还是生产和就业的变化，或两者的共同变化，都会对国际收支状况产生不同的影响。这种因国民经济的循环性波动而引起的国际收支失衡，称为周期性失衡。例如，当一国处在经济繁荣时期，由于进口的快速增长，往往会使一国经常账户出现逆差，而在经济萧条时期，国内市场需求的疲软往往会引起出口的增加和进口的减少，使一国经常账户出现顺差。对于资本和金融账户，经济繁荣时期投资前景看好，大量资本流入，将会使该账户出现顺差；反之，在经济萧条时期，则会出现逆差。二战以来，由于各国经济关系的日益密切，各国的生产活动和经济增长受世界经济的影响日益加强，致使主要工业国的商业景气循环极易传播至其他国家，从而引起世界性的经济景气循环，导致各国出现国际收支周期性失衡。

### (四) 货币性失衡

一国货币价值变动（通货膨胀或通货紧缩）引起国内物价水平发生变化，从而使该国物价水平与其他国家比较发生相对变动，由此引起的国际收支失衡，称为货币性失衡。当一国的生产成本与物价水平普遍上升，使其相对高于其他国家，则该国的出口会受到抑制，而进口则会受到刺激，其经常账户收支便会恶化。另外，货币供应量的增加，还会引起本国利率下降和资本流出增加，从而造成资本和金融账户的逆差。两者结合在一起，会造成一国国际收支逆差；反之，如果一国货币供应量的增长相对较少，则会发生与上述情况相反的结果，即国际收支盈余。战后，工业化国家虽然避免了 20 世纪 30 年代那样的严重经济危机，却远远没有能够抑制由于需求大于供给而造成的物价上涨。物价上涨在发展中国家更加严重，年率达 50% 或更高的奔驰型通货膨胀并非少见。西方国际金融学者一般认为，通货膨胀是造成战后国际收支失衡的最重要原因之一。

### （五）收入性失衡

一国国民收入的变化，会对国际收支产生影响，由此引起的国际收支失衡，称为收入性失衡。一般来说，一国国民收入增加，社会消费水平会提高，社会总需求上升，会导致进口增加或出口减少，使进口大于出口，外汇支出大于外汇收入，造成国际收支逆差；反之，国民收入减少，社会消费水平和社会总需求也会下降，导致出口增加或进口减少，会逐步减少逆差，使国际收支恢复平衡，甚至出现顺差。

### （六）不稳定投机和资本外逃造成的失衡

在短期资本流动中，不稳定投机与资本外逃是造成国际收支失衡的另一个原因，它们还会激化业已存在的失衡。投机性资本流动是指利用利率差别和预期的汇率变动来牟利的资本流动。投机可能是稳定的，也可能是不稳定的。稳定性投机与市场力量相反，当某种货币的需求下降，投机者就买进该货币，从而有助于稳定汇率。而不稳定的投机会使汇率累进恶化，投机造成贬值，贬值又进一步刺激投机，从而使外汇市场变得更加混乱。资本外逃与投机不同，它不是追求获利，而是害怕损失。当一个国家面临货币贬值、外汇管制、政治动荡或战争威胁时，在这个国家拥有资产的居民与非居民就要把其资金转移到他们认为稳定的国家，造成该国资本的大量外流。不稳定投资和资本外逃具有突发性、规模大的特点，在国际资本流动迅速的今天，往往成为一国国际收支失衡的重要原因。

一般来说，结构性失衡和收入性失衡所引起的国际收支不平衡，具有长期性和一定的持久性，因此被称为持久性不平衡。而其他因素所引起的国际收支不平衡，具有临时性的特点，被称为暂时性不平衡。

## 三、国际收支失衡对一国经济的影响

一般来说，国际收支失衡总是不可避免的。从某种意义上看，一定限度内的国际收支失衡也许是有一定好处的。例如一定的顺差会使一国国际储备适度增加，增强对外支付能力，提升货币的国际地位；一定的逆差可使一国适度地利用外资，加快国内经济发展。但是，如果一国国际收支出现持续、大量的不平衡，同时又无法得到有效的改善，那么无论是顺差还是逆差，都会对一国的经济产生不良的影响。

## （一）国际收支顺差的影响

一国出现国际收支顺差的消极影响往往不如国际收支逆差那样明显，但是如果国际收支顺差长期存在并且数额巨大，也会对一国经济带来不良影响。

（1）国际收支顺差会对本国货币造成升值压力，导致一国出口商品的国际竞争能力下降。国际收支顺差在外汇市场上表现为大量的外汇供给，外汇对本币的需求增加，导致外汇汇率下降，本币汇率上升，从而提高了以外币表示的出口商品的价格，降低了以本币表示的进口商品的价格。因此就会出现本国商品出口受到抑制的情况，对本国出口贸易的发展十分不利，而且从长远看，还会加重本国国内的失业问题。

（2）持续的国际收支顺差会加剧本国的通货膨胀。一方面，国际收支顺差会导致本国国际储备的增加；另一方面，国际收支顺差会对本币产生升值压力，如果要保持本币不升值，一国的货币当局就要干预外汇市场，买进外币，投放本币，迫使其增加本国货币供应量，使本国总需求超过总供给，会加剧本国的通货膨胀。

（3）持续的国际收支顺差会导致国际贸易摩擦，不利于国际经济关系的发展。一国的国际收支持续顺差，同时意味着其他国家的国际收支持续逆差，这会影响其他国家的经济发展，从而导致国际贸易摩擦，不利于国际经济关系的发展。

（4）国际收支顺差的原因如果主要是由于贸易收支顺差导致的，这意味着国内可供使用的资源减少，对本国经济的发展会有不利的影响。

## （二）国际收支逆差的影响

如果一国的国际收支逆差长期存在而且数额巨大，也会对一国的经济发展产生不利的影响，主要的影响如下：

（1）长期的国际收支逆差会导致本国货币的贬值。持续逆差在外汇市场上表现为大量的外汇需求，导致外汇汇率上升，本币汇率下降，引起本国货币的贬值。严重时还会导致本国货币信用下降，出现大量资本外逃，从而引发货币危机。

（2）持续的国际收支逆差会引起一国外汇储备的大量流失，影响本国的国际清偿力。大量的国际收支逆差会严重消耗一国的储备资产，因为国际收支逆差需要通过国际储备来弥补，而储备资产又是一国国际清偿力的重要组成部分。因此，储备资产的流失也就意味着本国金融实力的下降，从而损害本国在国际上的声誉。

（3）持续的国际收支逆差会引起一国的通货紧缩，不利于本国经济的稳定发展。长期的国际收支逆差会导致一国外汇需求的增加，为了维持汇率的稳定，迫使一国的货币当局在外汇市场上进行干预，抛出外币，收回本币。这样做的话，必然会导致本国货币供应量的减少，造成利率上升，通货紧缩，投资增长减缓，使经济增长受到抑制。

（4）长期的国际收支逆差还可能使一国陷入债务危机。当一国发生持续、大量的国际收支逆差时，如果采取借外债的方式进行弥补，而借入的资金使用效益低下时，会导致本国到期无法还本付息，引起本国的债务危机。

从国际收支逆差形成的具体原因来说，如果是贸易收支逆差所致，将会造成国内失业的增加；如系资本流出大于资本流入，则会造成国内资金的紧张，从而影响经济增长。

一般来说，一国的国际收支越是不平衡，其不利影响就越大。虽然国际收支的顺差和逆差都会产生许多不利的影响，但是相比来说，国际收支逆差所产生的影响更为恶劣，因为它会造成国内经济的萎缩、失业的大量增加和外汇储备的枯竭，因此对国际收支逆差采取的调节措施要更加迫切一些。虽然对国际收支顺差的调节不如逆差那么迫切，但是从长期看还是需要采取一些措施进行调节的。关于国际收支失衡以后的调节将在第六章详细介绍。

## 案例分析 1-1

### 我国 2010 年国际收支运行情况

2010 年，我国国际收支交易呈现恢复性增长。全年国际收支交易总规模为 5.6 万亿美元，创历史新高，较 2009 年增长 36%；与同期国内生产总值（GDP）之比为 95%，较 2009 年增长 13 个百分点。贸易、直接投资、外债等主要项目交易规模均达到历史高峰。按国际收支统计口径，货物贸易总额 29 087 亿美元，较 2009 年增长 35%；服务贸易总额 3 645 亿美元，增长 26%；外国在华直接投资流入 2 068 亿美元，增长 42%；我国对外直接投资流出 678 亿美元，增长 41%。中国国际收支交易规模及其与 GDP 之比如图 1-1 所示。

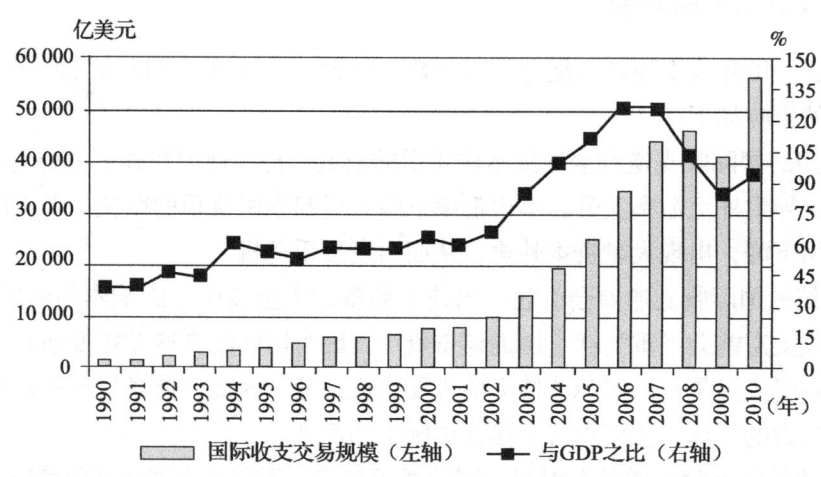

图 1-1　中国国际收支交易规模及其与 GDP 之比

资料来源：国家外汇管理局，国家统计局。

经常项目收支状况持续改善。2010 年我国经常项目交易规模达到 3.6 万亿美元的年度最高值，经常项目顺差依然低于 2007 年和 2008 年的历史高峰时期。2009 年为全球经济运行的低谷，世界贸易和投资水平均呈下降态势，我国经常项目顺差也大幅回落，与同期

GDP 之比为 5.2%，较 2008 年下降 3.9 个百分点。2010 年，随着国内外经济企稳回升，我国经常项目顺差较 2009 年增长 17%，与 GDP 之比为 5.2%，与 2009 年持平。其中，2010 年国际收支统计口径的货物贸易顺差与 GDP 之比为 4.3%，较 2009 年下降 0.7 个百分点。2004~2010 年国际收支顺差结构如表 1-4 所示。

表 1-4　2004~2010 年国际收支顺差结构　　（金额单位：亿美元）

| 项目 | 2004 | 2005 | 2006 | 2007 | 2008 | 2009 | 2010 |
| --- | --- | --- | --- | --- | --- | --- | --- |
| 国际收支总差额 | 1 794 | 2 351 | 2 854 | 4 491 | 4 587 | 4 420 | 5 314 |
| 经常项目差额 | 687 | 1 341 | 2 327 | 3 540 | 4 124 | 2 611 | 3 054 |
| 与 GDP 之比（%） | 3.6 | 5.9 | 8.6 | 10.1 | 9.1 | 5.2 | 5.2 |
| 资本和金融项目差额 | 1 107 | 1 010 | 526 | 951 | 463 | 1 808 | 2 260 |
| 与 GDP 之比（%） | 5.7 | 4.5 | 1.9 | 2.7 | 1.0 | 3.6 | 3.8 |

中国国际收支经常项目差额及其与 GDP 之比如图 1-2 所示。

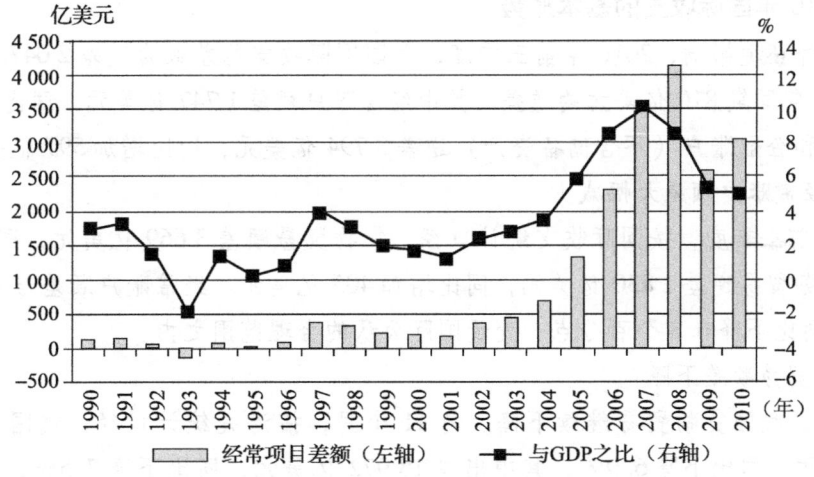

图 1-2　中国国际收支经常项目差额及其与 GDP 之比

资本和金融项目顺差呈现一定波动。一季度，我国跨境资金流动延续前一年复苏势头，资本和金融项目顺差 612 亿美元。随后在欧洲主权债务危机的影响下，国际资本避险情绪加重，跨境资金净流入套利倾向减弱，二三季度资本和金融项目顺差分别降至 319 亿美元和 141 亿美元，较 2009 年同期均下降 50% 以上。四季度，随着国际金融市场逐步企稳和境外流动性日益充裕，我国资金净流入出现明显反弹，资本和金融项目顺差达到 1 189 亿美元。

我国市场主体的负债外币化倾向依然较强。一方面表现为我国外债规模上升，2010 年年末余额较 2009 年年末增加 1 203 亿美元，主要为中资金融机构和企业贸易信贷较快增长。另一方面，境内企业借用外汇贷款增多，2010 年年末我国金融机构各项外汇贷款余额较 2009 年年末增加 740 亿美元，其中境内外汇贷款余额增加 472 亿美元。年末银行外汇贷存比为 198%，较 2009 年年末增加 16 个百分点。

资料来源：国家外汇管理局国际收支分析小组撰写的《2010 年中国国际收支报告》。

**案例点评**

从 2010 年我国国际收支运行的总体情况可以看出,不管是经常账户还是资本和金融账户都存在顺差,我国的国际收支失衡并不是一个短期现象,是本书中提到的结构性失衡。2007 年以后我国国际收支经常账户顺差占 GDP 的比重开始下降,但这并不是因为我国的经济结构发生了根本性的变化,其原因在于两个方面:一是 2008 年的全球金融危机导致了国外进口需求的减少,经常账户的顺差开始下降;二是近年来人民币持续升值导致经常账户顺差的下降,关于这一点第三章将对相关条件做详细分析。

## 案例分析 1-2

## 2016 年国际收支形势分析

### 一、2016 年国际收支的基本形势

受国内外环境影响,2016 年前三季度,我国国际收支总差额为逆差 2 047 亿美元,大大高于 2015 年同期 810 亿美元的逆差,其中经常账户顺差 1 747 亿美元,同比减少 640 亿美元;资本和金融账户(不含储备资产)逆差 3 794 亿美元,同比增加 597 亿美元。

(一)经常账户顺差大幅减少

2016 年前三季度,按国际收支统计口径,货物贸易顺差 3 669 亿美元,同比减少 422 亿美元;服务贸易逆差 1 830 亿美元,同比增加 405 亿美元。经常账户顺差与 GDP 的比率为 2.2%,同比下降 0.8 个百分点,处于国际公认的合理范围之内。

1. 货物贸易顺差下降

2016 年,我国货物贸易继续下降。前 11 个月,按海关统计口径,我国货物进出口 33 193 亿美元,同比下降 6.9%,其中出口 18 972 亿美元,同比下降 7.5%,进口 14 221 亿美元,同比下降 6.2%,贸易顺差 4 751 亿美元,比 2015 年同期减少 640 亿美元。预计全年货物贸易总额超过 3.6 万亿美元,约比 2015 年下降 7%,贸易顺差超过 5 000 亿美元。

2. 服务贸易逆差扩大

2016 年前三季度,我国服务贸易收支总额 5 922 亿美元,同比增长 5.6%。其中,服务贸易收入 2 046 亿美元,同比下降 2.1%;支出 3 876 亿美元,增长 10.3%;逆差 1 830 亿美元,同比扩大 28.4%。

(二)资本和金融账户出现较大逆差

2016 年上半年资本账户流动相对平稳,但下半年尤其是第四季度短期资本流出大幅增加。

1. 直接投资转为较大逆差

2016 年,全球直接投资在上年大幅增长的基础上出现较大下降。据联合国贸发会议 9 月的预测,2016 年全球直接投资同比下降 10%~15%。但与此同时,我国双向直接投资特别是境外直接投资却逆势增长,不但与大部分国家形成了鲜明反差,而且与我国对外贸

易也形成了此消彼长的对比。这表明我国对外开放正发生由贸易为主向投资并重的转变，国际分工形态趋于中高端化，也是我国经济"新常态"的特征之一。

从利用外资看，虽然我国经济增速放缓、风险增加，但增长动力和发展模式正在逐渐转换，加之开放幅度扩大、产业升级对外资需求增加等因素，外资对我国中长期投资仍有信心，对华直接投资较 2015 年有小幅上涨。前 10 个月，按商务部统计口径，我国非金融类实际使用外商直接投资 1 039.1 亿美元，同比增长 4.2%。

从对外投资看，目前我国企业境外投资的意愿和能力都不断增强，加之"一带一路"建设取得实质性进展，我国对外直接投资呈现迅猛发展的势头。2016 年前 10 个月，按商务部统计口径，我国非金融类境外投资 1 459.6 亿美元，同比大幅增长 53.3%。

综合来看，2016 年直接投资流出规模将远远超过流入规模，直接投资项目出现较大逆差。显然，我国已成为直接投资的净流出国，是全球直接投资的重要来源地。

2. 证券投资和其他投资账户保持逆差

证券投资和其他投资对短期指标和预期因素比较敏感，是近年来引发我国国际收支波动、风险上升的最主要因素。2016 年这两个账户仍波动较大、整体继续出现逆差，2016 年下半年流出规模明显超过上半年。

### （三）外汇储备减少，人民币汇率小幅贬值

2016 年，我国外汇储备减少，但前三季度降幅不大，个别月份还出现了反弹，但 10 月起外汇储备下降加速，11 月末，外汇储备余额为 30 516 亿美元，比 2015 年年末减少 2 788 亿美元，预计年末外汇储备可能降至 3 万亿美元左右，这是我国外汇储备连续第二年下降，但降幅低于 2015 年。

## 二、近年来我国国际收支发生了重要的阶段性变化

### （一）我国国际收支出现了新特征

第一，国际收支结构由"双顺差"转为"一顺差、一逆差"。自 1999 年到 2011 年的十余年间，我国国际收支都呈现出经常账户、资本账户"双顺差"结构，外汇储备余额迅速增长，由 1999 年的 1 547 亿美元增长到 2011 年的 31 811 亿美元。2012 年，我国国际收支出现经常账户顺差、资本账户逆差的结构，但后者逆差规模并不大，只有 360 亿美元；2013 年，国际收支又重新恢复"双顺差"结构。从 2014 年开始，我国国际收支开始出现持续性的经常账户顺差、资本账户逆差的"一顺差、一逆差"结构，资本项下逆差规模持续扩大，并成为影响国际收支结构的主要因素。这种结构很可能在未来一段时间内长期存在。

第二，国际收支一些主要账户结构出现显著变化。一是服务贸易逆差持续扩大。我国服务贸易长期为逆差，但近年来逆差规模明显扩大，2010 年逆差仅为 234 亿美元，而 2015 年增加到 1 824 亿美元，2016 年逆差进一步扩大，它已经成为经常账户顺差减少的主要原因。二是直接投资转为逆差。我国长期外商直接投资规模超过对外直接投资，但近年来对外直接投资净值增长很快，2011 年为 484 亿美元（国际收支口径），2014 年和 2015 年分别增加到 1 231 亿美元和 1 878 亿美元，2016 年进一步攀升并导致直接投资账户历史

上首次转为逆差。三是短期资本流出规模扩大。短期资本包括股权投资、债券投资、贸易信贷等很多种类，在国际收支平衡表中主要反映为证券投资和其他投资等项目，它们对利率、汇率等短期市场信号敏感，经常出现大规模流进流出，对国际收支尤其是短期收支影响很大。在全球经济增长低迷、人民币汇率升值预期较强等的年份，如2009年、2011年、2013年，短期资本大规模流入我国，但2014年起转为流出，且流出规模不断扩大。

第三，外汇储备减少。受国际收支流入下降、流出增加的影响，我国外汇储备在2014年6月末达到历史最高点3.99万亿美元之后逐步减少，2016年11月底与最高点相比下降9 417亿美元，在两年半的时间内降幅为23.6%。同时要看到，近年来国际收支的一些基本和重要的账户仍比较稳定。一方面，货物贸易顺差规模不降反升，2014年、2015年顺差分别为4 350亿美元和5 670亿美元，2016年继续创出历史新高；另一方面，直接投资流入净值也基本保持稳定，2010年以后顺差都超过2 000亿美元，2015年达到2 499亿美元。

（二）我国经济进入"新常态"是国际收支变化的主要原因

我国经济阶段性变化对国际收支影响更为明显。一是从货物贸易看，我国贸易结构正在加快转型，既包括出口结构和产品质量不断提升，也包括中高端产品的进口替代逐步增加，这是导致货物贸易保持较大规模顺差的主要原因。二是从服务贸易看，现阶段我国经济服务化趋势加快，但受我国服务业的整体竞争力不强等因素影响，快速增长的服务业需求更多地转化为对国外服务业的进口。例如，从旅游账户看，由2011年的241亿美元逆差增加到2015年的1 781亿美元。三是从境外直接投资看，当前我国已进入对外投资扩张、产能转移加快、全球经营布局加速的历史新阶段，对外直接投资进入加速阶段。四是从短期资本看，一方面，随着我国加快资本账户开放，尤其是一些短期资本账户开放，出现了短期资本大进大出，成为引发国际收支波动的主要原因；另一方面，我国境内居民、企业和金融机构等原来持有的境外资产很少，随着境外投资渠道拓宽，境内各类投资主体受经济增长率、利率、汇率等因素影响，加之分散风险的考虑，持有的境外资产大幅增加，出现了由"藏汇于国"到"藏汇于民"的转变。

（三）"一顺差、一逆差"是比较符合我国现阶段经济发展的国际收支结构

理论上，长期"双顺差"或"双逆差"都是一种不稳定、不可持续、蕴含较大风险的国际收支结构，不但导致国内外经济失衡，而且往往增加宏观经济政策尤其是货币政策调控的难度。相比之下，"一顺差、一逆差"是一种比较稳定的国际收支结构，尤其是在外汇储备余额较多、顺差或逆差主要由长期因素决定的时期就更是如此。

资料来源：陈长缨. 2016年国际收支形势分析及2017年展望［J］. 国际贸易，2017（1）.

**案例点评**

我国的国际收支账户经历了较长期的"双顺差"结构，从2014年开始，我国国际收支开始出现持续性的经常账户顺差、资本账户逆差的"一顺差、一逆差"结构。该案例分析对我国国际收支账户的结构以及原因做了细致的分析，很值得我们学习。资本与金融账户之所以出现较大逆差，我国的经济政策与发展策略变化也是重要原因之一。比如国家

"一带一路"战略的实施,将使我国的对外投资大幅增加;对资本账户限制的放宽,使企业、个人对外投资更为便利等。而未来我国国际收支结构将发生什么样的变化,既取决于国际经济环境,也取决于我国经济结构本身的变动。

## 核心概念与本章小结

1. 国际收支是一国在一定时期内,居民与非居民之间的全部经济交易的系统记录。国际收支概念的内涵非常丰富,可以通过四个方面理解:国际收支是一个流量概念;国际收支是以经济交易为基础,而不是以支付为基础;国际收支发生在居民和非居民之间;国际收支是个事后概念。

2. 一国的国际收支状况可以通过国际收支平衡表来反映。国际收支平衡表是按照"有借必有贷,借贷必相等"的复式记账原则进行编制,涉及借方和贷方两个方面。借方记录的是资金的使用,是对非居民进行支付的交易,表现为外汇的流出,反映资产或资源持有量的增加、负债的减少。贷方记录的是资金的来源,表现为外汇的流入,是接受非居民支付的交易,反映资产或资源持有量的减少、负债的增加。编制国际收支平衡表有两个经验法则:第一,凡是引起本国从外国获得外汇收入的交易记入贷方,凡是引起本国对国外有外汇支出的交易记入借方;第二,凡是引起本国外汇供给的交易记入贷方(本国政府削减外汇储备),凡是引起本国外汇需求的交易记入借方(本国政府增加外汇储备)。

3. 各国国际收支平衡表在编制过程中,尽管具体的项目设定上存在差异,但其基本内容大体一致,国际收支平衡表的内容主要包括四大类:经常账户、资本和金融账户、净误差和遗漏以及储备与相关项目。

4. 国际收支平衡表是各国经济分析的重要工具,国际收支平衡表的分析方法一般包括静态分析法、动态分析法、比较分析法。国际收支差额主要包括贸易收支差额、经常账户差额、资本和金融账户差额以及综合差额四种。

5. 国际收支平衡是一种相对理想的状态,国际收支的失衡是绝对的。国际收支失衡的原因是多种多样的,其结果表现为一国国际收支顺差或逆差。

6. 当一国出现国际收支失衡以后,通常使用的国际收支调节方法主要有国际收支自动调节机制和国际收支政策引导机制。

本章内容是国际金融学的研究起点,希望通过本章的学习,引导学生掌握国际收支的基本内涵、国际收支平衡表的主要内容以及国际收支差额的分析,并在此基础上分析了国际收支失衡的原因以及国际收支失衡对一国经济的影响。

## 本章习题

1. SDRs 是（　　）。
    A. 欧洲经济货币联盟创设的货币　　B. 欧洲货币体系的中心货币
    C. IMF 创设的储备资产和记账单位　　D. 世界银行创设的一种特别使用资金的权利

2. 一国国际收支顺差会使（　　）。
   A. 外国货币需求增加，该国货币汇率上升
   B. 外国货币需求减少，该国货币汇率下跌
   C. 外国货币供给增加，该国货币汇率下跌
   D. 外国货币供给减少，该国货币汇率上升
3. 当国际收支的收入数字大于支出数字时，差额则列入（　　）以使国际收支人为地达到平衡。
   A. "错误和遗漏"项目的支出方　　B. "错误和遗漏"项目的收入方
   C. "官方储备"的支出方　　　　　D. "官方储备"的收入方
4. 下列哪项应记入经常项目的贷方（　　）。
   A. 商品与服务进口　　　　　　　B. 商品与服务出口
   C. 外商在本国的直接投资　　　　D. 本国企业在国外的直接投资
5. 简述国际收支的概念。
6. 简述国际收支与国际借贷的区别。
7. 简述国际收支平衡表的编制原则、记账方法。
8. 简述国际收支平衡表的主要项目。
9. 如何理解国际收支均衡和失衡？
10. 哪些因素会引起国际收支不平衡？
11. 简述国际收支不平衡对一国经济的影响。
12. 假设某国某年发生以下的经济业务：
    (1) 我国企业出口价值100万美元的设备，所得收入存入银行。
    (2) 我国居民到外国旅游花销1万美元，用信用卡支付，并在回国后用自己的外汇存款偿还。
    (3) 外商以价值1 000万美元的设备投入我国，兴办合资企业
    (4) 我国政府动用外汇库存40万美元向外国提供无偿援助，另提供相当于60万美元的粮食药品援助。
    (5) 我国某企业在海外投资所得利润150万美元，其中75万美元直接用于当地的再投资，75万美元调回国内向中央银行结售，换得本币后，将相当于25万美元的本币用于股东分红，将相当于50万美元的本币用于购买国产设备后重新投资于国外企业。
    (6) 我国居民动用外汇存款40万美元购买外国某公司股票。
    (7) 我国居民通过劳务输出取得收入5万美元，并将收入汇到国内，存入银行。
    (8) 我国某公司在海外上市，获得100万美元的资金，我国公司将融资所得现金结算成本币。
    
    根据以上经济业务为该国编制国际收支平衡表，并计算该国的贸易差额、经常项目差额，分析资本和金融账户是逆差还是顺差，说明储备资产的变化。

# Chapter 2 第二章

# 国际储备

## 引言

国际储备是国际货币体系的核心组成部分之一，也是国际金融领域的重要问题。它不仅关系到各国调节国际收支和稳定货币汇率的能力，而且会影响世界各国的物价水平和国际贸易的发展。中国目前已经超过日本，成为美元外汇储备最多的国家。近年来，随着美元汇率的不断贬值，中国持有的巨额美元外汇在不断贬值，而中国政府为了控制人民币汇率升值的幅度，不得不在外汇市场上大量购买美元外汇。中国陷入了"美元陷阱"，如何解决这一问题，成为各方关注的焦点。

## 学习目标

(1) 掌握国际储备的概念、特点
(2) 了解国际储备和国际清偿能力的区别
(3) 掌握国际储备的构成
(4) 熟悉国际储备总量管理和结构管理
(5) 了解我国的国际储备状况及其管理

## 第一节 国际储备概述

### 一、国际储备的概念和特点

国际储备（international reserves）也称官方储备，是指一国政府所持有的用于弥补国际收支逆差和维持本国货币汇率的国际间可以接受的一切资产。1965 年十国集团在《创造性储备资产研究小组的报告》中对国际储备的解释是："各国货币当局占有的那些在国际收支出现逆差时可以直接地或通过同其他资产有保障的兑换性来支持该国汇率的所有资产。"根据该定义，能够作为国际储备的资产必须具有以下四个特点：

(1) 官方持有性。作为国际储备的资产必须是掌握在一国货币当局手中的。非官方金融机构、企业和私人持有的黄金和外汇，虽然也是流动资产，但不能作为国际储备资产。这一特点使国际储备有时也被称为官方储备。

（2）普遍接受性。作为国际储备的资产，必须能够被世界各国普遍接受、认同和使用，否则就不能作为国际支付手段用来弥补国际收支逆差。

（3）充分流动性。作为国际储备的资产，必须是随时能够动用的资产，如存放在国外银行的活期可兑换外币存款、有价证券（如美国国库券）等。这样，当一国出现国际收支逆差时，就可迅速动用这些资产予以弥补，或通过干预外汇市场来维持本国货币汇率的稳定。

（4）价值稳定性。作为国际储备的资产，其包含的内在价值必须相对稳定，不能因为汇率、利率的变化而发生大幅度的价值下跌。

## 二、国际储备和国际清偿能力

国际清偿能力（international liquidity）又称国际流动性，是指一国的对外支付能力。国际储备和国际清偿能力既相互联系又有区别。两者的联系在于，国际储备和国际清偿能力都是一国对外支付能力的标志，具有共同的职能和作用。

两者的区别在于，国际清偿能力的内涵要比国际储备广，国际储备是一国国际清偿能力的核心部分。一般来说，国际清偿能力包括三个方面的内容：① 一国货币当局自有的国际储备，主要指国际储备中的黄金和外汇储备；② 一国货币当局的借款能力；③ 一国商业银行所持有的外汇资产。因此，国际储备是一国现实的对外清偿能力，而国际清偿能力则包括一国现实的对外清偿能力，以及一国潜在的对外清偿能力。

## 三、国际储备的作用

各国保持国际储备具有各种各样的目的，但国际储备作为衡量一个国家经济实力强弱的重要指标之一，其主要作用表现在以下三个方面。

**1. 弥补国际收支逆差**

弥补国际收支逆差是国际储备的最主要作用。当一国发生国际收支逆差时，如果发生的只是短期的、临时性的国际收支逆差，可以通过动用国际储备予以弥补，而不需要采用影响国内经济的财政货币政策进行调节，这样可以避免国内经济受经济政策调整所产生的不利影响，有利于国内经济的稳定发展。如果发生的只是长期的、巨额的国际收支逆差，动用国际储备进行弥补虽不能从根本上解决问题，必须对国民经济进行调整，但国际储备能够起到一定的缓冲作用，可为该国政府赢得时间，进行有步骤地政策调整，从而减少因采取紧急措施而付出的代价。

**2. 维持本国汇率稳定**

各国货币当局持有的国际储备反映了一国干预外汇市场、保持汇率稳定的能力。当本币汇率在外汇市场上发生较大波动时，尤其是由投机性因素导致本币汇率的波动时，会对本国经济产生不利影响。一国货币当局可利用国际储备干预外汇市场，影响外汇供求，将汇率维持在政府所希望的水平。当本币汇率下跌时，货币当局可以出售外汇购入本币，增加外汇供给，从而使本币汇率上升；当本币汇率上升时，货币当局可以出售本币购入外汇，增加本币供给，从而使本币汇率下跌。但是，需要指出的是，通过外汇市场干预来调节汇率，无法从根本上改变决定汇率的基本因素，而且由于一国所持有的国际储备总是有限的。因此，外汇市场干预只能对汇率产生短期、有限的影响。

**3. 充当对外借款的信用保证**

国际储备是一国对外借款和偿还本息的信用保证，是衡量一国对外资信的一项重要指标。国际储备充裕可以加强一国的资信，吸引国外资金流入，促进本国经济的发展，而且国际储备还可以用来增强金融市场对本币汇率的信心。一国国际储备状况是一个国家金融实力和经济地位的重要标志。一国有充足的国际储备，表明该国的偿债能力比较强，对外借款就比较容易；反之，偿债能力比较弱，对外借款就比较困难。

## 四、国际储备的构成

国际储备的构成是指用于充当国际储备资产的种类。在不同的历史时期，充当国际储备的资产具有不同的形式。目前，根据国际货币基金组织的标准，国际储备资产主要有四种形式：黄金储备、外汇储备、在国际货币基金组织的储备头寸以及特别提款权。对于任何一方来说，其国际储备中至少包括黄金储备和外汇储备。如果其还是国际货币基金组织的成员方，则其国际储备中还应包括在国际货币基金组织的储备头寸。如果其还参与特别提款权的分配，则其国际储备还包括第四项储备资产，即特别提款权。

### （一）黄金储备

黄金储备是指一国货币当局所持有的货币性黄金（monetary gold），不包括非货币用途的黄金，如用于私人收藏或作为艺术品用途存在的黄金就不能作为黄金储备资产。

黄金储备一直是各国国际储备中的重要储备资产。历史上它作为"天然"的国际货币，曾经是各国都能普遍接受的支付手段。在国际金本位制度下，黄金是最主要的国际储备资产，执行世界货币的职能，充当国际支付的最后手段。在布雷顿森林体系下，黄金仍是货币汇率的基础，保有一般支付手段的职能，且仍是重要的国际储备资产。在布雷顿森林体系崩溃后，随着黄金非货币化，黄金现在已经和各国货币脱钩，不再是货币制度的基础，也不能直接用于国际收支差额清算。由于历史上形成的习惯，大多数国家仍持有黄金，并将它作为国际储备的组成部分。国内有学者称黄金储备为"潜在的二级储备资产"，因为虽然目前不能直接用黄金进行对外支付，但仍然可以在黄金市场上出售黄金储备，换成可兑换的外汇再进行对外支付。一国虽然也可以出售其他商品来换得对外支付所必需的外汇，但它们都不如黄金那样便利，黄金仍能间接地发挥国际储备的作用。

但是从二战以后，黄金在国际储备中的比重不断下降，由 1970 年的 39.7% 下降到 1987 年的 6.2%，目前已经降到 5% 以下，这主要与黄金非货币化有关。尽管黄金储备在国际储备中所占的比重有较大幅度下降,但黄金储备总量却比较稳定,近年来国际黄金储备数量大致维持在 10 亿盎司[注]的水平,但黄金储备主要集中于少数发达国家。世界主要国家/地区官方黄金储备如表 2-1 所示。

表 2-1 世界主要国家/地区官方黄金储备（截至 2016 年 12 月）

| 国家/地区 | 数量（吨） | 占外汇储备比重（%） | 国家/地区 | 数量（吨） | 占外汇储备比重（%） |
| --- | --- | --- | --- | --- | --- |
| 美国 | 8 133.5 | 76.0 | 中国台湾 | 422.7 | 4.0 |
| 德国 | 3 378.2 | 69.9 | 葡萄牙 | 382.5 | 71.3 |
| 意大利 | 2 451.8 | 69.4 | 沙特阿拉伯 | 322.9 | 2.3 |
| 法国 | 2 435.4 | 65.4 | 英国 | 310.3 | 9.3 |
| 中国大陆 | 1 823.3 | 2.3 | 黎巴嫩 | 286.8 | 24.0 |
| 俄罗斯 | 1 498.7 | 16.2 | 奥地利 | 280.0 | 45.3 |
| 瑞士 | 1 040.0 | 6.7 | 西班牙 | 281.6 | 19.8 |
| 日本 | 765.2 | 2.3 | 比利时 | 227.4 | 38.1 |
| 荷兰 | 612.5 | 63.3 | 菲律宾 | 196.0 | 10.0 |
| 印度 | 557.8 | 6.5 | 阿尔及利亚 | 173.6 | 5.2 |
| 欧洲央行 | 504.8 | 27.6 | 泰国 | 152.4 | 3.6 |

资料来源:中国黄金网 www.gold.org.cn/hjsc/hjcb.thm。

目前,黄金储备作为国际储备资产的地位虽然已被削弱,但仍然是国际储备的重要形式。以黄金作为储备资产有其特殊的优点:①黄金是最可靠的保值手段。特别是当国际上出现政治、经济动荡时,黄金能够保值。②黄金储备不受任何超国家权力的干预,完全是一国主权范围内的事情,可自由控制。③黄金储备具有内在价值,比较可靠,不用受国家或金融机构的信用和偿付能力的影响,债权国处在主动地位。④一国黄金储备的多少,代表了一国的金融和经济实力。

但是,以黄金作为储备资产也有其缺点:①黄金的流动性较低。根据《牙买加协议》,黄金不能直接进行对外支付。一国为了弥补其国际收支逆差,必须首先将黄金储备变现为外汇资产。在变现的过程中,涉及两项成本,一项是变现成本,另一项是因短期集中抛售黄金导致金价下跌的成本。这两项成本的存在使得黄金储备的吸引力下降。②黄金收益率偏低。由于黄金本身不能生息,所以黄金的收益来自于金价的上涨扣除保管黄金的费用。但自布雷顿森林体系崩溃以来,黄金的市场价格一直处于频繁的波动之中。在 1980 年 1 月伦敦黄金市场创纪录地达到每盎司黄金 870 美元以后,黄金价格便逐步下降,一直在相对低位徘徊。再加上需要支付大量费用保管黄金,持有黄金的收益率明显偏低。③持有黄金的机会成本较高。特别是对于发展中国家,国民收入较低,外汇资产缺乏,需要充分利用一切资金来发展生产,因而以持有黄金的形式保有大量资产的机会成本较高。④增加黄金储备也有实际困难。日益高昂的产金成本使黄金产量增长有限,影响了黄金的供给,而工业、艺术、保值等用金需求日益增长。因此,要想大量增加黄金储备,往往只能通过支付巨额外汇在黄金市场购买黄金的方法。而采用这一方法,在增加一国

---

[注] 1 盎司 = 28.35 克。

黄金储备的同时，却减少了外汇储备，国际储备资产只不过在黄金储备与外汇储备之间重新进行分配。

### (二) 外汇储备

外汇储备是指由一国货币当局所持有的外国可兑换货币及其短期金融资产，即政府持有的外汇。被各国用作外汇储备的货币称为储备货币，它是世界各国普遍接受的通货。作为储备货币，必须具备以下四个条件：① 储备货币发行国具有较强的经济实力。② 这种货币必须能完全自由兑换。③ 内在价值相对比较稳定。④ 在国际货币体系中占有重要地位。在国际金本位制度下，英镑代替黄金执行国际货币的各种职能，成为各国最主要的储备货币。20 世纪 30 年代，美元与英镑并驾齐驱，成为最主要的国际储备货币。第二次世界大战以后，英国经济实力受到削弱，美元是唯一直接与黄金挂钩的主要货币，美国通过其国际收支逆差，使大量美元流出美国，形成一种世界性货币，其中一部分被各国政府所拥有，成为各国的美元储备，于是美元是各国外汇储备的主体。自 20 世纪 70 年代初期以来，由于美元不断爆发危机，美元停止兑换黄金，并不断贬值，加之日本、联邦德国等国经济的崛起，马克和日元也跻身于储备货币之列，储备货币的供应开始出现多样化的局面。目前，虽然美元在各国外汇储备中的比重仍然最大，但早已是今不如昔了，其所占的份额已逐步下降，而欧元、日元及其他一些货币的份额在不断增加，储备货币的多样化构成了当今乃至今后国际货币体系的一个重大特征。

20 世纪 80 年代以来，外汇储备一直是各国国际储备的主要构成部分。在非黄金国际储备资产中，外汇储备所占比重在 80%～90%，外汇储备中的货币结构以美元为主，不断趋向储备货币的多样化，目前主要有美元、欧元、日元、英镑等。我国的外汇储备中以美元为主，截至 2011 年 3 月，我国的外汇储备已经突破 30 000 亿美元，是世界第一大外汇储备国。

### (三) 在国际货币基金组织的储备头寸

在国际货币基金组织的储备头寸，又称为普通提款权，是指一国在国际货币基金组织的储备档头寸加上债权头寸。国际货币基金组织的成员方可以无条件地提取其储备头寸，用于弥补国际收支逆差。

储备档头寸又称"储备档贷款"，是指成员方以黄金、外汇储备或特别提款权向国际货币基金认缴的资金，其额度为在基金组织份额的 25%。国际货币基金组织规定，加入该组织时，要交纳一定的资金，称为份额。最初成员方基金份额的 25% 以黄金交纳，75% 以本国货币交纳。自 1976 年牙买加会议后，黄金的地位发生了变化。因此，国际货币基金组织于 1978 年 4 月 1 日正式通过修改协定，取消了以黄金交纳 25% 基金份额的规定，改为以特别提款权或可自由兑换货币交纳。由于成员方对储备档贷款的使用不需要基金组织批准，是无条件的，成员方可随时用本国货币购买，因而储备档贷款即成为一国国际储备资产的一部分。

债权头寸是指国际货币基金组织因将某一成员方的货币贷给其他成员方使用而导致其对该国货币的持有量下降到不足该国本币份额的差额部分以及成员方 IMF 超过份额的贷款部分。基金组织对某一成员方的贷款是通过向其提供另一成员方的货币来实现的，这样做的结果是：获得贷款国形成了对基金组织的债务，而货币提供国则形成对基金组织的债权。债权头寸的发生是以基金组织使用该国货币进行贷款作为前提条件，贷款货币的使用额就构成货币供应国的债权头寸。这部分对 IMF 的债权，IMF 随时可向会员方偿还，也即会员方可以无条件地用来弥补国际收支逆差。

## （四）特别提款权

特别提款权（special drawing right，SDR）是国际货币基金组织对成员方根据其份额分配的，可用以归还基金组织贷款和会员方政府之间偿付国际收支逆差的一种账面资产。国际货币基金组织为了解决国际储备不足问题，经过长期谈判后于 1969 年在基金组织第 24 届年会上创设了这种新的国际储备资产——特别提款权。作为一种人为创造的储备资产来弥补国际收支逆差，补充国际储备的不足。成员方根据其在 IMF 中的份额分配到的 SDR 是无附带条件地使用流动资金的权利。这就是说，IMF 不能因为不同意成员方的政策而拒绝向它提供使用 SDR 的便利。只要一个成员发生国际收支逆差，并要求通过动用其掌握的 SDR 来弥补这一逆差，IMF 就有义务指定另一成员方接受 SDR，或者由它自己动用其库中持有的现金来换回这些 SDR。各成员方在享有 SDR 提款便利的同时，必须承担两项义务：① 通过分配获得的 SDR 要支付利息。目前该利率相当于确定 SDR 之值的一篮子货币中的 5 种主要货币的加权平均利率。② 在 IMF 需要时，按其指定接收 SDR，并兑给相应的货币。一般说来，只有那些在国际收支和国际储备方面地位很高的成员，才会被指定接受 SDR。不过，如果一个成员已经持有的 SDR 超过其累计分配净额的 300%，该成员便不能再被指定以现金兑入 SDR。SDR 根据 5 种货币组成的篮子货币定值，所以被认为是一种价值比较稳定的资产。不过由于 SDR 的数额是由 IMF 分配额刚性固定的，并且 IMF 只允许每个成员暂时地让它持有的 SDR 下降到 SDR 分配额的 30%，因而 SDR 作为各成员弥补国际收支逆差的手段，其作用是相当有限的。

特别提款权不同于其他储备资产：① 不同于储备货币。特别提款权作为国际信用资产，它是由基金组织分配给会员方并只能由会员方中央银行持有，而储备货币既有内在价值，也不是人为创造的，是通过国际收支顺差等途径取得的。② 不同于基金组织的普通提款权。它能用于官方结算或向其他会员方换取可兑换货币，但不能直接用于贸易和非贸易支付。成员方使用特别提款权无须偿还，而成员方借取的普通提款权则必须偿还。③ 价值稳定。由于特别提款权不受任何成员方政府的影响而贬值，它被认为是一种比较稳定的资产。④ 使用范围主要限于官方之间，但国际货币基金组织也鼓励私人之间使用。

从发行开始，国际货币基金组织一直试图把特别提款权作为主要储备资产，但其发行数量不多，在世界储备总额中所占比重不大。目前特别提款权占所有成员国际储备总量的比重还不到 5%，目前为止，国际货币基金组织共分配了约 428 亿特别提款权。

## 第二节 国际储备管理

近年来,随着世界各国国际储备资产规模的不断扩大,如何加强对国际储备资产的管理,成为各国政府和货币当局急待解决的问题。国际储备管理,是指一国政府或货币当局根据一定时期内本国国际收支状况和经济发展的要求,对国际储备的规模、结构以及储备资产的运用等进行计划、调整和控制,以实现储备资产规模适度化、结构最优化、使用高效化的整个过程。

国际储备管理主要解决两个问题:一是如何确定和保持国际储备的适度规模;二是如何实现储备资产结构的最优化。根据这两个方面的目标,可以把国际储备管理分为国际储备规模管理和国际储备结构管理。

### 一、国际储备规模管理

国际储备规模管理,又称为总量管理或水平管理,是为了将国际储备规模维持在一个相对合理的水平上,而对国际储备的规模进行有效的选择和调整。其实质内容主要是确定和保持国际储备的适度规模。

一国应该保持怎样的国际储备规模?这个问题不仅仅对本国的经济有重大的影响,而且也会对世界经济的发展造成一定的影响。例如某一个国家的国际储备数额不足,无法满足本国对外经济交往的需要。即使本国可以通过对外借款的方式来弥补本国国际储备的不足,也会增加在金融市场上借款的成本。若某一国拥有过多的国际储备,就会造成机会成本过高的后果。因为一国持有太多的国际储备,是以牺牲消费和投资的利益为代价的,会影响本国经济的正常发展,甚至引发国内的通货膨胀。因此一国应该保持合适的国际储备规模,而一国实现国际储备的适度规模,主要取决于一国国际储备资产的供求状况。

#### (一) 影响国际储备供给的因素

国际储备包括黄金储备、外汇储备、在货币基金组织的储备头寸和特别提款权,所以国际储备供给量的变动取决于这四个要素的增减变化。因此,影响一国国际储备供给的主要因素表现在以下几个方面。

(1) 国际收支顺差。国际收支顺差是国际储备最主要和直接的来源,国际收支顺差会增加一国的国际储备,国际收支逆差会减少一国的国际储备。在国际收支的各个组成部分中,经常账户顺差与资本和金融账户顺差相比更为可靠,是稳定的国际储备来源。经常项目顺差表示一国的商品和劳务具有较强的国际竞争力,能够增加国际储备。而资本和金融账户顺差虽然也能够增加国际储备,但由于国际资本流动尤其是短期资本流动具有不稳定性,所以通过资本流入所引起的国际储备的增加也具有相当程度的不稳定性,极易造成因短期资本流出而导致国际储备的急剧下降。

(2) 干预外汇市场。一国货币当局对外汇市场进行干预，也可以改变一国国际储备存量。当本国货币面临升值压力时，为避免汇率波动对国内经济和国际贸易的不利影响，货币当局可以在外汇市场上抛售本币收购外汇，补充本国的国际储备；当本国货币面临贬值压力时，为维持汇率的稳定，该国货币当局也可以在外汇市场上抛售外汇购进本币，此时抛售的外汇减少了本国的国际储备。

(3) 国际借贷。一国政府或中央银行向国外借款，如从国际金融机构或他国政府取得贷款，以及中央银行间的互惠信贷等均可补充其外汇储备；反之，当一国政府为其他国家提供储备货币贷款时，就减少了该国的国际储备。

(4) 中央银行收购黄金。一国增加本国的黄金储备主要有两种方法：第一种是中央银行从国内收购黄金；第二种是在国际黄金市场上收购黄金。这两种方法都可以增加一国的黄金储备，从本国国内收购黄金，增加本国的国际储备总量。但是从国际市场上用外汇储备收购黄金，仅仅改变了本国的国际储备的构成，减少外汇储备，增加黄金储备，因此国际储备的总量并不会增加。

(5) 在国际货币基金组织的储备头寸和特别提款权的分配。储备头寸的增加和特别提款权的分配都是国际货币基金组织成员方增加本国国际储备的另一种来源。但数量极其有限，分配结构又不合理，而且各国无法主动增加其持有额，因此它对一国国际储备供给的影响并不大。

## (二) 影响国际储备需求的因素

国际储备需求是指一国货币当局愿意使用一定数量的实际资源来换取并持有的国际储备量。影响国际储备需求的因素主要如下。

**1. 国际收支状况**

由于国际储备的主要职能是弥补国际收支逆差，因此一国国际收支状况如何，将对国际储备需求产生重要影响。一般来说，国际收支越不稳定，所需要持有的国际储备就越多。当一国处于国际收支逆差时，如果本国的货币当局能够持有足够的储备资产，就可以用国际储备来弥补国际收支逆差，而不需要采取通货紧缩政策来调节国际收支逆差，避免出现采取紧缩政策而带来的国民收入下降、失业增加的后果。凡是能够影响国际收支状况的因素，也都会影响到对国际储备的需求。例如国民收入水平、货币供应水平、经济结构特别是贸易结构、贸易条件等经济因素，都会通过对国际收支状况的影响而最终影响到国际储备需求。

**2. 融资能力大小**

当一国需要对国际收支逆差进行弥补时，该国货币当局除了可以动用国际储备外，还可以通过向国外筹借资金的办法来弥补逆差。如果一国具有较高的资信等级，能迅速、便利、稳定地获得国际金融机构贷款和外国政府贷款，或者该国在国际金融市场上的融资能力较强，则该国对国际储备的需求较低；反之，则对国际储备的需求较高。因此，国际储备需求与一国的融资能力呈负相关关系。

### 3. 汇率制度

汇率制度与国际储备需求之间关系密切，选择哪一种汇率制度会影响到国际储备需求。在固定汇率制度下，当一国出现国际收支逆差时，本国货币会面临巨大的贬值压力。为保持本币汇率的稳定，货币当局必须抛售外汇收购本币，因而对国际储备的需求较高。而在完全自由的浮动汇率制度下，国际收支失衡将由汇率的自发波动来进行调整，直至使国际收支自动恢复均衡为止。因此，一国可不持有任何国际储备。在有管理的浮动汇率制度下，国际收支逆差由国际储备和本币贬值共同来进行调整，对国际储备的需求将取决于一国所能接受的本币贬值程度。因此，从理论上说，如果汇率变动越富于弹性，那么该国对国际储备的需求就越小；反之，如果汇率变动越缺乏弹性，对国际储备的需求就越大。国际储备需求与汇率弹性之间是负相关关系。

### 4. 持有储备的机会成本

一国持有国际储备是要付出一定代价的，这种代价我们称之为机会成本。由于国际储备代表着对外国实际资源的购买力，持有国际储备也就意味着放弃对这部分外国资源的使用。如果一国用其国际储备（主要是外汇储备）来购买外国资源特别是外国资本品，可以提高产量和增加就业，促进经济增长。但正是由于持有国际储备，就会丧失这样的机会，从而构成持有储备的机会成本。在许多情况下，这种持有国际储备的机会成本往往是巨大的。持有国际储备的机会成本越高，一国对国际储备的需求就会越低；反之，对国际储备的需求会越高。

## 二、国际储备结构管理

国际储备结构管理，就是要合理安排各种国际储备资产的构成比例。由于普通提款权和特别提款权的数量取决于一国向国际货币基金组织所交纳份额的多少，不受该国自由控制，而且其数量相对固定，变化很小。因此，国际储备资产的结构管理主要指黄金储备结构管理、外汇储备的币种结构管理和外汇储备资产形式的结构管理三个方面。而且各国在对国际储备资产的结构进行管理时，还应该贯彻安全性、流动性和盈利性的原则。

### 1. 黄金储备结构管理

由于目前黄金不能直接进行国际支付，近年来黄金的价格波动非常频繁、波动幅度也较大，因此其流动性和安全性较低。而且持有黄金需要较高的仓储费，盈利性也不高。因此世界上很多国家都采取了保守的、数量稳定的黄金储备管理政策。

外汇储备在国际储备中占有绝对优势，具有一定的流动性和安全性，而且盈利性也比黄金储备高。因此，各国货币当局大多采取在基本稳定黄金储备的同时，增加外汇储备的政策。

### 2. 外汇储备的币种结构管理

由于外汇储备会由于汇率的波动而导致储备资产的贬值，因此世界各国十分重视对储备货币的管理。外汇储备的币种结构管理包括储备货币币种的选择，以及调整各种储备货币在外汇储备中的比重这两个方面。具体的管理包括以下几个方面：

(1) 在储备货币的币种选择方面，应该尽可能地增加"硬货币"（有升值趋势的货币）的储备量，减少"软货币"（有贬值趋势的货币）的储备量。

(2) 根据各种储备货币汇率波动的幅度进行选择，尽可能增加汇率波动幅度较小的货币的储备量，减少汇率波动幅度较大的货币的储备量。

(3) 根据本国对外贸易的结构以及国际贸易支付对储备货币的需求进行选择，尽可能选择大多数国家能够接受的储备货币作为本国的外汇储备。

(4) 外汇储备要和本国货币当局干预外汇市场所需要的货币保持一致。因为本国所持有的外汇储备可以通过干预外汇市场的方式来稳定本国的货币汇率，因此要维持本国货币对某种自由兑换货币的汇率，首先必须储备该种货币，否则无法实现对外汇市场的干预。

### 3. 外汇储备资产形式的结构管理

外汇储备资产形式的结构管理，是为了确保流动性与盈利性的恰当结合。国际储备的主要作用是弥补国际收支逆差，因此各国货币当局在流动性和盈利性这两个原则中，更加重视流动性原则。按照流动性的高低，外汇储备资产可以分为以下三个部分：

(1) 一级储备。流动性最高，但盈利性最低，包括在国外银行的活期存款、外币商业票据和外国短期政府债券等，期限不超过3个月。

(2) 二级储备。盈利性高于一级储备，但流动性低于一级储备，包括各种中期债券等，平均期限为2~5年。它是在必要时弥补一级储备不足以应付对外支付需要的储备资产。

(3) 三级储备。盈利性高于二级储备，但流动性低于二级储备，到期时可转化为一级储备，但提前使用时，会有较大的损失，包括各种长期债券等，平均期限为1~10年。

一般来说，国际收支逆差国应该保留较大比重的一级储备，而顺差国应该保留较小比重的一级储备和较大比重的三级储备。合理的国际储备结构，应该使各种储备货币之间保持适当的比例关系，并且还要确保其流动性、盈利性和安全性。

## 第三节 我国的国际储备

### 一、我国的国际储备基本状况

自1980年以来，我国正式恢复了在国际货币基金组织和世界银行的合法席位，次年正式对外公布了国家黄金外汇储备，并逐步形成了我国的国际储备体系。从1987年起，我国开始对外公布国际储备状况。和世界其他国家的国际储备构成一样，我国的国际储备包括四个组成部分：黄金储备、外汇储备、在国际货币基金组织的储备头寸以及特别提款权。

由于我国在国际货币基金组织中所占的份额较小，虽然近年来有所提高，但是普通提款权和特别提款权的数额仍然十分有限，在我国国际储备总额中所占的比重极小。因此，我国国际储备问题的重点应放在黄金储备和外汇储备上。

我国国际储备体系的基本情况如下。

## (一) 黄金储备

我国实行稳定的黄金储备政策，黄金储备一直稳定增长，但占储备资产的比重较低。新中国成立前，由于国民党政府将大量的黄金储备运到我国台湾地区，导致新中国成立初期几乎没有官方黄金储备。20 世纪 50 年代起，我国的黄金生产逐步恢复，1985 年达到 217 万盎司，1978~1980 年我国的黄金储备规模为 1 280 万盎司，1982~1997 年稳定在 1 267 万盎司的水平上。1997 年，增加到 1 929 万盎司，2009 年增加到 3 389 万盎司，2016 年增加到 5 924 万盎司，我国排名第五位。虽然我国增加了部分黄金储备，但黄金储备在整个储备资产中所占比重仍不到 3%。

## (二) 外汇储备

我国的外汇储备占整个国际储备的 90% 以上，外汇储备的增减直接影响储备资产总额的变动。近年来，我国的外汇储备统计口径发生变化，外汇储备规模不断扩大。

### 1. 我国外汇储备统计口径发生变化

1992 年以前，我国的外汇储备主要是由两部分组成的：一是国家外汇库存；二是中国银行的外汇结存。国家外汇库存，是指国家对外贸易外汇收支的历年差额总和，差额为正，形成外汇储备。中国银行的外汇结存，是中国银行的外汇自有资金，加上其在国内外吸收的外币存款减去其在国内外的外汇贷款和投资后的差额，以及国家通过各种渠道向外国政府、国际金融机构和国际资本市场筹集款项的未用余额部分，这一指标反映在中国银行的海外账户上。严格来说，中国银行应属于自负盈亏的商业银行，其外汇结存应看成是商业银行的外汇资金，不应该作为国际储备。将这部分资金作为国际储备，无法反映我国国际储备的实际规模，而且这种统计口径也不符合国际惯例。

因此，1992 年年底我国对外汇储备统计口径进行了调整，决定从 1993 年起国家外汇储备总额中不再包括国内金融机构的外汇结存部分。按照新的外汇储备统计口径，外汇储备的增减仅包括国家外汇库存部分。而中国银行外汇结存部分，则在资本项目中进行反映。

### 2. 我国外汇储备规模增长迅速，之后缓慢减少

从表 2-2 中可以看出，1980 年以前，我国对外经济交往很少，在外汇方面实行"量入为出，以收定支，收支平衡，略有节余"的方针，外汇收支基本保持平衡，外汇储备量很小。1950~1974 年，大多数年度的外汇储备均在 4.2 亿美元之内。1975 年以后，外汇储备开始增长。1994 年以前，我国外汇储备规模波动较大，如 1982 年、1983 年、1984 年分别是 69.86 亿美元、89.01 亿美元和 82.20 亿美元，而 1981 年和 1985 年分别是 27.08 亿美元和 26.44 亿美元，到了 1986 年只有 20.72 亿美元，这可以看出改革开放初期，我国国际收支并不稳定。

表 2-2　中国历年外汇储备　　　　　　（单位：亿美元）

| 年份 | 国际储备 | 年份 | 国际储备 | 年份 | 国际储备 | 年份 | 国际储备 |
| --- | --- | --- | --- | --- | --- | --- | --- |
| 1950 | 1.57 | 1967 | 2.15 | 1984 | 82.20 | 2001 | 2 121.65 |
| 1951 | 0.45 | 1968 | 2.46 | 1985 | 26.44 | 2002 | 2 864.07 |
| 1952 | 1.08 | 1969 | 4.83 | 1986 | 20.72 | 2003 | 4 032.51 |
| 1953 | 0.90 | 1970 | 0.88 | 1987 | 29.23 | 2004 | 6 099.32 |
| 1954 | 0.88 | 1971 | 0.37 | 1988 | 33.72 | 2005 | 8 188.72 |
| 1955 | 1.80 | 1972 | 2.36 | 1989 | 55.50 | 2006 | 10 663.44 |
| 1956 | 1.17 | 1973 | -0.81 | 1990 | 110.93 | 2007 | 15 282.49 |
| 1957 | 1.23 | 1974 | 0 | 1991 | 217.12 | 2008 | 19 460.30 |
| 1958 | 0.70 | 1975 | 1.83 | 1992 | 194.43 | 2009 | 23 991.52 |
| 1959 | 1.05 | 1976 | 5.81 | 1993 | 211.99 | 2010 | 28 473.38 |
| 1960 | 0.46 | 1977 | 9.52 | 1994 | 516.20 | 2011 | 31 811.48 |
| 1961 | 0.89 | 1978 | 1.67 | 1995 | 735.97 | 2012 | 33 115.89 |
| 1962 | 0.81 | 1979 | 8.40 | 1996 | 1 050.49 | 2013 | 38 213.15 |
| 1963 | 1.19 | 1980 | -12.96 | 1997 | 1 398.90 | 2014 | 38 430.18 |
| 1964 | 1.66 | 1981 | 27.08 | 1998 | 1 449.59 | 2015 | 33 303.62 |
| 1965 | 1.05 | 1982 | 69.86 | 1999 | 1 546.75 | 2016 | 30 105.17 |
| 1966 | 2.11 | 1983 | 89.01 | 2000 | 1 655.74 | 2017-02 | 30 051.24 |

资料来源：国家外汇管理局网站。

1994 年外汇体制改革以后，我国的外汇储备规模出现大幅度增长，中间有一定的曲折，受到 1997 年亚洲金融危机的影响，我国的外汇储备在 1998 年、1999 年和 2000 年增长放缓，但是到 2002 年以后，我国的外汇储备增长迅猛，不断创出新高。到 2006 年，达到 10 663.44 亿美元，超过日本，成为世界第一大外汇储备国。至 2013 年，我国外汇储备增至 38 213.15 亿美元，为目前最高位，之后，国家不断减持外汇储备，截至 2017 年 2 月，我国外汇储备减持到 30 051.24 亿美元，仍然突破 3 万亿美元，居世界第一。

## 二、我国国际储备的规模管理

我国国际储备的规模管理的核心是要保持适度的国际储备水平。对于我国的国际储备总量到底以多大为适度这个问题，学术界意见并不统一。

一种观点认为：我国的外汇储备应保持较高的水平。因为国际储备过少，在遇到突发事件时会发生支付困难，影响国家信誉和经济的持续、快速发展。

另一种观点则认为：我国的外汇储备不宜过高，只要国际储备高于 3 个月进口所需要的储备量即可，这样不至于造成资源的过多浪费。

近年来，我国国际储备尤其是外汇储备连年大幅度增长，之后，国家不断减持外汇储备。这表明，我国中央银行和国家外汇管理局在实际管理中，原来倾向于保持较为充裕的外汇储备。但是发现我国外汇储备已经超过了经济上合理的持有额度后，开始不断减持外汇储备。

### 三、我国国际储备的结构管理

对于黄金储备，应适当增加其持有量。由于黄金价值稳定，有一定的保值价值。随着美元的日益贬值，我国巨额的外汇储备也在不断趋于贬值中。从 2002 年 4 月到 2009 年年底，美元贬值 41%，这意味着我国的外汇储备也随之贬值 41%。因此适量增加黄金储备是保持我国国际储备优势的重要手段。我国于 2016 年增持黄金储备也是基于保值的目的。

我国外汇储备结构管理的重点放在坚持储备货币分散化的策略，通过各种货币升值与贬值的相互抵消，来保持储备货币资产价值的稳定。其中，选用哪些货币作为储备货币，各种储备货币的比重如何确定，这些问题都十分重要。

由于目前我国的外汇储备中，美元货币的储备量非常大，美元若不断贬值，会导致我国面临巨大的储备风险。因此，在未来我国储备货币的构成中，应尽量减低美元份额，增加欧元、日元等的份额。此外，还应该积极运用远期、掉期和期权等金融衍生工具，对我国的国际储备资产进行保值。

## 案例分析 2-1

### 我国巨额外汇储备的形成和运用

#### 一、我国外汇储备的形成及运用现状

（一）我国巨额外汇储备的形成

外汇储备是一个国家或地区货币当局（主要是指中央银行）持有的可自由兑换的外汇资产，是其官方储备的主体部分。外汇储备的高速增长是多种原因作用的结果，具体来说，主要有以下三种。

1. 国际收支双顺差

我国外汇储备的来源：一是来自经常项目顺差，2010 年我国经常项目顺差达到 3 054 亿美元，外汇储备增额为 4 481 亿美元，经常项目顺差对外汇储备的贡献率为 68.2%；二是来自资本项目顺差，主要是以 FDI 为主要形式的资本流入，2010 年 FDI 净流入为 1 249 亿美元，对外汇储备的贡献率约为 27.9%。

从长期来看，由于国内市场巨大的消费潜力和相对廉价的劳动力等比较优势的持续存在，以及人民币稳定升值预期的刺激和本外币正利差等原因，我国的外汇储备还将进一步增加。

2. 我国相关制度的影响

需要指出的是，我国外汇储备的增长，除了"双顺差"的原因外，还和中国长期实行的汇率制度有关。无论是外资的流入，还是贸易下的顺差，都会对人民币形成升值压力，为了使人民币不升值，货币当局就要投入人民币买入外汇，外汇储备形成货币当局的资产，而投入的人民币，即外汇占款，就形成货币当局的负债。而在浮动汇率制度下，随

着人民币的升值，会对出口和贸易顺差产生负面影响，外汇储备不会快速增长。在我国，国际资本流入无论采取何种形式，都要向银行结汇。当资本大规模流入时，在外汇市场表现出来的是外汇供给的增大和外汇储备的增加，这必然会给人民币带来升值压力。从国际收支平衡表上看，国际收支与外汇储备之间存在一定逻辑关系，一国国际收支状况决定其外汇储备的增长，外汇储备是国际收支变化的反映。

**3. 人民币升值的预期导致大量"热钱"的涌入**

国际间短期资金的投机性移动主要是逃避政治风险，追求汇率变动，重要商品价格变动或国际有价证券价格变动的套利和套汇利益，而"热钱"就是为追求汇率变动利益的投资性资金。随着人民币的不断升值和进一步升值的预期，再加上美国、日本等国不断对外国施加压力，同时由于我国实行的是从紧的货币政策，货币当局不断提高利率，出现本外币正利差，使大量投机性资金涌入我国，对我国外汇储备的不断提高也起了重要的作用。

（二）我国巨额外汇储备的运用现状

理论上界定一国外汇储备的基准规模应考虑的因素有：五六个月的进口用汇、全部短期外债偿还用汇、中长期外债偿还用汇、外商在本国已实现尚未汇出的利润、本国企业境外直接投资、证券投资的规模，以及本国外汇储备特性的预留安全规模。根据上述考虑，现阶段我国动态的适度外汇储备的基准规模大致为 10 000 亿美元。2010 年年末，我国外汇储备高达 2.84 万亿美元，已经远远超过测算的适度规模。适度规模以外的富余外汇储备如果不能有效利用，一方面将会造成资源浪费，另一方面会对国内宏观经济和政策调控形成一定的压力。我国的外汇储备大致用于以下几个方面：

（1）主要用于购买美国国债和美国财政部中长期债券。由于美国是我国最主要的贸易伙伴，此外美元还是世界最主要的国际结算货币，因此我国外汇储备有近 70% 的部分是以美元资产形式持有的，包括美国国债、住房抵押贷款担保证券和公司债券等。

（2）帮助国内金融机构实施股份制改革。2003 年年末，我国成立中央汇金投资有限责任公司（简称汇金公司），由其代表政府运用外汇储备首批向中国建设银行和中国银行分别注资 250 亿美元和 200 亿美元支持其股改上市，后来又分批向中国工商银行、光大银行注资。此外，汇金公司也向一些资本金不足的证券公司如银河证券、申银万国证券和国泰君安证券等注入资金。汇金公司已经将超过 600 亿美元的外汇储备金投资到国有金融机构，并将继续负责部分外汇储备金的投资。

（3）参股和控股国外企业。2007 年 9 月，中国投资有限责任公司成立（以下简称中投公司），其主要任务是管理我国的外汇储备，在公司法的指导下，通过企业式运营方式保证外汇储备的保值增值。成立以来，中投公司已陆续出资 30 亿美元认购美国著名的投资集团黑石公司 10% 的股份，出资 1 亿美元认购中国中铁 H 股股份，出资 50 亿美元认购美国著名投资银行摩根士丹利近 10% 的股份等投资行为。

（4）运用部分外汇储备进口战略性产品。产品内容涉及农产品、飞机、软件、汽车及零部件、电子器件、通信产品和医疗设备等我国经济发展急需的战略性资源和产品。

## 二、有效运用我国外汇储备的对策和思路

适度的外汇储备规模有助于我国发展外向型经济和防范国际金融危机,其安全性和流动性是首要考虑的。同时我们也应该立足于本国国情,借鉴发达国家对外汇储备的管理方法,积极有效地运用巨额的外汇储备,发挥外汇储备对经济增长的促进作用

### (一) 改变外汇储备投资国外中长期债券的单一渠道,开拓多样化的投资渠道

(1) 加强对外直接投资。为了更好地利用国外资源和国外市场,在引进外资的同时,我国政府也应鼓励国内企业走出去,到国外去投资建厂,鼓励国内的产品、服务、资本、技术、劳动力、管理走向国际市场。突破国外的贸易保护壁垒,提高企业的国际竞争力。为此政府应在资金结汇、购汇、筹资等方面给予企业适当的便利,改变我国外汇管理体制对个人和企业的强制结售汇制度。2008年8月,新外汇管理条例颁布,取消了长期以来对个人和企业的外汇收入进行强制性结汇的规定,指出境内机构、境内个人的外汇收入可以调回境内或者存放境外,经常项目外汇收入,可以按照国家有关规定保留或者卖给经营结汇、售汇业务的金融机构,这个重大改变有助于企业根据经营需要,自由支配和灵活运用外汇收入,增强国际竞争力。已有资料表明,目前中国的海外企业中盈利的已占到55%,收支平衡的为28%,亏损的仅是17%。中国企业应该加大对外直接投资的力度,在提升企业国际竞争力的同时,提高外汇储备的利用率。

(2) 建立和加强国家的战略储备。一国的战略储备主要体现在黄金储备和能源储备上。黄金储备指一国货币当局持有的,用以平衡国际收支、维持或影响汇率水平,作为金融资产持有的黄金。2010年年底美国的黄金储备高达8 134吨,占整个世界黄金市场的61%,是世界黄金储备的第一大国;我国的黄金储备1 054吨,是美国黄金储备的1/8,而2006年我国的黄金储备不足美国的1/10。虽然,我国逐渐增多了储备资产中黄金储备的数量,但黄金储备占储备资产的比重还很小。我国的黄金储备从绝对量和相对量上都明显不足。因此,将部分外汇储备兑换成黄金储备,不仅可以缓解外汇储备过多的风险,同时也有利于增强我国的综合实力和抵抗金融风险的能力。此外,国家可以积极鼓励和支持企业在石油、煤炭、有色金属等战略能源储备上发挥作用,实现能源储备商业化。2007年12月18日,我国建立中国国家石油储备中心,旨在加强中国战略石油储备建设,健全石油储备管理体系。决策层决定用15年时间,分三期完成石油储备基地的建设。

### (二) 提高外汇储备的投资收益

我国应该在保证外汇储备安全性的前提下,积极提高外汇储备的收益率。

(1) 提高间接投资中股票投资的比重。我国从2006年起开始逐渐加大了股票投资的力度,2010年股票投资的资金更是大幅增加,达到了630亿美元。一方面,国家通过成立专门企业(中国投资有限责任公司)负责海外投资,运用外汇储备购买国内外知名企业的海外股份;另一方面,国家也通过放松各种外汇管制积极支持国内居民对外金融理财与投资。

(2) 投资于我国具有比较优势的服务贸易行业。近年来,我国服务贸易的快速发展对外汇储备的积累起到了重要贡献,其中旅游、建筑、计算机和信息服务是我国具有比较优

势的服务贸易行业。我国可以将适量外汇储备投资于这些具有比较优势的服务贸易行业，一方面可以促进这些行业的快速发展，提高外汇储备资金的收益率，另一方面也可以缓解商品贸易量过大引起的贸易摩擦。

资料来源：范德胜．我国巨额外汇储备的形成和运用研究——基于1997～2010年中国国际收支平衡表的分析[J]．南京社会科学，2011（9）.

**案例点评**

根据本书的内容，国际储备有一个合理的规模问题，如果国际储备过少，"无法满足本国对外经济交往的需要，本国的汇率制度也容易受到国际游资的冲击"；如果国际储备过多，"就会造成机会成本过高的后果"。因此，我国现阶段的巨额外汇储备绝不是"幸福的烦恼"，如何运用巨额外汇储备是本案例所探讨的内容。

## 案例分析 2-2

### 人民币纳入 SDR 货币篮子对中国经济的影响及其应对策略

特别提款权（SDR）也称"纸黄金"（paper gold），是国际货币基金组织（IMF）根据会员方认缴的份额分配的，可用于偿还国际货币基金组织债务、弥补会员方政府之间国际收支逆差的一种账面资产。2015年11月30日，IMF执行董事会决定认为，人民币符合所有现有标准，认定人民币自2016年10月1日起系可自由使用货币，作为第五种货币与美元、欧元、日元和英镑一起构成SDR货币篮子，并确认人民币在SDR货币篮子中的权重为10.92%。人民币成为"国际货币"，是中国经济融入全球金融体系的一个重要里程碑。

**一、人民币纳入 SDR 对我国经济的积极影响**

（一）降低不必要的汇率风险

从直观的角度，使用人民币作为结算和计价货币，意味着更多境外贸易和金融交易用人民币结算和计价。这样，我国企业在从事跨境投资、交易、收购、兼并，以及资源、劳务、技术购买等活动时，不但可以提高结算效率，而且可以最大限度地消除自身的汇率风险，进而降低贸易和金融交易成本。而贸易和金融交易成本的降低，又会反向促进国际贸易的进一步增加。人民币加入SDR，对中国这个贸易额占世界贸易总额1/10的贸易大国而言，具有十分重要的积极意义。不仅如此，随着人民币加入SDR，可以降低我国企业在直接投资领域中的汇率风险，因为我国是除美国之外最大的外商直接投资国家。

（二）提升我国的融资效率

人民币作为我国的主权货币，通过加入SDR进而实现国际化，最终实现的是对资本流动管制的减少，这将"有助于中国公司向海外扩张、降低借贷成本，企业的对外投资将得到进一步推动，金融服务也将走向全球，便于更多的企业走出国门"。

（三）收取世界性的"铸币税"

铸币税（seigniorage）也称"货币税"，是指发行货币的组织或国家，在发行货币并吸纳等值黄金等财富后，货币贬值，使持币方财富减少，发行方财富增加的经济现象。所谓国际铸币税收益,是指当一国货币国际化以后该国货币当局凭借其货币发行权从外国居民和政府那里获得的可量化的发行收益和发行成本之间的差额。现代社会所流通的货币均为信用货币,货币当局发行货币的成本几乎可以忽略不计,发行货币无疑可以获得巨大的铸币税收益。例如,美元的发行成本仅为 0.06 美元/张,发行 1 美元可以获得相当于其发行成本 16.6 倍的收益。

人民币加入 SDR 之后,除了人民币成为国际货币后本身的铸币税收益以外,人民币国际化也意味着我国对美元作为交易媒介和价值储备的需求下降,因而降低了我国支付给美国的铸币税收益。我国持有美国证券数额巨大,截至 2016 年 9 月末所持美债规模已经达到 14 320 亿美元,比例占据世界第一。长期持有数量巨大的美元证券,美国政府通过通货膨胀降低政府债务负担的可能性很大,我国持有巨额美元外汇储备风险也随之加大。一旦美元继续贬值,会给我国带来巨大损失。通过降低持有美元计价资产的比例,我国能够减少巨额外汇储备造成的损失。总之,人民币通过国际化成为国际货币,不仅可以增加国际铸币税收益,低成本地获取世界资源,同时可以减少付给美国的铸币税并减持美元外汇储备规避风险。

### 二、人民币纳入 SDR 对我国经济的消极影响

人民币加入 SDR 之后,在收获预期收益的同时,会对我国正在进行的改革进程以及市场参与者的风险管控带来更多外部压力。这些消极影响主要体现在以下四个方面。

#### (一) 面临更多的"责任"

首先,人民币纳入 SDR 后,国际社会对我国金融改革的关注度和要求都会进一步提高,人民币汇率和利率变动都将面临更多的"市场化责任"。人民币加入 SDR,意味着我国在一定程度上降低了汇率政策的自主性。随着人民币成为国际储备货币,其会变成其他货币的锚货币,该货币对人民币汇率自主性丧失,这会对我国经济的竞争力产生严重挑战。美国在历史上就曾多次面临这种局面。

其次,人民币加入 SDR 后,我国的国际责任更多。作为货币发行国,宏观经济政策对世界其他国家和地区往往有溢出效应。IMF 规定,储备货币发行国有维持国际金融秩序和货币体系稳定的责任,应该发挥最后贷款人职责,在全球金融危机时提供流动性支持。显然,这种支持可能对国内经济起到反作用。

最后,IMF 十分关注 SDR 篮子货币的潜在求偿权,这意味着对人民币流动性、基准利率建设和风险对冲工具等方面提出了更高的要求。

#### (二) 汇率市场、利率市场波动性上升

IMF 对一国货币加入 SDR 规定了条件,即货币应"可自由使用",但没有给出明确的界定,只是大致有两方面标准:一是该国货币在国际交易支付中被广泛使用;二是该国货币在主要金融市场交易中被广泛使用。所以,人民币加入 SDR 货币篮子,最重要的条件就是人民币汇率市场化。这就是说,人民币纳入 SDR 后,将会导致境内市场波动性明显上升,考验市场参与者的趋势把握和风险管理能力。

现阶段无论我国汇率市场还是利率市场,其开放程度都还相对较低,由于市场参与者

有限，市场波动性处于低水平。随着人民币加入 SDR，境内市场将日益与国际金融市场联结为统一整体，人民币越受欢迎，需求量就会越大，在外汇市场上人民币汇率升值程度会增加。对国内消费者来说，本国货币升值有利于对国外商品的购买，但是对于制造商和出口商来说，人民币升值意味着产品竞争力的下降。短期人民币升值过快会削弱我国国际贸易的竞争力并影响到出口对我国经济增长的贡献。从其他 SDR 篮子货币对应的各国金融市场开放情况来看，人民币加入 SDR 后，中国金融市场将成为全球市场的重要组成部分，意味着国际金融市场的波动将对我国产生更直接的影响，增大国内金融市场的波动性。

（三）宏观调控难度加大

人民币纳入 SDR 后，国内宏观调控的回旋余地将缩小，管理难度加大。首先，随着国内经济和金融市场日益对外开放，全球经济和金融市场的变化都将对我国宏观经济产生更加直接的影响，影响我国宏观经济的因素将更加复杂多样，频繁出现的"两难""多难"处境将持续考验政策平衡能力。其次，由于资本项目开放后，跨境资本流动将更加便利，在某些特定的时点，我国将面临资本大幅流入和流出的影响，对我国货币政策前瞻性调整提出了更高的要求。最后，国际经济金融环境的变动要快于国内，国内经济的部分失衡会由于国际经济金融环境的快速变化而被放大，从而挑战我国财政货币政策调整的及时性。

（四）境内人民币定价波动

目前，人民币在离岸市场的交易量已经超过在岸。根据央行报告，2014 年，中国境内人民币外汇市场（含银行间市场和银行代客市场）日均交易量 550 亿美元，而中国香港、新加坡、伦敦等主要离岸市场人民币外汇交易量日均超过 2 300 亿美元。由于金融市场总是会自发选择更优的价格进行交易，可以预见，若维持现有的境内外市场格局和政策不变，离岸市场将得到更快的发展，而境内市场若维持现有管制（如实需背景和中间价制度），则随着资本项下的逐步开放，更多的企业和金融机构将选择在境外进行交易，境内主流市场的地位可能会让位于离岸，人民币汇率和利率的定价权可能转移至离岸市场，从而对境内人民币市场定价权形成冲击。离岸汇率和在岸汇率两种汇率差别的存在为套利和投机创造了机会，因为人民币升值预期，在岸和离岸市场套利行为引起了贸易结算的不均衡，人民币结算进口远远大于出口，导致我国外汇储备大量积累，并且离岸市场可能成为投机性攻击的渠道。

**三、中国该如何应对人民币纳入 SDR 产生的消极影响**

要消弭上述人民币加入 SDR 对中国经济可能产生诸种不利影响，一是必须通过进一步加大金融改革，提升人民币的国际影响力，二是必须加强对跨境资金流动的动态监控，防止金融风险的发生。

（一）加强金融改革，提升人民币的国际影响力

在争取人民币纳入 SDR 的过程中，我们已经实施了一系列金融改革方案，特别是在利率市场化、人民币汇率形成机制和人民币资本项目可兑换等方面，各项改革得到了顺利实施。但三个领域严重关涉人民币国际化的领域无疑都还有很多提升空间。首先，在利率市场化改革方面，尽管已经接近完成，但还需要以重启大额存单为契机，完善利率调控架

构和基准利率,提高金融机构定价能力,适时放开国内存款利率,推动利率市场化迈出重要一步。其次,在汇率形成机制完善方面,还面临扩大幅度区间和均衡汇率等问题,需要在保持汇率基本稳定在合理均衡水平的前提下,适时扩大汇率弹性、波幅,逐步完善人民币汇率双向浮动机制,扩大市场在汇率形成机制中的作用。最后,在资本项目可兑换方面,还存在个人跨境投资的放开和相关制度的改革等问题,需要完善机构跨境人民币投资机制,打通个人跨境投资渠道,推动合格境内个人投资者境外投资试点,形成机构、个人跨境双向投资的格局。同时,还需要进一步提高人民币跨境投资的便利度,从审批制转向备案制,从重管理转向重监测分析。

(二)运用政策工具,加强对跨境资金流动的管理和监测

首先,为了防止人民币纳入 SDR 货币篮子后较易发生的汇率大幅震荡的风险,需要合理运用政策工具,提高政策透明度。合理运用价格型、数量型货币政策工具,完善政策组合,优化调控体系,调节市场流动性。其次,理顺货币政策传导渠道,提高政策透明度,完善与市场的沟通机制,降低信息不对称程度,减少市场无序波动。最后,在外汇市场出现异常波动时采取必要的干预措施,维护外汇市场的稳定运行,避免出现市场动荡。同时,针对短期资本跨境流动,可以通过建立跨境资金监测预警体系、资本流动监测系统、企业外债管理系统以及覆盖机构和个人各种交易数据的数据库等,加强动态监测。

事实上,对中国而言,人民币加入 SDR 既是 IMF 对人民币国际化进程的认可,也是中国对继续推动金融改革的承诺。为此,我国还应该以人民币"可自由兑换"标准,围绕以下三个方面继续推动改革。一是放宽人民币债券跨境发行限制,既放宽对熊猫债发行人的限制,也支持政府机构和鼓励国内企业境外发行人民币债券;二是推动股票市场双向开放,一方面允许海外机构在国内开展股权融资,另一方面正式启动合格境内个人投资者境外投资试点;三是继续开发人民币支付结算系统。从另一个角度说,这些改革的推进过程,同时也是增强我国的国际金融竞争力,逐步摆脱由发达国家主导的国际货币体系,进而促进我国经济持续、稳定、健康发展的过程。

资料来源:陈思博. 人民币纳入 SDR 货币篮子对中国经济的影响及其应对策略 [J]. 浙江金融, 2016 (1).

**案例点评**

货币加入 SDR 有两个重要的标准:货币所在国的贸易额达到世界贸易总额的一定比例,市场化决定的汇率。人民币加入 SDR 不仅仅是因为我国对外贸易对世界贸易有显著影响,而且意味着人民币汇率市场化程度的加深,这意味着人民币汇率的潜在波动增加。本案例较全面地分析了人民币加入 SDR 的积极影响和消极影响,并对消极影响提出了对策建议。本案例中的对策建议包括从市场化的角度"运用政策工具,加强对跨境资金流动的管理和监测",这一点笔者是深深认同的。

## 核心概念与本章小结

1. 国际储备是指一国政府所持有的用于弥补国际收支逆差和维持本国货币汇率的国

际间可以接受的一切资产。它具有官方持有性、普遍接受性、充分流动性和价值稳定性的特点。

2. 国际储备的作用是弥补国际收支逆差、维持本国汇率稳定和充当对外借款的信用保证。

3. 国际储备包括四个组成部分：黄金储备、外汇储备、在国际货币基金组织的储备头寸以及特别提款权。

4. 国际储备管理包括国际储备规模管理和国际储备结构管理。

国际储备是国际货币体系的核心组成部分之一。本章从介绍国际储备的基本概念、特点和构成入手，系统分析了影响一国国际储备供给与需求的主要因素，并重点就国际储备管理问题进行了全面深入的研究。国际储备管理包括国际储备规模管理与国际储备结构管理。国际储备规模管理是对适度国际储备量的选择与调整。在确定了国际储备的适度规模以后，对国际储备的结构管理就变得十分重要。国际储备结构管理不仅包括外汇储备币种结构的选择与调整，也包括在同一币种下期限结构的选择与调整，合理的储备结构将有助于充分有效地发挥国际储备的作用。

## 本章习题

1. 一国持有国际储备的首要用途是（　　）。
   A. 保持国际支付能力　　　　　　B. 维护本国的国际信誉
   C. 支持本国货币汇率　　　　　　D. 赢得竞争利益
2. 当今国际储备资产中比重最大的资产是（　　）。
   A. 黄金　　　　　　　　　　　　B. 普通提款权
   C. 外汇　　　　　　　　　　　　D. 特别提款权
3. 国际储备的范畴比国际清偿能力的范畴（　　）。
   A. 相同　　　　　　　　　　　　B. 小
   C. 大　　　　　　　　　　　　　D. 均有可能
4. 有关现行国际储备说法正确的是（　　）。
   A. 所有货币都能充当储备货币　　B. 黄金在外汇储备中所占的比重最大
   C. 外汇储备呈现货币多元化局面　D. 美元是唯一的外汇储备
5. 简述国际储备的含义和特点。
6. 简述国际储备的作用。
7. 国际储备和国际清偿能力的区别是什么？
8. 国际储备由哪几部分构成？
9. 影响一国国际储备规模的因素是什么？
10. 试述如何管理一国的国际储备。

# Chapter 3 第三章

# 外汇、汇率与汇率制度

## 引言

如果你有机会出国，最重要的事情之一就是到银行兑换一些外币；如果你在一个进出口企业工作，汇率的变动也许会对你所在的企业的经营产生重要的影响；如果你想要投资，炒汇也是一个不错的选择。在全球化的今天，外汇和汇率对于一国经济的影响简直是无处不在。外汇与汇率也是国际金融的重要内容之一，外汇与汇率不仅是微观主体在国际金融活动中面临的主要经济因素，汇率的变动也会在宏观上影响一国的经济。本章先对外汇、汇率与汇率制度进行一般性的介绍，然后分析汇率变动对一国经济可能产生的影响。

## 学习目标

（1）了解外汇的含义及其条件
（2）掌握汇率的表示方法
（3）了解汇率的种类
（4）熟悉汇率变动对一国经济的影响
（5）熟悉马歇尔－勒纳条件以及J曲线效应
（6）了解汇率制度以及固定汇率与浮动汇率的优劣比较

## 第一节 外汇与汇率概述

### 一、外汇概述

#### （一）外汇的概念

外汇（foreign exchange）是以外币表示的用于国际结算的支付凭证。根据国际货币基金组织的定义：外汇是货币行政当局以银行存款、财政部库券、长短期政府证券等形式所保有的在国际收支逆差时可以使用的债权，包括外国货币、外币存款、外币有价证券（政府公债、国库券、公司债券、股票)、外币支付凭证(票据、银行存款凭证、邮政储蓄凭证)等。

从形态上说,外汇可分为动态外汇和静态外汇。动态外汇是指把一国的货币兑换成另一国的货币的过程,这种行为或活动并不一定表现为直接运送现金,而是采用委托支付或债权转让的方式,结算国际间的债权债务,如进出口企业收付贷款、办理结汇就是一种动态外汇行为。静态外汇是指外币和以外币表示的用于国际结算的支付凭证。

对于外汇的定义一般都是从静态的角度界定的,我国于 2008 年 8 月 1 日国务院第 20 次常务会议修订通过的《中华人民共和国外汇管理条例》第三条对外汇也是采用静态的含义。需要特别注意的是,静态外汇不仅仅指外币现钞,还包括用外币表示的能用来进行国际结算的凭证或资产,比如可以用于国际结算的银行存款、商业汇票、银行汇票,可以用于国际清偿的外国政府国库券、长短期政府证券,可以用于国际清偿的公司债券、股票、息票等都属于外汇。

按照静态外汇的含义,一项外币资产要成为外汇必须具备三个条件:可支付性、可偿性和可兑换性。可支付性是指在国际市场上该项外币资产是能够普遍被接受的;可偿性是指这种外币资产是可以保证得到偿付的;可兑换性是指该项外币资产能够兑换成其他任何国家的货币资产或其他各种外汇资产。

## (二)外汇在国际金融中的表示方法

根据国际标准化组织 ISO-4217 的定义,外汇在国际金融活动中都是以三个字母表示的,一般前两个字母表示国家或地区的名称,最后一个字母表示货币单位。表 3-1 给出了世界主要货币的表示方法以及缩写或符号。

表 3-1 世界主要货币一览

| 国家或地区 | 货币名称 | ISO 字母代码 | 惯用符号(缩写) |
|---|---|---|---|
| 中国内地 | 人民币 | CNY | CN¥ |
| 中国香港 | 港币 | HKD | HK$ |
| 日本 | 日元 | JPY | JP¥ |
| 韩国 | 韩元 | KRW | ₩ |
| 新加坡 | 新元 | SGD | S$ |
| 泰国 | 泰铢 | THB | ฿ |
| 欧元区 | 欧元 | EUR | € |
| 英国 | 英镑 | GBP | £ |
| 瑞士 | 瑞士法郎 | CHF | SFr |
| 美国 | 美元 | USD | $ |
| 加拿大 | 加拿大元 | CAD | Can$ |
| 澳大利亚 | 澳大利亚元 | AUD | A$ |
| 埃及 | 埃及镑 | EGP | EG£ |

需要说明的是,有极少数外汇的表示是例外,比如欧元是用 EUR(Euro)表示的,最后一个字母不是货币单位。有些国家或地区的名称是用本国的文字字母表示,而不是用英

语来表示。比如德国在德语中写成 Deutschland，因此德国在使用欧元以前的德国马克是用 DEM 表示的。还有一些特殊的国家比如瑞士在英语中是 Swiss，但其简称却为 CH，这是因为最早的时候海尔维第人居住在瑞士的中部高原地区，该地区公元前 58 年曾经被罗马人征服，当时罗马人把海尔维第人居住的这片地方称为"海尔维希亚"（Helvetica）。现在瑞士居住的居民有说德语的、法语的、意大利语的，还有罗什曼语，所以为了不引起纷争，瑞士在国际上缩写的字母是瑞士的古代名称 Helvetica，这不是瑞士官方的任何一种语言。1848 年瑞士联邦成立的时候叫海尔维第联邦（Confederation Helvetica），在国际上通常缩写为 CH，瑞士使用的货币单位是法郎，瑞士法郎就用 CHF 来表示。

### （三）外汇的种类

根据不同标准，外汇可以分为不同的种类，以下两种分类较为典型。

**1. 按照是否可以自由兑换，可分为自由兑换外汇、有限自由兑换外汇与记账外汇**

自由兑换外汇是无须外汇管理当局批准就可以自由买卖、在国际金融中可以用于清偿债权债务，并可以自由兑换其他国家货币的外汇。自由兑换外汇是在国际结算中用得最多、在国际金融市场上流动最频繁的外汇，例如美元、英镑、日元、欧元、瑞士法郎等货币以及以这些货币表示的商业票据、股票、债券等都是自由外汇。

有限自由兑换外汇是指在一定条件下未经货币发行国批准，不能自由兑换成其他货币或对第三国进行支付的外汇。国际货币基金组织规定，凡对国际性经常往来的付款和资金转移有一定限制的货币均属于有限自由兑换货币。世界上有一大半国家的货币属于有限自由兑换货币，比如我国的人民币就属于有限自由兑换外汇，在资本项目下人民币的兑换就有一定的限制。

记账外汇又称为协定外汇或双边外汇，是指记账在政府指定银行账户上的外汇，不能兑换成其他货币，也不能对第三国进行支付。一般而言，记账外汇在两国政府间签订的支付协定项目中使用，规定双方计价结算的货币可以是签订协议两国的货币，也可以是第三国货币，通过协议双方指定银行开立专门账户记载，年度终了时发生的顺差或逆差，通过协商解决或是转入下一年度，也可以用自由外汇或货物清偿。

**2. 外汇按照来源和用途的不同，可分为贸易外汇、金融外汇和其他外汇**

贸易外汇也称实物贸易外汇，是指来源于或用于进出口贸易的外汇，即由于国际间的商品流通所形成的一种国际支付手段，包括货物及相关的从属费用，如运费、保险费等。由于国际经济交往的主要内容就是国际贸易，贸易外汇是一个国家外汇的主要来源与用途。

金融外汇是指在国际金融活动中由于投资或管理货币头寸而形成的外汇，属于一种金融资产，例如两国银行同业间买卖的外汇、投资者到其他国家进行投资而形成的外汇。资本在国家之间的转移，也要以货币形态出现，或是间接投资，或是直接投资，都会形成国家之间流动的金融资产。进入 20 世纪 80 年代以来国际游资数量剧增，交易越来越频繁，金融外汇的来源和用途的比重逐渐增加。

其他外汇则是除了贸易外汇和金融外汇以外形成的外汇，比如劳务外汇、侨汇、捐赠外汇以及援助外汇等。一般来说，贸易外汇和金融外汇是一国外汇的主要来源，也是一国外汇的主要用途，其他外汇所占的比重不大。

## 二、汇率概述

### (一) 汇率的概念

汇率 (exchange rate)，又称汇价，是一个国家的货币折算成另一个国家货币的比率或比价，也可以说是用一国货币所表示的另一国货币的价格。国际间的经贸和资金往来必然会引起国与国之间的货币收付，由于世界各国货币的名称不同、币值不一，一国货币兑换成其他国家的货币时会有一个兑换率，即汇率。

### (二) 汇率的标价方法

汇率表示的是两个国家之间货币兑换的比价，要折算两个国家的货币首先要明确以哪个国家的货币作为计价的标准。由于确定的计价货币标准不同，因而产生了直接标价法和间接标价法两种不同的汇率标价方法。

#### 1. 直接标价法

直接标价法是以若干单位的本国货币表示1单位或一定整数单位（100、10 000等）的外国货币的汇率表示方法。也就是说，在直接标价法下，是以本国货币表示外国货币的价格。如果以人民币作为本国货币，表3-2给出了直接标价法的几个例子。

表3-2　人民币作为本币的直接标价法（2012年2月17日）

| 货币 | 单位 | 汇率（中间价） | 货币 | 单位 | 汇率（中间价） |
| --- | --- | --- | --- | --- | --- |
| USD | 1 | 6.295 1 | HKD | 1 | 0.811 84 |
| EUR | 1 | 8.265 8 | GBP | 1 | 9.953 5 |
| JPY | 100 | 7.976 6 | AUD | 1 | 6.771 0 |

资料来源：中国人民银行网站。

在直接标价法下，汇率的变化意味着数额固定不变的外国货币用本币兑换时，本币的数额将发生变化。如果汇率上升，意味着兑换一定单位的外币需要用更多的本币，这时我们通常称为外币对本币升值，本币对外币贬值，或简称外币升值、本币贬值；反之，当汇率下降时，意味着外币贬值、本币升值。

目前，除英国、美国外，国际上绝大多数国家都采用直接标价法。美国在第二次世界大战前也曾采用直接标价法，第二次世界大战后，随着美元在国际支付和国际储备中逐渐取得统治地位，为了与国际市场的标价相一致，美国从1978年9月1日起，除了对英镑等少数货币使用直接标价法外，对其他货币一律使用间接标价法。

#### 2. 间接标价法

间接标价法是以若干单位的外国货币表示1单位或一定整数单位（100、10 000等）的本国货币的汇率表示方法。也就是说，在间接标价法下，是以外国货币表示本国货币的价格。

和直接标价法相反,在间接标价法下,汇率上升意味着兑换一定单位的本国货币需要用更多的外币,此时外币贬值、本币升值;反之,在间接标价法下汇率下降则外币升值、本币贬值。

值得注意的是,本币与外币的区分是相对的,比如我们看到一个汇率 1GBP = 1.5812USD,对于英国居民而言是间接标价法,对于美国居民而言就是直接标价法,而对于其他国家的居民来讲英镑和美元都是外币。但无论如何,汇率总是用一种货币对另外一种货币进行计价,在上述汇率中我们把英镑称为单位货币(或基准货币),把美元称为计价货币。这样,汇率就是用若干单位的计价货币表示一定整数单位的单位货币(基准货币)。

汇率变动会对一国的经济和贸易产生影响,在分析某一国汇率问题时,直接标价法和间接标价法的区分只有在本国货币参与标价的情形下才有意义。在本教材中,如果没有特殊说明,所有的汇率指的均是直接标价法下的汇率。

**3. 美元标价法**

由于美元是世界货币,为了简化报价并广泛比较各种货币的汇价,其他货币往往采用美元标价法。美元标价法是指以美元为标准来表示各国货币汇率的方法,在国际间进行外汇业务交易时,银行同业间的报价一般采用美元标价法,对除英镑、欧元等少数货币以外的其他货币均采用以美元为外币的直接标价法,即 1 美元等于多少该种货币。而对英镑、欧元等货币则采取以美元为外币的间接标价法,即 1 单位该种货币等于多少美元。这种方法始于 20 世纪 50 年代初期,目前欧洲货币市场的货币汇率都以各自对美元的比价为基准。

### (三) 汇率的种类

按照不同的划分标准,汇率可以分为不同的种类,以下介绍几种最常见的分类。

**1. 按银行买卖外汇的角度划分,可分为买入汇率、卖出汇率、中间汇率**

外汇买卖一般在商业银行进行,对外汇买卖进行报价的银行称为报价银行。由于商业银行以盈利为目的,为了在外汇买卖中获得利润,报价银行希望低价买入高价卖出,因此银行在报价时会有不同的汇率。

买入汇率(buying rate or bid rate)是指报价银行从客户或其他银行买入外汇时所使用的汇率,又称为买入价。报价银行从客户手中购买外汇时,外汇的保留形式可能是客户的外汇汇票等支付凭证或银行存款,也可能是客户的外汇现钞,一般报价银行给出的买入汇率指的是前者。而从客户手中直接买入外汇现钞采用的是钞买价,钞买价往往低于报价银行给出的买入汇率。其原因在于,由于外汇在本国流通一般都有一定限制,银行购入外币支付凭证以后,通过国际间的划账,可以很快存入国外银行获得利息或调拨动用。而银行买入现钞后,要经过一段时间,积累到一定数额后,才能将其运送到国外银行,在此期间,买进现钞的银行要承受一定的利息损失,而且现钞在运送到国外的过程中,还要支付运费、保险费等，因此，钞买价比买入汇率要低。

卖出汇率（selling rate or offer rate）是指报价银行向客户或其他银行卖出外汇时所使用的汇率，又称为卖出价。由于报价银行买卖外汇以盈利为目的，卖出价必然高于买入价，卖出价与买入价的差价（bid/offer spread）就是买进卖出一单位外币带来的收益。买卖之间的差价率一般约在1‰~20‰不等。

中间汇率（mid point）又称中间价，是指买入价与卖出价的算术平均数，即中间价=（买入价+卖出价）/2。中间汇率并不是针对一般顾客，而是为了统计方便或为公众提供一个关于汇率的简洁信息。

关于银行的外汇报价，有几点需要特别注意。首先，由于报价银行同时给出买入价和卖出价，买入价是报价银行买入单位货币的价格，而卖出价是报价银行卖出单位货币的价格，银行在进行报价时总是把较小的买入价放在前面，而把较大的卖出价放在后面，比如USD1 = HKD7.533 0—7.533 5，这表明银行买入1美元需要支付7.533 0港元，而卖出1美元则要收入7.533 5港元。特别地，当有本币在汇率中进行报价时，直接标价法下的买入价表示买入外汇的价格，而卖出价表示卖出外汇的价格，间接标价法下的买入价表示买入本币的价格，而卖出价表示卖出本币的价格。其次，以美元标价为例，一般的汇率报价都是到小数点后四位，汇率的最小波动变化单位叫基本点，汇率基本点一般是0.000 1。但也有一些货币是例外，比如日元用美元标价就是到小数点后两位，如USD1 = JPY108.05—108.15，此时汇率的基本点就是0.01。

### 2. 按汇率是否直接给定，可分为基准汇率和套算汇率

全世界有200种左右的货币，并不是所有货币之间的汇率报价银行都会直接给出，有些汇率是通过和其他第三者货币的汇率换算得到的，而第三者货币往往是国际金融活动中使用较多、被广泛接受的货币，这样的货币被称为关键货币（key currency）或载体货币（vehicle currency）。按照汇率是否直接给定，可以分为基准汇率和套算汇率。

基准汇率是指本国货币与关键货币或载体货币的汇率，是在外汇市场上可以直接换算的汇率。对关键货币的选择是有条件的，应是本国国际收支中使用较多、在外汇储备中所占比重较大且国际上普遍接受的货币。由于美元是国际收支中使用较多的货币，且广为接受，所以绝大多数国家都把美元作为制定汇率的关键货币，因此常把对美元的汇率作为基准汇率。

套算汇率是指报价银行并没有直接给出两种货币之间的汇率，而是根据两种货币和关键货币的基准汇率计算出来的汇率。

### 3. 按外汇买卖的交割期限划分，可分为即期汇率、远期汇率

所谓交割（delivery）是指外汇业务中两种货币对应的实际收付行为，即交易的一方向交易对手支付某种货币，而交易对手向该方支付另外一种货币的行为。按照不同交割期限，汇率可分为即期汇率和远期汇率。

即期汇率（spot rate），也叫现汇汇率，是指买卖外汇双方在成交当天或在两个营业日以内办理交割所采用的汇率。

远期汇率（forward rate）是指外汇买卖双方事先签订合同确定汇率水平，但约定在将来某日期进行交割所采用的汇率。到了交割日期，不管汇率是否有变化，都按事先约定的汇率进行交割。远期交割的期限可以是 7 天、1 个月、3 个月、6 个月、1 年，比较常见的是 3 个月，采用远期汇率进行远期外汇买卖的主要目的是避免或降低外汇汇率波动所带来的风险。远期外汇的汇率与即期汇率相比的差额叫远期差价，当远期汇率比即期汇率高时称为远期汇率升水或简称升水（premium），当远期汇率比即期汇率低时称为贴水（discount），当两者相等时称为平价（at par）。关于远期汇率的报价以及具体运用将在第五章中详细讨论，表 3-3 给出中国银行 2016 年 3 月 13 日的远期外汇牌价以加深理解。

表 3-3 中国银行人民币远期外汇牌价（2016-03-13，每 100 外币兑换人民币，开盘价）

|  |  | 美元 | 欧元 | 日元 | 港元 | 英镑 | 瑞郎 | 澳元 | 加元 |
|---|---|---|---|---|---|---|---|---|---|
| 7 天 | 买入 | 689.53 | 734.58 | 5.985 4 | 88.626 | 836.39 | 681.39 | 517.97 | 510.59 |
|  | 卖出 | 695.82 | 746.63 | 6.081 2 | 89.787 | 849.16 | 690.76 | 526.80 | 518.32 |
| 20 天 | 买入 | 690.17 | 735.53 | 5.995 5 | 88.725 | 837.84 | 682.7 | 518.31 | 511.18 |
|  | 卖出 | 696.58 | 747.67 | 6.088 7 | 89.903 | 850.78 | 692.21 | 527.23 | 519.02 |
| 1 个月 | 买入 | 690.75 | 736.85 | 6.001 2 | 88.813 | 838.81 | 683.7 | 518.42 | 511.73 |
|  | 卖出 | 697.21 | 749.09 | 6.096 0 | 90.010 | 852.01 | 693.64 | 527.59 | 519.77 |
| 2 个月 | 买入 | 692.06 | 739.07 | 6.023 8 | 89.029 | 840.84 | 685.85 | 519.25 | 512.90 |
|  | 卖出 | 698.52 | 751.26 | 6.119 3 | 90.214 | 853.29 | 695.73 | 528.39 | 520.95 |
| 3 个月 | 买入 | 693.59 | 741.91 | 6.044 2 | 89.228 | 843.29 | 688.58 | 520.25 | 514.21 |
|  | 卖出 | 700.10 | 754.13 | 6.141 6 | 90.422 | 856.46 | 698.49 | 529.41 | 522.31 |
| 4 个月 | 买入 | 694.79 | 744.29 | 6.067 4 | 89.405 | 845.63 | 691.51 | 521.02 | 515.42 |
|  | 卖出 | 701.30 | 756.74 | 6.165 0 | 90.600 | 858.83 | 701.47 | 530.20 | 523.54 |
| 5 个月 | 买入 | 695.78 | 746.56 | 6.089 0 | 89.569 | 847.79 | 693.84 | 521.19 | 516.49 |
|  | 卖出 | 702.29 | 759.00 | 6.186 5 | 90.764 | 861.00 | 703.93 | 530.38 | 524.61 |
| 6 个月 | 买入 | 697.05 | 749.07 | 6.108 3 | 89.691 | 849.67 | 696.45 | 521.80 | 517.62 |
|  | 卖出 | 703.56 | 761.40 | 6.206 0 | 90.924 | 863.09 | 706.49 | 530.97 | 525.76 |
| 7 个月 | 买入 | 697.90 | 751.40 | 6.130 4 | 89.899 | 851.71 | 698.84 | 522.44 | 518.56 |
|  | 卖出 | 704.61 | 763.97 | 6.226 1 | 91.124 | 865.35 | 709.25 | 531.83 | 526.86 |
| 8 个月 | 买入 | 698.62 | 753.58 | 6.148 0 | 90.026 | 853.67 | 701.21 | 522.92 | 519.41 |
|  | 卖出 | 705.33 | 766.25 | 6.243 9 | 91.254 | 867.35 | 711.65 | 532.31 | 527.72 |
| 9 个月 | 买入 | 699.54 | 755.82 | 6.160 1 | 90.123 | 855.49 | 703.66 | 523.40 | 520.34 |
|  | 卖出 | 706.25 | 768.53 | 6.259 2 | 91.347 | 869.21 | 714.14 | 532.78 | 528.79 |
| 10 个月 | 买入 | 700.48 | 758.66 | 6.189 4 | 90.224 | 857.91 | 706.47 | 523.88 | 521.64 |
|  | 卖出 | 707.29 | 771.45 | 6.289 6 | 91.478 | 871.8 | 717.14 | 533.38 | 530.08 |
| 11 个月 | 买入 | 701.55 | 761.36 | 6.210 5 | 90.361 | 859.97 | 709.31 | 524.44 | 522.54 |
|  | 卖出 | 708.34 | 774.27 | 6.311 1 | 91.604 | 873.86 | 720.07 | 533.93 | 531.02 |
| 12 个月 | 买入 | 702.27 | 763.22 | 6.225 3 | 90.403 | 861.68 | 711.28 | 524.84 | 523.42 |
|  | 卖出 | 709.09 | 776.19 | 6.326 1 | 91.718 | 875.76 | 722.12 | 534.34 | 531.90 |

**4. 按照对汇率的管理宽严划分，可分为官方汇率与市场汇率**

所谓官方汇率（official exchange rate）是指国家货币管理当局（中央银行或外汇管理

当局）所规定的汇率。在实施比较严格的外汇管制的国家，禁止自由外汇市场的存在，规定一切交易都按其公布的汇率进行，许多发展中国家属于这种类型。在外汇管理较宽松的国家，官方汇率只是起中心汇率作用。严格对外汇管制的国家有可能形成黑市汇率（black market rate），这是因为官方对外汇买卖实行严格管制，民间对于外汇的需求就得不到满足，此时往往存在进行外汇交易的地下黑市，在这个市场上交易的汇率就是黑市汇率。黑市汇率在一定程度上接近于市场汇率，是由黑市的外汇供给和需求决定的。但由于黑市处于暗中的性质，黑市汇率的形成过程中买方和卖方的信息与自由市场相比可能是更不对称的，未必能真正反映有效供给和需求，这与自由市场下形成的汇率还是有区别的。

市场汇率（market exchange rate）是指在自由外汇市场上买卖外汇的汇率，该汇率随外汇市场的外汇供求上下波动，也就是说，市场汇率是由市场对外汇的供需决定的。一国政府出于特定目的，有时会对汇率进行调节，只要对外汇市场的干预是通过市场方法（比如抛出或购入外汇储备），此时的汇率仍旧可以归入市场汇率的范畴，目前西方发达国家都采取市场汇率。我国自1994年1月1日起，人民币实行有管理的单一浮动汇率；2005年我国建立以市场供求为基础的、参考一篮子货币进行调节的单一有管理的浮动汇率制，这表明我国现行的汇率并不是完全由官方指定的，汇率变动部分由市场来决定。

### 5. 按照是否考虑物价因素的影响，可分为名义汇率与实际汇率

名义汇率（nominal exchange rate）就是两种货币之间的兑换比率，而不考虑货币兑换以后的实际购买力，以上四种汇率分类都是针对名义汇率而言的。

实际汇率（real exchange rate）则是一定数量的货币（可以是本币也可以是外币）在本国的实际购买力和在外国的实际购买力之比。举例来说，如果在中国的物价指数为5（简化起见可理解为中国每单位商品为5元人民币），美国的物价指数为1（可理解为相同的每单位商品在美国是1美元），如果此时名义汇率为6（即1单位美元可以兑换6单位人民币），则1单位美元在美国的购买力为1单位商品，但兑换成人民币在中国的购买力为1.2单位商品，此时的实际汇率就是1.2。一般地，名义汇率和实际汇率之间有如下关系：$E = \dfrac{eP^*}{P}$，其中 $E$ 为实际汇率，$e$ 为名义汇率，$P^*$ 为外国物价指数，$P$ 为本国物价指数。

显然，当实际汇率大于1时在本国消费是更合算的，反之则在外国消费更加合算。

### 6. 按汇率的适用范围划分，可分为单一汇率、多重汇率

一般认为，单一汇率（single exchange rate）是指一国货币对某外国货币的汇价只有一个，各种不同来源和用途的收付均按此计算，单一汇率其实指的就是汇率由市场供给和需求单一决定。一国的汇率如果是单一的，不同的外汇市场汇率也有可能不同，比如即期汇率和远期汇率就不一定相同，发达国家大多采用单一汇率。

多重汇率（multiple exchange rate）又称复汇率，是指一国货币对某一种外币的汇价根据用途或交易项目的不同，规定两种或两种以上的汇率，其目的在于奖励出口、限制进口，限制资本的流入或流出，以改善国际收支状况。例如，对贸易项目和非贸易项目采取不同汇率。复汇率实际上是进行外汇管制的一种特殊方式，多为经济不发达国家所采用。

## 第二节 汇率制度

汇率制度又称汇率安排（exchange rate arrangement），是指各国或国际社会对于确定、维持、调整与管理汇率的原则、方法、方式和机构等所做出的系统规定。在不同的汇率制度下，汇率的表现形式也有所不同。

### 一、固定汇率制度

#### （一）固定汇率制度的概念

固定汇率制度是指政府、货币当局用行政或法律手段确定本国货币和某种参照物之间的比价，然后通过各种手段（主要是经济手段）来维持这个比价，参照物可以是黄金，也可以是某种或一篮子外国货币。固定汇率制度的表现形式通常为某国货币和参照物之间存在一个基准汇率，现实的汇率围绕基准汇率上下小幅波动。但通过定义我们可以看到，汇率是否稳定显然不能作为一国是否采用固定汇率制度的衡量标准，在现代信用货币体系下固定汇率的最大特点是一国政府或货币当局是否采用某些措施稳定汇率。

#### （二）固定汇率制度的演变

在国际金融历史上，世界各国大范围实行严格意义的固定汇率制度是在布雷顿森林体系阶段，但由于在金本位制度下汇率的决定是以各国货币的含金量为基础的，汇率在表现形式上和固定汇率制度是一致的，因此很多教材把金本位制也看成是固定汇率制，本书在此一并介绍。需要说明的是，作者认为金本位制和现代信用货币体系下的固定汇率制度有着本质区别。

**1. 金本位制下的固定汇率**

金本位制是以黄金作为本位币币材、金币为本位币的货币制度。金本位制是全球范围内首次出现的国际货币制度，始于1880年，终于二战爆发。金本位制在运行过程中经历了金币本位制、金块本位制和金汇兑本位制三种形式，典型的金本位制是金币本位制（1880~1914年）。在金币本位制下，两国本位币的含金量之比称为铸币平价，铸币平价是决定汇率的基础，现实的汇率以铸币平价为中心，上下小幅波动，波幅上下限为黄金输送点。由于金本位制下的基准汇率由铸币平价自发决定，只要两国货币的含金量不变，铸币平价就可保持长期不变，因此金本位制下的汇率就表现为固定汇率制下汇率稳定的特征。

**2. 布雷顿森林体系的固定汇率制**

二战之后，西方国家仍沿袭战前建立起来的纸币流通制度，根据布雷顿森林体系的规定，国际货币基金组织成员方的本国货币都要和美元挂钩，也就是以美元作为本国货币的参照物，而美元又和黄金挂钩，比如二战后1美元纸币的含金量为0.888 671克黄金，这样的双挂钩制度其实是以黄金作为各国货币的发行基础。在现实的汇率随外汇市场的供求状况不断波动的情况下，各国通过政府的反向干预来维持本国货币和美元的固定汇率。

由于布雷顿森林体系下两国货币的基准汇率由货币当局规定，在一定情形下可以调整，所以这种固定汇率制被称为可调整的固定汇率制。

## （三）维持固定汇率所采取的措施

纸币本位固定汇率制下各国货币当局为维持固定汇率，通常采取以下经济手段和非经济措施。

### 1. 经济手段

（1）动用外汇储备。外汇储备是一国政府所持有的外汇资产，是国际储备中最重要的部分。动用外汇储备是维持固定汇率最常见的手段，是指政府根据市场汇率变动的趋势做反向操作，通过市场的供需影响汇率，从而维持汇率稳定。举个例子，如果人民币和美元实行以汇率为7的固定汇率，当人民币相对于美元要升值时（即汇率变小，比如市场汇率变为6.5），政府可以将市场上的外汇按照原来的汇率买入变成外汇储备。市场上外汇的供给方当然更愿意将外汇卖给政府，因为可以获得较高的本币收入，而市场上由于政府买入外汇，外汇的供给将下降，汇率是外币的价格，供给下降时汇率将上升，这样通过政府的反向操作汇率又能够维持在原来的水平。反之，当人民币要贬值时，政府通过抛售手中的外汇资产也能达到维持汇率稳定的目的。

（2）提高贴现率。贴现率是各国中央银行最重要的货币政策工具之一，可以用来调节货币供给量，通过利率和货币供给量的变化来影响汇率。如果人民币和美元实行固定汇率，当人民币相对于美元要升值时，如果此时本国降低贴现率，就意味着本国的货币供给将增加，本国的利率或收益率将下降，本国的投资者为追求较高的利息收入，会将本国货币兑换为美元进行投资，从而增加对美元的需求，引起汇率的上升。反之，当人民币有贬值趋势时，通过提高贴现率可以使得汇率下降以维持原来的基准汇率。需要说明的是，贴现率或利率政策有效的前提是资金可以在国际间自由兑换和流动。

### 2. 非经济措施

经济手段是指通过政府的市场操作，间接通过影响供求关系来维持汇率稳定，而非经济措施则是通过非市场手段，在不影响外汇供求的情形下通过行政、法令等强制手段维持汇率固定。

一国外汇储备的规模有限，一旦汇率剧烈上升，本币大幅贬值，政府就需要在市场上抛售大量的外汇，如果该国的外汇储备不足以稳定汇率，还可借助于外汇管制或货币法定升值、贬值的手段，非经济措施主要就是外汇管制和实行货币法定升值或贬值。外汇管制是直接限制某些外汇支出，通过限制这些支出直接影响外汇市场上的供求关系；而货币法定升值或贬值就是以法令明文宣布改变本国货币和参照物之间的汇率（金本位下是货币的含金量）。在现实中，由于在本国储备不足时最有可能出现货币危机，因此通过货币法定贬值来维持固定汇率的可能性远远大于法定升值。据 IMF 的统计，在 1947～1970 年，共发生过 200 多次货币法定贬值，而货币升值仅有 5 次。

非经济措施通过强制方式能够维持固定汇率，但同时具有很强的消极作用。首先，外汇管制通常使得汇率扭曲，不利于资源合理配置，无论是政府规定官方汇率，还是政府限制外汇买卖，都会使汇率偏离市场均衡汇率。对发展中国家来说，汇率扭曲主要表现在本币值过高，这可能是由于政府为本币规定了偏高的官方币值，也可能是由于政府对外汇供求施加限制的结果。这种扭曲的汇率对资源配置有不利影响。其次，可能会出现外汇黑市，而且外汇官价和黑市并存可能带来权钱交易。当外汇价格被显著压低之时，就很难避免外汇黑市的出现。当外汇黑市规模较大时，政府甚至不得不开放外汇调剂市场，使该国出现合法的双轨制汇率。为了以较低的官价购买外汇，某些个人和企业可能向掌握外汇配给权的官员行贿，助长社会的腐败风气。

### (四) 固定汇率对经济的影响

#### 1. 固定汇率对国际贸易和投资的作用

与浮动汇率相比，固定汇率为国际贸易与投资提供了较为稳定的环境，减少了汇率风险，便于进出口成本核算，以及国际投资项目的利润评估，从而有利于对外贸易的发展，对某些西方国家的对外经济扩张和资本输出有一定的促进作用。

但是，在外汇市场动荡时期，固定汇率制度也易于招致国际游资的冲击，引起国际外汇市场的动荡不安。当一国国际收支恶化、大量资本突然从该国抽回时，该国为了维持汇率的界限，不得不动用外汇储备缓冲，从而引起外汇储备的急剧缩减。如果外汇储备急剧流失后仍不能平抑汇价，该国最后有可能采取法定贬值的措施。一国货币的法定贬值可能会引起与其经济关系密切的国家同时采取贬值措施，从而导致整个汇率制度的混乱与动荡。在未恢复相对平静以前的一段时间内，进出口商对接单订货常抱观望态度，从而使国际贸易在某种程度上出现中止停顿。

#### 2. 固定汇率对国内经济和国内经济政策的影响

在固定汇率制下，一国很难执行独立的国内经济政策，关于这一点本教材将在第六章内外均衡调节中详细阐述，此处只做一般性介绍。

(1) 固定汇率制下，一国的货币政策很难奏效。比如一国为紧缩投资、治理通货膨胀而采取紧缩的货币政策，将提高本国利息率，也因此吸引了外资的流入，从而达不到紧缩投资的目的。相反，为刺激投资而降低利率，又会造成资金的外流。

(2) 固定汇率制下，为维持固定汇率，一国往往须以牺牲国内经济目标为代价。例如，当一国出现严重通货膨胀时，该国为治理通货膨胀，实行紧缩性财政货币政策，提高贴现率、增加税收等。但由于本国利率的提高，可能引起资本流入、造成资本项目顺差；由于增加税收，可能造成总需求减少、进口减少，造成贸易收入顺差。这就使得本币有升值趋势，不利于固定汇率的维持。因此，该国政府为维持固定汇率，不得不放弃为实现国内经济目标所需采取的国内经济政策。

(3) 固定汇率使一国国内经济暴露在国际经济动荡之中。由于一国有维持固定汇率的义务，因此当其他国家的经济出现各种问题而导致汇率波动时，该国就须进行干预，从而也受到相应的影响。例如外国出现通货膨胀而导致其汇率下降，本国为维持固定汇率而抛出本币购买该贬值外币，从而增加本国货币供给，诱发本国的通货膨胀。

总之，固定汇率使各成员方的经济紧密相连，互相影响，一国出现经济动荡，必然波及他国；同时，也使一国很难实行独立的国内经济政策。

## 二、浮动汇率制度

### （一）浮动汇率制度的概念

浮动汇率制度是指汇率的大小完全由外汇市场的供求状况决定，政府或货币当局不再承担把汇率维持在某种界限的义务，对外汇市场不加任何干涉。当外币供过于求时，外币就将贬值，汇率下跌；当供不应求时，外币就升值，汇率就上涨。

### （二）浮动汇率制的利弊分析

我们不能根据汇率是否稳定来判定一国实行的是固定汇率制还是浮动汇率制，因为在浮动汇率下如果市场处于长期均衡，汇率仍旧有可能保持稳定。但浮动汇率制度下的汇率和固定汇率制度下的汇率相比，其决定机制有根本性的区别。经济学家对于浮动汇率与固定汇率的优劣之争已经延续了几十年，但从目前的观点来看，两者似乎都有各自的优点和缺点，以下对浮动汇率制的利弊分析就是针对固定汇率制相较而言的。

#### 1. 浮动汇率相较固定汇率的优点

（1）可以减少持有国际储备，降低机会成本。在浮动汇率制度下，汇率随着外汇供求的涨落而自动达到平衡，政府在很大程度上听任汇率由外汇市场支配，减少干预行动，国家对外汇储备的需求量自然可以减少。这就有助于节省国际储备，减少持有国际储备的机会成本，使更多的外汇能用于本国的经济建设。

（2）可以实现国际收支的自动均衡。所谓国际收支的均衡，就是在国际收支中自主性交易的资金流入量和流出量相等，而自主性交易是为了追求利润或效用最大化而进行的交易，一般在国际收支中除了政府出于其他目的而动用国际储备以外的交易都纳入自主性交易的范畴。在浮动汇率下，政府不以维持汇率为义务，汇率根据市场供求不断调整，政府不需动用国际储备，这样就可以使一国的国际收支自动达到均衡，从而免除长期不平衡的严重后果。

（3）有利于国内货币政策的独立性。浮动汇率制度有利于保障一国经济政策尤其是货币政策的独立性。在固定汇率制度下，各国政府为了维持固定汇率，必须进行人为调节，可能使得本国的经济政策失效。比如一国出现了通货膨胀，该国政府决定采取紧缩性的货币政策，但在货币供给量减少时会使得本国利率上升。如果资本可以在国际间流动，外国资本就会换成本币到本国进行投资，这样本币的需求增加，本币就有升值趋势。为了维持固定汇率，此时政府就应当回收外汇抛售本币，在此过程中本国的货币供给被迫增加了，抵消了实行紧缩性货币政策的效果。而在浮动汇率制度下，由于政府不以稳定汇率为目标，当采用紧缩或扩张的货币政策时，无须被动回收或抛售外币从而抵消货币政策的效果，这就有利于国内货币政策实施的独立性。

（4）减少经济周期和通货膨胀的国际传递。在固定汇率下，如果参照物货币所在国发生了通货膨胀，那么外国通货膨胀后将会增加对本国商品的购买，对本币需求增加。一般而言，外币就要贬值，为了维持固定汇率，本国政府就要回收外币，被迫增加本币的供给，本国货币的增加又将导致本国物价的上升，因此固定汇率不能隔绝通货膨胀的国际传递。而在浮动汇率下，当外国发生通货膨胀时，由于本国政府无须以维持汇率稳定为目标，这样本币升值、外币贬值，但由于本国货币供给没有发生变化，可以有效地隔绝通货膨胀。

（5）缓解国际游资的冲击。在固定汇率制度下，由于要维持货币的固定比价，常常会使汇率与货币币值严重背离，各种国际游资可以通过手中掌握的庞大资金进行投机和套利活动，这会导致国际游资的大规模单方面转移。在浮动汇率制下，汇率因国际收支、币值的变动等频繁调整，不会使币值与汇率严重背离，一国货币受到巨大冲击的可能性减少。

### 2. 浮动汇率相较固定汇率的缺点

（1）不利于国际贸易和国际投资。在浮动汇率下，由于汇率经常波动，使得进出口贸易不易准确核算成本或使投资风险增加，因此影响长期贸易合同的签订。在浮动汇率制度下，汇率波动幅度大而且频繁，进出口商不仅要考虑商品价格，也要考虑汇率变动风险。由于受汇率变动影响，往往报价不稳定，不仅削弱了商品在国际市场上的竞争力，也容易引起借故拖延付款和要求降价、取消合同订货等，给进出口业务带来不利影响。

（2）助长了国际金融市场上的投机活动，使市场更加动荡。浮动汇率下，由于汇率波动频繁、幅度较大，投机者便有机可乘，通过一系列外汇交易牟取暴利。若预测失误，因投机亏损还可能引起银行倒闭。比如在1974年6月联邦德国最大的私人银行之一赫斯塔特银行因外汇投机损失2亿美元而倒闭，其他如美国富兰克林银行、德意志地方汇兑银行、瑞士联合银行等均有投机亏损或倒闭事件发生。

（3）浮动汇率未必能隔绝国外经济对本国经济的干扰。虽然在理论上，浮动汇率制度能够自动实现国际收支，但国际收支包括经常账户与资本和金融账户，浮动汇率能够保证国际收支的综合账户达到均衡，但并不能够保证经常账户与资本和金融账户分别达到均衡，因此进口和出口也不一定相等。由于一国国民收入可以表示为 $Y = C + I + G + (X - M)$，当 $X - M$ 不等于 0 时表明一国的经济并不完全由国内支出 $C + I + G$ 决定，国外的经济状况会通过进出口影响本国的经济。

通过以上分析可以看到，一国应该实行固定汇率还是浮动汇率没有定论，两种制度各有利弊，一国实行哪种汇率制度是根据自身的现实情况选择的。

## 三、其他汇率制度

在现实中，自布雷顿森林体系解体后大多数国家的汇率都或多或少可以在一定范围浮动，具有浮动汇率的特点，但政府真正不加任何干涉的浮动汇率制度在现实中是少有的，大多数汇率制度都处于固定汇率和浮动汇率之间。根据不同的分类标准，汇率制度可以划分为多种类别，此处仅介绍几种常见的其他汇率制度。

## (一) 爬行钉住制

### 1. 概念

固定汇率的特点是本国货币的汇率以某种外币或一篮子货币为基准，因此固定汇率又可分为钉住单一货币和钉住一篮子货币两类，而所谓爬行钉住制就是一种可以做经常的、小幅度调整的固定汇率制度。由于固定汇率不一定能够反映外汇市场的供需状况，由此可能导致资源配置的失调，因此爬行制的基本思想是一国可以小幅度地、经常地调整基准汇率，使基准价格按市场条件的变化缓慢变动。在爬行钉住制下，该国政府负有维持某种基准汇率的义务，但基准汇率可以进行经常的、持续的、小幅度的调整（如2%~3%）。

### 2. 实行爬行钉住制的原因

实行爬行钉住汇率的原因有二：一是在本国高通货膨胀时维持汇率稳定，以免影响本国经济更大的波动；二是保持出口产品的竞争力。当一国出现很高的通货膨胀率时如果不加任何干涉，该国的货币将会大幅贬值，为了防止汇率的大幅波动引起经济的波动，政府就要对固定汇率实行经常的小幅度调整，这样既可以使得基准汇率逐渐反映市场状况，又可以避免汇率的大起大落。而在有些情况下，比如一国已经出现大量国际收支顺差的时候，为了保持本国出口产品的竞争力，政府不愿意让本币升值过快，就通过小幅度调整来反映市场供求状况，在此过程中本国的商品仍旧具有一定的竞争力。在现实中，很多拉美国家都曾实行或正在实行该制度，这些国家的通胀率往往都比较高，如巴西、阿根廷、智利等国。

### 3. 爬行钉住制的优缺点

理论上似乎该汇率制度兼收了固定汇率制和浮动汇率制的优点：克服了浮动汇率剧烈变动的缺点，具有浮动汇率的灵活性，同时去掉了固定汇率的僵硬性，是一种理想的汇率。但实际上，该汇率制的缺陷也是显而易见的。第一，爬行钉住制的汇率调整总是滞后于市场状况。由于内部或外部的经济冲击所引起的一国国际收支状况的严重变化可能需要汇率有较大幅度的改变才能恢复国际收支的平衡，而严格的爬行钉住的调整是根据市场状况或经济状况进行小幅调整的，也就是说首先是市场状况发生了变化，然后才是汇率的人为调整，因此爬行钉住制不能及时反映市场信息，未必能够促进资源的有效配置。第二，汇率调整过程中极易发生外资投机和通货膨胀。由于在爬行钉住制下，汇率不可能大幅度改变，而是小幅度有规律的进行，此时很容易导致外资的投机行为，也有可能引起通货膨胀。举个例子，比如一国长期处于贸易顺差的地位，本币有升值的趋势，在爬行钉住制下该国就应该经常小幅降低汇率，此时本币的升值是可以预期的。外国游资为了获利就会大量涌入本国兑换成本币进行投资，待本币升值后再流出。在外资大量流入本国的过程中，本国被迫增加货币供给量，这就有可能引发通货膨胀。

## (二) 汇率目标区

### 1. 概念

汇率目标区的含义可以从广义和狭义两个方面来定义：广义的汇率目标区是泛指将汇率的波动界定在一定区域的汇率制度安排；狭义的汇率目标区是特指美国学者威廉姆森于20世纪80年代初提出的以限制汇率波动范围为核心的，包括中心汇率的确定方法、维持目标区的国内政策搭配、实施汇率目标区的国际政策协调等一整套内容在内的国际政策协调方案。教材所指的汇率目标区指的是狭义的定义，是一种有管理的汇率制度安排，即一国允许其汇率在一个特定的区间内波动，一旦汇率的波动超出这个区间，货币当局（即中央银行）就要进行干预。

按照限制程度，汇率目标区可以分为"严格目标区"和"宽松软目标区"。"严格目标区"的汇率变动幅度很窄，不常修订，目标区的内容也对外公开，一般是通过国际储备政策或货币政策将汇率维持在目标区。"宽松软目标区"的汇率变动幅度较宽，而且经常修订，目标区的内容不对外公开，政府只是有限度地维持汇率目标区。

### 2. 汇率目标区的特点

汇率目标区是有关当局设计的一套可调整的汇率，这种汇率要与国际收支长期形态的基本平衡相适应，并且围绕着这一整套可调整的汇率设立较宽的波动幅度。弗伦克尔和戈尔德斯坦（1986）认为，汇率目标区是一种混合体系，兼有固定汇率制的稳定性和浮动汇率制的灵活性。但同时，汇率目标区又和其他汇率制度有区别。

（1）不同于完全浮动汇率制，因为在汇率目标区制度下货币当局要对外汇市场进行干预，以使汇率在目标区内浮动，而不是没有限制的浮动。

（2）不同于有管理的浮动汇率制度，其区别有两点：一是目标区中当局在一定时期内对汇率的过度波动制定出比较确定的区域限制；二是目标区中当局更为关注汇率波动，必要时要利用货币政策等措施将汇率的波动尽可能限制在目标区内。

（3）不同于可调整的钉住制，因为货币当局没有一个在任何情况下干预外汇市场以使汇率在目标区内波动的义务。

（4）不同于完全的固定汇率制，因为在必要的时候，目标区也可以调整。

### 3. "蜜月效应"与"离婚效应"

根据人们对政府确定的目标区是否有足够的信心，汇率目标区下可能会出现"蜜月效应"或"离婚效应"。

假定目标区完全可信，当汇率变动逐渐接近目标区边缘时，广大交易者将会预期汇率很快会做反向调整，重新趋近于中心汇率。这一预期会产生稳定性作用，从而使汇率的变动在不存在政府干预时也不会超过目标区范围，并且汇率的变动在达到目标区边缘时常常会自动向中心汇率调整。比如一国政府确定的汇率目标区为 1~2，当汇率接近 2 时，如果人们对政府有信心，就会预测汇率将下跌，此时持有外币的人应该卖出，因为外币已经在预期中的高价了。同理，没有外币的人将不愿意按 2 的汇率买入，这样外币的供给就会大于需求，在政府没有干涉的情况下汇率自动下降。在目标区汇率制度下，市场汇率围绕着中心汇率上下变动，当离开中心汇率至一定程度后便会自发向中心汇率趋近，这样的情形就像蜜月中的情侣，一日不见如隔三秋，一旦分开就急于重新相聚，这样的效应被称为"蜜月效应"。

当由于经济基本面向某一方向的变动程度很大并已表现为长期趋势时，如果市场交易者普遍预期汇率目标区的中心汇率将做很大调整，此时汇率目标区就不再有可信性。在交易者对目标区缺乏信心的情况下，如果汇率向目标区的边缘变动，交易者将认为政府没有能力维持目标区，此时最好的交易方式是顺势而为，交易者的行为又将进一步使汇率脱离中心。比如一国政府确定的汇率目标区还是 1~2，当汇率接近 2 时，如果人们对政府没有信心，就会预测汇率将突破 2 的上限，此时持有外币的人应该观望，因为外币还有预期的升值空间。同理，没有外币的人想按 2 的汇率买入，这样外币的需求就会大于供给，汇率有进一步上升突破目标区的趋势。这一汇率变动情况犹如一对感情平淡互不信任的夫妻，一点小事都会引起对方的疑心刨根问底，进而导致感情破裂，这就是所谓的"离婚效应"。

### （三）货币局制

#### 1. 概念

货币局制是一种特殊的固定汇率形式，是指政府以立法形式明确规定，承诺本币与某一确定的外国货币之间可以以固定比率进行无限制兑换，并要求货币当局确保这一兑换义务实现的汇率制度。货币局制度是一种关于货币发行和兑换的制度安排，而不仅仅是一种汇率制度，主要表现在：首先它是一种货币发行制度，以法律形式规定当局发行的货币必须有外汇储备或硬通货的全额支持。实行货币局的国家或地区没有中央银行，本国的货币发行是由商业银行完成的，商业银行发行本币必须向货币局提供全额的外汇支持。其次它才是一种汇率制度，保证本币和外币之间在需要时可按事先确定的汇率进行无限制兑换。

一般而言，实行货币局制的国家或地区不具有独立建立自己货币制度的政治经济实力，即没有自己的中央银行，而以货币局代替。实施货币局制度也就意味着失去了独立实行货币政策的主动权，因此实行货币局制的国家或地区一般是将外部均衡目标放在重要地位的小型开放经济体。根据 2008 年 IMF 的统计，共有 13 个国家和地区采用这种汇率制度，我国香港特别行政区的联系汇率制度就属于货币局制。

#### 2. 货币局制的优缺点

货币局制一般是在开放的小国或地区实行，该制度有明显的优点。首先，管理与操作非常简便。货币局的主要职责是在商业银行发行本币时保证其提供全额的外币支持，在操作上非常简单。同时，货币局不需要像中央银行那样承担诸多职能，其管理被大大简化。其次，赋予本国或本地区货币币值和货币政策的高度可信性。由于货币局制度下本币的发行以全额外币作为保证，而所选定的外币一般都是币值较为稳定的货币（比如美元、英镑等），因此本币具有高度可信性。由于货币政策的实施效果和公众预期有关，在本币高度可信的前提下政府更加容易建立良好声誉，从而保证货币政策的实施效果。

货币局制虽然具有管理与操作简便、赋予本币高度可信性的优点，但仍旧有一些制度本身所导致的缺点：① 政府不能控制货币供给和本币利率。由于货币局制下，本币和外币的汇率基本保持固定，根据利率平价理论，两国的利率也应该一致，而外币的利率由货币发行国决定，本币的利率货币局就难以掌控。另一方面，本国货币发行的总量取决于商业银行，只要商业银行有足够的外币作为保证就可以发行本币，货币局的控制能力较弱。② 不能通过汇率调整来应对外来因素对本国经济的影响。比如锚货币所在国发生了通货膨胀，由于汇率固定，外国商品价格上涨，因此外国的交易者会对本国的商品需求增加，这将导致本国物价的上涨，通货膨胀就通过货币局制传递到了本国。

## 阅读材料

### 香港的联系汇率制

香港没有中央银行，是世界上由商业银行发行钞票的少数地区之一。而港币则是以外汇基金为发行机制的，外汇基金是香港外汇储备的唯一品种，因此是港币发行的准备金。发钞银行在发行钞票时，必须以百分之百的外汇资产向外汇基金交纳保证，换取无息的"负债证明书"，以作为发行钞票的依据。换取负债证明书的资产，先后是白银、银元、英镑、美元和港币，在 1983 年 10 月 17 日开始推行货币发行局制度实行联系汇率后，则再次规定必须以美元换取。所谓联系汇率制其实就是货币局制，就是在发行本币时要和作为准备金的外币相联系，以外币作为本币发行的准备金。在香港历史上，无论以何种资产换取负债证明书，都必须是十足的，这是港币发行机制的一大特点，实行联系汇率制则依然沿袭。

联系汇率制度规定，汇丰、渣打和中银三家发钞银行增发港币时，须按 7.8 港元等于 1 美元的汇价以百分之百的美元向外汇基金换取发钞负债证明书；而回笼港币时，发钞银行可将港币的负债证明书交回外汇基金换取等值的美元。这一机制又被引入了同业现钞市场，即当其他持牌银行向发钞银行取得港币现钞时，也要以百分之百的美元向发钞银行进行兑换，而其他持牌银行把港元现钞存入发钞银行时，发钞银行也要以等值的美元付给它们。这两个联系方式对港币的币值和汇率起到了重要的稳定作用，这是联系汇率制的另一特点。

但是，在香港的公开外汇市场上，港币的汇率却是自由浮动的，即无论在银行同业之间的港币存款交易（批发市场），还是在银行与公众间的现钞或存款往来（零售市场），港币汇率都是由市场的供求状况决定的，实行市场汇率。联系汇率与市场汇率、固定汇率与浮动汇率并存，是香港联系汇率制度最重要的机理。一方面，政府通过对发钞银行的汇率控制，维持着整个港币体系对美元汇率的稳定联系；另一方面，通过银行与公众的市场行为和套利活动，使市场汇率一定程度上反映现实资金供求状况。联系汇率使市场汇率在 1：7.8 的水平上做上下窄幅波动，并自动趋近之，不需要人为直接干预。市场汇率则充分利用市场套利活动，通过短期利率的波动，反映同业市场情况，为港币供应量的收缩与放大提供真实依据。

联系汇率真正成为香港金融管理制度的基础，是在经历了一些金融危机和 1987 年股灾之后的事情。主要是香港金融管理当局为完善这一汇率机制，采取了一系列措施来创造有效的管理环境，如与汇丰银行的新会计安排、发展香港式的贴现窗、建立流动资金调节机制、开辟政府债券市场、推出即时结算措施等。此外，还通过货币政策工具的创新，使短期利率受控于美息的变动范围，以保障港元兑美元的稳定。而对于联系汇率制最有力的一种调节机制，还在于由历史形成的、约束范围广泛的和具有垄断性质的"利率协议"，其中还包括举世罕见的"负利率"规则。它通过调整银行的存贷利率，达到收紧或放松银根、控制货币供应量的目的，因此至今仍然是维护联系汇率制度的一个政策手段。

资料来源：根据"香港联系汇率制度存在的问题与改善"（刘保国，《商业时代》，2003 年第 5 期）以及维基百科（香港联系汇率制度）整理而成。

## 第三节 影响汇率的因素及汇率变动对经济的影响

### 一、影响汇率变动的因素

根据经济学理论，供求关系直接影响商品的价格。汇率作为两国货币之间的相对价格，也与商品一样受到外汇市场上供求关系的影响。当外汇市场上该国货币供不应求时，汇率就上涨；反之，当外汇市场上该国货币供过于求时，汇率就下跌。影响汇率变化的因素可以从中长期和短期来分析。

#### （一）影响汇率变化的中长期因素

**1. 一国的财政经济状况**

从长期看，一国的财政经济状况是影响该国货币对外币比价的基本因素。如果一国的财政收支或经济状况与以前相比得到改善，则该国货币代表的价值量就提高，该国货币相对外国货币就会升值；反之，如果一国的财政收支或经济状况与以前相比恶化，则该国货币代表的价值量就会下降，该国货币相对外国货币就会贬值。一般而言，财政经济状况对本国货币的影响相对较慢，所以将此归结为长期因素。

**2. 一国的国际收支状况**

从中长期来看，一国的国际收支状况是影响该国货币对外币比价的直接因素。因为汇率的变化是由国际市场上两国货币间相对供求关系决定的，而对外汇的供求主要决定于一国的国际收支差额。如果一国的国际收支（特别是经常账户）状况与以前相比得到改善，外汇收入增加，则该国货币将面临升值，在换取一定量的外币时，比以前花费的本币要少；反之，如果一国的国际收支（特别是经常账户）状况较以前恶化，外汇收入减少，则该国货币将面临贬值，在换取一定量的外币时，比以前要花费更多的本币。

**3. 两国通货膨胀率之间的差异**

物价水平高低是一国货币价值在商品市场上的表现，体现其购买力的变化。通货膨胀的出现或者通货膨胀率上升，意味着该国货币所代表的价值量下降。同时，通货膨胀的出现或者通货膨胀率上升可能是由一部分商品在国内市场供不应求引起的。所以通货膨胀诱发了进口的增加或者出口的减少，形成贸易收支逆差（或顺差减少）和国际收支逆差（或顺差减少）。同时，还可能在货币自由兑换的国家促使本国居民将手中的本币兑换成外币，以求保值。无论哪种原因，都将造成对外汇的需求增加。在两国均存在通货膨胀的情况下，高通货膨胀率国家的货币较之于低通货膨胀率国家的货币会贬值。即通货膨胀较为严重的国家货币的汇率会下跌，而通货膨胀率较低的国家货币的汇率会上升。

**4. 两国利率的差异**

利率是金融市场上资本的价格。随着经济全球化进程的加快，资本在国际间的流动越来越便捷。国与国之间的利率差异，将会引起短期资本在国际间的流动。如果一国的利率水平高于他国，则会引起资本流入，特别是国际游资的流入，使该国资本与金融项目账户得以改善，该国货币有升值趋势。反之，如果一国的利率水平低于他国，则会引起资本流出，包括外资流出和本币兑换成外币流出，引起外汇市场上对外汇的需求增加，外币供不应求，该国货币的汇率将有贬值趋势。

**5. 两国经济的增长率差异**

从实际情况看，一国在处于经济高速发展的初期，由于国内市场需求旺盛，增加了对国外商品的需求，引起进口增幅高于出口增幅，国际收支经常项目可能会出现逆差，从而导致本国货币贬值而外币升值。但要注意。本币是否贬值及贬值的程度还受制于资本与金融项目的变化，如果该国采取优惠政策吸引外资流入，就可能会出现资本与金融项目的顺差。两者相抵的结果是，国际收支未必逆差，本币未必贬值。随着经济的持续发展，该国的生产率会不断提高，可以通过生产成本的降低或者出口商品竞争力的提高来扩大出口，改善国际收支。一般而言，当经济发展到一定程度后，经济增长率较高的国家货币会升值，而经济增长率较低的国家货币会贬值。人民币的升值就是一个很好的例证。

**6. 两国宏观经济政策的差异**

宏观经济政策主要包括财政政策、货币政策及汇率政策、外贸政策等。一般而言，扩张性货币政策会导致本国货币的贬值，紧缩性财政货币政策会导致本国货币的升值。汇率政策是一国货币当局制定的本币兑换外币的指导性政策，它将直接影响到一国的进出口、长短期资本流动。不同的汇率政策下，本币的汇率变化存在很大差异，因为政府对外汇市场的干预程度是不一样的。当外汇市场汇率波动影响到一国的经济发展和对外贸易时，政府会通过汇率政策进行调节。

## （二）影响汇率变化的短期因素

**1. 政治因素**

政治因素主要是指突发性事件对汇率产生的影响。在外汇市场上，汇率的变化对一些非经济、非市场因素是非常敏感的。美国"9·11"事件就是一个明显的例证。一国出现武装冲突或战争、被经济制裁、政局不稳、领导人选举等，都会引起汇率短期甚至长期波动。因为政治事件的出现，将会在不同程度上影响一国的经济政策和经济发展，进而引起居民的心理变化，最终影响到汇率的变化。

**2. 预期因素**

20 世纪 70 年代初，预期被引入到汇率变动的研究领域中。常见的预期因素主要有信息、新闻、传闻及由此引起的心理变化。心理预期是短期内影响汇率变动的最直接的因素。预期对汇率的影响可以分为稳定型和破坏稳定型。稳定型的预期，是指一国货币的汇率降到一定的程度后，有些投资者预期该货币汇率将反弹，于是在低价位买进该货币，从而在一定程度上缓和了该种货币汇率的进一步下跌。反之，如果一国货币的汇率持续上升，有些投资者预期该货币汇率将下跌，于是在高价位卖出该货币，从而在一定程度上制止了该种货币汇率的进一步上涨。固定汇率制下的预期一般为稳定型预期。而破坏稳定型预期行为正好与稳定型预期行为相反，一国的货币汇率越下跌，越卖出该货币；汇率越上涨，越买进该货币，从而加剧了汇率的波动，引起汇率的暴涨暴跌。浮动汇率制下的预期一般为不稳定型预期。一般而言，预期主要是通过外汇投机来影响汇率。

**3. 宏观经济形势**

一般而言，各国政府都会定期（如月、季度、年等）公布经济形势公告，其中包括经济增长速度、失业率、物价水平等宏观经济指标。在公布之前，外汇市场会对此有一定的预期，一旦公布的数据与预期存在较大差异，必然在外汇市场上引起汇率的短期波动。

**4. 中央银行干预市场的行为**

当外汇市场汇率波动对一国国内经济、对外贸易及资本流入产生不良影响，或者一国需要通过汇率调整来达到一定的政策目标时，政府往往通过本国中央银行来干预市场。央行可以通过在外汇市场参与外汇买卖，大量买进或者抛出本币或外币，来改变本币和外币的市场供求关系，促使汇率按照政府的意图来变化。这种干预不能从根本上改变汇率的长期走势，但是可以对汇率的短期走势产生重大影响。

**5. 其他影响因素**

如一国的关税和贸易政策，债券市场及股票市场、黄金市场，国际经济形势等的变化均会对汇率的短期走势产生影响。

以上我们从中长期和短期分析了影响汇率变化的因素。但是这种分析是相对的，有时长期因素会影响到汇率的短期变化，反之亦然。同时，汇率的变化往往是由多种因素的综合影响造成的。

## 二、汇率变动对经济的影响

汇率的变化受一系列经济因素的影响，同时汇率的变动又会对一国经济产生影响。通过了解汇率变动对经济的影响，既可以从宏观上判断整个经济形势，也可以为微观个体防范汇率风险提供理论基础。

### （一）汇率变动对一国贸易收支的影响

通常来讲，当本币贬值时，以本币所表示的外币价格上涨，对于本国居民而言，进口商品的价格将变得更加昂贵，因此本国居民将减少进口的数量；另一方面，当本币贬值时，一单位外币可以兑换更多的本币，对于外国居民而言，进口本国商品的价格将变得更加便宜，因此外国居民将增加进口的数量（本国的出口数量增加）。但本币贬值就会使得本国的贸易顺差增加吗？未必。贸易账户的顺差或逆差不是通过商品的数量来衡量的，而是通过出口的金额和进口的金额来衡量的。本币贬值意味着汇率上升，本国进口商品的数量虽然下降了，但由于汇率上升，进口商品支付的资金额仍旧可能变大。一般地，本币贬值使得一国贸易顺差增加必须满足一定条件，即马歇尔-勒纳条件（还有一些其他条件，本教材仅对马歇尔-勒纳条件进行介绍）；同时，即使本币贬值能够使得贸易顺差增加，其过程也是先降后升，即存在所谓的J曲线效应。

**1. 马歇尔-勒纳条件**

汇率变化会对一国的进出口产生影响，一般认为本币升值会导致逆差增加，而本币贬值会导致顺差增加。但这样的结论是需要满足一定条件的，最简单的情形就是满足马歇尔-勒纳条件。

该条件的假设前提包括：①除了汇率，其他贸易条件不发生改变；②进出口商品的国内外价格不变（即进口商品的外币价格不变，出口商品的本币价格不变）；③汇率变动之前，贸易收支是平衡的。

假设出口商品的外币价格为 $P_x^f$，出口商品的本币价格为 $P_x^d$，出口数量为 $Q_x$；进口商品的外币价格为 $P_m^f$，进口商品的本币价格为 $P_m^d$，进口数量为 $Q_m$；汇率为 $e$。

则以本币表示的贸易差额为

$$B = P_x^d \cdot Q_x - e \cdot P_m^f \cdot Q_m \tag{3-1}$$

若本币贬值（直接标价法下）能够引起顺差增加，则意味着 $B$ 和 $e$ 应该正相关，也就是需要满足：

$$\frac{dB}{de} > 0 \tag{3-2}$$

根据假设 $P_x^d$ 和 $P_m^f$ 为常数，因此式(3-2)也可以表示为

$$\frac{dB}{de} = P_x^d \cdot \frac{dQ_x}{de} - P_m^f \cdot Q_m - e \cdot P_m^f \cdot \frac{dQ_m}{de} > 0 \tag{3-3}$$

根据价格需求弹性的定义，出口需求弹性为 $\eta_x = \dfrac{\dfrac{dQ_x}{Q_x}}{\dfrac{dP_x^f}{P_x^f}}$，进口需求弹性为 $\eta_m = \dfrac{\dfrac{dQ_m}{Q_m}}{\dfrac{dP_m^d}{P_m^d}}$。

由于 $P_x^d = e \cdot P_x^f$，$P_m^d = e \cdot P_m^f$，而 $P_x^d$ 和 $P_m^f$ 为常数，因此有 $\dfrac{dP_x^f}{P_x^f} = -\dfrac{de}{e}$ 和 $\dfrac{dP_m^d}{P_m^d} = \dfrac{de}{e}$，于是

$$\eta_x = -\frac{\dfrac{dQ_x}{Q_x}}{\dfrac{de}{e}}, \quad \eta_m = \frac{\dfrac{dQ_m}{Q_m}}{\dfrac{de}{e}}。$$

再根据假设③有 $P_x^d \cdot Q_x = e \cdot P_m^f \cdot Q_m$，$P_x^d \cdot \dfrac{\mathrm{d}Q_x}{\mathrm{d}e} - P_m^f \cdot Q_m - e \cdot P_m^f \cdot \dfrac{\mathrm{d}Q_m}{\mathrm{d}e}$ 就可以表示为 $P_m^f \cdot Q_m \cdot \left( \dfrac{\mathrm{d}Q_x/Q_x}{\mathrm{d}e/e} - 1 - \dfrac{\mathrm{d}Q_m/Q_m}{\mathrm{d}e/e} \right) = P_m^f \cdot Q_m \cdot (-\eta_x - \eta_m - 1)$，式（3-3）成立就意味着有 $-\eta_x - \eta_m > 1$，由于价格的需求弹性小于 0，即有

$$|\eta_x| + |\eta_m| > 1 \tag{3-4}$$

式（3-4）就是所谓的马歇尔－勒纳条件，该条件表明，只有当进口商品的需求弹性和出口商品需求弹性的绝对值之和大于 1 时，本币贬值才能引起贸易顺差的增加，而升值则会引起贸易逆差。

**2. J 曲线效应**

在实际经济生活中，即使在马歇尔－勒纳条件成立的情况下，贬值也不能马上引起贸易顺差的增加。相反，本币贬值后刚开始的一段时间，贸易收支反而可能会出现逆差，要经过一段时间后贸易逆差才会逐渐减小并变为顺差。为什么贬值的影响要经过一段时滞后才能完全反映出来？原因在于在贬值之前已签订的贸易协议仍然必须按原来的数量和价格执行。贬值后（汇率上升后），凡以外币定价的进口商品，折成本币的支付将增加，凡以本币定价的出口，折成外币的收入将减少。在贬值前已签订但在贬值后执行的贸易协议就有可能使得本国贸易的收入小于支出，于是贸易收支出现逆差。当本币贬值一段时间后，贬值以前的贸易协议已经逐渐履行完毕，本国居民会减少进口的数量，而外国居民会增加进口的数量，本国就开始出现贸易顺差。由于本币贬值引起贸易收支先降后升（先逆差后顺差）的过程和英文字母 J 的形状很相像，这样的一种效应就被称为 J 曲线效应（见图 3-1）。

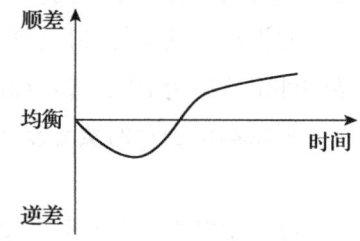

图 3-1 贬值的 J 曲线效应

## （二）汇率变动对一国物价的影响

当一国货币贬值而其他经济条件不变时，一般会导致本国的物价上涨，原因在于两个方面：一方面，本币贬值意味着相同的外币需要支付更多的本币，这会导致进口原材料的价格上升，原材料价格上升以后国内相关产品的成本就上升，商品的价格也随之上涨；另一方面，本币贬值以后，外国居民购买本国商品或到本国消费将变得更加便宜，这会导致本国商品的需求增加，也会引起本国商品价格的上涨。

而当一国货币升值时，在其他经济条件不变时往往会引起本国物价的下跌。

## （三）汇率变动对一国利率的影响

当一国货币贬值以后，由于通常会导致物价上涨，在货币供给量不变的前提下实际货币供给就将减少。利率是货币使用的价格，当货币供给减少时利率就会上升。因此，一般可以认为本币贬值将导致本国利率的上升。关于这一点，读者可以结合第四章的利率平价

进行理解，但要注意两者的区别，此处是汇率变动对利率的影响，而利率平价阐述的是利率变动对汇率的影响。

同理，当一国货币升值以后，通常会导致本国利率的下跌。

### （四）汇率变动对外汇储备的影响

一国政府的外汇储备可能来自于经常账户，也可能来自于资本与金融账户，汇率变动对两者都有影响。

#### 1. 对经常账户的影响

由于经常账户的余额主要是由贸易账户决定的，根据前文的分析，当满足马歇尔－勒纳条件时，一国本币贬值将导致贸易顺差，如果此时政府进行结汇或为了维持汇率稳定而干涉外汇市场，会导致外汇储备的增加；反之，当本币升值时外汇储备会减少。

#### 2. 对资本与金融账户的影响

由于资本从一国流向另一国主要是追求利润和避免损失，因而汇率变动对资本与金融账户的影响是在变动过程中或者有汇率变动预期时才能实现，而当汇率变动到位后这个影响一般就不会那么明显。比如，当一国货币贬值而未贬值到位时（仍旧在贬值过程中或仍旧有贬值预期），本国货币的持有者为避免货币进一步贬值而蒙受损失，就会将本币兑换成外币。此时，如果政府进行结汇或干预外汇市场以维持汇率稳定，则必须抛售外汇储备，外汇储备也因此减少。当然，如果一国货币已贬值到位，当通货膨胀、利率等其他因素保持稳定时，本币持有者不再担心贬值受损，资本的外逃就会停止下来，此时外汇储备也能保持相对稳定。

同样，当一国货币在升值过程中或有升值预期时，投资者为了获利就会将外币兑换成本币，流入本国的外汇增加。如果政府进行结汇或干预外汇市场以维持汇率稳定，就需要购入市场上增加的外汇，外汇储备就相应增加。

### （五）汇率变动对一国产出的影响

根据国民收入恒等式，一国产出可以表示为 $Y = C + I + G + (X - M)$，其中 $C$ 表示消费，$I$ 表示投资，$G$ 表示政府支出或购买，$X - M$ 为出口和进口的差额，也就是净出口或顺差。通过国民收入恒等式，当一国货币贬值时，如果满足马歇尔－勒纳条件，贸易顺差 $X - M$ 将会增加，这也意味着在其他条件不变时，本币贬值会导致一国的产出增加。其原因可能在于一国货币贬值有利于出口而不利于进口，这会从两个方面导致本国商品的需求增加从而引起产出的增加。一方面，出口的增加会导致对本国商品的需求增加，如果该国有闲置资源或劳动力，那么，这将会促进就业和资源的充分利用，增加国民收入；另一方面，进口减少会导致本国居民更多地用本国商品来替代外国商品，这也同样会导致本国商品需求的增加从而提高产出。同理，当一国货币升值时，往往会导致该国产出的下降。

## 案例分析

### 人民币升值对浙江纺织业的影响

自 2005 年 7 月 21 日 19 时起,我国开始实行以市场供求为基础、参考一篮子货币的有管理的浮动汇率制度。当日人民币对美元即日升值 2%,即 1 美元兑 8.11 元人民币。汇率制度的这一变化预示着今后中国的汇率改革将进一步深化,人民币有望继续升值。有业内人士估计,人民币将可能升值 10%。从某种意义上说,人民币升值所导致的资本成本和收入的提升将长期改变我国的经济结构,重新赋予行业不同的成长速度,并使不同行业的企业业绩出现分化。对于纺织业,人民币升值的影响不可小视。据研究,如果人民币升值 5%~10%,纺织业利润率将下降 10%~60%,特别是出口依存度较高的服装行业受损更大。浙江作为一个纺织服装大省,其纺织行业在这次汇率升值调整中可谓影响甚大。

#### 一、"跑量为主"的经营模式未能打破,纺织品出口额增速出现下降趋势

一方面,将持续"跑量为主"的经营模式。2006 年 1~4 月,浙江省纺织品服装出口有实绩的企业为 5 488 家,比上年末增加 394 家。其中,私营企业 2 789 家,外商投资企业 1 940 家,集体企业 411 家,国有企业 340 家,个体工商户 9 家。同期,外商投资企业出口纺织品服装 22.47 亿美元,增长 35.4%,私营企业出口 20.8 亿美元,增长 64.4%。但是,数量增长快于价格增长,浙江省纺织品服装同期出口价格指数为 1.05,数量指数为 1.24,即出口平均价格增长 5%,出口数量增长 24%。征税纺织品出口价格指数为 1.07,数量指数为 1.15。

另一方面,以"跑量为主"的经营方式使浙江纺织企业出口额增速大为下降。2006 年 2 月,浙江省共出口纺织品 14 亿美元,比上年同期下降 5.3%。其中,服装及衣着附件出口 7.8 亿美元,下降 2.3%;纺织纱线、织物及制品出口 6.2 亿美元,下降 8.9%。据宁波海关统计,2 月份,浙江省纺织品共出口 143 个国家,其中对 67 个国家的出口增长率是下降的,其出口额占总出口额的 87.3%。浙江省对欧盟和美国的纺织品出口下降幅度尤为明显,其中,对欧盟出口 3.7 亿美元、对美国出口 2.5 亿美元,分别下降 11% 和 7.6%。

#### 二、缺乏自主品牌、产品附加值低和科技创新能力弱的缺点在短时间内难以克服

浙江纺织服装企业生产的产品大多品种档次不高,产品附加值只有国外先进国家的几十分之一,且创新品种少。像万事利、杉杉这样有独立品牌的企业极少,多以贴牌经营为主,企业利润非常微薄。据业内人士透露,生产一件服装获得的加工费在 1~2 美元,其中还包括各种运营费用,平均利润率仅在 3%~5%。即使当地的龙头企业如悦莱春、华诚茂麓,其利润率也不过 10%。而大多数贴牌企业多以美元结算,如果人民币升值 10%,则预计有 50% 的企业难以继续经营。

由于缺乏优秀的服装设计师,企业产品开发也多采用借鉴和组合,导致产品缺乏个性,产品价格无法提升。大企业借鉴和组合欧、美、韩、日及中国港台地区的设计,中小型企业则多是盯着大企业新产品的出笼,进行模仿。人民币升值使中小企业利润空间缩

小，企业无力花大量财力和人力进行新产品的研发，这势必导致大多数省内中小纺织企业的上述弱势仍将在一段时间内持续。

### 三、劳动力成本上升，原材料价格并未下降

纺织业是劳动力密集型行业，浙江省又是一个人口大省，劳动力成本比其他国家和地区相对低廉。人民币若持续升值，由于工资具有刚性，实际工资必然上升，势必引起劳动力成本低廉的竞争优势难以继续维持（目前劳动力成本约占出厂价的30%），迫使许多沿海纺织生产企业迁至劳动力成本更低的内陆地区，从而将打破浙江省纺织业的优势格局。

原材料价格的最终决定因素是供需关系。短期人民币汇率的变化对原料价格有影响，但长期看供需关系是原料价格的最终决定因素。中国进口了世界30%的纺织原材料，其中浙江省占绝大部分。因此人民币升值未必意味着纺织原材料进口成本的降低，相反可能引起美元计价的纺织原材料价格的上涨。

### 四、增加了纺织出口合同签订的汇率风险

据中国贸易促进会统计，全国最大的纺织重镇绍兴，目前已有20%的纺织企业处于停产或半停产状态，其他多数企业则勉强维持。人民币升值引起的出口合同汇率风险激增是造成这种局面的一个重要原因。人民币升值2%，意味着企业拿到的贷款折合成人民币仅有原来的98%；若人民币升值10%，则意味着企业拿到的贷款折合成人民币仅有原来的90%。其实人民币升值2%，浙江的纺织品企业的平均利润率只有5%~10%。如果一年内人民币升值5%，50%的纺织品生产企业都将遭遇经营困难。浙江有许多出口贸易依存度超过50%的小城，这种风险对于浙江大多数纺织企业来说是无力承担的。

资料来源：谢吉丽. 人民币升值对浙江纺织业的影响与对策 [J]. 北方经济，2006 (18)。

**案例点评**

本案例是以2006年浙江省的数据来说明人民币升值的影响，人民币真正开始升值是在2005年7月，该段时间正好是升值的起点。通过这个案例我们可以看到，本币升值的确会影响一国的贸易进出口。本章花了较大的篇幅说明马歇尔-勒纳条件，我国浙江的纺织业似乎也证实了这一点。

## 核心概念与本章小结

1. 外汇是以外币表示的用于国际结算的支付凭证。汇率是一个国家的货币折算成另一个国家货币的比率或比价，是用一国货币表示的另一国货币的价格。直接标价法是用若干单位本币表示1单位外币，而间接标价法是用若干单位外币表示1单位本币。在直接标价法下，汇率上升表示外币升值本币贬值，汇率下跌表示外币贬值本币升值。

2. 典型的汇率制度是固定汇率制度和浮动汇率制度。固定汇率制度是指政府、货币当局用行政或法律手段确定本国货币和某种参照物之间的比价，然后通过各种手段（主要是经济手段）来维持这个比价，参照物可以是黄金，也可以是某种或一篮子外国货币。浮动汇率制度是指汇率的大小完全由外汇市场的供求状况决定，政府或货币当局不再承担把

汇率维持在某种界限的义务，对外汇市场不加任何干涉。固定汇率制度和浮动汇率制度各有优劣。

3. 经济因素的变动会对汇率产生影响，而汇率的变动也会对一国的经济产生影响。一般而言，如果汇率上升，一国的国际收支将会出现顺差，但需要满足马歇尔-勒纳条件，即进出口需求弹性的绝对值之和大于1。

本章内容主要是介绍性的，在学习方法上应该活学活用，理解而不是死记硬背一些概念，希望通过本章学习，引导学生了解外汇与汇率的基本概念，理解汇率变动对一国经济的影响。掌握本章内容也有助于学习其他章节的内容，比如汇率的决定理论、外汇交易和外汇业务等。

## 本章习题

1. 在采用直接标价的前提下，如果需要比原来更少的本币就能兑换一定数量的外国货币，这表明（    ）。
   A. 本币币值上升，外币币值下降，通常称为外汇汇率上升
   B. 本币币值下降，外币币值上升，通常称为外汇汇率上升
   C. 本币币值上升，外币币值下降，通常称为外汇汇率下降
   D. 本币币值下降，外币币值上升，通常称为外汇汇率下降

2. 当远期外汇比即期外汇高时，两者之间的差额称为（    ）。
   A. 中间价                     B. 贴水
   C. 平价                       D. 升水

3. 间接标价法下，如果即期汇率上升，此时（    ）。
   A. 本币升值                   B. 本币贬值
   C. 本币升水                   D. 本币贴水

4. 周星星有1 000美元现钞，韦小宝有1 000美元银行存款，他们俩同时到同一家银行把美元兑换成人民币，则最有可能（    ）。
   A. 周星星换得多               B. 韦小宝换得多
   C. 俩人换得一样多             D. 以上三种情况都有可能

5. 直接标价法下，如果（    ）上升，外国货币在本国的购买力将变得更大。
   A. 即期汇率                   B. 远期汇率
   C. 实际汇率                   D. 官方汇率

6. 通常认为，相比较固定汇率制度，浮动汇率制度（    ）。
   A. 需要较多的外汇储备         B. 更能保证本国货币政策的独立性
   C. 有利于国际贸易的成本利润核算  D. 更便于跨国投资形成稳定的收益预期

7. 某一时刻外汇市场上的即期汇率为1GBP兑换2USD，经过一年后外汇市场上的即期汇率为1GBP兑换1.6USD，则美元在这一年间（    ）。
   A. 升值20%                    B. 贬值20%

C. 升值 25%　　　　　　　　　　D. 贬值 25%
8. 已知本国的物价指数为 2，外国的物价指数为 1，直接标价法下的名义汇率为 1.5，此时的实际汇率是多少？在哪个国家消费比较合算？
9. "蜜月效应"和"离婚效应"的前提有何不同？
10. 固定汇率制度和浮动汇率制度各有哪些优点和缺点？
11. 假设美国对我国进口品的需求弹性是 $-1.13$，而我国对美国进口品的需求弹性为 $-0.72$，假定对于我国来讲，进口商品的外币价格 $P_m^f$ 和出口商品的本币价格 $P_x^d$ 不变，并且刚开始时国际收支均衡，即 $F = X - M = Q_x P_x^d - e Q_m P_m^f = 0$，其中 $e$ 为汇率，如果人民币贬值 10%，我们想知道（假定只有中美两国发生国际贸易）：
   (1) 美国对于我国进口量变化的百分比。
   (2) 我国对于美国进口量变化的百分比。
   (3) 人民币贬值会使我国的贸易收支出现顺差还是逆差？为什么？

# Chapter 4

# 第四章

# 汇率决定理论

## 引言

你有没有想过一个根本性的问题:为什么 1 美元只能兑换 6 元多人民币,但却能兑换 80 多日元呢?在上一章我们介绍了外汇、汇率以及汇率制度的相关概念,并且介绍了决定汇率的一些因素。但那些因素究竟怎样决定汇率的大小呢?各种不同的理论对此有不同的解释,汇率决定理论是国际金融学中的一个重要问题,本章就此阐述几种经典的汇率决定理论。有一点也要引起读者的注意,即虽然名义汇率和实际汇率有其相关性,但汇率决定理论指的是名义汇率的决定,即一单位某种货币能够兑换多少单位的其他货币。

## 学习目标

(1) 了解金本位下的汇率决定
(2) 掌握购买力平价理论
(3) 掌握利率平价理论
(4) 熟悉汇率的弹性价格分析法
(5) 熟悉汇率的黏性价格分析法
(6) 熟悉汇率的资产组合平衡分析法

## 第一节 金本位制下汇率的决定

### 一、货币制度简介

货币制度又称"币制"或"货币本位制",是指一个国家或地区以法律形式确定的货币流通的结构、体系和组织形式。货币制度自产生以来,从其存在形态看,可以分为金属本位制和不兑现的信用货币制度两大类,而金属本位制又可以分为银本位制、金银复本位制、金本位制等,以金本位制为代表。由于在不同的货币制度下,汇率决定的原理有所区别,本节阐述的是金本位下汇率的决定,而本章其余小节的汇率决定理论则都是以信用货币制度为前提的。

## (一) 金本位制

金本位制又称"金单本位制",是以黄金作为本位货币的一种货币制度,主要有金币本位制、金块本位制和金汇兑本位制三种形式。

### 1. 金币本位制

金币本位制是典型的金本位制。在这种制度下,国家法律规定以黄金作为货币金属,即以一定重量和成色的金铸币充当本位币。在金币本位制条件下,金币可以自由铸造和自由熔化,黄金也可以自由输出输入国境。

最早实行金币本位制的国家是英国。18世纪末至19世纪初,英国经济迅速发展后首先过渡到金币本位制。英国政府于1816年颁布法令,正式采用金币本位制。从历史上看,金币本位制对于各国商品经济的发展,以及世界市场的统一都起到了重大的推动作用,其稳定的货币自动调节机制无疑是高效率的。但由于近现代以来,随着经济迅速发展,对黄金的需求也日益增加,但黄金的开采由于受到资源限制,不可能相应地快速增长,使得供给满足不了需求,由此又产生了金块本位制和金汇兑本位制。

### 2. 金块本位制

金块本位制又称"生金本位制",是国内发行代表一定黄金量的银行券(或纸币)流通的制度。在金块本位制下国内不铸造、不流通金币,但允许黄金自由输入输出,或外汇自由交易,而且当本国货币达到一定数量时也可以兑换黄金。通俗地讲,金块本位制就是本国发行的代表一定含金量的货币,但货币不是任何条件下都能兑换黄金,只有当货币达到一定数量时才可以兑换金块。如法国1928年的《货币法》规定,每法郎的含金量为0.065克纯金,但至少需21.5万法郎才能兑换黄金;英国在1925年规定,银行券每次至少兑换400盎司黄金(1700英镑)。提高兑换起点,可以限制黄金的兑换范围,减少对黄金的履行准备量的要求,暂时缓解了黄金短缺与商品经济发展之间的矛盾。但一旦国际收支失衡,大量黄金外流或黄金储备不够支付时,金块本位制就难以维持。

### 3. 金汇兑本位制

在金汇兑本位制下,市场上没有金币流通,货币单位规定含金量,国内流通纸币或银行券,但它们在国内不能直接兑换到黄金,只能换取外汇,这些外汇可以兑换黄金。实行金汇兑本位制的国家实际上是使本国货币依附于一些经济实力雄厚的外国货币上,这种货币制度能保证本国货币的稳定性和可靠性,但本国货币政策的独立性就难以得到保证,经济容易遭受依附外币国家的影响。

## (二) 信用货币制度

信用货币制度是以不兑现的纸币或银行券作为本位币的货币制度,又被称为"管理货币本位"或"不兑换纸币本位制"。在信用货币制度下,货币一般由中央银行发行,并由国家法律赋予无限清偿能力;货币不与任何金属保持等价关系,也不能兑换黄金,货币发行一般不以金银为保证，也不受金银数量的限制。货币是通过信用程序投入流通领域，货币流通是通过银行的信用活动进行调节。而不像金属货币制度那样，由铸币自身进行自发的调节。一国的中央银行或货币管理当局通过公开市场业务、存款准备金率、贴现政策等手段，调节货币供应量，同时商业银行信用的扩张，意味着货币流通量增加；商业银行信用的紧缩，则意味着货币流通量减少。

## 二、金本位制度下汇率的决定

金本位制在运行过程中相继实行金币本位制、金块本位制和金汇兑本位制。金币本位制是典型的金本位制，所以一般所讲的金本位制下的汇率决定指的就是金币本位制下的汇率决定。

### （一）金本位制度下汇率的决定基础

在金本位制度下各国货币都规定了含金量，这个含金量就是各国货币的价值量，亦是金本位制度下汇率决定的基础。例如，英国在 1925～1931 年，规定 1 英镑的含金量为 7.322 4 克；美国规定 1 美元的含金量为 1.504 656 克，由此我们可以计算英镑对美元的汇率为 1 英镑 = 7.322 4/1.504 656 = 4.866 5 美元。两国货币的含金量之比称为铸币平价。按照等价交换的原则，铸币平价是决定两国货币汇率的基础。

此处特别要强调一个概念，即金融学中的均衡价格。在经济学中，均衡价格一般指的是供给等于需求时的价格，此时的价格是稳定的，而在金融学中均衡价格当然也可以理解为供给等于需求时的价格，然而从更具体的表现形式来看，均衡价格是指无套利状态下的价格。所谓套利是指借入某些资产（可以是货币）进行投资或交易，到期归还后可以得到无风险收益，而均衡价格则是在不能套利情形下的价格。由于汇率是外币的价格，本章所阐述的汇率决定理论指的是均衡汇率，这只能是无套利状态下的汇率。

上述英镑对美元的汇率中，在不考虑其他交易费用和运输成本时，如果 1 英镑不等于 4.866 5 美元就可以进行套利活动。当汇率大于 4.866 5 时，意味着 1 英镑可以兑换比本身含金量更高的黄金，此时套利投资者在英国市场上借入 1 英镑换成美元，所得到的黄金将大于 7.322 4 克。由于金币本位制下，黄金可以自由铸造和流通，归还借款后还可以得到一部分无风险收益。当然，这样的套利活动存在会使得美元的需求增加，汇率将有下跌趋势。而当汇率小于 4.866 5 时，借入美元换成英镑也可以得到无风险收益，这又会使得英镑的需求增加，汇率有上升的趋势。所以，在不考虑其他交易费用时，均衡汇率就是两国的铸币平价。

### （二）金本位制度下汇率的上下限

由于铸币平价是法定的，一般不会轻易变动，而实际汇率往往受到市场供求关系的影响，因此外汇市场上的实际汇率与铸币平价会发生偏离。现实的汇率围绕铸币平价在一定范围内上下波动，汇率波动幅度的上限称为黄金输出点，黄金输出点 = 铸币平价 + 单位货币黄金运送的费用。汇率波动幅度的下限称为黄金输入点，黄金输入点＝铸币平价－单位货币黄金运送的费用。在考虑运输成本时，金本位下的均衡汇率就有一个区间：

均衡汇率：[铸币平价－单位货币黄金运送的费用，铸币平价＋单位货币黄金运送的费用]

下面举例说明黄金输送点和铸币平价之间的关系。

在金本位制下，由于黄金可以自由铸造、自由兑换和自由输出输入，假定1英镑黄金（7.322 4克）在两国间的运输费用为0.02美元，则均衡汇率的区间为[4.846 5，4.886 5]。如果汇率不在这个区间以内就会引起套利：当汇率大于4.886 5时，套利投资者在英国市场上借入1英镑并兑换成美元，再到美国将美元所含的黄金运入英国，扣除运费后所得到的黄金将大于7.322 4克，归还借款后还可以得到一部分无风险收益，这样的套利活动存在会使得汇率有下跌的趋势。当汇率小于4.846 5时，投资者通过在美国市场上借入美元兑换成英镑，再到英国将英镑所含的黄金运入美国仍旧可以套利，这会使得汇率有上涨的趋势。以上分析并没有考虑借款成本，即利息的支出，一方面是为了将问题简单化以便于理解，另一方面也可以理解为整个套利过程中产生的运费已经包含了这方面的考虑。

因此，在考虑运输成本时，金本位制下的均衡汇率以黄金输入点为下限，以黄金输出点为上限。

## 第二节 购买力平价理论

### 一、一价定律与绝对购买力平价

购买力平价理论（theory of purchasing power parity，PPP理论）由瑞士经济学家卡塞尔于1916年提出，并在其所著1922年出版的《1914年以后的货币与外汇》一书中进行了系统的阐述。该理论是汇率理论中最直观、最容易理解因而传播也最广的一种理论。该理论的成立前提是一价定律。

#### （一）一价定律

所谓一价定律是指在信息完全、不考虑交易成本等因素的前提下，同一种商品在不同地方的价格应该相等。

一价定律在直观上很容易理解，在没有其他交易成本时，如果两个地方相同的商品价格不等，此时的价格不可能处于均衡状态，套利活动将使得较高的价格下跌，同时使较低的价格上涨。

举个例子，如果 $A$、$B$ 两地同一种商品的价格为 $P_A$ 和 $P_B$，则当 $P_A > P_B$ 时，投资者可以借入资金从 $B$ 地买入该种商品到 $A$ 地出售，由于没有其他费用（运费、借款利息等），投资者出售商品归还资金以后还会得到一部分无风险收益（一单位商品的收益为 $P_A - P_B$）。这样的套利活动将使得 $B$ 地的商品需求增加从而引起 $P_B$ 的上涨，同时会增加 $A$ 地的商品供给从而引起 $P_A$ 的下降。同理，当 $P_A < P_B$ 时，套利行为将使 $P_A$ 上升、$P_B$ 下降。因

此，当价格均衡时，同一种商品在两地的价格相等。

## (二) 开放经济下的一价定律与绝对购买力平价

在开放经济下，如果不考虑其他费用，相同的商品在不同的国家或地区也应该有相同的价格，这就是开放经济下的一价定律。以下分析开放经济下一价定律的表现形式。

如果本国的一般物价水平为 $P$，外国的一般物价水平为 $P^*$，汇率为 $E$，则有：

$$E = P/P^* \tag{4-1}$$

式 (4-1) 为什么会成立呢？我们可以从无套利的角度进行分析。一方面，当 $EP^* > P$ 时，投资者可以在本国借入资金 $P$，购买一单位商品到外国进行销售获得 $P^*$ 单位的外币，再兑换成本币可得 $EP^*$。由于没有其他费用，投资者归还 $P$ 以后可以得到 $EP^* - P$ 的无风险收益，这样的套利活动又会造成三个方面的影响。首先，由于投资者都想在本国购买商品，这会导致本国商品需求增加，本国的价格 $P$ 会上涨；其次，由于本国的商品大量在国外销售，外国的商品供给增加，外国的价格 $P^*$ 就会下降；最后，由于投资者销售商品后要将外币换成本币，外汇市场上外汇的供给会增加，外币将贬值，汇率 $E$ 就会下降，因此 $EP^*$ 和 $P$ 就有靠拢的趋势。另一方面，当 $EP^* < P$ 时，投资者可以在外国借入资金购买商品到本国进行销售从而获得无风险收益，这样的套利活动仍旧会使得 $EP^*$ 和 $P$ 靠拢。

通过以上分析可以看到，无套利的均衡汇率应该满足式 (4-1)，式 (4-1) 也被称为绝对购买力平价。绝对购买力平价表明，两国之间货币的汇率由两国物价水平之比来决定。需要注意的一点是，为了便于理解，在上文的分析中我们可以把本国的物价水平和外国的物价水平看作某商品的价格，但一般物价水平通常是指一国的物价指数，是各种可贸易商品的加权平均价格。

## 二、相对购买力平价

相对购买力平价是建立在绝对购买力平价成立基础之上的，其基本思想是：各国社会经济状况的变化，会引起各国物价的变化，而汇率的变动是由两个国家在某一段时间内物价水平发生的相对变化，即通货膨胀率决定的。

根据式 (4-1)，两边取对数可得：

$$\ln E = \ln P - \ln P^* \tag{4-2}$$

对式 (4-2) 全微分得：

$$\frac{dE}{E} = \frac{dP}{P} - \frac{dP^*}{P^*} \tag{4-3}$$

由于 $\frac{dP}{P}$ 表示本国的物价变动和物价之比，这实际上就是本国的通货膨胀率，我们用 $\pi$ 来表示。同样 $\frac{dP^*}{P^*}$ 表示外国的通货膨胀率 $\pi^*$。因此式 (4-3) 就可以表示为：

$$\frac{dE}{E} = \pi - \pi^* \tag{4-4}$$

式（4-4）就是相对购买力平价的形式，它表明汇率的变动率是本国通货膨胀率和外国通货膨胀率之差，如果本国发生了通货膨胀（或通货膨胀水平高于外国），外国没有通货膨胀发生（或通货膨胀水平低于本国），则汇率上升、本币贬值；如果外国发生了通货膨胀（或通货膨胀水平高于本国），本国没有通货膨胀发生（或通货膨胀水平低于外国），则汇率下降、外币贬值。这也说明了通货膨胀率高的国家货币会相对贬值，通货膨胀率低的国家货币会相对升值。

## 三、购买力平价的检验与评价

### （一）购买力平价的检验

#### 1. 购买力平价检验的难点

购买力平价在理论上是非常直观的，但在现实中汇率的变动是否会真的像购买力平价所揭示的那样呢？这就需要对各国的汇率、物价进行实证检验。但是从技术上讲，这些实证是比较困难的。

首先，由于购买力平价成立的前提是一价定律成立，而这是建立在没有其他交易费用的基础上的。在现实中，由于没有交易费用是不可能的，这就至少要求两国之间没有贸易壁垒，市场是完全竞争的，不能进行价格歧视。所以，对购买力平价是否成立进行检验时选取的样本国家间不应该有贸易壁垒，可贸易商品的市场应该是完全竞争的，这些限制条件给验证带来了一些困难。比如有学者（刘阳，2004）对美元和人民币做了购买力平价的检验，认为"人民币在1980～2003年的几乎所有样本区间内都存在高估"，"相对购买力平价只能作为判断两国之间名义汇率与物价水平变化的依据，如果用它来计算人民币均衡汇率，则从根本上是不科学和不可取的，得到的均衡汇率也毫无意义"。本书作者对于最后的结论是赞同的，但原因却并不在于购买力平价理论本身，而在于对不符合一价定律前提的两个国家进行检验不能够得出购买力平价不成立的结论，得到的均衡汇率也并非毫无意义。

其次，由于购买力平价中的一般物价水平指的是物价指数，而物价指数（比如生产总值消胀指数、批发物价指数、消费物价指数等）选择的不同会给购买力平价理论的检验带来不同的影响，到底采用何种指数也是一个困难的问题。当然，还有一种最简单的方法，即巨无霸指数（the big mac index）。《经济学人》杂志假定麦当劳在全球销售的巨无霸的成本是固定的，然后将其在各国分店中销售的价格进行比较。它公布了世界上许多国家巨无霸三明治的价格，以2000年4月的数据为例，美国平均价格为2.5美元，我国为10元人民币。因此如果以巨无霸指数为价格指数，美元对人民币的均衡汇率为4。此时，即使我国和美国之间不存在贸易壁垒，但仅以巨无霸指数作为衡量标准显然也只能提供一个简单的参照。

最后，汇率的变动和物价的变动不同步也会给购买力平价的检验带来误差。如果一国在某一时间增加了货币供给，物价和汇率可能都会上升，但物价上升需要一个较长的时间段，而汇率由于预期等因素可能比物价更快地达到长期均衡水平，这就导致购买力平价在短期检验时出现误差的可能性较大。

### 2. 购买力平价检验的原则

基于以上难点，一般在验证购买力平价时需要遵循以下原则：

（1）价格数据与 GDP 支出数据的一致性原则。购买力平价作为商品（经常用一国的 GDP 代替）的同度量国际比较，价格必须与 GDP 各个支出构成的估价保持一致。这样通过价格指数比较而取得的购买力平价，才能反映一价定律的基本思想。

（2）可比性原则。这是指各国选择的代表规格品数量和质量在不同国家之间的差别不应太大，在包括数量、范围、材料、设计、销售条件等一些重要的特征方面应是可比的，否则计算的价格比率毫无意义。

（3）相同代表性原则。这是指所选择的规格品对各个国家具有相同的代表性，不符合相同代表性原则的规格品价格比较可能会造成价格比率的偏差。不同国家的人对于同一种商品的估价是不同的，例如一种在本国是奢侈品的商品，在另一个国家可能只是一般日用品，那么这两个国家对此商品的估价是不同的，如果将此商品编入价格指数就会引起偏差。因此，要求对比国家尽量收集本国具有相同代表性的商品和服务的价格数据。

### 3. 购买力平价检验的结果

购买力平价成立实际上就要求实际汇率等于1，根据已有的检验来看有以下几点共识。

（1）短期内购买力平价是不成立的，长期的效果比短期要好。这是因为，经济中许多价格是具有黏性的，需要时间充分调整，所以购买力平价理论在短期的效果比长期要差。

如果购买力平价成立，则对于某一时点（基期）而言有 $E_0 = P_0/P_0^*$，在另一时点则有 $E_1 = P_1/P_1^*$，因此有 $\ln(E_1/E_0) = \ln[(P_1/P_0)/(P_1^*/P_0^*)]$。如果以消费价格指数来代表一般物价水平，把基期的汇率看作基础，则有 $\ln(E_{10}) = \ln(CPI/CPI^*)$，此处 $E_{10}$ 表示汇率的总变动率。通过图 4-1 可以看到，从短期看，美国和法国消费价格指数之比的变化和汇率的变化有可能存在较大的差异，但从长期看两者的变化有一致性。当然，并非所有国家间的汇率变化和价格变化都存在长期一致性的关系，但总体而言，购买力平价理论的长期效果要好于短期效果。

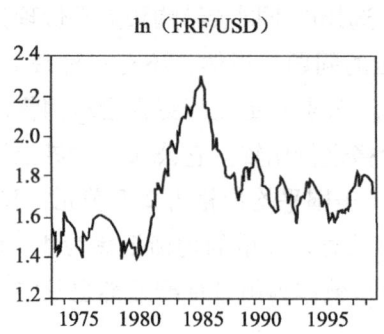
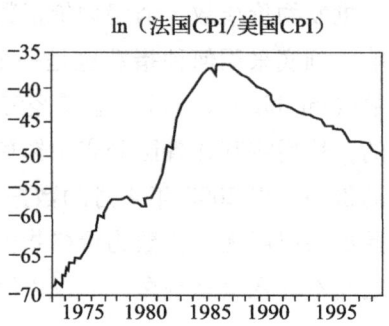

图 4-1　美国和法国的汇率变动和消费价格指数变动

资料来源："Testing for Purchasing Power Parity in Cointegrated Panels", Mikael Carlsson, Johan Lyhagen, 2007.

(2) 高速通胀期间的购买力平价检验的效果更好。在高速通胀的时候，一国价格上涨得更快，调整得更加迅速，由于汇率变动经常快于物价，在高速通胀的时候，物价较快地调整就会和汇率的变动更加趋于一致，对购买力平价检验的效果也就更好。

## （二）对购买力平价的评价

首先，该理论有其突出的优点。购买力平价理论是最早研究汇率决定的理论之一，逻辑简单清楚，易于被理解和接受，也是传播最广的汇率决定理论，经济学家现在仍然将其作为预测长期汇率趋势的重要理论之一。

其次，该理论存在一些明显的缺陷。它把汇率的变动完全归之于物价或两国货币购买力的变化，忽视了其他因素，如国民收入、国际资本流动、利率、贸易条件等都有可能对汇率变动产生影响。同时，该理论认为物价决定了汇率，但没有考虑汇率变动对物价的反作用，物价和汇率并不是单纯的自变量和应变量的关系。该理论在计算具体汇率时，存在许多困难，主要表现在物价指数的选择上，是以参加国际交换的贸易商品物价为指标，还是以国内全部商品的价格即一般物价为指标，很难确定。该理论的基础是"一价定律"，但可能由于诸如运费、关税、商品不完全流动等因素的存在而使"一价定律"不成立，这会削弱该理论对现实的解释力和适用性。

## 第三节 利率平价理论

购买力平价理论是从商品市场角度来考察汇率，而利率平价理论（interest rate parity theory）是从投资角度，即资本市场角度来分析利率和汇率之间的关系。利率平价意味着两国货币（或资产）的未来收益率在折算成同一货币进行比较时应完全相等，这是一价定律在资本市场的运用。

## 一、抵补利率平价

### （一）基本形式

假定本国利率水平为 $i$，外国利率水平为 $i^*$，即期汇率为 $E$，远期汇率为 $E_f$，如果资金可以在国际间自由流动，汇率和利率能够根据经济状况做出迅速调整，则当利率和汇率达到均衡时有：

$$\frac{E_f - E}{E} = \frac{i - i^*}{1 + i^*} \approx i - i^* \tag{4-5}$$

式（4-5）就是抵补利率平价的表达式。

### （二）抵补利率平价成立的无套利分析

式（4-5）为什么能够成立呢？我们可以从无套利均衡的角度进行分析。

如果 $\frac{E_f - E}{E} > \frac{i - i^*}{1 + i^*}$，投资者可以从本国货币市场上借入资金兑换成外币投资，同时在远期市场上签订一份远期合约以 $E_f$ 的价格在将来卖出外币兑换本币。投资者每借入 1 单位本币可以兑换成 $1/E$ 单位的外币，经过投资以后本金和利息将变成 $(1+i^*)/E$。根据签订的远期合约，$(1+i^*)/E$ 单位的外币将可以兑换 $(1+i^*)E_f/E$ 单位的本币，而到期需要支付的本金和利息为 $1+i$。由于 $\frac{E_f - E}{E} > \frac{i - i^*}{1 + i^*}$ 成立意味着 $(1+i^*)E_f/E > 1+i$，因此投资者每借入 1 单位本币就可以得到无风险收益 $(1+i^*)E_f/E - (1+i)$。之所以说投资者收益是无风险的，原因在于所有的经济变量在投资之初都可以确定下来，即期汇率、本国利率和外国利率在投资者进行投资之初都是已知的。而远期合约一旦签订，将来外币的交割价格也就确定下来了，风险来自于不确定性，投资时如果所有的因素都能确定下来就可以得到无风险收益。当大量投资者都进行上述操作套利时，在即期外汇市场会引起外汇需求的增加，从而导致即期汇率的上升；在远期外汇市场外币的供给将上升，外汇的远期价格将下降。套利过程中还会导致本国货币需求的增加，从而可能引起本国利率的上升，所有的这些因素会导致 $\frac{E_f - E}{E}$ 的下降和 $\frac{i - i^*}{1 + i^*}$ 的上升。

同理，当 $\frac{E_f - E}{E} < \frac{i - i^*}{1 + i^*}$ 时，投资者可以在外国货币市场上借入资金兑换成本国货币到本国投资，同时签订一份远期合约将来买入外币进行无风险套利，套利的结果会使得 $\frac{E_f - E}{E}$ 上升和 $\frac{i - i^*}{1 + i^*}$ 下降。

根据以上分析，当汇率市场和利率市场达到均衡时就有 $\frac{E_f - E}{E} = \frac{i - i^*}{1 + i^*}$，由于 $1+i^*$ 接近于 1，抵补利率平价也常常写成 $\frac{E_f - E}{E} = i - i^*$。由于远期汇率和即期汇率的差额被称为升水（大于 0）或贴水（小于 0），抵补利率平价也表明汇率的升贴水率是本国利率和外国利率之差。

## 二、非抵补利率平价

### （一）非抵补利率平价成立的前提：风险中性

非抵补利率平价是建立在对未来即期汇率的预期之上的，其基本假定除了要求所有的投资者要有一致性的预期以外，还要求投资者是风险中性的。

按照人们对待风险的态度，行为人可以分为三类：风险偏好者、风险规避者和风险中性者。假定人们的效用是由财富或收入水平决定的，对于某一确定财富水平，人们将会有一个确定的效用水平。在面临不确定性时，如果财富水平的期望和确定性的财富一样大，认为不确定财富水平带来的效用更大的就是风险偏好者，认为确定财富带来的效用更大的就是风险规避者，认为两者无差异的就是风险中性者。

这几个概念的定义比较拗口和抽象，但如果结合例子来理解就比较简单。比如，现在有两个投资项目 A 和 B，投资于 A 将稳获 10% 的收益率，而投资于 B 将有 1/2 的可能获得 15% 的收益率，也有 1/2 的可能只获得 5% 的收益率。A 和 B 的期望收益率都是 10%，因此不管投资 A 还是 B，期望财富水平都相等。如果你觉得 A 更好就是风险规避者，如果觉得 B 更好就是风险偏好者，觉得两者无差异就是风险中性者。风险中性意味着投资者进行投资时不去考虑风险，而仅仅考虑期望收入，只选择期望收入较高的投资。非抵补利率平价成立的前提就是所有投资者都有一致的预期，而且都是风险中性者。

## （二）基本形式

假定本国利率水平为 $i$，外国利率水平为 $i^*$，即期汇率为 $E$，将来的预期汇率为 $E_e$，如果资金可以在国际间自由流动，汇率和利率能够根据经济状况做出迅速调整，则当利率和汇率达到均衡时有：

$$\frac{E_e - E}{E} = \frac{i - i^*}{1 + i^*} \approx i - i^* \tag{4-6}$$

式（4-6）和式（4-5）在形式上很接近，唯一的不同是以将来的预期汇率代替了远期汇率，但分析的过程却不尽相同。当 $\frac{E_e - E}{E} > \frac{i - i^*}{1 + i^*}$ 时，投资者如果将本币直接在本国投资，每单位本币将来获得本息为 $1 + i$。而如果将本国货币兑换成外币投资，到期再换回本币，每单位本币预期可得本息为 $\frac{E_e}{E}(1 + i^*)$，显然后一种投资方式将得到更高的预期收入。由于投资者是风险中性的，因此投资者将会把本国货币兑换成外币投资，到期再换回本币。和抵补套利的分析过程类似，这也会导致 $\frac{E_e - E}{E}$ 下降和 $\frac{i - i^*}{1 + i^*}$ 上升。同理，当 $\frac{E_e - E}{E} < \frac{i - i^*}{1 + i^*}$ 时，投资者会将外币换成本币到本国投资，到期再换成外币，这就导致 $\frac{E_e - E}{E}$ 上升和 $\frac{i - i^*}{1 + i^*}$ 下降，当达到均衡状态时就有式（4-6）。

需要说明的是，非抵补套利的汇率均衡状态仅仅是外汇市场上的需求等于供给，而不一定是无套利状态。这是因为当 $\frac{E_e - E}{E}$ 和 $\frac{i - i^*}{1 + i^*}$ 不相等时也不能进行无风险套利，由于 $E_e$ 仅仅是对将来汇率的预期，现在不能确定下来，如果将本币调往外国投资或将外币调往本国投资，收益水平不能事先确定，都是有风险的，这和抵补套利有着本质的区别。

## 三、对利率平价理论的评价

首先，利率平价理论有其突出的优点。和购买力平价理论相比，利率平价理论将汇率决定理论的研究领域从商品市场转移到了资本市场,拓展了汇率决定理论的研究视角。由于利率平价理论认为利率的变动会对汇率产生影响,而利率是各国政府或货币当局调控经济的重要工具之一,因此该理论特别具有实践意义,指出了政府干预汇率的一个现实途径——利率政策。

其次,利率平价理论也有一些缺陷。利率平价其实是一价定律在资本市场的表现,而利率平价说没有考虑交易成本,如果考虑交易成本,国际间的抵补套利活动可能会在利率平价之前就停止。利率平价说假定不存在资本流动障碍,不受限制地在国际间流动,但实际上资金在国际间流动会受到外汇管制和外汇市场不发达等因素的阻碍,这也导致利率平价理论对发达国家间的汇率比较有解释力,而不能较好地解释发展中国家的汇率。利率平价理论还隐含着套利资金规模是无限的,只要出现套利机会(非抵补套利出现更高的预期收益率),大量的资金流动会使得套利机会消失,但在现实中资金的规模未必会有如此巨大。

## 第四节 国际收支理论

国际收支的变动会影响到外汇的供给和需求,国际收支说是从供求的角度分析汇率的决定,一般认为国际收支说源自于国际借贷理论。

### 一、国际借贷理论

国际借贷理论又称外汇供求理论,是由英国经济学家戈逊于 1861 年在其所著的《外汇理论》一书中提出的,这一理论在第一次世界大战之前颇为流行。

该理论的主要观点是:外汇汇率是由外汇供求关系决定的,而外汇的供给和需求又取决于国际借贷。国际借贷分为固定借贷和流动借贷,两者之间的区别在于是否进入实际支付阶段。所谓固定借贷是指借贷关系已经形成,但是未进入实际支付阶段的借贷;而流动借贷是指一国在一定时期内进入实际支付阶段的对外债权和对外债务,包括国际收支中的经常账户和资本与金融账户的收支。在国际借贷关系中,只有流动借贷才会影响外汇的供求关系。

流动借贷对外汇供求及汇率的影响包括:一国对外流动借贷出现顺差,则外汇供给大于需求,汇率下跌,外币贬值本币升值;一国对外流动借贷出现逆差,则外汇供给小于需求,汇率上升,外币升值本币贬值;一国对外流动借贷出现平衡,则外汇供给等于需求,汇率保持稳定。

### 二、国际收支说

#### (一)基本思想

国际收支说的基本思想和国际借贷说一样,都是从外汇供需角度来分析汇率:当外汇供给大于需求时汇率下跌，本币升值外币贬值；当外汇需求大于供给时汇率上升，本币贬值外币升值。和国际借贷说不同的是，国际收支说从国际收支变动的角度来分析外汇供给和需求变动，外汇的供给产生于外国对本国商品劳务和本币资产的需求，本国的出口收入和资金内流形成了外汇供给；外汇的需求产生于本国对外国商品劳务和外币资产的需求，进口支出和资金外流构成了外汇需求。而均衡汇率就是外汇的供给等于需求时决定的汇率，如图4-2所示，$S$表示外汇的供给曲线，$D$表示外汇的需求曲线。

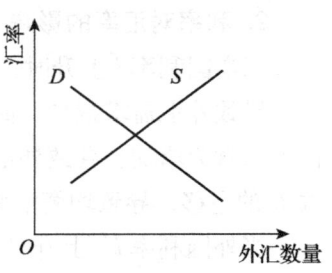

图4-2　外汇市场的均衡

### （二）国际收支说的基本形式

根据图4-2，外汇的供给和汇率是正相关的，这是因为汇率越高，相同的外汇可以兑换的本币数量就越多。在收入、物价、利率等其他经济因素不变时，外国居民购买本国的商品就更加便宜，因此会增加对本国商品的需求，外汇供给就会增加。外汇的需求和汇率是负相关的，这是因为汇率越高，在其他经济因素不变时，本国居民购买外国商品就越贵，因此对外国商品的需求就减少，从而对外汇的需求就减少。

除了汇率能够影响外汇的供给和需求外，本国和外国的收入、物价、利率以及对于汇率的预期等也会影响外汇的供求。如果用$P$和$P^*$表示本国物价和外国物价水平，用$Y$和$Y^*$表示本国收入和外国收入水平，用$i$和$i^*$表示本国利率和外国利率水平，用$E$表示汇率，用$E_e$表示预期汇率，则当外汇市场均衡时有：

$$D(E,P,P^*,Y,Y^*,i,i^*,E_e) = S(E,P,P^*,Y,Y^*,i,i^*,E_e) \tag{4-7}$$

式（4-7）表明外汇市场均衡时外汇的需求等于供给，而需求和供给又是由各个影响因素决定的。因此当外汇市场均衡时，均衡汇率和其他因素之间存在着某一函数关系，如果将这个函数关系记为$f$，则均衡汇率可以表示为

$$E = f(P,P^*,Y,Y^*,i,i^*,E_e) \tag{4-8}$$

式（4-8）中具体的函数形式很难确定，以下我们只做定性分析。

### （三）其他经济因素对汇率的影响分析

#### 1. 物价对汇率的影响

当本国物价$P$上升时（假定其他因素不变，以下分析同理），对于本国居民而言进口商品将变得更加合算，而对于外国居民而言购买本国商品将变得更加昂贵，本国的进口将增加，出口将减少，导致外汇的需求增加和供给减少。在图4-2中，就表现为供给曲线$S$的左移和需求曲线$D$的右移，导致均衡汇率上升。因此，本国物价和汇率是正相关的。

当外国物价$P^*$上升时，对于本国居民而言进口商品将变得更加昂贵，而对于外国居民而言购买本国商品将变得更加合算，本国的进口将减少，出口将增加，导致外汇的需求减少和供给增加。在图4-2中，表现为供给曲线$S$的右移和需求曲线$D$的左移，导致均衡

汇率的下降。因此，外国物价和汇率是负相关的。

#### 2. 利率对汇率的影响

当本国利率 $i$ 上升时，本币持有者觉得在本国投资是更好的选择，资金的外流就会减少，导致外汇需求减少。而外币持有者会觉得将外币兑换成本币投资更加有利可图，资金的流入就会增加，导致外汇的供给增加。在图4-2中，表现为供给曲线 $S$ 的右移和需求曲线 $D$ 的左移，导致均衡汇率下降。因此，本国利率和汇率是负相关的。

当外国利率 $i^*$ 上升时，本币持有者觉得在外国投资更加有利可图，就会将本币更多地兑换成外币，资金的外流就会增加，导致外汇需求增加。而外币持有者会觉得将外币在外国进行投资是更明智的，资金的流入就会减少，导致外汇的供给下降。在图4-2中，表现为供给曲线 $S$ 的左移和需求曲线 $D$ 的右移，导致均衡汇率的上升。因此，外国利率和汇率是正相关的。

#### 3. 收入对汇率的影响

一国进口和该国的国民收入有关，一般而言，当一国的收入增加时人们对消费的需求会相应增加，这不仅表现为对国内商品的需求增加，也表现为对国外商品的需求增加，因此收入上升时进口就会增加。

当本国收入 $Y$ 上升时，本国的进口增加，对外币的需求也就增加，在图4-2中，表现为需求曲线 $D$ 的右移，导致均衡汇率的上升。因此，本国收入和汇率是正相关的。

当外国收入 $Y^*$ 上升时，本国的出口增加，外币的供给也就增加，在图4-2中，表现为供给曲线 $S$ 的右移，导致均衡汇率的下降。因此，外国收入和汇率是负相关的。

#### 4. 预期对汇率的影响

当预期汇率 $E_e$ 大于即期汇率即预期汇率将上升时，在其他经济因素不变的前提下，将本币兑换成外币等汇率上升以后再将外币兑换成本币无疑可以得到更多数量的本币，因此在预期汇率上升时将本币兑换成外币是一个更好的选择。在外汇市场上，如果投资者都进行这样的操作，将会使得外币的需求增加，在图4-2中表现为需求曲线 $D$ 的右移，均衡汇率会上升。同理，当预期汇率下跌时，会有更多的外币兑换本币，外币的供给增加，均衡汇率将下跌。这就是所谓的"预期导致自我实现"，市场对汇率的预期和均衡汇率的变动是正相关的。

### 三、对国际收支说的简要评价

国际收支说的前提是只存在两个国家，汇率是完全自由浮动的，没有任何贸易壁垒和资金流动壁垒，汇率的大小完全由供给和需求决定，这样的分析结论容易理解，在逻辑上也能够被接受。国际收支说将影响汇率变动的各种因素加入到汇率均衡分析中，克服了单一分析的不足，具有一定的现实意义。

然而，国际收支说也有两个最大的不足之处。一是分析的前提和现实情况有一定的差距，在现实中，各个国家或多或少都会对外汇市场有一些限制；二是国际收支是一个流量概念，以此作为分析依据可能更加适合短期情形。比如本国由于前几年连续顺差而导致了大量的外汇储量，就算今年国际收支平衡，汇率也未必能保持稳定。市场对经济状况变动的反应需要时间，特别是在考虑了众多因素以后调整的时间将更长。这两个方面导致了国际收支说难以合理解释现实中的汇率变动。

## 第五节 汇率的货币学说与超调模型

国际收支说是从流量的角度分析汇率的决定理论，随着金融学与经济学的发展，很多经济学家从存量的角度分析汇率的决定，这些理论较之传统理论的最大突破在于将商品市场、货币市场和资本市场结合起来进行汇率决定分析，本节和下一节所阐述的内容是其中有代表性的。本节的汇率货币学说和超调模型分析的基本思路非常接近，都是从货币供给和需求变化的角度对汇率决定进行分析。但由于两者对物价变动的看法有本质的区别，在一些其他的不同假设下，两者的分析结论也就存在很大不同。由于本节内容较多地涉及了货币的供给和需求，以下先对货币的供给和需求做一简单介绍。

### 一、货币的需求及供给

#### （一）货币的需求

**1. 货币需求的概念**

货币需求是指经济主体持有货币的意愿，是一种特殊的需求形式，是在一定时期内，社会各阶层愿意以货币形式持有财产的需要，或社会各阶层对执行流通手段、支付手段和价值贮藏手段的货币的需求。货币需求必须同时包含两个基本要素：一是必须有持有货币的愿望；二是必须有持有货币的能力。

货币需求理论大致经历了古典学派的货币需求理论、凯恩斯以及凯恩斯学派货币需求理论、现代货币学派货币需求理论几个阶段。根据教材教学内容考虑，此处只介绍凯恩斯的货币需求理论。

**2. 货币需求的决定**

凯恩斯在1936年出版的名著《就业、利息和货币通论》一书中提出了流动性偏好理论，从资产选择的角度对货币需求的各种动机做了分析，认为人们持有货币存在流动性偏好（liquidity preference），因此产生对货币的需求。所谓流动性偏好，就是指人们宁愿持有流动性高但不能直接产生收益率的货币，而不愿持有股票和债券等虽能产生较高收益率但流动性较差的资产。

毫无疑问，如果人们以货币以外的其他形式持有财富，会带来收益。例如，以债券形式持有，会有利息收入，以股票形式持有，会有股息或红利收入等。那么为什么人们愿意持有货币呢？凯恩斯从货币的固有用途和投资其他资产的机会成本的角度分析人们持有货币的动机。按照他的观点，人们对货币之所以有需求是因为流动性偏好，这种流动性偏好表现在三个方面：交易动机、谨慎动机和投机动机。

(1) 交易动机。交易动机是指人们为了应付日常交易的需要而持有一部分货币的动机。交易动机主要取决于收入，收入越高，交易数量越大，为应付日常支出所需要的货币量就越多。除了收入以外，影响交易动机的因素还包括收入与支出的间隔时距、支出习惯、金融制度等，这些影响因素可视为在短期内不变的常量，因此凯恩斯将交易动机看作收入的递增函数。

(2) 谨慎动机。谨慎动机或称预防性动机，是指为了预防意外支出而持有一部分货币的动机。谨慎动机产生于人们对未来收入和支出的不确定性，收入越高，为保留预防动机的货币需求就越大。凯恩斯把预防动机和交易动机归入一个范围之内，两者所引起的货币需求都是收入的递增函数。

(3) 投机动机。投机动机是指人们根据对市场利率变化的预测，需要持有货币以便满足从中投机获利的动机。凯恩斯的投机动机其实就是投资需求，凯恩斯假设资产只以货币和债券的形式保留，人们可以在货币和债券之间进行选择。当利率较高时，人们更愿意持有债券，因为这将带来较高的收益率；而当利率较低时，人们宁可更多地持有货币以备将来利率上升时购买债券，因此投机动机所产生的货币需求和利率是负相关的。投机动机其实是投资于非货币资产的机会成本引起的，当利率较低时，如果现在进行债券投资收益率也低。但由于已经将货币转为债券，就失去了在将来利率上升时投资的机会，此时持有货币的机会成本比较低，而持有债券的机会成本比较高，因此当利率较低时人们更倾向于持有货币。

由于前两种动机的货币需求为收入的递增函数，后一种投机动机的货币需求为利率的减函数，如果我们将收入记为 $Y$，将利率记为 $i$，货币需求可以表示为 $M^d = L(Y,i)$，其中 $L$ 表示某一函数关系。由于货币需求和收入正相关，和利率负相关，为了研究方便，经常将具体的函数关系表达成线性或指数型，即 $M^d = aY - bi$（$a,b > 0$）或 $M^d = Y^\alpha / i^\beta$（$\alpha, \beta > 0$）。

特别需要注意的一点是，凯恩斯对货币需求的阐述中并未明确区分名义利率还是实际利率影响到货币需求，但是由于凯恩斯将交易动机和谨慎动机阐述为对实际商品的需求而引起的货币需求，因此凯恩斯的货币需求表示的是实际货币需求，利率也应该是实际利率。为什么凯恩斯没有区分名义利率和实际利率呢？这可能和凯恩斯所处的时代有关。凯恩斯的经济学也被称为"萧条经济学"，价格刚性或物价保持稳定是其思想形成的一个最重要的假设。在价格不变的前提下，通货膨胀率为0，名义利率和实际利率相等，这可能就是凯恩斯未区分名义利率与实际利率的原因。因此，如果 $M^d$ 表示实际货币需求，名义货币需求应该表示为 $PM^d$（$P$ 为物价指数）。

## (二) 货币供给

### 1. 货币供给的概念

货币供给或供给量是指一国各经济主体持有的、由银行系统供应的债务总量，通常是指一国经济中的货币存量，由货币性资产组成。特别需要注意的是，货币供给量是流通在公众手中的货币资产，银行系统拥有但不能参与流通的货币不能够计入货币供给量。

货币供给量又可分为名义货币供给量和实际货币供给量，前者是指一定时点上不考虑物价因素影响的货币存量；后者是指剔除物价因素之后的一定时点上的货币存量。我们通常所说的货币供给量一般都是名义货币供给量。如果将名义货币供给记为 $M^s$，则实际货币供给就可以表示为 $M^s/P$。

按照流动性的不同，货币供给可以划分为多个层次，但由于此处介绍货币供给是为汇率决定理论的阐述奠定基础，因此仅对货币供给的概念做简单介绍，读者可以自行参考货币银行学相关教材。

**2. 货币供给的内生性与外生性**

货币供给内生性指的是货币供应量是在一个经济体系内部由多种因素和主体共同决定的，中央银行只是其中的一部分，因此并不能单独决定货币供应量。因此，微观经济主体对现金的需求程度、经济周期状况、商业银行、财政和国际收支等因素均影响货币供应。

货币供给外生性指的是货币供给量由中央银行决定，货币供给量的大小不受其他经济主体的影响，是独立于经济体系之外的，唯一的控制者是货币当局。

关于货币供给到底是内生的还是外生的，经济学家之间存在着争议。外生的货币供给理论认为货币供给量具有外生性，是由政策、意志、经济运行过程之外的其他因素所决定所制约的外生变量。货币内生理论则认为，货币供给具有内生性，由商品流通和经济活动内在地决定，制约的内生变量即社会对货币的需求决定了货币的供给，而货币需求又是经济运行中多种变量影响人们的资产结构选择的结果。

关于货币供给内生与外生的争议，双方都有合理的依据。在现实中，货币供给不可能是完全外生的，但在本教材有关汇率决定理论中涉及的货币供给量本身的变化都是由外在因素决定的，如无特别说明货币供给都假定是外生性的。

**(三) 货币市场的均衡**

当货币市场均衡时，货币的实际需求应该等于货币的实际供给（等价于名义需求等于名义供给），因此货币市场均衡意味着下式成立：

$$M^d = M^s/P \text{ 或 } L(Y,i) = M^s/P \tag{4-9}$$

根据货币需求函数的性质，如果货币供给和物价不变，货币市场均衡时国民收入和实际利率是正相关的，而名义货币供给增加，如果物价不变，则会导致国民收入的上升或实际利率的下跌。

## 二、汇率的弹性价格分析法

**(一) 基本假定**

汇率的弹性价格分析法也被称为汇率的货币学说，该理论认为其他经济变量的变动会影响货币供给和需求进而影响物价，而物价最终会影响汇率。其主要的假定包括：

(1) 价格是有充分弹性的,即物价能够对其他经济因素的变化做出迅速及时的反应,名义利率也能及时调整使得货币市场一直处于均衡状态。

(2) 国内外的货币需求是国民收入、利率的稳定函数,而且国民收入、利率对货币需求的弹性在本国和外国是相同的。由于价格具有充分弹性,当货币供给变动时就引起价格水平同方向的变化,实际货币供给并不会改变,因此名义货币供给变动不影响实际利率及实际产出。

(3) 购买力平价成立。

## (二) 基本形式

当本国货币市场均衡时有 $M^d = M^s/P$,则物价水平可以表示为 $P = M^s/M^d$。同样,当外国货币市场均衡时有 $P^* = M^{*s}/M^{*d}$。由于购买力平价成立意味着 $E = P/P^*$,因此均衡汇率也可以表示成:

$$E = (M^s/M^d)/(M^{*s}/M^{*d}) \tag{4-10}$$

一般地,我们将货币需求表达成 $M^d = Y^\alpha/i^\beta$($\alpha,\beta > 0$,分别是收入和利率对货币需求的弹性)的形式。由于假定两国的货币需求弹性相同,外国的货币需求函数可以表示为 $M^{*d} = Y^{*\alpha}/i^{*\beta}$,式 (4-10) 就可以表示为:

$$E = \frac{M^s Y^{*\alpha} i^\beta}{M^{*s} Y^\alpha i^{*\beta}} \tag{4-11}$$

对式 (4-11) 两边取自然对数,并用小写字母表示大写字母的对数形式(利率用 $i'$ 和 $i^{*'}$ 表示本国利率和外国利率的对数形式),则式 (4-11) 就变为:

$$e = (m^s - m^{*s}) - \alpha(y - y^*) + \beta(i' - i^{*'}) \tag{4-12}$$

式 (4-12) 就是货币分析法的基本形式,这表明汇率和两国的货币供给、国民收入以及利率有关。

## (三) 国内经济变量变动对汇率的影响

### 1. 一次性货币供给增加

当本国一次性增加名义货币的供给时,通过式 (4-12) 可以直接看到均衡汇率将变大,也就是本币贬值外币升值。其原理为当本国增加货币供给时,由于物价具有充分弹性,物价就会瞬时上涨并调整到位,在购买力平价成立的前提下汇率就会增加。在整个调整过程中,国民收入和实际利率并没有发生变动。需要指出的是,假定是在 $t_0$ 时刻增加货币供给的,则在该时刻物价就会上涨,就会有一个通货膨胀率。但由于名义利率能够对此做出充分反应并使得货币市场均衡,名义利率就同时上涨相同的幅度。由于实际利率 = 名义利率 – 通胀率,当名义利率和通胀率上涨相同的幅度时,实际利率并没有发生变化。整个调整过程可以用图 4-3 来表示。

### 2. 本国收入增加

当本国收入增加时,根据式 (4-12) 可以看出,汇率将下降,本币升值外币贬值。其原理为：当本国收入增加时，由于货币供给不变，物价将迅速下降，在购买力平价成立的前提下汇率就下降。

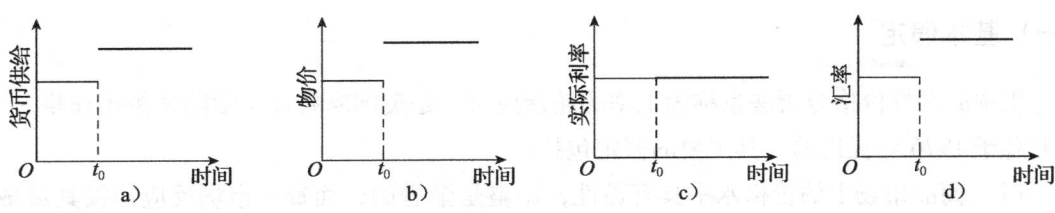

图 4-3　弹性价格下一次性增加货币供给的影响

### 3. 本国利率增加

当本国实际利率上升时，对货币的实际需求将下降，由于货币的名义供给不变，在货币市场均衡时物价将上升以降低实际货币供给使得供需能够达到均衡，在购买力平价成立的前提下，汇率就将上升，这一点在式（4-12）中也可以看到。

特别需要注意的是，此处利率变动对汇率的影响和利率平价理论分析的结论是相反的，这样的结果并不是因为此处分析的是实际利率而利率平价分析的是名义利率（当实际利率上涨并伴随物价上涨时，名义利率肯定上涨），而是这两个模型的分析角度完全不同：货币分析是从利率影响货币需求进而影响物价的角度分析的（最终回到商品市场的角度分析），而利率平价理论则是从利率变化引起资金的流动角度分析的（从资本市场的角度分析）。不能因为这两者分析的结论不一致而认为一定存在谁对谁错，从某种程度看，这两个理论都是正确的，结论的不同仅仅是假设和分析的角度不同。

## （四）对汇率货币学说的评价

汇率的弹性价格分析法建立在购买力平价理论的基础之上，购买力平价理论仅仅是说汇率由两国物价决定，但哪些因素会引起物价的变动并没有提及。而汇率的弹性价格分析理论引入了诸如货币供给量、国民收入等经济变量，通过货币市场的供需变动分析这些变量对物价造成的影响，再由物价的变动得出对汇率的影响，从而使这一理论较购买力平价能对现实生活或经济政策的分析得到更广泛的运用。汇率的货币学说虽然认为均衡汇率最终是由两国物价决定的，但该理论也认为资本市场的一些因素（比如货币供给、利率）会对物价产生影响，因此该理论的分析同时考虑了商品市场和资本市场对汇率的影响，从而抓住了汇率的特性。

货币模型的不足之处体现在三个方面。第一，它是以购买力平价为理论前提的，如果购买力平价本身在实际中很难成立的话，那么这种理论的可信性就存在问题；第二，它在货币市场平衡的分析中假定货币需求是稳定的，名义利率能够随时变动使得货币市场达到均衡，这一点也是存在争议的；第三，它假定价格水平具有充分弹性，这一点受到的争议最大，商品市场上的价格调整往往滞后于资本市场上的价格变动，物价在短期内显示出黏性的特点。

## 三、汇率的黏性价格分析法

### （一）基本假定

汇率的黏性价格分析法也称为汇率的超调模型，是美国麻省理工学院教授鲁迪格·多恩布什于1976年提出的。其主要的假定包括：

（1）商品市场上的价格水平具有黏性，调整是渐进的，而资本市场反应却极其灵敏，名义利率和汇率能够迅速调整，使货币市场和外汇市场始终处于均衡状态。

（2）以对外开放的小国为考察对象，外国价格和外国利率都可以视为外生变量或假定为常数；国内的货币需求是国民收入、利率的稳定函数。

（3）购买力平价在短期不成立，但在长期是成立的；非抛补利率平价在任何时候都是成立的，投资者的预期可以通过资本市场和外汇市场的流通迅速实现。

（4）由于价格是黏性的，当货币供给变动时物价不会同时变化，实际货币供给就将改变，因此名义货币供给变动可能会影响实际利率及实际产出，为了简化起见，假定长期的产出不变（读者可以自己分析如果长期产出变化的情形）。

### （二）均衡分析

由于本国的货币供给会影响到利率和物价，此处主要对本国一次性增加货币供给对汇率的影响做定性分析。

#### 1. 长期均衡

长期和短期的区分并不是从时间跨度来衡量的，长期指的是从一种均衡状态变成另一种均衡状态以后的时间，而短期是指从一种均衡状态向另一种均衡状态调整过程中的时间。

当本国一次性增加货币供给时，虽然商品价格是黏性的，但经过一段时间调整后价格仍将上升，如果实际收入不变，价格将最终完全反映货币供给增加的效果，由于购买力平价在长期是成立的，因此从长期来看，本国一次性增加货币供给将导致均衡汇率的上升。

#### 2. 短期均衡调整过程

假定在 $t_0$ 时刻，本国一次性增加货币供给量（从 $M_0$ 增加到 $M_1$），产生了瞬间的货币超额供给，但作为资产价格的利率会做迅速调整以维持货币市场的均衡。由于价格黏性，在价格水平来不及发生变动的情况下，实际利率将瞬时下降（由于物价来不及变动，通胀率为0，名义利率也将瞬时下降）以维持货币市场的均衡，即为了使得 $L(Y,i) = M^s/P$ 始终成立，货币供给应和实际利率负相关。在利率平价 $\frac{E_e - E}{E} \approx r - r^*$（此处的利率为名义利率）始终成立的前提下，当本国的名义利率下降时，投资者预期本币将要贬值，因此会将本币兑换成外币进行投资，由于汇率能够对外汇市场的预期做出迅速反应，导致汇率的瞬时上升。

过了 $t_0$ 时刻以后，货币供给不再增加（稳定在 $M_1$），物价开始缓慢上涨，实际货币供给开始下降，由于利率能对货币市场的供需做出迅速反应，实际利率就开始上升（由于物价上涨的过程中伴随着通货膨胀，实际利率上升时名义利率将上升得更多）。在非抛补利率平价始终成立的前提下，当本国的名义利率上升时，外国投资者预期本币将要升值，因此会将外币兑换成本币进行投资，由于汇率能够对外汇市场的预期做出迅速反应，将导致汇率下降。

假定在 $t_1$ 时刻物价已经做了充分的调整不再上升，此时实际货币供给就不再发生变动，利率也就维持稳定，如果物价能够充分反映货币供给的效果，本国的收入也没有发生变化，名义利率就和实际利率相等（注意物价不再变动意味着通胀率为0），回到了货币供给增加前的水平。当利率稳定时，汇率也就停止了调整，达到新的均衡，但由于长期购买力平价成立，新的均衡汇率要高于原来的均衡汇率。整个过程可以用图4-4来表示。

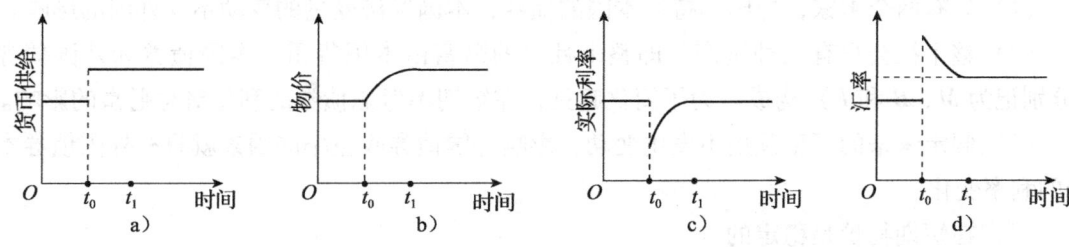

图4-4 黏性价格下一次性增加货币供给的影响

通过图4-4可以看到，本国增加货币供给会导致长期均衡汇率的上升，但在短期由于物价黏性、汇率预期等因素的影响，汇率的上涨幅度或调整幅度会超过长期的均衡水平，这就是黏性价格分析法被称为汇率超调模型的原因。

### （三）对汇率超调模型的评价

汇率超调模型的显著特征是将凯恩斯主义的短期分析与货币主义的长期分析结合起来，采用价格黏性这一说法，更切合实际。同时，它具有鲜明的政策含义，表明货币政策的短期效果可能比预料的长期效果更加猛烈。当政府采取扩张或紧缩性货币政策调节宏观经济时，就需要警惕汇率是否会超调，以及超调多少这样的问题，以避免经济的不必要波动。汇率超调模型首次涉及汇率的动态调整问题，开创了从动态角度分析汇率调整的先河，由此创立了汇率理论的一个重要分支——汇率动态学。

然而，这一理论也存在一些缺陷。首先，和弹性价格分析法相同，黏性价格模型的一些假定和现实存在一定的差距，比如货币需求是收入和利率的稳定函数、资本是完全自由流动的、汇率和利率具有充分弹性等，上述假设条件在现实中未必能完全实现，该理论在解释实际问题时就可能会出现一定的偏差。其次，由于这个模型比较复杂，除了货币供给会影响汇率外还有其他因素也会对汇率产生影响，在现实中很难确定汇率的变动到底是哪种外部冲击引起的，在计量过程中变量的选择是困难的，因此黏性价格模型的实证存在一定难度。

## 第六节　汇率的资产组合平衡模型

汇率的资产组合平衡模型形成于20世纪70年代，该模型来源于托宾的资产组合选择理论。该理论认为，理性的投资者为了效用最大化，会将其拥有的财富按风险与收益的比较，配置于可供选择的各种资产上。美国普林斯顿大学教授布朗森（W. Branson）将这一思想引入了汇率分析，最早提出了汇率的资产组合分析法。

### 一、基本假定与基本形式

#### （一）基本假定

（1）只有两个国家，外国不持有本国的债券，本国经济变量的变动不受外国的影响。

（2）整个社会只有三种资产，即整个社会的财富由本国货币、本国债券和外国债券（分别记为 $M$、$B$ 和 $F$）构成。为了简化起见，在短期不考虑债券的利息对总财富的影响。

（3）假定未来的汇率预期不发生变动，影响外国债券收益率的因素就只有外国债券本身的利率变化。

（4）在短期物价是稳定的。

#### （二）基本形式

由于整个社会只有三种资产，总财富就可以表示为

$$W = M + B + EF \tag{4-13}$$

式（4-13）中 $W$ 表示总财富，$E$ 表示汇率。式（4-13）的关键是人们会以多大比例持有这三种资产。根据资产组合的思想，人们会在考虑风险和收益以后进行最优化的选择。假定经过权衡以后，人们对于这三种资产的持有比例分别为 $\alpha$、$\beta$ 和 $\gamma$（$\alpha + \beta + \gamma = 1$），则 $\alpha W$、$\beta W$ 和 $\gamma W$ 就是人们对本国货币、本国债券和外国债券的需求量（用 $M_d$、$B_d$、$F_d$ 表示），当这三个市场达到均衡时供给应该和需求相等，于是有：

$$\begin{aligned} M_d &= \alpha W = M_s \\ B_d &= \beta W = B_s \\ F_d &= \gamma W = EF_s \end{aligned} \tag{4-14}$$

式（4-14）中，对于外币债券的需求是用本币表示的，而外币债券的供给用外币表示。人们愿意持有这三种资产的比例或对这三种资产的需求和本国利率、外国利率、汇率水平有关：当本国利率上升时，由于持有本国债券将带来更高的收益，在总财富不变的前提下，人们愿意把手中财富更多地以本国债券的形式保留，从而减少其他两种资产的需求，这意味着 $\partial \alpha / \partial i < 0$、$\partial \beta / \partial i > 0$ 和 $\partial \gamma / \partial i < 0$。当外国利率上升时，持有外国债券将带来更高的收益，如果总财富和汇率不变，人们愿意把手中财富更多地以外国债券的形式保留，对于另外两种资产的需求就下降，于是有 $\partial \alpha / \partial i^* < 0$、$\partial \beta / \partial i^* < 0$ 和 $\partial \gamma / \partial i^* > 0$。当汇率上升

时，以本币表示的总财富将增加，对于本国货币和本国债券的需求就会增加，于是 $\partial M_d/\partial E>0$、$\partial B_d/\partial E>0$。但是汇率变动对外国债券的需求影响难以直接确定，原因在于汇率变大一方面会导致总财富增加，但另一方面也意味着外国债券的本币价格上涨。外国债券的需求可以表示为 $F_d=\gamma W$，财富增加会使得需求上升，但汇率上升会降低 $\gamma$，使得需求下降（外国债券的本币价格提高了人们会降低其持有比例），因此汇率对外国债券需求的影响是难以直接确定的。但由于汇率变动对外国债券的本币价格影响是直接的，通过财富增加再对外国债券的需求产生影响是间接的，一般认为汇率上升会降低外国债券的需求。

## 二、短期均衡的形成与调整

### （一）短期均衡的形成

在短期，由于物价不变，所有的名义变量均为实际变量，假定开始时本国货币供给、本国债券供给和外国债券供给都处于某一稳定水平。我们先来分析货币市场：当货币市场达到均衡时，货币的供给等于需求，即 $M_d=\alpha W=\overline{M}_s$。当由于汇率上涨而导致总财富增加时，对货币的需求将增加。由于货币供给保持在某一水平 $\overline{M}_s$，为了维持货币市场均衡，利率应该上升以降低货币需求，因此货币市场均衡时利率和汇率成正相关关系。如果以汇率为纵坐标、利率为横坐标，货币市场均衡时有一条正斜率曲线 $MM$。

当本国债券市场达到均衡时，本国债券的供给等于需求，即 $B_d=\beta W=\overline{B}_s$。当由于汇率上涨而导致总财富增加时，对于本国债券的需求将增加，由于本国债券的供给保持在某一水平 $\overline{B}_s$，为了维持本国债券市场的均衡，利率应该下降以降低本国债券的需求（注意，$\partial\beta/\partial i>0$），因此本国债券市场均衡时利率和汇率成负相关关系。如果以汇率为纵坐标、利率为横坐标，本国债券市场均衡时有一条负斜率曲线 $BB$。

当外国债券市场达到均衡时，外国债券的供给等于需求，即 $F_d=\gamma W=EF_s$。根据前文所述，汇率变动对外国债券需求的影响难以直接判断，我们通过本国利率的变动分析外国债券市场均衡时的情形：当本国利率上升时，由于本国债券的收益率提高，对外国债券的需求将下降（注意，$\partial\gamma/\partial i<0$），由于外国债券的供给是某一水平的外生变量，就需要外国债券的价格（也就是汇率）下降以维持外国债券市场的均衡，因此外国债券市场均衡时利率和汇率也是负相关的。如果以汇率为纵坐标、利率为横坐标，外国债券市场均衡时有一条负斜率曲线 $FF$。

需要说明的是，由于本国债券对利率的变动更敏感（均衡时较小的利率变动就会引起较大的汇率变动），而外国债券对汇率的变动更敏感（均衡时较小的汇率变动就会引起较大的利率变动），因此如果以汇率为纵坐标、利率为横坐标，$BB$ 线将比 $FF$ 线更加陡峭。如果投资者通过最优化选择使得三个市场同时达到均衡，则 $MM$ 线、$BB$ 线和 $FF$ 线将相交于一点，如图 4-5 所示。

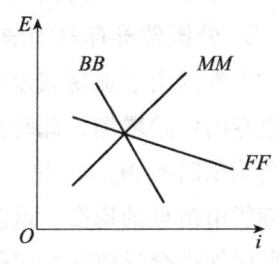

图 4-5　资产组合平衡分析的短期均衡

## (二) 短期均衡的调整

### 1. 通过本国债券市场公开业务增加货币供给

当一国政府通过本国债券市场买入债券以增加货币供给时,社会总财富不会发生变化,但财富供给构成将发生变化,债券的均衡数量将减少,而货币的均衡数量将增加,这意味着 $\alpha$ 的上升和 $\beta$ 的下降。$\alpha$ 上升表示在相同汇率下货币市场达到均衡时的利率更低(再一次注意 $\partial\alpha/\partial i < 0$),因此 MM 线将左移(比如在图4-6中移到 $MM_1$)。$\beta$ 下降表示在相同汇率下本国债券市场达到均衡时的利率也更低(同样是由于 $\partial\beta/\partial i > 0$),因此 BB 线也将左移(比如在图4-6中移到 $BB_1$)。由于外国债券占总财富的比重没有发生变化,因此 FF 线不发生变化。在新的均衡下,汇率将上升,利率将下跌,整个过程见图4-6。

### 2. 通过外国债券市场公开业务增加货币供给

当一国政府通过外国债券市场买入外国债券以增加货币供给时,社会总财富不会发生变化,但财富供给构成将发生变化,外国债券的均衡数量将减少,而货币的均衡数量将增加,这意味着 $\alpha$ 的上升和 $\gamma$ 的下降。$\alpha$ 上升同样表示 MM 线将左移(在图4-7中也移到 $MM_1$)。$\gamma$ 下降表示在相同汇率下外国债券市场达到均衡时的利率更高(这是因为 $\partial\gamma/\partial i < 0$),因此 FF 线将右移(比如在图4-7中移到 $FF_1$)。由于本国债券占总财富的比重没有发生变化,因此 BB 线不发生变化。在新的均衡下,汇率将上升,利率将下跌,整个过程见图4-7。

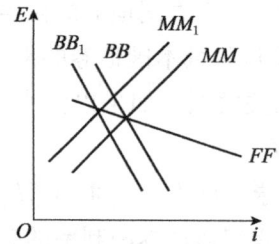

图4-6 购买本国债券而导致的货币供给增加

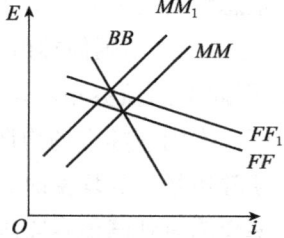

图4-7 购买外国债券而导致的货币供给增加

从图4-6和图4-7可以看到,不管是在公开业务市场上买入本国债券还是外国债去增加货币的供给都会导致利率的下降和汇率的上升。但很明显,通过买入本国债券引起的利率下降幅度更大,而买入外国债券引起的汇率上升幅度更大,其原因就在于本国利率能对本国债券市场的供需做出直接的反应,而汇率能对外国债券市场的供需做出直接的反应。

### 3. 外国债券存量的增加

当本国由于贸易顺差等原因导致外国债券的存量增加的瞬时,由于汇率没有变动,外国债券的供给增加,此时总财富增加,总财富增加导致对本国货币的需求增加。由于货币市场均衡时有 $M_d = \alpha W = M_s$,在货币供给没有发生变化时,随着 $W$ 的上涨 $\alpha$ 应该下降以维持货币市场的均衡,这就要求在相同汇率下本国利率应该上升,MM 线将向右移动。总财富增加也会导致对本国债券的需求增加,由于本国债券的供给没有发生变化,同理 $\beta$ 应该下降以维持本国债券市场的均衡,这就要求本国利率也要降低,BB 线将向左移动。关于以上两点的理解可以做进一步简化说明：如果整个社会由于汇率的上升而导致总财富增加，但本国货币和本国债券的数量是固定的，在总财富增加的情况下社会对于这两种资产的持有比例只能被迫降低。

当外国债券存量增加以后，由于外国债券市场均衡时有 $F_d = \gamma W = EF_s$，当 $F_s$ 增加时就会出现外国债券的超额供给。汇率是外国债券的价格，出现超额供给意味着其他经济因素（利率）不变时汇率下降才能维持外国债券市场的均衡，因此 $FF$ 线将向左下移动。

达到新的均衡时，汇率下降，而本国利率是由本国市场决定的，由于本国货币和本国债券的均衡数量没有发生变化，本国利率也不会发生变化。这其实意味着汇率能够充分反映外国债券市场的供求状况，$F_s$ 增加的效果全部被 $E$ 的反向变化吸收，以至于 $EF_s$ 不变，新的均衡状态下总财富又回到了原来的水平。整个调整过程见图 4-8。

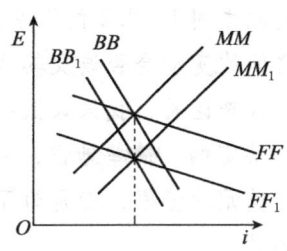

图 4-8　外国债券存量的增加

## 三、长期均衡

以上分析并没有涉及汇率变动对商品进出口的影响，即使在资本上利率和汇率能够达到均衡，如果经常账户不平衡，利率和汇率的均衡也只是短期均衡。从长期看不仅资本与金融账户要到达均衡，经常账户也要到达均衡才能形成长期的均衡汇率和利率。以下以本国货币供给增加来简要分析长期均衡时的情形。

假定本国在刚开始时处于长期均衡状态，当本国政府通过公开市场业务（不管是买入本国债券还是外国债券）增加本国货币供给时，在短期，利率会下降，汇率会上升。随着汇率的上升，如果满足马歇尔-勒纳条件，本国将出现贸易顺差，外国债券（外币）的供给就会增加，汇率又开始下跌。由于在长期本国的物价将反映货币供给增加的效应，物价就开始上涨，本国物价的上涨和汇率的下跌结合在一起进一步使得本国的出口减少进口增加，直到以前的贸易顺差消失，经常账户达到均衡，此时的长期均衡汇率低于短期均衡汇率。

由于长期均衡汇率低于短期均衡汇率，外国债券的价格在长期均衡时将变得更加便宜，人们会在长期减少本国债券的持有以增加外国债券的持有，在长期对本国债券的需求就减少，本国债券的价格将下降，因此本国的长期均衡利率就会高于短期均衡利率。

## 四、对资产组合平衡模型的评价

通过上文的分析可以看到，资产组合平衡模型分析多市场的共同均衡，体现了一般均衡分析的特点。既区分了本国资产与外国资产的不完全替代性，在考虑资本存量对短期汇率影响的同时又将经常账户的流量因素纳入了长期均衡分析之中，融合了各种汇率理论的特点，从而增强了对现实的政策分析价值。当然，这个模型相对来说更加复杂，这给实证检验带来了一定的难度，该理论被广泛理解相对也比较困难。

## 案例分析 4-1

### 汇率形成的机制

以下是薛兆丰博士的一篇文章，薛兆丰是美国乔治·梅森大学（George Mason University）的经济学博士、美国西北大学博士后研究员，这里对该文章进行探讨。

两个星期前到杜克大学拜访朋友。席间有人问：为什么国与国之间会有汇率？人民币与美元之间 1:8.2 的汇率是怎样定出来的？两个国家之间的汇率为什么会变动？两个国家之间的变动会否波及其他国家之间的汇率？

说来话长，我只顾低头吃饭。读财务的朋友回答："汇率基本上是由所谓'购买力平价'决定的。简单地说，一个鸡蛋的价值，在中国和美国两地的价值应该是一样的。人民币兑美元的汇率，就是为了保持人民币在中国的购买力与美元在美国的购买力相等而确定的。"

他补充说："当然不仅仅是鸡蛋一种商品。国家的汇率管理部门，确定了一揽子社会最基本的商品。他们从这些商品的市场价格取样，通过汇总和计算，再根据世界各国银行和金融机构公布的宏观数据，综合确定该国货币的汇率。"

我听了拍案而起："错的，错的，完全错的。汇率不是这么定的。所有经济学和金融学的教科书说的都跟你说的一样，但那些教科书都只是说说而已。我一万比一跟你赌，你找不到任何一本印刷物，上面印有你说的'一揽子社会最基本商品清单'和加权汇总公式。到底谁在做你所说的采样工作呢？实际上有做这事儿的人吗？"

"有！当然有！我就认识一个。"朋友肯定地回答："你别管我对不对，我们只管汇率是不是这样决定的。我们把这作为评判标准，好吧？我这就给我这个熟人打电话，看他是怎么参与决定汇率的工作的，他以前就是从事这工作的，我们来问他。"

电话打通，那头的汇率专家一板一眼回答："汇率由四个因素决定，一是购买力平价，二是各国的通货膨胀，三是国际贸易平衡，四是金融投机。每个国家的政府，还有中央银行、商业银行和投资银行，都会定期发布各种经济数据，我们根据这些数据确定汇率。"

我哈哈大笑："我不管那些专家是如何确定汇率的，我要问的是，他们的预测对了吗？如果汇率是由一群专家根据既定的数据来源和公式确定的，那为什么不同的专家对汇率会有不同的预测，为什么还会有人在汇率市场上倾家荡产？"

我进一步解释："气象专家可以用这样那样的历史统计数据来预测明天的天气，但他们的预测对了吗？或许对，或许错，但不管对错，都绝不能说天气是由这些气象专家决定的。一开始的问题是'汇率是如何决定的'，而你谈的是'汇率是如何预测的'，两者南辕北辙。"

两百年前，还没有中央银行，更没有什么宏观统计数据，那时候的汇率是怎么决定的？不要以为没有金融专家就没有汇率，没有中央银行就无法形成汇率形成机制。即便取消货币，回到物物交换的年代，部落之间也仍然存在汇率：一块羊肉兑一杆标枪就是汇率。

我的答案：汇率是由甲国人民对乙国资源的需求，以及乙国人民对甲国资源的需求共同决定的。如果一国人民对另一国资源完全没有需求，那么两国就不存在汇率；如果甲国人民对乙国资源的需求增加，在其他条件不变的情况下，甲国的货币就会相对乙国货币贬值。

正是一国对异国资源的需求，决定了汇率。这是最初始的需求，无须涉及货币，与统计数据无关，也非金融专家所能预测。汇率只由每个国家每个消费者的每笔消费共同决定。正是每个消费者在购买商品时的钞票投票，表达了他们对商品中所包含的外国资源（自然资源和人力资源）的需求程度，从而通过这种不可抗拒的经济力量，决定了国与国之间的汇率。

过去美元强，对其他货币有升值趋势，简而言之，就是因为其他国家对"美国制造"的商品需求大。今天人民币强，对美元升值，其根本原因也是世界人民对"中国制造"的商品需求增大的缘故。要指出的是，所谓"中国制造"，是一般化的概念，既包括了自然资源，也包含了人力资源，更包含了制度因素。

杜克大学的朋友也终于分清了"预测"与"决定"的差别。我的感慨是：以为汇率是由金融机构根据经济理论、统计数据和数学公式制定的人太多，包括许多著书立说的专家，而我只能跟其中个别人吃饭。

资料来源：选编自 2005 年 5 月 8 日《互联网周刊》。

**案例点评**

在本章学习的汇率决定理论探讨的都是名义汇率的决定，即 1 单位外币可以兑换多少单位的本币，而不是相同的货币在两国间的实际购买力之比（虽然购买力平价成立意味着实际汇率为 1，但物价变动决定的正是名义汇率）。在上文中，薛兆丰博士认为的汇率应该是实际汇率，"如果一国人民对另一国资源完全没有需求，那么两国就不存在汇率"，这固然是问题的一个方面，但仅仅体现购买力平价的基本思想而已。有时人们为了得到更高的收益仍旧需要外币，比如 2005 年前后外资大量涌入中国并不是为了得到中国的实际资源，而是在人民币升值的预期下为了获得更高的收益。汇率理论的发展基本上围绕着资本市场和商品市场两个角度展开，当然各种理论会融合，会兼顾两者进行组合，但是汇率的决定理论探讨的都是名义汇率，而不是所谓的"正是一国对异国资源的需求，决定了汇率。这是最初始的需求，无须涉及货币，与统计数据无关，也非金融专家所能预测"。

## 案例分析 4-2

### 美联储加息可能性加大或导致中国资金外流再次加速

中国央行将每日人民币汇率中间价定在 5 年来的最低水平，以追踪较为疲软的市场汇率。目前，美元的反弹正令人民币汇率承压。

由于美联储近期会议的纪要内容加大了最早于 6 月或 7 月加息的可能性，美元相对一系列全球货币出现升值。

星期三，中国央行将当日人民币汇率中间价定在比前一日低 0.34% 的水平，此举符合该行 2015 年 8 月做出的承诺。该行当时承诺，要依据前一日即期汇率收盘价和美元相对其他全球货币的走势来设定人民币汇率中间价。

在星期三上午触及将近四个月来的低点后，在岸人民币即期汇率收盘价与开盘价基本持平。交易员们表示，他们怀疑中国央行已适度出手干预，以防止人民币即期汇率大幅下跌。

2015 年 8 月，中国央行改变了人民币汇率中间价设定方式，以追踪市场走势而不是指挥市场。自那以来，如何解读中国的汇率政策一直令外国投资者大伤脑筋。

当地的市场参与者普遍认同一点：与那次汇改前相比，如今人民币汇率受市场影响的程度要大得多。交易员们表示，如今左右人民币汇率的，是人们不断改变的、对美联储加息时点的预期，而不是中国央行的政策。

星期三，苏格兰皇家银行（RBS）驻新加坡高级市场策略师曼苏尔·莫希－乌丁（Mansoor Mohi-Uddin）写道："近来中国央行的外汇储备很稳定，人民币贬值预期也已消退。不过，境外投资者退出套息交易以及国内企业偿付外币债务导致的两股资金外流仍在继续。随着美联储准备好在今年夏天加息，这两股资金外流将再次提速。"

莫希－乌丁预计，今后几个月人民币汇率会跌至 1 美元兑换 6.80 元人民币，如果美联储在 2016 年加息两到三次的话，人民币汇率或许会跌至 1 美元兑 7.00 元人民币。

资料来源：2016 年 5 月 25 日，英国《金融时报》，吴佳柏，上海报道。

## 案例分析 4-3

### 中国央行提高逆回购利率

中国央行（PBoC）继美联储之后，提高了国内货币市场的利率。此举显示了该行限制资金外流的努力会如何提高其自身经济的货币紧张状况。

分析师表示，中国央行星期四这一举措是前一天美联储决定再次加息 0.25 个基点导致的——这是中国央行三个月内第二次推出这样的紧缩政策。

尽管理论上说中国的货币政策立场是中立的——自 2015 年 10 月以来基准利率一直没有改变过，但是中国央行已越来越多地把批发货币市场（即银行间市场）利率作为微调式紧缩政策手段和限制资金外流的支持手段。

星期四的举措将 7 天、14 天和 28 天逆回购利率各提升了 10 个基点，分别提升至 2.45%、2.3% 和 2.75%。这是 2016 年第二次实施此类提升举措。

中国央行在一份声明中表示，这一提高利率的决定"主要反映了近期国内外影响市场资金供求因素的变化""并不是（货币政策意义上的）加息"。

2016 年迄今人民币兑美元汇率已经上升 0.3%，此前在 2016 年该汇率下降了 6.5%。受到管控较少的离岸人民币汇率则在 2015 年下跌 5.8%，在 2016 年下跌了 0.3%。离岸人民币汇率往往反映了国际市场对人民币汇率的预期。

提高货币市场利率理论上会降低投资者将资金迁至境外的热情。多数贷款是以政策利率定价的，而不是以货币市场利率水平定价的——意味着此举的主要目的是限制星期三美联储加息决定后的汇率波动产生的任何影响。

德国商业银行（Commerz Bank）新兴市场策略师周浩表示："展望未来，银行间市场利率的提高是否会传导至银行贷款还有待观察。"

由于多数利率是按照 2 月行情在中国央行利率之上交易，因而此举对中国金融状况的影响很可能十分有限。中国央行也已采取措施，减少货币市场上流通的资金量。

在关注银行间市场的同时，中国政府也在把注意力从刺激经济以遏制风险（包括信贷泡沫风险）中转移出来。

不过，分析师警告称，提高货币市场资金成本最终或在更大范围上反馈至经济体。

摩根大通（J. P. Morgan）中国首席经济学家朱海斌表示："这其中的风险在于，批发资金状况和金融监管的收紧将对区域性银行产生巨大影响，这些区域性银行严重依赖批发融资支撑其资产负债表的快速扩张。"朱海斌警告称，这可能会削弱对实体经济的信贷支持。他还表示："虽然这种风险似乎并未成为现实，但是中国央行将需要小心观察政策影响，在货币政策与金融稳定之间取得平衡。"

资料来源：2017 年 3 月 16 日，英国《金融时报》，珍妮弗·休斯、康河信，香港报道。

**案例点评**

本章学习的汇率决定理论包括购买力平价、利率平价、国际收支说等，一般认为利率平价在短期就会对汇率产生较大影响，国际收支在中期会影响汇率，而经济的基本面因素则会长期影响汇率。2015 年以后人民币持续贬值，其原因当然是多方面的，而美联储加息预期显然也是重要的原因之一。第一篇报道的时间是 2016 年 5 月 25 日，从事后看，《金融时报》的预测还是具有相当准确性的，2016 年年末美元对人民币汇率一度接近 7；第二篇报道的时间是 2017 年 3 月 16 日，是在美联储近期第三次加息以后，为了防止人民币大幅贬值，我国人民银行随之提高了逆回购利率，这也是利率平价理论在现实中的具体运用。根据利率平价理论，当外国提高利率而本国利率不变或下降时，本国的货币将会贬值，第一篇报道也证实了这一点，而外国提高利率，如果本国利率也随之提高，至少可以部分抵消本币贬值的压力，这也是本书中所说的利率平价理论特别具有实践意义的具体体现。

## 核心概念与本章小结

1. 国际金本位下，两国货币的汇率由货币的含金量决定，即有铸币平价。

2. 购买力平价理论成立的前提是一价定律成立。购买力平价是从商品市场分析汇率的决定理论，该理论认为汇率应该由两国的物价决定，一国发生通货膨胀时该国的货币就贬值。

3. 利率平价理论认为汇率是由两国的利率水平决定的，一国利率上升时该国的货币将升值，一国利率下降时该国的货币将贬值。国际收支说则从外汇供需的角度分析汇率，国际收支的变化会引起外汇供需的变化，进而影响汇率。

4. 弹性价格分析法和黏性价格分析法都是从货币的供需角度分析汇率的决定。弹性价格分析法认为物价是有充分弹性的，而黏性价格分析法认为物价是黏性的，物价的变动需要一定的时间。当货币供给增加时，不管弹性分析还是黏性分析的结论都是汇率上升，但不同的是，黏性价格分析法下汇率的短期上升水平超过长期均衡水平。

5. 资产组合平衡模型是从资产组合追求效用的角度分析汇率的决定，该理论认为，不管是通过本国债券市场还是外国债券市场的公开业务增加货币的供给都会导致利率的下跌和汇率的上升，但两者的效果有所区别。在本国债券市场的公开业务对利率的影响较大，在外国债券市场的公开业务对汇率的影响较大。

本章介绍了几种经典的汇率决定理论，从内容上看逻辑性较强，同时也比较抽象。只有理解了汇率的决定因素怎样影响汇率才能对汇率的变动做出解释和预测，才能分析汇率对宏观经济的影响，因此本章内容是国际金融学的重点之一。读者在阅读本章时需要一定的宏观经济学基础，如果你能够认真思考，一定会理解各种汇率理论的思想以及细节。

## 本章习题

1. 购买力平价学说的理论基础是（　　）。
   A. 货币供求论　　　　　　　　B. 价值理论
   C. 外汇供求理论　　　　　　　D. 一价定律
2. 以下关于汇率理论的看法不正确的是（　　）。
   A. 国际收支说是从国际收支角度分析汇率决定的理论
   B. 利率平价理论侧重研究因利率差异引起资本流动与汇率决定之间的关系
   C. 购买力平价理论把汇率的变化归结于购买力的变化
   D. 在资产市场说中，汇率超调被认为是由商品市场价格黏性引起的
3. 在直接标价法下，根据利率平价理论，以下哪种情形将导致外币升水（　　）。
   A. 本国利率高于外国利率　　　B. 本国通胀率高于外国通货膨胀率
   C. 本国利率低于外国利率　　　D. 本国通胀率低于外国通货膨胀率
4. 如果购买力平价理论成立，在其他经济条件不变时，如果本国发生严重的通货膨胀，而外国的物价水平维持稳定，则（　　）。
   A. 实际汇率不变　　　　　　　B. 本币升值
   C. 实际汇率上升　　　　　　　D. 本币币值不变
5. 根据汇率的弹性价格分析方法，在其他经济条件不变时，外国一次性增加了名义货币供给，则（　　）。
   A. 本国的实际利率上升　　　　B. 外国的实际利率上升
   C. 本币升值　　　　　　　　　D. 本币贬值
6. 根据汇率超调模型，在其他经济条件不变时，如果本国一次性增加了货币供给，则直

接标价法下的汇率（　　）。
  A. 一次性上升的幅度超过长期上升的幅度
  B. 一次性上升的幅度低于长期上升的幅度
  C. 短期持续上升直至达到长期水平
  D. 一次性上升的幅度等于长期上升的幅度
7. 根据汇率的弹性价格分析法，如果某国的实际利率上升，该国的货币会贬值，而根据利率平价理论，某国的名义利率上升，该国的货币会升值。如果该国的物价稳定，实际利率就等于名义利率，这导致两种理论分析结论的不一致，以下解释错误的是（　　）。
  A. 两种理论的思考角度不同
  B. 弹性价格分析法认为利率会影响物价进而影响汇率
  C. 利率平价理论强调利率变动直接引起的资金流动效果
  D. 弹性价格分析法强调利率变动直接引起的资金流动效果
8. 简要分析汇率超调模型下一次性增加货币供给对于利率和汇率的影响。
9. 简要分析资产组合平衡模型下通过公开市场业务增加货币供给的短期效果。
10. 某经济学家预测明年美国通货膨胀率为4%，法国通货膨胀率为6%，美国和法国的实际利率为年利率2%。问：
  （1）假定现行汇率为1EUR＝1.020 0USD，根据PPP理论，一年后的汇率是多少？
  （2）美国和法国名义利率是多少？根据利率平价欧元远期汇率是多少？

# Chapter 5
## 第五章

# 外汇业务和外币使用

### 📖 引言

假定你是一个进出口企业的老板,你向国外的进口商出口了一批商品,贷款将在3个月后以美元支付。而你预测3个月后美元将贬值,那你应该怎样做才能防范汇率风险呢?通过本章外汇业务和外币使用的学习,你可能会寻找到一些方法。外汇实务包括传统的外汇业务(主要是外汇的即期交易、外汇的套汇与利率套利交易)以及在金融衍生市场上的相关外汇实务。金融衍生品市场的交易对象是各类金融衍生工具,主要包括外汇的远期、外汇期货、外汇期权、互换四种基本类型。本章主要介绍外汇交易工具的实务操作与基本原理。

### 🔍 学习目标

(1) 熟悉即期外汇交易、远期外汇交易
(2) 掌握套汇与利率套利
(3) 了解期货交易的原理,熟悉外汇期货交易
(4) 了解期权交易的原理,掌握外汇期权的盈亏计算
(5) 了解互换交易

## 第一节 即期外汇交易与远期外汇交易

### 一、即期外汇交易

#### (一) 即期外汇交易的概念

即期外汇交易,又称现汇交易,是指外汇交易的双方按照当天外汇市场的价格成交,并在成交的当天或者成交后的两个营业日内办理外汇交割的一种外汇业务。即期外汇交易是外汇市场上最常见的一种交易方式,即期汇率是确定其他汇率的基础。

大多数即期外汇交易是在成交后的第二个营业日进行交割。"第二个营业日"并不一定就是第二天,比如即期外汇交易涉及两个国家时,"营业日"一般是在这两个国家都营业的日子。另外,假如即期外汇交易成交后的第二天是休息日,其"第二个营业日"一般也应顺延。

## (二) 即期外汇交易的报价

即期外汇交易的报价采用"双价"原则,即经营外汇业务的银行报价时,必须报出外汇的买入价和卖出价。例如,中国银行在 2012 年 3 月 14 日报出的港币对人民币的汇价为:HKD1 = CNY0.814 2/0.817 3。左边的港币为基础货币或单位货币,右边的人民币为计价货币。右边较小的数值为买入价,是指报价银行买入 1 单位基础货币的价格;较大的数值为卖出价,是指报价银行卖出 1 单位基础货币的价格。由于从事外汇即期买卖的商业银行以盈利为目的,为了获得利润,报价银行会以较低的价格买入基础货币,以较高的价格卖出基础货币,因此买入价肯定会低于卖出价。在现实中,由于买入价和卖出价的差距不是特别大,为了简化起见,卖出价经常仅表示出与买入价不同的部分,比如将 HKD1 = CNY0.814 2/0.817 3 表示为 HKD1 = CNY0.814 2/73。值得注意的是,报价银行在从事即期外汇交易时,外币现钞买入价和现汇买入价是不同的,一般钞买价会更低一点,关于这一点可以参见第三章汇率的种类。

【例5-1】 2012 年 3 月 14 日中国银行人民币对美元的报价如表 5-1 所示。

表 5-1

| 现汇买入价 | 现钞买入价 | 现汇卖出价 | 现钞卖出价 |
|---|---|---|---|
| 6.318 6 | 6.267 9 | 6.343 9 | 6.343 9 |

如果你的存款账户里有100美元,可以换多少人民币?如果你有100美元现钞,可以换多少人民币?你想买入100美元需要花多少人民币?

如果你存款账户里有100美元想兑换人民币,对于报价行来说是买入基础货币(美元),因此用买入价可以得到631.86元人民币;用100美元现钞去银行兑换人民币,虽然报价行仍旧是买入基础货币,但由于买入的是现钞,应该用钞买价,可以得到626.79元人民币;在上述报价中,现汇卖出价和现钞卖出价是一样的,不管想得到100美元现钞还是存款都需支付给报价行634.39元人民币。

在国际金融市场上,外汇交易一般都是通过特定的交易系统完成的,其中比较著名的路透(Return)系统。路透系统由路透通讯社创立,总部设在伦敦,路透社拥有信息收集网络,联系着全球 5 000 多家银行和金融机构、200 多家交易所,24 小时不停地由总部发出各种经济信息和金融信息,客户可以随时获得从外汇、债券到期货、股票、能源在内的各金融市场的实时行情,交易商可以在视讯终端机上直接完成交易。交易商(银行)进行即期外汇交易时有一些常用的术语、程序和交易技巧,我们通过一个例子对此进行分析。

**【例 5-2】** 询价银行 A 和报价银行 B 通过路透交易系统进行以下外汇即期交易：

A：Hi，Calling For Spot GBP For USD PLS（请问即期英镑兑美元报什么价？）

B：1.570 0/20（1 英镑兑 1.570 0/20 美元）

A：My Risk（我的风险，这是讨价还价）

B：1.571 0 Choice（1 英镑兑 1.571 0 美元的选择价）

A：Taking USD 10 Mio（买进 1 000 万美元）

B：OK. Done, I Sell USD 10Mio Against GBP At 1.571 0 Value July 20，GBP PLS To ABC BANK TOKYO For A/C No. 123456（我卖给你 1 000 万美元买进英镑，汇率为 1.571 0，交割日为 7 月 20 日，英镑请付至东京 ABC 银行，账号为 123456）

A：OK. All Agree USD To XYZ BANK N.Y. For Our A/C 65421 CHIPS UID 09458，TKS（我们的美元请付至纽约 XYZ 银行，账号为 654321，CHIPS UID 09458）

在以上询价报价过程中特别需要注意的是，询价银行不能过早暴露自己的头寸（是买进英镑还是卖出英镑），如果询价行一开始就说明自己交易的方向，比如想买进英镑或卖出英镑，报价行就可能把英镑的价格（汇率）报高或报低，这对询价行都不利，所以询价行询价时仅仅问英镑兑美元的报价是多少。报价行收到报价后就会给出报价，由于不知道询价行是买入基础货币还是卖出基础货币，报价行报价时就会给出一个正常价格，汇率的买入价和卖出价的价差越大对报价行就越有利，在本例中给了 1.570 0/20。此时，询价行可以进一步讨价还价，在不暴露自己头寸的前提下希望买卖价差尽可能小（比如 1.570 5/15），这样询价行在买入英镑时将支付更少美元，卖出英镑时将得到更多美元。在本例中报价行给出了一个选择价（choice）1.571 0，这意味着不管是买入还是卖出英镑报价都是 1.571 0，这已经是报价行的最大诚意和优惠了。一般而言，报价行如果给出了选择价，询价行一定要成交，此时询价行才暴露交易方向是卖出英镑买入美元，至此询价过程完成并成交。

## （三）即期外汇交易的结算方式

即期外汇交易如果发生在本国市场或者在本国居民间进行，那么其收付的时间是比较短的，一般不涉及计息、收付期内汇率变动等问题。但很多时候，即期外汇交易发生在本国居民和外国居民之间，会由于支付方式不同而导致付款和收款的时间差，按照外汇支付方式不同，即期外汇交易可分为电汇、信汇和票汇三种。

电汇是最主要的结算方式，指汇款人向当地银行交付本国货币，由该行通过电报或电传方式通知国外分行或代理行立即付出外币给收款人，其凭证为电汇汇款委托书。在电汇的方式下，银行在国内收到本币与在国外付出外汇的时间间隔不超过一两日。

信汇是指汇款人向当地银行交付本国货币，银行开具付款委托书，用信函的方式通知国外的分行或代理行，委托其支付一定款项给指定收款人的汇款方式，其凭证为信汇汇款委托书。在信汇方式下，银行在国内收到本币与在国外付出外汇的时间间隔较长。

票汇是指汇出银行应汇款人的申请，开立以汇入行为付款人的汇票，交由汇款人自行寄送给收款人或亲自携带出国，以凭票取款的一种汇款方式。票汇的凭证即为银行开出的汇票。汇票无须通知收款人取款，而由收款人自己到汇入行取款。

## 二、远期外汇交易

### （一）金融远期交易

#### 1. 金融远期合约的概念

远期合约（forward contract）是一种交易双方约定在未来的某一确定时间，以确定的价格买卖一定数量的某种金融资产的合约。

按照付款方式，可以将交易分为现货交易和远期交易。现货交易就是我们通常所说的一手交钱一手交货，而远期交易则是交易双方事先确定交易标的、数量、价格以及将来成交的时间，远期合约就是在进行远期交易时签订的合约。

由于远期交易一般不在交易所交易，而是交易双方通过私下谈判后确定远期交易合约，因此远期合约多数是场外交易。相对于金融期货交易而言，金融远期交易在签署远期合约之前，交易双方可以就未来交割地点、交割时间、成交价格和数量等细节进行谈判，以便尽量满足双方的需要，因此远期合约与期货合约相比，灵活性较大。这是远期合约的主要优点。

远期合约也有明显的缺点：由于远期合约一般都是场外交易，没有固定的、集中的交易场所，不利于信息的交流和传递，因此市场效率较低，流动性也较差。

#### 2. 金融远期合约的分类

金融远期合约主要有远期利率协议、远期外汇合约和远期股票合约等。

（1）远期利率协议。远期利率协议（forward rate agreements，FRA）是买卖双方同意在未来一定时间（清算日），以商定的名义本金和期限为基础，由一方将协定利率与参照利率之间差额的贴现额度付给另一方的协议。远期利率协议的买方是名义借款人，其订立远期利率协议的目的主要是为了规避利率上升的风险。远期利率协议的卖方则是名义贷款人，其订立远期利率协议的目的主要是为了规避利率下降的风险。

我们可以试想一下，假定有甲和乙两个交易者，甲可以供给资金，而乙是资金的需求方，甲预测半年以后借款利率将会降低，而乙的预测则相反，认为半年以后借款利率将会上升。由于两者对未来的不同预期，甲和乙就可能签订一份远期利率协议，比如 6×12 远期利率，即表示 6 个月之后开始的期限为 12 个月的远期利率，这样就把未来的借款利息确定下来。甲认为他能够规避将来利率下降的风险，而乙认为他能够规避将来利率上升的风险。当然，最后交易者是否能够规避风险或获得额外收益取决于预测正确与否，交易双方都是存在风险的。等到合约到期进行交割时，借贷双方不一定需要交换本金，只是在结算日根据协议利率和参考利率之间的差额以及名义本金额，由交易一方付给另一方结算金，因此本金就被称为"名义"本金。

（2）远期外汇合约。远期外汇合约（forward exchange contracts）是指双方约定在将来某一时间按约定的远期汇率买卖一定金额的某种外汇的合约。交易双方在签订合同时，就确定好将来进行交割的远期汇率，到时不论汇价如何变化，都应按此汇率交割。在交割时，名义本金并未交割，而只交割合同中规定的远期汇率与当时的即期汇率之间的差额。

按照远期的开始时期划分，远期外汇合约又分为直接远期外汇合约（outright forward foreign exchange contracts）和远期外汇综合协议（synthetic agreement for forward exchange，SAFE）。前者的远期期限是直接从现在开始算的，而后者的远期期限是从未来的某个时点开始算的，因此实际上是远期的远期外汇合约。如 1×4 远期外汇综合协议是指从起算日之后的一个月（结算日）开始计算的为期 3 个月的远期外汇综合协议。

（3）远期股票合约。远期股票合约（equityforwards）是指在将来某一特定日期按特定价格交付一定数量单个股票或一揽子股票的协议。远期股票合约是近几年才出现的，相对于远期利率协议和远期外汇合约而言，数量较少，市场也较小。

## （二）远期外汇的报价

远期汇率的报价方法有两种，即直接报价法和掉期率报价法。

**1. 直接报价法**

直接报价法是指直接报出远期外汇的汇率，与即期外汇的报价方法相似。例如东京外汇市场上，英镑对日元的即期汇率和 6 个月远期的汇率可以表示为

    GBP/JPY          即期汇率           131.00/25

                    6 个月远期汇率     131.20/55

**2. 掉期率报价法**

所谓掉期率（swap point），是指即期汇率与远期汇率或远期汇率与即期汇率之间的差额，即远期贴水或升水。掉期率报价法与直接报价法不同，报价银行首先报出即期汇率，在即期汇率的基础上再报出点数（即掉期率），从即期汇率中加上或减掉所报的掉期率就可以得到远期汇率。

在掉期率报价法下，报价银行给出即期汇率和掉期率后，计算远期汇率的关键在于判断把掉期率加到即期汇率中还是从即期汇率中减掉掉期率，其判断原则是使远期外汇的买卖价差大于即期外汇的买卖价差。由于远期外汇交易的成交时间和交割时间有一段间期，报价银行从事远期外汇交易承担的风险比即期外汇交易要大，为了弥补这个风险，报价行因而也要求有较高的收益水平。对于外汇交易而言，买卖价差越大，报价行的收益越高，因此远期外汇的买卖价差比即期外汇的价差要大一些。

例如，某市场英镑对日元的即期汇率和 6 个月远期汇率的掉期率报价为

    GBP/JPY          即期汇率           131.00/25

                    6 个月掉期率      20/30

在掉期率报价中，一般都会给出两个掉期率，前面一个表示买入价的掉期率，后面一

个表示卖出价的掉期率。在本例中给出的掉期率为20/30，这表明买入价变动了20个基本点，卖出价变动了30个基本点。基本点是汇率的最小变动单位，由于汇率一般表示到小数点后四位，基本点一般就是0.000 1，但有些汇率只表示到小数点后两位，基本点就是0.01，本例中英镑兑日元汇率的基本点就是0.01。由于买入价变动点数比卖出价变动点数要小，如果是贴水（即远期汇率小于即期汇率），那么6个月的远期汇率将变成130.80/95，远期汇率的买卖价差比即期汇率要小，这不符合报价原则。因此，当掉期率前小后大时只可能升水（即远期汇率大于即期汇率），6个月的远期汇率应该是131.20/55。同理，当掉期率前大后小时只可能表示贴水。于是，掉期率报价的规则可以概括为"前小后大表示升水，前大后小表示贴水"。

## （三）远期外汇交易的功能与具体操作

### 1. 套期保值

套期保值（hedging）是交易者配合在现货市场的买卖，在远期市场（或期货市场）卖出或买进与现货市场交易品种、数量相同但方向相反的远期（期货）合同，以期在未来某一时间通过卖出或买进此期货合同来补偿因现货市场价格变动带来的实际价格风险。

套期保值是远期合约市场的基本功能，我们可以通过下面的案例来理解这个基本功能。

【例5-3】 我国的A公司在2011年7月29日向美国B公司出口了一批商品，双方协议以美元结算，价值100万美元，款项将于6个月以后收到。当天美元兑人民币的汇率为6.422 8/6.425 0，假定中国银行公布的远期外汇汇率如下所示：

例如某市场美元对人民币的即期汇率和6个月远期汇率的掉期率报价为

| USD/CNY | 即期汇率 | 6.422 8/6.425 0 |
|---|---|---|
| | 6个月掉期率 | 20/30 |

A公司预测未来6个月美元将继续贬值，为了回避美元贬值给该公司带来的风险，A公司决定和中国银行签订一份远期合约，在6个月后将100万美元卖出。A公司通过该远期合约能否确定在6个月后得到多少人民币？A公司的套期保值策略能否保证盈利？为什么说套期保值能降低风险？

根据报价原则，美元兑人民币6个月的远期汇率为6.424 8/6.428 0，由于报价银行在6个月后买入基础货币，因此用远期汇率的买入价。根据远期外汇交易的性质，不管将来的汇率如何变动，A公司在6个月后将确定得到642.48万元人民币。

利用外汇远期交易虽然能够消除汇率的变动，但套期保值策略并不能够保证盈利，如果6个月后美元不仅没有贬值而是大幅升值了，A公司的套期保值策略显然可能会亏损。

但需要指出的是，风险一般用收益的波动（方差）来衡量，波动越大风险越大。在本例中，通过套期保值虽然不能保证盈利，但可以使得收益或亏损的波动变小：如果6个月后的即期汇率跌了,在远期市场上 A 公司就会获得一定的盈利(可以以较高的价格卖出),在现货市场上有一个潜在的机会损失(当时没有以较高的价格卖出),盈利和亏损可以部分或全部抵消,总的盈利或亏损就会较小;如果 6 个月后的即期汇率涨了,在远期市场上 A 公司就会有一定的亏损(必须把美元以较低的价格卖出),在现货市场上会有一定的盈利(6 个月前没有以较低的价格卖出,现在可以高价卖出),盈利和亏损可以部分或全部抵消,总的盈利或亏损也会较小。因此,通过套期保值能够降低风险。

### 2. 投机与套利

在金融术语中,投机和套利都是投资的方式,但投机往往指的是单方向的交易,仅仅买入或卖出远期合约,面临的风险比较大,但潜在收益也高;套利则是利用客观存在的机会进行双向交易,有时套利也特指无风险套利,是指在无风险状态下获得超额收益。投机的操作比较简单,如果预测某种外汇的价格将来要上升,则买入该货币的远期合约,反之则卖出远期合约,投机者能否获利的关键在于预测能力;而套利的操作较为复杂,我们将在下一节专门论述。

## 第二节 套汇与利率套利

### 一、套汇

#### (一)套汇的概念

套汇是指利用不同外汇市场的外汇差价,在某一外汇市场上买进某种货币,同时在另一外汇市场上卖出该种货币,以赚取利润的外汇交易。

一般来说,要进行套汇必须具备以下三个必要条件:① 存在不同的外汇市场和汇率报价;② 套汇者必须拥有一定数量的资金,且在主要外汇市场拥有分支机构或代理行;③ 套汇者必须具备一定的技术和经验,能根据预测迅速采取行动,否则会遭遇汇率变动的风险。

#### (二)套汇的种类

套汇按交易方式来划分,可以分为直接套汇和间接套汇。

##### 1. 直接套汇

直接套汇又称两点套汇或两角套汇,是利用两个外汇市场两种货币之间的汇率差异,套汇者将手中的货币先在价值较高的市场卖出再从价值较低的市场买入,以赚取利润的一种外汇交易。

下面举例说明直接套汇。

【例 5-4】 假定某一时刻,伦敦外汇市场英镑对美元的汇率为:GBP1 = USD1.700 0/1.705 0,纽约外汇市场的汇率为:GBP1 = USD1.707 0/1.709 5。拥有 100 万英镑的某投资

者能否套汇？如果能，他将获利多少？（不考虑其他交易费用）

从上述两个市场的汇率可以看出，英镑在纽约市场比伦敦市场的价值要高，如果存在套汇的机会，应该将英镑在纽约卖出，再从伦敦买回英镑。

该投资者可以在纽约市场卖出100万英镑，得到170.70万美元（100×1.7070）；同时以170.70万美元在伦敦市场买进英镑，可以得到100.12万英镑（170.70/1.7050）。若不考虑交易成本，该投资者通过上述套汇交易，获取收益0.12万英镑（100.12－100）。

值得注意的是，并不是两个市场的汇率不一致就一定能够套汇，如果上例中纽约的汇率为GBP1＝USD1.7040/1.7065，英镑在纽约的价值仍旧较高，如果进行套汇将出现亏损（100×1.7040/1.7050－100＜0），这是由于报价行的买卖价差引起的。一般地，只有两个市场中较高汇率的买入价大于较低汇率的卖出价才能进行套汇。

**2. 间接套汇**

间接套汇又称三角套汇，是利用三个或三个以上不同地点的外汇市场上三种或三种以上不同货币之间的交叉汇率的差异，在三个或三个以上的外汇市场上进行套汇买卖，以赚取利润的一种外汇交易。

下面举例说明间接套汇。

**【例5-5】** 某日路透社显示下列市场汇率：纽约市场上1美元＝1.5750/60瑞士法郎；苏黎世市场上1英镑＝2.2980/90瑞士法郎；伦敦市场上1英镑＝1.4495/505美元。某套汇者以100万英镑进行套汇，试计算其套汇利润（不考虑其他费用）。

由于三个市场表示的都是不同货币之间的汇率，套利者无法直接判断手中的英镑在哪个市场的价值较高在哪个市场的价值较低，套利者必须计算出交叉汇率才能进一步判断比较。

所谓交叉汇率就是通过两种不同货币与关键货币的汇率间接地计算出两种不同货币之间的汇率。比如在本例中，我们可以通过关键货币（美元）来计算伦敦和纽约市场上英镑兑瑞士法郎的交叉汇率。交叉汇率的计算有两个思路：一是站在报价银行的角度，认为两个汇率都由同一个银行（现实不一定如此）报出的，计算基础货币的买入价和卖出价即可得到交叉汇率；二是站在客户的角度，客户通过两个市场买入基础货币的价格即为汇率的卖出价，卖出基础货币的价格即为汇率的买入价。此处我们采用第一种思路进行分析：由于纽约市场上1美元＝1.5750/60瑞士法郎，伦敦市场上1英镑＝1.4495/505美元，站在报价银行角度，买入1英镑需要1.4495美元，买入1美元又需要1.5750瑞士法郎，因此报价银行买入1英镑共需支付1.4495×1.5750＝2.2830瑞士法郎；报价银行卖出1英镑可以得到1.4505美元，卖出1美元又可以得到1.5760瑞士法郎，因此报价银行卖出1英镑总共可得1.4505×1.5760＝2.2860瑞士法郎。于是交叉汇率为1英镑＝2.2830/60瑞士法郎。计算交叉汇率时除了要遵循买入价和卖出价的规则外，还有一个原则可以判断：作为报价银行对手的交易者在买入基础货币时总是要支付尽可能多的计价货币，在卖出基础货币时只能得到尽可能少的计价货币，客户总是吃亏的。

由于英镑在苏黎世市场的汇率大于交叉汇率，英镑在苏黎世的价值较高，套汇时应该先将英镑换成瑞士法郎，再将瑞士法郎换成美元，最后将美元换成英镑。套汇获利为 $(100×2.298\,0/1.576\,0)/1.450\,5-100=0.525\,4$ 万英镑。

从例5-4和例5-5可以看到，如果存在套汇机会，人们将把自己手中的货币在价值较高的市场卖出，然后再从价值较低的市场买进，这样操作的后果就是价值较高市场的供给增加，货币（投资者刚开始拥有的品种）会贬值，价值较低市场的需求增加，货币（投资者刚开始拥有的品种）会升值。随着现代化通信设施的应用和全球统一外汇市场的形成，外汇市场间的汇率差异在逐渐缩小乃至消失，现实中的套汇机会变得越来越少。

## 二、利率套利交易

### （一）利率套利的概念

虽然很多教材把利率套利简称为套利，但在金融学中套利是一个更宽泛的概念，是指通过寻找市场机会获得无风险超额收益的行为，而利率套利是指投资者利用两个不同金融市场上短期资金利率存在的差异，并权衡远期汇率的升贴水情况，将资金从一个市场调往另一个市场（一般是利率较低的市场调往利率较高的市场）以赚取无风险收益的一种外汇买卖。

利率套利其实就是抵补利率平价没有达到均衡时的情形，其实现必须满足一定的必要条件：首先要有外汇的远期（或期货）交易，要能够确定将来的交割价格；其次，两个不同的市场利率差异要和汇率的升贴水率不一致。有一点也是值得注意的，即在买入价低于卖出价的现实下，有时候即使利率差异和升贴水率不一致也未必能进行套利，这只是必要条件而非充分条件。

### （二）利率套利的操作

利率套利一般是将资金从低利率的市场调往高利率的市场，同时做一笔远期交易锁定风险，如果条件合适，投资者将获得无风险收益。我们通过例5-6说明这个问题。

【例5-6】 假设纽约市场上美元年利率为8%，伦敦市场上英镑的年利率为6%，即期汇率为1GBP＝USD1.602 5/1.603 5，3个月掉期率为30/50点，求：①3个月的远期汇率。②若你能借入10万英镑，能否通过利率套利获得无风险收益？试说明理由。

根据报价原则，掉期率前小后大是升水，3个月远期汇率为1GBP＝USD 1.605 5/1.608 5。当你借入10万英镑时，3个月后将归还本金和利息总共 $10×(1+0.06/4)=10.15$ 万英镑，由于只借款3个月（1/4年），故利息为0.15万英镑。如果将10万英镑投入纽约市场收益率将会更高，但3个月后美元如果贬值的话（试想美元贬值了10%）收益率仍旧可能会低于6%，此时投资者就可能亏损。

为了防范汇率风险，投资者应该做一笔远期交易，锁定将来美元兑换英镑的价格。根据远期汇率的报价，将来投资者买入 1 英镑需要 1.608 5 美元。套利具体操作过程为：在卖出 10 万英镑买入 16.025 万美元的同时，做一笔 3 个月的远期交易卖出 16.345 5 万美元（汇率为 1.608 5）。之所以确定卖出美元的数量为 16.345 5 万，是因为美元投资本利为 $16.025 \times (1 + 0.08/4) = 16.345\ 5$ 万美元，到期可以换回英镑 $16.345\ 5/1.608\ 5 = 10.161\ 9$ 万英镑。于是投资者在归还贷款后得到的收益为 GBP 10.161 9 万 − GBP 10.15 万 = GBP 0.011 9 万。由于投资者在投资之初就可以把这个收益确定下来，没有任何风险，在投资者没有投入自有资金的情况下，119 英镑就是无风险收益。

## 第三节　外汇期货交易

金融期货合约交易是在现代商品期货交易的基础上发展起来的。20 世纪 70 年代初，世界经济环境发生巨大变化，布雷顿森林体系崩溃，世界各国开始实行浮动汇率制，金融市场上的利率、汇率和证券价格开始发生急剧波动，整个经济体系风险增大，人们日益增长的金融避险需求推动了金融期货交易的产生。由于外汇期货是金融期货中的一种，要理解外汇期货交易就必须理解金融期货交易，本节以外汇期货为例阐述金融期货交易的相关原理。

### 一、金融期货合约的概念

金融期货合约（financial futures contracts）是指在交易所通过公开竞价、交易双方约定在将来某个日期按事先确定的交割价格、交割地点和交割方式等买入或卖出一定标准数量的标的金融资产的协议。从本质上说，期货与远期是完全相同的，都是在当前时刻约定未来的各交易要素，期货合约也被称为标准化的远期合约。

由于金融期货合约是标准化的远期合约，因此每一份期货合约的基本内容都是标准化的，其基本内容包括交易单位（交易所对每一份金融期货合约所规定的交易数量）、最小变动价位（交易所规定的在金融期货交易中每一次价格变动的最小幅度）、每日价格波动限制（交易所为了防止期货价格发生过分剧烈的波动，而对某些金融期货合约的每日价格波动的最大幅度做出一定的限制）、合约月份（期货合约到期交收的月份）、交易时间（交易所规定的各种合约在每一交易日可以交易的某一具体时间）、最后交易日（交易所规定的各种合约在到期月份中的最后一个交易日）和交割条款（交易所规定的各种金融期货合约因到期未能及时平仓而进行实际交割的各项条款）。

### 二、金融期货的种类

金融期货的交易标的是金融资产或金融工具，按照不同的交易标的，金融期货可以分为利率期货、股票价格指数期货以及外汇期货三类。

利率期货是指由交易双方同意在将来某一日期，按约定的价格买卖一定数量的某种与利率相关产品的标准化合约。和利率相关的金融产品主要指的是债券，利率期货其实就是主要以债券作为标的资产的期货，我国在 20 世纪 90 年代初曾经推出以国债作为标的资产的利率期货，但由于市场过小，期货到期时价格没有和现货价格趋于一致，引起了市场的剧烈波动，我国的利率期货也就暂停了。现在世界上最典型的利率期货是欧洲美元期货和长期国债期货。

股票价格指数期货简称股指期货，标的物是股价指数。由于股价指数是一种极特殊的商品，没有具体的实物形式，双方在交易时只能把股价指数的点数换算成货币单位进行结算，没有实物的交割。这是股价指数期货与其他标的物期货的最大区别。例如，芝加哥商品交易所（CME）的 S&P 500 指数期货的单位价格（即每份合约的价格）规定为指数点数乘以 500 美元。在我国现阶段，金融期货的唯一品种就是股指期货，我国的股指期货以沪深 300 指数为参照点，每份期货合约的价值为沪深 300 指数的点数乘以 300 元人民币。

外汇期货是指在期货交易所内，交易双方通过公开竞价达成在将来规定的日期、地点、价格，买进或卖出规定数量外汇的合约交易。外汇期货以货币作为标的资产，如欧元、英镑、日元、澳元和加元等，外汇期货一般都以美元作为计价货币。

## 三、金融期货市场的交易原理

以下我们以外汇期货为例说明金融期货市场的交易原理。

### （一）金融期货市场的参与者

金融期货市场主要有四个方面的参与者，即投资者、期货经纪商、金融期货交易所和清算机构。

期货经纪商或经纪人是指从事商品期货交易的中介，以自身名义介入期货交易或代客买卖期货（包括出市代表和其他从事客户开发、开户、执行委托、结算等业务），在期货交易中进行分析、判断，通过价格涨跌波动赚钱的人员或机构。其业务范围包括市场开发和业务拓展，为公司招来客户、吸纳资金；为委托人办理期货合约买卖的各项手续；向委托人详尽介绍期货合约的内容、交易所的交易规则及相关法律法规；维护委托人的利益，按委托人的指令进行期货合约买卖等。

期货交易所是投资者根据预先制定的交易制度进行集中交易的场所，交易所本身不参加期货交易，它主要为投资者提供交易场地或交易平台，制定标准交易规则，负责监督和执行交易规则，制定标准的期货合同，解决交易纠纷。

清算机构是负责对期货交易所内交易的期货合约进行交割、对冲和结算操作的独立机构。清算机构充当每笔交易的媒介，使得期货合约的买卖只要价格数量匹配就可以随时进行，不用寻找和通知特定的交易对手。由于清算所充当买方的卖者和卖方的买者，既向买方保证了卖方的履约，也向卖方保证了买方的履约，极大地降低了期货交易的违约风险。期货交易所和清算机构能够撮合投资者成交，但清算机构不仅仅是一个中介机构，还是投资者进行交易的对象，所有的投资者不管是买进还是卖出期货合约，交易对手都是清算机构。也就是说，期货交易所和清算机构本身不会买进或卖出期货合约，但投资者买进和卖出期货合约的对象都是清算机构，个别投资者的违约风险由清算机构所承担，而不是由作为交易对手的投资者来承担。具体看来，保证金制度和每日盯市结算制度、会员对会员间的无限连带清偿责任以及清算机构自身雄厚的资本等几个方面，大大降低了违约风险。在美国期货交易史上至今还从未发生过清算机构违约的先例。

## （二）标准化的期货合约条款

由于特定期货合约的合约规模、交割日期和交割地点等都是标准化的，在合约上均有明确规定，交易双方无须再商定，唯一变动的是期货合约的价格。这样的标准化条款给金融期货市场的交易带来了极大的便利，提高了交易效率。表 5-2 以美国 CME 外汇期货的合约内容为例来说明期货合约在交易单位、最小变动价位、每日价格波动限制、合约月份、交易时间、最后交易日等方面的标准化内容。

表 5-2 CME 外汇期货的合约内容

| 标的货币 | 日元<br>（JPY） | 欧元<br>（EUR） | 英镑<br>（GBP） | 瑞士法郎<br>（CHF） | 加元<br>（CAD） | 澳元<br>（AUD） |
| --- | --- | --- | --- | --- | --- | --- |
| 交易单位 | 12 500 000 | 125 000 | 62 500 | 125 000 | 100 000 | 100 000 |
| 报价方式 | USD/JPY | USD/EUR | USD/GBP | USD/CHF | USD/CAD | USD/AUD |
| 最小价格变动幅度 | 0.000 001<br>USD12.5 | 0.000 1<br>USD12.5 | 0.000 2<br>USD12.5 | 0.000 1<br>USD12.5 | 0.000 1<br>USD10.0 | 0.000 1<br>USD10.0 |
| 涨跌幅限制 | 无 | 无 | 无 | 无 | 无 | 无 |
| 合约月份 | 每年 3、6、9、12 月 | | | | | |
| 交割方式 | 实物交割，交割月份第 3 个星期三以电汇方式交付 | | | | | |
| 最后交易日 | 交割月份第 3 个星期三之前第 2 天营业日的上午 9:16 为止 | | | | | |

表 5-2 给出了 CME 几种重要外汇期货的合约内容，我们以欧元期货为例进行分析。欧元期货的交易单位是 125 000，这说明买入或卖出一份欧元期货将来应该交割 125 000 单位的欧元；报价方式都是以美元为基准，比如 1EUR = 1.310 0USD，此处报价没有买入价和卖出价的分别，这是因为期货清算机构只是撮合交易者成交，有交易者买入一定有交易者卖出，期货交易所的盈利来自于手续费和佣金等，而不是来自于买卖差价；最小变动单位为 0.000 1，这意味着欧元的价格上涨或下跌至少要变动 0.000 1，由于 1 份期货合约有 125 000 单位欧元，投资者亏损或盈利的最小水平为 0.000 1 × 125 000 = 12.5（美元）；每日没有涨跌幅限制；合约到期日为每年四个季度的最后一个月。

## （三）保证金制度和逐日盯市结算制度

在期货交易开始之前，期货的买卖双方都必须在经纪公司开立专门的保证金账户，并存入一定数量的保证金，该保证金也称为初始保证金（initial margin）。保证金的数目因合约而异，也可能因经纪人而不同。

所谓逐日盯市制度，亦即每日无负债制度、每日结算制度，是指在每个交易日结束之后，交易所结算部门先计算出当日各期货合约结算价格，核算出每个会员每笔交易的盈亏数额，以此调整会员的保证金账户，将盈利加入投资者的账户，将亏损从投资者保证金账户扣除。逐日盯市制度的原则是结算部门在每日闭市后计算、检查保证金账户余额，通过适时发出追加保证金通知，使保证金余额维持在一定水平之上，防止负债现象发生的结算制度。其具体执行过程如下：在每一交易日结束之后，交易所结算部门根据全日成交情况计算出当日结算价，据此计算每个会员持仓的浮动盈亏，调整会员保证金账户的可动用余额。在盯市结算完成以后，如果交易者保证金账户的余额超过初始保证金水平，交易者可随时提取现金或用于开新仓；而当保证金账户的余额低于交易所规定的维持保证金（maintenance margin）水平时（维持保证金水平通常低于初始保证金水平），经纪公司就会通知交易者在限期内将保证金水平补足到初始保证金水平，否则就会被强制平仓。这一要求补充保证金的行为称为保证金追加通知（margin call）。交易者必须存入的额外金额被称为变动保证金（variation margin）。

以下通过 CME 的欧元期货来理解逐日盯市制度和保证金制度。

【例5-7】 某投资者在 CME 卖出一份欧元期货，根据 CME 的规定，一份欧元期货的初始保证金是2 771 美元，维持保证金是2 052 美元，该投资者成交时在保证金账户交纳了2 800 美元，卖出期货合约的价格是1 EUR = 1.310 0 USD。我们来分析欧元期货价格变动对保证金以及盈亏的影响，如表5-3所示。

表5-3 逐日盯市与保证金 （单位：美元）

| 时间（收盘） | 欧元价格 | 浮动盈亏 | 累计盈亏 | 保证金账户余额 | 冻结保证金 | 可支配保证金 | 追加保证金 |
| --- | --- | --- | --- | --- | --- | --- | --- |
| 成交 | 1.310 0 | 0 | 0 | 2 800 | 2 771 | 29 | 0 |
| 第一交易日 | 1.311 0 | −125 | −125 | 2 675 | 2 675 | 0 | 0 |
| 第二交易日 | 1.309 8 | 150 | 25 | 2 825 | 2 771 | 54 | 0 |
| 第三交易日 | 1.312 4 | −325 | −300 | 2 500 | 2 500 | 0 | 0 |
| 第四交易日 | 1.318 4 | −750 | −1 050 | 1 750 + 1 021 | 2 771 | −102 1 | 1 021 |
| 第五交易日 | 1.318 0 | 50 | −1 000 | 2 821 | 2 771 | 50 | 0 |

从表5-3可以看到，由于投资者是卖出期货合约（空头），欧元期货价格上升投资者将亏损，价格下跌投资者将盈利，每天的获利和亏损都由清算机构追加到保证金账户。冻结保证金在初始保证金和维持保证金之间，当保证金账户余额高于初始保证金时冻结保证金就是初始保证金，当保证金账户余额在初始保证金和维持保证金之间时冻结保证金就是全部保证金余额。可支配保证金为保证金账户中冻结以后剩余的资金。

在第一天收盘时由于欧元价格上涨了10个基本点，每个基本点是12.5美元，期货空头的投资者就将亏损125美元，这笔亏损要从保证金账户扣除……到第四交易日时由于欧元期货的价格急剧上涨，收盘时保证金账户的余额为1 750美元，可支配保证金已经是负数，此时必须追缴保证金，保证可支配保证金不小于0，如果不及时追缴，投资者的期货合约将会被强制平仓。投资者追缴保证金后应该达到初始保证金水平，至少需要交纳

1 021 美元，这样到第五交易日开盘时保证金账户又变为 1 750 + 1 021 = 2 771 美元。

### （四）结清期货头寸与盈亏分析

#### 1. 结清期货头寸的方式

所谓期货头寸就是期货合约的买入方（多头）或卖出方（空头），而结清期货头寸则意味着将手中的期货结清，即不处于多头地位也不处于空头地位。

在期货合约到期前，一般有两种方式结清期货头寸。一种是平仓（offset），所谓平仓就是在期货市场上做相反的交易，有几份多头合约就卖出几份相同的期货合约，有几份空头合约就买入几份相同的期货合约，这是目前期货市场上最主要的一种结清头寸的方式。那些不愿进行实物交割的期货交易者，可以在最后交易日结束之前通过反向对冲交易来结清自身的期货头寸，从而无须进入最后的交割环节。平仓的方式既克服了远期交易流动性差的问题，又比实物交割方式来得省事和灵活，因此目前大多数期货交易都是通过对冲平仓来结清头寸的。另外一种结清期货头寸的方式是期货转现货（exchange-for-physicals，EFP），所谓 EFP 是指两个交易者经过协商并经交易所同意，同时交易某种现货商品以及基于该现货商品的期货合约来结清两者头寸的一种交易方式。尽管 EFP 的结果和平仓有点类似，但 EFP 在某些方面还是与平仓有很大的不同。第一，交易者事实上进行了实物交割；第二，期货合约并不是通过交易所内的集中交易来结清头寸的；第三，两个交易者可以私下协商价格以及其他的交易条款。

而在期货合约最后交易日到期时只能通过交割的方式结清期货头寸，交割可以分为实物交割和现金交割。实物交割，是指期货合约的买卖双方于合约到期时，根据交易所制定的规则和程序，通过期货合约标的物的所有权转移，将到期未平仓合约进行了结的行为。比如投资者买入了一份外汇期货，进行实物交割时就要支付一定数量的计价货币，同时接收标准数量的外币。期货合约到期时另外一种交割方式是现金交割，现金交割是指到期未平仓期货合约进行交割时，用结算价格来计算未平仓合约的盈亏，以现金支付的方式最终了结期货合约的交割方式。

#### 2. 期货交易的盈亏分析

对于期货空头而言，当期货价格下跌时，可以以较低的价格买入期货合约平仓或以较低价格交割结清头寸，空头通过高卖低买而获利；当期货价格上涨时，期货空头为了结清头寸，必须以较高的价格买入期货合约平仓或以较高的价格交割，这样空头就因低价卖出高价买进而亏损。

对于期货多头而言，当期货价格下跌时，为了结清头寸，必须以较低的价格卖出期货合约平仓或以较低的价格交割，期货多头就会因高买低卖而亏损；当期货价格上涨时，期货多头可以以较高的价格卖出期货合约平仓或以较高价格交割结清头寸，多头通过低买高卖而获利。

关于期货盈亏的具体计算可以参照表 5-2 以及章后习题 4。

## 四、金融期货市场的功能与作用

期货交易由于在本质上是标准化的远期交易，远期交易市场的套期保值、套利和投机功能在期货市场上也都能实现，同时由于期货合约是标准化的场内交易，金融期货市场更能起到以下作用。

### （一）转移价格风险的作用

在日常金融活动中，市场主体常面临利率、汇率和证券价格风险（通称价格风险）。有了期货交易后，他们就可利用期货多头或空头把价格风险转移出去，从而实现避险目的。这是期货市场最主要的功能，也是期货市场产生的最根本原因。

应该注意的是，对单个主体而言，利用期货交易可以达到消除价格风险的目的，但对整个社会而言，期货交易通常并不能消除价格风险，期货交易发挥的只是价格风险的再分配即价格风险的转移作用。

不过，在有些条件下，期货交易也具有增大或减少整个社会价格风险总量的作用。具体而言，套期保值者之间的期货交易可以使两者的价格风险相互抵消，投机者之间的期货交易则是给社会平添期货价格的风险，而套期保值者与投机者之间的期货交易才是价格风险的转移。由此可见，适量的投机可以充当套期保值者的媒介，加快价格风险转移速度，而过度的投机则会给社会增加许多不必要的风险。

### （二）价格发现作用

期货价格是所有参与期货交易的人，对未来某一特定时间的现货价格的期望或预期。不论期货合约是多头还是空头，都会依其个人所持立场或所掌握的市场资讯，并对过去的价格表现加以研究后，做出买卖委托。而交易所通过电脑撮合公开竞价出来的价格即为此瞬间市场对未来某一特定时间现货价格的平均看法。这就是期货市场的价格发现功能。市场参与者可以利用期货市场的价格发现功能进行相关决策，以提高自己适应市场的能力。

## 五、远期与期货交易的比较

期货交易虽然在本质上和远期交易是相同的，两者都是现在确定将来交割的标的资产品种、交易时间、交易价格等因素，但是在具体形式上还是有所差别，主要表现在以下七点。

### （一）交易场所不同

远期并没有固定的交易场所，买卖双方各自寻找合适的对象，因而是一个无严格组织的分散市场。在金融远期交易中，金融机构（尤其是银行）充当着重要角色。

期货合约则在交易所内交易，一般不允许场外交易。期货市场是一个有组织的、有秩序的、统一的市场。

## （二）标准化程度不同

远期交易遵循契约自由的原则，这使得远期合约具有很大的灵活性，但也给合约的转手和流通造成很大麻烦，导致了远期合约二级市场的不发达。

期货合约则是标准化的，标准化条款使得期货难以满足特殊的交易需求，但同时也大大便利了期货合约的订立和转让，使期货合约具有极强的流动性。

## （三）违约风险不同

远期合约的履行主要取决于签约双方的信用，一旦一方无力或不愿履约时，另一方就会蒙受损失。

期货合约的履行则由交易所或清算公司提供担保。交易双方直接面对的都是交易所，即使一方违约，另一方也几乎不会受到影响。机制完善的期货交易的违约风险几乎为零。

## （四）合约双方关系不同

远期合约是交易双方直接签订的，而且由于远期合约的违约风险主要取决于交易对手的信用，因此签约前通常要对交易对手的信誉和实力等方面做充分的了解。

期货合约的履行完全不取决于对方而只取决于交易所或清算机构，交易所是所有买方的卖者和所有卖方的买者。在期货交易中，交易者根本无须知道对方是谁，市场信息成本很低。

## （五）价格确定方式不同

远期合约的交割价格是由交易双方直接谈判并私下确定的。期货交易的价格则是在交易所中通过公开竞价或根据做市商报价交易确定的。

## （六）结算方式不同

远期合约签订后，只有到期才进行交割清算，其间均不进行结算。期货交易则是每天结算的。

## （七）结清头寸的方式不同

由于远期合约是非标准化的，不易找到转让对象，并要征得原交易对手的同意，因此绝大多数远期合约只能通过到期实物交割或现金结算方式结束。

期货合约则可以通过到期交割结算、平仓和期货转现货三种方式结清。在实际中，绝大多数期货合约都是通过平仓来了结的。

## 第四节 外汇期权交易

最早的金融期权从股票期权开始，1983年芝加哥期权交易所交易推出了以标准普尔100指数为标的资产的股指期权（简称OXE），这是期权交易市场发展过程中的又一大创新，芝加哥期权交易所后来又推出了以标准普尔500指数为标的资产的股指期权（简称SPX）。由于芝加哥期权交易所取得的巨大成功，其他交易所也纷纷效仿，推出种种股指期权，如美国股票交易所推出了主要市场指数期权，纽约证券交易所推出了NYSE综合指数期权。除此之外，在20世纪80年代，外汇期权、利率期权等期权新品种也陆续在各期权交易所挂牌上市进行交易。本节先对金融期权进行介绍，以此为基础分析外汇期权的操作与盈亏。

### 一、金融期权

#### （一）金融期权的概念

期权（option）是指期权的买方支付给卖方一定费用后，能在未来特定时间以特定价格买进或卖出一定数量的某种特定商品的选择权。金融期权是以金融商品或金融期货合约为标的资产（或基础资产）的期权交易形式。

#### （二）金融期权合约中的几个基本概念

**1. 期权买方与期权卖方**

期权的买方也就是期权的购买者，指的是支付一定期权费的一方，也被称为期权的多头。对于期权的多头方来说，在付出期权费后，期权合约赋予他的只有权利，而没有任何义务。他可以在期权合约规定的时间内行使其购买或出售标的资产的权利，也可以不行使这项权利。

期权的卖方也就是期权的出售者，指的是取得一定期权费的一方，也被称为期权的空头。对期权的出售者来说，他只有履行合约的义务，而没有任何权利。当期权买者按合约规定行使其买进或卖出标的资产的权利时，期权卖方必须依约相应地卖出或买进该标的资产。

**2. 看涨期权与看跌期权**

看涨期权也称为买入期权，是指期权购买者可在约定的未来某日期以事先约定的价格向期权出售者买进一定数量的某种金融商品的权利。

看跌期权也称为卖出期权，是指期权购买者可在约定的未来某日期以协定价格向期权出售者卖出一定数量的某种金融商品的权利。

一般而言，如果某个投资者预测某项资产的价格要上涨并且预测准确，通过买入看涨期权或卖出看跌期权都可以获利。这是因为当标的资产价格上升时看涨期权的多头会选择履行协议以较低的价格买入资产获利，而当标的资产价格上升时看跌期权的多头如果行使选择权就意味着以更低的价格将资产卖出，因此看跌期权的多头不会行使选择权，对于看跌期权的空头而言就通过期权费获利。反之，当投资者预测某项资产的价格要下跌时，则应该通过卖出看涨期权或买入看跌期权来获利。

#### 3. 协定价格

协定价格也称为协议价格或敲定价格，是指期权合约所规定的，期权多头在行使其权利时所实际执行的价格。一般而言，当期权到期时或在期权有效期限内，如果市场价格高于协定价格，看涨期权的买方会选择行使权利，因为看涨期权的买方通过期权合约可以比市场价更低的价格购入标的资产。看跌期权的买方则会放弃权利，因为如果看跌期权的买方行使权利，则意味着将标的资产比市场价更低的价格卖出；如果市场价格低于协定价格，看涨期权的买方会放弃权利，因为看涨期权的买方行使权利意味着以高于市场价的价格买入标的资产，而看跌期权的买方则会选择行使权利，因为看跌期权的买方通过期权合约可以比市价更高的价格将标的资产卖出。

#### 4. 欧式期权与美式期权

欧式期权是指期权购买者只能在期权到期日这一天行使其选择权利的期权。美式期权是指期权购买者可以在到期日前的任何一个营业日行使其权利的期权。欧式期权和美式期权的有效期是不同的，欧式期权的有效期接近于一个时间点，而美式期权的有效期是一个时间段。

在欧式期权和美式期权之间还有一种百慕大期权，该期权的有效期一般为到期日之前的一段时间。

#### 5. 内在价值与时间价值

期权的内在价值（intrinsic value）是指多方行使期权时可以获得的收益的现值。比如一份欧式看涨期权的协议价格为10元，而现在标的资产（无收益）的价格为12元，如果折现率为1的话，此时该期权的内在价值就是2元。当然，当标的资产市价低于协议价格时，看涨期权多方是不会行使期权的，因此期权的内在价值应大于等于0。

期权的时间价值（time value）是指在期权有效期内标的资产价格波动为期权持有者带来收益的可能性所隐含的价值。这意味着标的资产价格的波动率越高，期权的时间价值就越大。一般而言，期权的到期日越长，资产价格波动可能会更大，期权的时间价值也就越大。

#### 6. 期权费

期权费是指期权购买者为获得期权合约所赋予的权利而向期权出售者支付的费用。期权费的大小其实就是期权的定价，这是金融学中比较前沿的一个问题，常用的方法有二叉树模型以及布莱克-斯科尔斯模型。比如布莱克-斯科尔斯模型就认为欧式看涨期权的期权费应该为 $C = S \times N(d_1) - \dfrac{E \times N(d_2)}{e^{rt}}$，其中 $d_1 = \dfrac{\ln(S/E) + \left(r + \dfrac{\sigma^2}{2}\right)t}{\sigma\sqrt{t}}$，$d_2 =$

$$\frac{\ln(S/E) + \left(r - \frac{\sigma^2}{2}\right)t}{\sigma\sqrt{t}} = d_1 - \sigma\sqrt{t}$$

（$C$ 为期权价值，也就是欧式看涨期权均衡时的期权费，$r$ 为连续复利的无风险利率，$S$ 为标的资产的现货价格，$E$ 为期权的协议价格，$t$ 为按年计算的期权到期时间，$\sigma$ 为按连续复利计算的收益率标准差，$N$ 表示正态分布函数）。从这个公式可以看出，期权费的大小受很多因素的影响。

（1）协定价格与市场价格。协定价格与市场价格是影响期权价格的最主要因素，这两种价格的关系不仅决定了期权有无内在价值及内在价值的大小，而且还决定了有无时间价值和时间价值的大小。一般而言，协定价格与市场价格间的差距越大，时间价值越小；反之，则时间价值越大。只有在协定价格与市场价格非常接近或为平价期权时，市场价格的变动才有可能增加期权的内在价值，从而使时间价值随之增大。

（2）期权的到期时间。即期权成交日至期权到期日的时间，在其他条件不变的情况下，期权期间越长，期权价格越高；反之，期权价格越低。这主要是因为权利期间越长，期权的时间价值越大；随着权利期间缩短，时间价值也逐渐减少；在期权到期日，权利期间为零，时间价值也为零。通常，权利期间与时间价值存在同方向但非线性的影响。

（3）无风险利率。利率，尤其是短期利率的变动会影响期权的价格。利率变动对期权价格的影响是复杂的：一方面，利率变化会引起期权基础资产的市场价格变化，从而引起期权内在价值的变化；另一方面，利率变化会使期权价格的机会成本变化，同时利率变化还会引起期权交易的供求关系变化，因而从不同角度对期权价格产生影响。

（4）标的资产价格的波动性。通常，基础资产价格的波动性越大，期权价格越高；波动性越小，期权价格越低。这是因为，基础资产价格波动性越大，则在期权到期时，基础资产市场价格涨至协定价格之上或跌至协定价格之下的可能性越大。因此，期权的时间价值乃至期权价格，都将随基础资产价格波动的增大而提高，随基础资产价格波动的缩小而降低。

（5）标的资产的收益率。基础资产的收益将影响基础资产的价格。在协定价格一定时，基础资产的价格又必然影响期权的内在价值，从而影响期权的价格。由于基础资产分红付息等将使基础资产的价格下降，而协定价格并不进行相应调整，因此，在期权有效期内，基础资产产生收益将使看涨期权价格下降，使看跌期权价格上升。

## （三）金融期权的分类

金融期权按照不同的标准有不同的分类。按照标的资产来划分，金融期权合约可分为股票期权、股价指数期权、金融期货期权、利率期权、信用期权、货币期权（或称外汇期权）及互换期权等。

股票期权是指公司授予其员工在一定的期限内（如 10 年），按照固定的期权价格购买一定份额的公司股票的权利。行使期权时，享有期权的员工只需支付期权价格，而不管当日股票的交易价是多少，就可得到期权项下的股票。

股票价格指数期权是指期权买方向卖方支付一定期权费后,在期权合约的有效期内按双方规定的协定价格买入或卖出一定数量股票价格指数合约的选择期权。

金融期货期权是对金融期货合约买卖权的交易。一般所说的期权通常是指现货期权,而金融期货期权则是指"金融期货合约的期权",期货期权合约表示在到期日或之前,以协议价格购买或卖出一定数量的特定金融资产的期货合同。金融期货期权的基础是金融资产期货合同,期货期权合同实施时要求交易的不是期货合同所代表的资产,而是期货合同本身。

利率期权是一种与利率变化挂钩的期权,到期时以现金或者与利率相关的合约(如利率期货、利率远期或者政府债券)进行结算。最早在场外市场交易的利率期权是1985年推出的利率上限期权,当时银行向市场发行浮动利率票据,需要金融工具来规避利率风险。利率期权是指买方在支付了期权费后即取得在合约有效期内或到期时以一定的利率(价格)买入或卖出一定面额的利率工具的权利。利率期权合约通常以政府短期、中期、长期债券,欧洲美元债券,大面额可转让存单等利率工具为标的物。

信用期权交易是指买方在规定期限内有权按双方约定的价格从卖方购买一定数量的特定信用标的物的业务,适用于有特定信用风险的客户。信用期权是一种选择权,其买方通过向卖方交付手续费(期权费),在未来"参考信用资产"发生信用事件时就可以要求期权卖方执行清偿支付的权利。

外汇期权也称为货币期权,指合约购买方在向出售方支付一定期权费后,所获得的在未来约定日期或一定时间内,按照规定汇率买进或者卖出一定数量外汇资产的选择权。外汇期权是期权的一种,相对于股票期权、指数期权等其他种类的期权来说,外汇期权买卖的是外汇,即期权买方在向期权卖方支付相应期权费后获得一项权利,即期权买方在支付一定数额的期权费后,有权在约定的到期日按照双方事先约定的协定汇率和金额同期权卖方买卖约定的货币,同时权利的买方也有权不执行上述买卖合约。

互换期权是在公司股价下落条件下,为了保证股票期权预期目标的实现,避免员工的利益损失而采取的一种调整行权价格的方式。本质上它是期权而不是互换,该期权的标的物为互换,而该互换期权的买方要支付一笔现金,作为在未来某一个时期可以行使互换合约的成本。值得注意的是,互换期权差不多都是欧式期权,即期权合约只能在到期日行权。

## (四)金融期权与金融期货的区别

### 1. 投资者权利与义务的对称性不同

期货合约的双方都被赋予相应的权利和义务,除非用相反的合约抵消,这种权利和义务在到期日必须行使,也只能在到期日行使,期货的空方甚至还拥有在交割月选择在哪一天交割的权利。而期权合约只赋予买方权利,卖方则无任何权利,只有在对方履约时进行对应买卖标的物的义务。特别是美式期权的买者可在约定期限内的任何时间执行权利,也可以不行使这种权利;期权的卖者则须准备随时履行相应的义务。

## 2. 标准化程度不同

期货合约都是标准化的，因为都是在交易所中交易的，而期权合约则不一定。在美国，场外交易的现货期权是非标准化的，但在交易所交易的现货期权和所有的期货期权则是标准化的。

## 3. 盈亏的特点不同

期货交易双方所承担的盈亏风险都是无限的，而期权交易卖方的亏损风险可能是无限的（看涨期权），也可能是有限的（看跌期权），盈利风险是有限的（以期权费为限）；期权交易买方的亏损风险是有限的（以期权费为限），盈利风险可能是无限的（看涨期权），也可能是有限的（看跌期权）。

## 4. 履约保证不同

期货交易的买卖双方都须交纳保证金。期权的买者则无须交纳保证金，因为其亏损不会超过已支付的期权费，而在交易所交易的期权卖者则要交纳保证金，这跟期货交易一样。场外交易的期权卖者是否需要交纳保证金则取决于当事人的意见。

## 5. 套期保值效果不同

运用期货进行的套期保值，在将不利风险转移出去的同时，也将标的资产价格有利变动的潜在收益转移出去，而期权多头在运用期权进行套期保值时，只把不利风险转移出去而把标的资产价格的有利变动保留下来。

## 二、外汇期权交易的盈亏分析

### （一）看涨期权的盈亏分析

由于期权交易双方在权利和义务上的不对称性，看涨期权的购买者和出售者在盈亏上面临的风险是不同的。我们可以通过一个案例来分析看涨期权的购买者和出售者的盈亏情形。

**【例 5-8】** 香港某进口商 6 个月后将要支付一笔 30 万美元的贷款，为了防止美元汇率上升而遭受损失，该进口商利用外汇期权业务来消除风险。它与银行签订买入美元的期权合同，协议金额为 30 万美元，协议价是 1 美元 = 8.567 8 港元，期权费以 15 000 港元支付（每美元 0.05 港元）。问：如果 6 个月后：① 外汇市场美元与港元的外汇牌价是 1 美元 = 8.562 0 港元，它是否会履行合同？获利或亏损多少？② 如果外汇牌价是 1 美元 = 8.627 8 港元，它是否会履行合约？获利或亏损多少？

当到期市场价格为 1 美元 = 8.562 0 港元时，进口商不应该履行合同（放弃权利），因为此时直接从市场上买进美元更加便宜。其损失就是期权费 15 000 港元。

当到期市场价格为 1 美元 = 8.627 8 港元时，进口商应该履行合同（行使权利），因为此时直接从市场上买进美元价格更贵，行使权利可以以较低的协议价 1 美元 = 8.567 8 港元买入。通过期权交易，1 美元的买入价是 8.567 8 + 0.05 = 8.617 8 港元，之所以还要加上 0.05 港元是因为支付的期权费 1 美元折合 0.05 港元。与没有做期权交易直接从市场买进美元相比，1 美元节省 8.627 8 – 8.617 8 = 0.01 港元，30 万美元就节省 3 000 港元，因此通过期权交易就获利 3 000 港元。

由于期权合约是零和游戏，买者的回报和盈亏与卖者的回报和盈亏刚好相反，如果我们知道了看涨期权买者的盈亏情况，则意味着看涨期权卖者的盈亏情况刚好和买者相反，前者的盈利（亏损）就是后者的亏损（盈利）。在例 5-8 中，银行和进口商的盈亏刚好是相反的。这份看涨期权买方和卖方的净收益可以用图 5-1 表示。

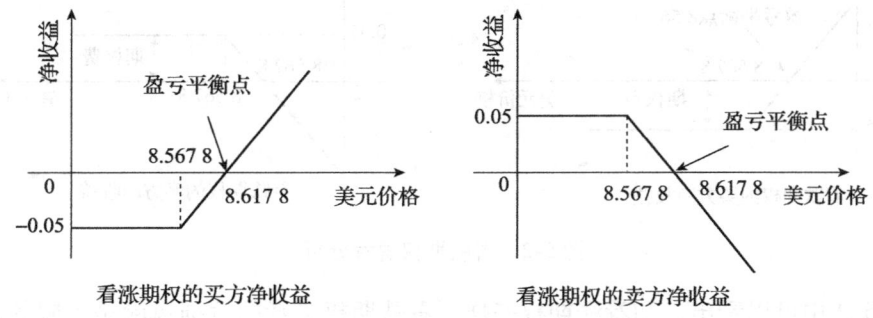

图 5-1　看涨期权盈亏分析

从图 5-1 中可以看出，看涨期权买者的亏损风险是有限的，其最大亏损限度是期权价格，而其盈利可能是无限的。相反，看涨期权卖者的亏损可能是无限的，而盈利是有限的，其最大盈利限度是期权价格。期权买者以较小的期权价格为代价换来了较大盈利的可能性，而期权卖者则为了赚取期权费而冒着大量亏损的风险。

## （二）看跌期权的盈亏分析

看跌期权和看涨期权是不同的，当价格下跌时看跌期权的买方才会行使权利。我们同样可以通过一个案例来分析看跌期权的购买者和出售者的盈亏情形。

【例5-9】　香港某出口商 6 个月后有一笔 30 万美元的外汇收入，为了防止美元汇率下跌而遭受损失，它利用外汇期权业务来消除风险，与银行签订卖出美元的期权合同，协议金额为 30 万美元，协议价是 1 美元 = 8.567 8 港元，期权费以 15 000 港元支付，问：如果 6 个月后：① 外汇市场美元与港元的外汇牌价是 1 美元 = 8.517 0 港元，它是否会履行合同？获利或亏损多少？② 如果外汇牌价是 1 美元 = 8.627 8 港元，它是否会履行合约？获利或亏损多少？

当到期市场价格为 1 美元 = 8.517 0 港元时，进口商应该履行合同（行使权利），因为此时直接从市场上卖出美元只能得到更少的港元，行使权利可以以较高的协议价 1 美元 = 8.567 8 港元卖出。通过期权交易，卖出 1 美元可以获得 8.567 8 – 0.05 = 8.517 8 港元。之所以还要减去 0.05 港元是因为支付的期权费 1 美元折合 0.05 港元，与没有做期权交易直接从市场卖出美元相比，1 美元可以多获得 8.517 8 – 8.517 0 = 0.000 8 港元，30 万美元就可以多得 240 港元，因此通过期权交易就获利 240 港元。

当到期市场价格为 1 美元 = 8.627 8 港元时，进口商不应该履行合同（放弃权利），因为在市场上直接卖出美元将获得更多港币。其损失就是期权费 15 000 港元。

同样，看跌期权的买卖双方也是零和游戏，看跌期权买者的盈利（亏损）就是看跌期权卖者的亏损（盈利）。这份看跌期权买方和卖方的净收益可以用图 5-2 表示。

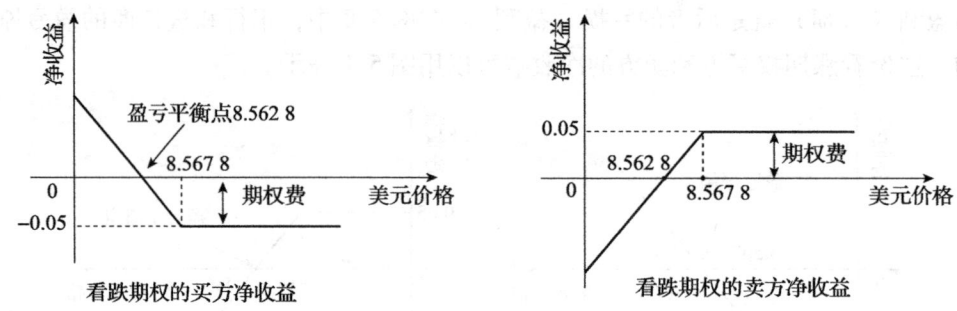

图 5-2　看跌期权盈亏分析

从图 5-2 中可以看出，和看涨期权一样，看跌期权买者的亏损风险是有限的，其最大亏损限度是期权费，其盈利可能有很大的空间；看跌期权卖者的亏损空间特别大，而盈利是有限的，其最大盈利限度是期权费。但和看涨期权不同的是，标的资产价格下降得越多，看跌期权的买方盈利越多，卖方亏损也越多。

## 第五节　互 换 交 易

### 一、金融互换的概念以及基本原理

#### （一）金融互换的概念

金融互换（financial swaps）是约定两个或两个以上当事人按照商定条件，在约定的时间内，交换一系列现金流的合约。从本质上说，互换是远期合约的一种延伸，互换交易双方在互换市场上，利用各自筹资成本的相对优势获取常规筹资方法难以得到的币种或较低的利息，达到降低筹资成本或资产负债管理的目的，并对利率和汇率等风险进行防范。

#### （二）互换的基本原理

互换能够进行并取得成功的关键在于交易双方具有不同的相对优势，而且各自的偏好或预期也不一样，都偏好于自己不具备相对优势的资产或工具。为了理解互换的基本原理，我们可以举一个生活中的例子来阐述。

【例 5-10】　假定有甲和乙两个同学想购买化妆品，化妆品有 A 和 B 两种，乙同学有一个朋友从事化妆品销售，因此能够以比市场价更低的价格买到化妆品，因此这两个同学面临的价格是不一样的，其面临的价格如表 5-4 所示：

表 5-4

|  | A | B |
| --- | --- | --- |
| 甲 | 100 元 | 60 元 |
| 乙 | 60 元 | 40 元 |

甲同学想要购买 A 化妆品，而乙同学想要购买 B 化妆品，有没有办法让她俩能同时以比自己面临的价格更优惠的价格买到想要的化妆品呢？互换就是一种很好的方法。

由于乙同学可以以更低的价格得到这两种化妆品，因此乙同学在这两种化妆品上都具有绝对优势。然而相对来说，A 化妆品乙比甲便宜得更多，因此甲同学在 B 化妆品上有相对优势。具体做法是：甲买入 B 化妆品，乙买入 A 化妆品，两者相互交换，同时甲给乙一定的额外支付（比如 30 元）。这样，最终甲得到了 A，所花费用为 60 + 30 = 90（元），而乙最终得到了 B，所花费用为 60 - 30 = 30（元）。甲和乙都以更低的价格得到了自己想要的商品。

## 二、金融互换的种类

虽然互换产生的历史较短，但其品种创新却日新月异。除了传统的货币互换和利率互换外，一大批新的互换品种不断涌现，包括交叉货币利率互换（利率互换和货币互换的结合，以一种货币的固定利率交换另一种货币的浮动利率）、基点互换（互换双方都是浮动利率，只是两种浮动利率的参照利率不同）、可延长互换（互换的一方有权在一定限度内延长互换期限）和可赎回互换（互换的一方则有权提前中止互换）等。这里介绍的互换主要是传统的金融互换，即利率互换和货币互换。

### （一）利率互换

利率互换是指双方同意在未来的一定期限内根据同种货币的相同名义本金交换现金流，其中一方的现金流根据事先选定的某一浮动利率计算，而另一方的现金流则根据固定利率计算。从期限来看，利率互换的常见期限包括 1 年、2 年、3 年、4 年、5 年、7 年与 10 年，30 年与 50 年的互换也时有发生。

【例 5-11】 假定 A 和 B 两家公司，A 公司的信用等级较高而 B 公司的信用等级较低，因此它们在金融市场融资的成本是不一样的，信用等级较高的公司融资成本较低，而信用等级较低的公司融资成本较高，两家公司面临的融资成本如表 5-5 所示：

表 5-5

|  | A 公司 | B 公司 | A 对 B 的绝对成本优势 |
| --- | --- | --- | --- |
| 直接筹资固定利率资金的成本 | 5% | 7% | 2% |
| 直接筹资浮动利率资金的成本 | LIBOR + 0.5% | LIBOR + 1.5% | 1% |

注：LIBOR 表示伦敦银行间的同业拆借利率，是浮动利率的基准。

假定 A 公司和 B 公司都想通过借款融资 1 亿美元，但 A 预测将来利率会下降，而 B

预测将来利率会上升,因此 A 想通过浮动利率来融资,而 B 想通过固定利率来融资。A 和 B 通过利率互换可以降低双方的融资成本,具体做法如下。

A 发行固定利率债券,而 B 发行浮动利率债券,A 的利息由 B 支付,B 的利息由 A 支付,同时 B 支付给 A 一笔额外费用(比如名义本金的 1.5%),如图 5-3 所示。

通过这次利率互换,A 公司支付了浮动利率,而 B 公司支付了固定利率,A 公司的融资成本为 LIBOR + 1.5% + 5% − (5% + 1.5%) = LIBOR,比直接从市场上融资降低了 0.5%;B 公司的融资成本为 LIBOR + 1.5% − (LIBOR + 1.5%) + (5% + 1.5%) = 6.5%,也比直接从市场上融资降低了 0.5%。通过互换,交易双方利用相对优势都降低了成本。

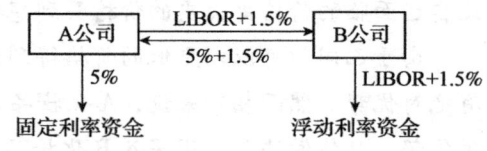

图 5-3 A 公司和 B 公司的利率互换

### (二) 货币互换

货币互换(currency swaps)是将一种货币的本金和固定利息与另一货币的等价本金和固定利息进行交换。简单来说,利率互换是相同货币债务间的调换,而货币互换则是不同货币债务间的调换。货币互换双方互换的是货币,它们之间各自的债权债务关系并没有改变。初次互换的汇率以协定的即期汇率计算。货币互换的主要目的也是通过交易双方在各自国家金融市场上的比较优势降低融资成本。

【例 5-12】 假定英镑和美元的即期汇率为 1 英镑 = 1.600 0 美元。A 想借入 5 年期的 1 000 万英镑借款,B 想借入 5 年期的 1 600 万美元借款。但由于 A 的信用等级高于 B,两国金融市场对 A、B 两公司的熟悉状况不同,因此市场向其提供的固定利率也不同。两家公司的融资成本如表 5-6 所示:

表 5-6

|  | A 公司 | B 公司 | A 对 B 的绝对成本优势 |
| --- | --- | --- | --- |
| 美元 | 5% | 7% | 2% |
| 英镑 | 10% | 11% | 1% |

我们可以看出,A 的借款利率均比 B 低,即 A 在两个市场都具有绝对优势,但绝对优势大小不同。A 在美元市场上的绝对优势为 2%,在英镑市场上只有 1%。这就是说,A 在美元市场上有比较优势,而 B 在英镑市场上有比较优势。这样,双方就可利用各自的比较优势借款,然后通过互换得到自己想要的资金,并通过分享互换收益降低筹资成本。具体做法为:

A 以 5% 的利率借入 5 年期的 1 600 万美元借款,B 以 11% 利率借入 5 年期的 1 000 万英镑借款。然后,双方先进行本金的交换,即 A 向 B 支付 1 600 万美元,B 向 A 支付 1 000 万英镑。A 的利息由 B 支付,B 的利息由 A 支付,同时 A 给 B 一定的利息费用(比如按照英镑借款的 4.5%),这样 A 公司借到了英镑,借款成本为 9.5%;B 公司借到了美元,借款成本为6.5%；两家公司都使筹资成本降低了。在贷款期满后，双方要再次进行借款本金的互换，即A向B支付1 000万英镑，B向A支付1 600万美元，货币互换结束。由于货币互换涉及本金互换，因此当汇率变动很大时，双方就将面临一定的汇率风险。

## 三、互换市场的产生与发展

### （一）金融互换在世界范围内的发展

互换市场的起源可以追溯到20世纪70年代末，当时的货币交易商为了逃避英国的外汇管制而开发了货币互换。1981年IBM与世界银行之间签署的利率互换协议则是世界上第一份利率互换协议，从那以后，互换市场发展迅速。利率互换和货币互换是金融互换中最重要的两个品种，利率互换和货币互换名义本金金额在1987年年底仅为8 656亿美元，而到2002年猛增到823 828.4亿美元。据国际清算银行（BIS）统计，截至2009年6月，全球利率互换合约的名义本金为341.886万亿美元。利率互换在衍生产品市场中占有相当大比重，且发展态势稳中有升，互换已成为全球金融市场交易规模最大而又非常重要的金融产品。

### （二）金融互换在我国的发展

我国的金融互换主要是利率互换，2006年1月24日，中国人民银行发布了《中国人民银行关于开展人民币利率互换交易试点有关事宜的通知》，允许开展人民币利率互换试点交易。这标志着我国利率市场化改革迈出了坚实的一步，也意味着我国将可以开展金融互换业务。

自中国人民银行允许开展利率互换交易以来，利率互换交易市场发展迅速。2006年2月，国家开发银行与中国光大银行率先达成了50亿元人民币的固定利率与浮动利率的互换协议。利率互换推出仅过半年，也就是截至2006年8月31日，我国人民币利率互换交易名义本金已达到了231亿元。中国外汇交易中心数据显示，人民币利率互换2010年全年名义本金交易总额达到1.38万亿元，12月单月的名义本金总额亦首次突破3 000亿元，其中以FR007为参考利率的利率互换交易占比重最大，为67%；其次为以SHIBOR的隔夜拆借利率为参考利率的利率互换交易；以一年定存利率为参考利率的利率互换所占比例最小，为3%，这体现了我国利率互换交易参考利率的确定更为市场化。利率互换正逐渐成为我国一种重要的金融衍生工具。

### （三）金融互换市场快速发展的原因

利率互换自从20世纪80年代出现以来获得了迅速发展，主要是由于利率互换能满足投资者多样化的需求，在资产负债管理和风险管理方面发挥积极的作用，具体说来有以下几点。

#### 1. 降低融资成本

企业或者金融机构在融资时，可以自由选择固定利率还是浮动利率，然后通过利率互换换成自己希望的利率品种，从而可以选择融资成本最低的方式，降低融资成本。

### 2. 有效进行风险管理

以利率互换为例，由于利率互换无须交换本金，因此投资者可以很方便地将其用于利率风险管理。在美国等成熟市场，利率互换市场规模庞大，利率互换的流动性非常高，再加上不受固定供应量的约束，其便利性大大高于债券。投资者以及政府机构都可以运用利率互换转移或锁定利率风险。另外，投资者也可以通过利率互换调整债券组合的久期，避免直接买卖债券的高额交易成本。

### 3. 规避管制

投资者可以用利率互换与债券构造新的投资工具，LIBOR 加上利率互换等于一个合成的债券，通过这种方式可以在任意一天合成任意期限的债券品种，可以满足投资者的特定需求，不受市场上现有债券期限、品种的限制。而且，现在有许多国家实行外汇管制，从这些国家直接融资或向这些国家公司内部贷款的成本很高甚至不可能，而通过互换可以避开这些管制。

## 四、互换交易的风险

互换交易虽然能够降低双方的成本，但也面临着一些风险，主要包括信用风险、市场风险、政治风险和结算风险等。互换交易面临的最大风险还是信用风险和市场风险。

信用风险主要是指因一方违约或无力承担既定的支付流而给另一方带来损失的可能性。由于互换是两个公司之间的私下协议，违约风险很难避免。当互换对交易的某一方而言价值为正时，互换是该方的一项资产，同时是互换合约另一方的负债，资产方就面临合约另一方不执行合同的信用风险。

互换交易也面临着市场风险，但市场风险和信用风险是不同的。信用风险是互换合约对某一方而言价值为正的时候另一方不执行合同的风险，而市场风险是由于利率、汇率等市场变量发生变动引起互换价值变动的风险。市场风险可以用对冲交易来规避，信用风险则比较难规避。

## 第六节 跨币种投资的收益与风险

2015 年 6 月我国人民银行宣布将进一步推进利率市场化和人民币汇率形成机制改革，疏通货币政策传导渠道；2015 年 8 月 11 日起，做市商在每日银行间外汇市场开盘前，参考上日银行间外汇市场收盘汇率，综合考虑外汇供求情况以及国际主要货币汇率变化向中国外汇交易中心提供中间价报价。自此以后一年多时间内，人民币对美元不断贬值。我国个人投资者虽然还缺乏足够的途径投资美国股票，但跨国投资对于机构投资者而言却是一种常规的投资方式。如果某个机构投资者购买了美国的股票或债券，是否一定会随着美元的升值而赚得盆满钵丰呢？答案显然是否定的。试想一下：如果你买入了大量的美元资产（比如股票），即使美元大幅升值，但假设美元股票的价格大幅下跌，投资的整体收益率不仅有可能比较低，甚至还可能出现亏损。由此可见，对于跨币种投资的收益不仅包括汇率变动部分,还应该包括外汇资产价格变动部分;同样,跨币种投资的风险也来自汇率变动和外汇资产价格变动。本节着重于跨币种投资的基本概念,介绍其收益和风险的来源,并分析金融衍生工具在跨币种投资中的运用。

## 一、跨币种投资收益的来源与分解

设想一下,如果某个中国投资者于 2015 年 7 月底将 100 万元人民币换成美元(根据中国银行的报价,2015 年 7 月 31 日美元收盘的中间汇率为 6.117 2,即兑换 1USD 需要 6.116 7CNY),投资于美国 S&P500 股票指数(当日指数的收盘价为 2 103.84);一年以后的 2016 年 7 月底(以最后一个营业日 7 月 29 日为参照),美元的即期汇率变为 6.651 1, S&P500 股价指数变为 2 173.60,如果不考虑其他费用以及分红等因素,该投资者这一年的投资收益率为多少呢?

显然,投资者的收益率不仅包括资产(S&P500 股价指数)的收益率,也包括汇率变动的影响。具体来说,该投资者在 2015 年 7 月将 100 万元人民币兑换成 16.35 万美元 (100÷6.117 2) 投资于 S&P500 股票指数,一年后变为 16.89 万美元 (16.35 × 2 173.60/2 103.84),这可以兑换 112.34 万元人民币。因此,该投资者这一年的收益率为 12.34%。这个收益率由两个部分构成:一部分是外币资产(S&P500 股票)的收益率,这个收益率为 2 173.60/2 103.84 - 1 = 3.32%;另一部分和汇率有关,由于中国投资者先将人民币换成美元,一年后再将美元换成人民币,这就相当于进行了一笔外币投资,外币的投资收益率为 6.651 1/6.117 2 - 1 = 8.73%。因此总收益率可以表示为 (1 + 3.32%) × (1 + 8.73%) - 1 = 12.34%。

我们将跨币种投资的情形一般化,并将本币收益率记为 $R_{DC}$,将外币资产的收益率记为 $R_{FC}$,将汇率变动引起的收益率记为 $R_{FX}$。根据前面的例子显然有:

$$R_{DC} = (1 + R_{FC}) \times (1 + R_{FX}) - 1 = R_{FC} + R_{FX} + R_{FC}R_{FX} \tag{5-1}$$

如果我们再进一步,假定某投资者年初有 100 万元人民币,想将其中的 60 万元人民币投资于美国股票,40 万元人民币投资于英国股票;该投资者没有采取任何套期保值行为,外汇交易完全按即期汇率进行,如果一年后美国的股票收益率为 10%,美元升值 10%,英国的股票收益率为 5%,英镑贬值 20%,则到年末时,美国股票的投资折合人民币为 60 × (1 + 10%) × (1 + 10%) = 72.60 (万元);英国股票的投资折合人民币为 40 × (1 + 5%) × (1 - 20%) = 33.60 (万元),该投资者在这一年的总收益率为 (72.60 + 33.60)/100 - 1 = 6.20%。这个收益率也可以用投资权重的方式来计算:投资于美国股票的权重为 0.6,投资于英国股票的权重为 0.4,人民币(本币)的收益率就是 0.6 × (1 + 10%) × (1 + 10%) + 0.4 × (1 + 5%) × (1 - 20%) - 1 = 6.20%。同理,如果投资者进行 $n$ 种跨币种投资,我们将第 $i$ 种投资权重记为 $w_i$,外币资产收益率记为 $R_{FC,i}$,汇率变动收益率记为 $R_{FX,i}$,则本币收益率可以表示为:

$$R_{DC} = \sum_{i=1}^{n} w_i (1 + R_{FC,i}) \times (1 + R_{FX,i}) - 1 \tag{5-2}$$

我们可以看到，不管单个跨币种投资还是跨币种投资组合，本币收益率都由外币资产收益率和外汇变动收益率两个部分构成，只是在投资组合中需要考虑投资权重。

【例5-13】 假定一个中国投资者持有某个包括美元和英镑的跨币种投资组合，相关信息如表5-7所示。如果投资期内的投资业绩是以本币（人民币）计算，那么该投资者在这一年的投资收益率为多少？

表 5-7

|  | 一年前 | 现在 |
| --- | --- | --- |
| 美元兑人民币即期汇率 | 6.500 0 | 6.866 6 |
| 英镑兑人民币即期汇率 | 9.420 0 | 8.524 5 |
| 美元资产价值（以美元计算） | 123.08 万 | 140 万 |
| 英镑资产价值（以英镑计算） | 21.23 万 | 24 万 |
| 美元资产价值（以人民币计算） | 800 万 |  |
| 英镑资产价值（以人民币计算） | 200 万 |  |

对于该投资者来说，美元资产的投资收益为 $140/123.08 - 1 = 13.75\%$，美元汇率变动的收益率为 $6.866\ 6/6.500\ 0 - 1 = 5.64\%$，美元资产的投资权重为 80%；英镑资产的投资收益率为 $24/21.23 - 1 = 13.05\%$，英镑汇率变动的收益率为 $8.524\ 5/9.420\ 0 - 1 = -9.51\%$，英镑资产的投资权重为 20%。根据式（5-2），该投资者这一年的收益率为：
$0.8 \times (1 + 13.75\%) \times (1 + 5.64\%) + 0.2 \times (1 + 13.05\%) \times (1 - 9.51\%) - 1 = 16.59\%$。

## 二、跨币种投资风险分解

根据式（5-1），如果进行单一跨币种投资，本币计算的投资收益率应该为外币资产收益率（$R_{FC}$）与汇率变动收益率（$R_{FX}$）之和加上两者的乘积（$R_{FC}R_{FX}$）。由于一般外币资产收益率与汇率变动收益率是较小的小数，则两者的乘积（$R_{FC}R_{FX}$）是非常小的小数，因此式（5-1）可以近似表示为：

$$R_{DC} \approx R_{FC} + R_{FX} \tag{5-3}$$

对于随机变量 $X$ 和 $Y$ 线形组合的方差为 $\sigma^2(aX + bY) = a^2\sigma_X^2 + b^2\sigma_Y^2 + 2\rho_{XY}\sigma_X\sigma_Y$（其中 $\sigma_X$ 和 $\sigma_Y$ 分别为 $X$ 和 $Y$ 的标准差，$\rho_{XY}$ 为两者的相关系数，$a$、$b$ 为常数），因此对式（5-3）取方差有：

$$\sigma^2(R_{DC}) \approx \sigma^2(R_{FC}) + \sigma^2(R_{FX}) + 2\rho_{FC,FX}\sigma(R_{FC})\sigma(R_{FX}) \tag{5-4}$$

在式（5-4）中，$\sigma(R_{FC})$ 表示外币资产收益率的标准差，$\sigma(R_{FX})$ 表示汇率变动率的标准差，$\rho_{FC,FX}$ 表示外币资产收益率与汇率变动率的相关系数。

投资风险常常被认为是由不确定性引起的，而在金融实践中，常常用收益率的波动来衡量投资风险。根据统计学的理论，随机变量的标准差（或方差）表示随机变量可能出现的结果和均值的离散程度，标准差（或方差）越大，表明随机变量的波动程度就越大，因此收益率的标准差（或方差）就很自然地成了衡量风险的一个指标。

通过式（5-4）我们可以看到，跨币种投资的风险包含了三个来源：首先是外币资产本身价格变动的风险，外币资产本身收益率的波动水平 $[\sigma(R_{FC})]$ 越高，跨币种投资的风险也越大；其次是汇率风险，汇率变动率的波动 $[\sigma(R_{FX})]$ 越大，跨币种投资的风险也越大；最后是汇率变动与外币资产收益率变动的协方差或相关性，如果汇率变动与外币资产收益率变动正相关（$\rho_{FC,FX} > 0$），则两者协方差的存在进一步增加了跨币种投资的风险；反之，如果汇率变动与外币资产收益率变动负相关（$\rho_{FC,FX} < 0$），则会降低跨币种投资的风险。

如果跨币种投资不止投资于一种外币资产，则本币收益率是外币资产的投资组合收益率。我们考虑最简单的情形，即进行两种外币资产的跨币种投资，假设这两种外币资产的本币收益率分别为 $R_1$ 和 $R_2$，两种外币资产的投资权重分别为 $w_1$ 和 $w_2$，两种外币资产的本币收益率之间的相关系数为 $\rho_{1,2}$，则投资组合的方差为：

$$\sigma^2(w_1 R_1 + w_2 R_2) = w_1^2 \sigma^2(R_1) + w_2^2 \sigma^2(R_2) + 2 w_1 w_2 \rho_{1,2} \sigma(R_1) \sigma(R_2) \quad (5\text{-}5)$$

在式（5-5）中，由于 $R_1$ 和 $R_2$ 分别为两种外币资产的本币收益率，对应的方差 $\sigma^2(R_1)$ 和 $\sigma^2(R_2)$ 分别可以通过式（5-4）进行计算。

【例 5-14】 假定某投资者想要投资于股票价格指数，该投资者可以选择投资德国的某股票价格指数，也可以选择投资加拿大的某股票价格指数，现在的汇率、资产价格以及预期的汇率、资产价格如表 5-8 所示。

表 5-8

| | 现在 | 预期 |
|---|---|---|
| 德国股票价格指数 | 100 | 103 |
| 加拿大股票价格指数 | 100 | 98 |
| 汇率（1EUR 兑换 CAD 数量） | 1.200 0 | 1.212 0 |

（1）假设该投资者是德国人，如果他投资于加拿大股票价格指数，则预期本币收益率为多少？

（2）假设该投资者是加拿大人，如果他投资于德国股票价格指数，则预期本币收益率为多少？

（3）假设该投资者是加拿大人，如果预期外币资产的风险（德国股票价格指数的标准差）是 3%，预期汇率波动（汇率变动率的标准差）为 2%，外汇资产收益率和汇率波动的相关系数为 0.5，则该投资者本币收益率的预期风险是多少？

以上问题可以这样思考：

（1）如果该投资者是德国人，则外币资产为加拿大股票价格指数，预期收益率为 $(98-100)/100 = -2\%$，汇率变动带来的收益率为 $[(1/1.212\,0) - (1/1.200\,0)]/(1/1.200\,0) = -0.99\%$。根据式（5-1），预期本币收益率为 $-2\% - 0.99\% + 2\% \times 0.99\% = -2.97\%$。需要注意的是，本小题计算汇率变动收益率时需要将外币（CAD）作为基础货币，这样才能正确计算汇率变动对收益率的影响。

（2）如果该投资者是加拿大人，则外币资产为德国股票价格指数，预期收益率为

$(103-100)/100 = 3\%$，汇率变动带来的收益率为 $(1.2120)-1.2000)/1.2000 = 1\%$。根据式（5-3），预期本币收益率为 $3\%+1\%+3\%\times 1\% = 4.03\%$。

（3）根据式（5-4），本币收益率的方差接近于 $(3\%)^2 + (2\%)^2 + 2\times 0.5\times 2\%\times 3\% = 0.19\%$，标准差为 4.36%。如果以标准差作为衡量风险的指标，该投资者本币收益率的预期风险为 4.36%。

### 三、跨币种投资的套期保值

如果外币资产收益率和汇率变动正相关，根据式（5-4）可知，跨币种投资的风险将加大，那么我们是否可以对这个风险进行套期保值呢？跨币种投资的套期保值有两个问题是需要我们认真思考的。

#### 1. 套期保值的必要性

【例5-15】 假定我国某投资者决定用 100 万元人民币进行跨币种美元国债投资，投资期限为一年，美元国债的收益率为 3%，该投资者面临的汇率如表 5-9 所示：

表 5-9

| | 现在 | 一年后的预期 |
|---|---|---|
| 即期汇率（1USD 兑换 CNY 数量） | 6.8000 | 6.8200 |
| 远期汇率（1USD 兑换 CNY 数量） | 6.8100 | |

如果该投资者是风险中性者，他是否应该通过远期外汇交易进行套期保值？如果该投资者是风险规避者，他是否应该通过远期外汇交易进行套期保值呢？

如果该投资者进行套期保值，则应在即期外汇市场上将 100 万元人民币兑换成 14.71（=100/6.8000）万美元，进行美元国债投资，一年后将变成 15.15 万美元；现在，该投资者需要将这 15.15 万美元按照远期汇率卖出，一年后得到 103.18 万元人民币。由于美元国债的收益率是确定的，通过套期保值该投资者将得到确定的本币收益率 3.18%。

如果该投资者不进行套期保值，从而承担汇率变动的风险，则只需要在即期外汇市场上将 100 万元人民币兑换成 14.71（=100/6.8000）万美元进行美元国债投资，一年后将 15.15 万美元兑换成人民币即可。由于该投资者预期一年后的即期汇率为 6.8200，一年后预期得到的人民币为 103.32 万元，该投资者不进行套期保值的本币预期收益率为 3.32%。

那么该投资者是否需要进行套期保值呢？这是由很多因素决定的。

首先，是否套期保值和投资者对待风险的态度有关。在上例中，如果该投资者是风险中性者，由于不进行套期保值的预期收益率更高，显然不进行套期保值是他的最佳选择。如果该投资者是风险规避者，是否进行套期保值就难以确定：进行套期保值的收益率较低，但基本消除了风险；不进行套期保值的预期收益率较高，但遭受汇率变动的风险，面临着不确定性。一般而言，投资者越是风险规避，越有可能进行套期保值。

其次，对于风险规避的投资者来说，是否进行套期保值和预期的确信程度有关。在上例中（不套期保值的预期收益率高于套期保值的收益率），如果该投资者对于预期收益率越是确信，他越不可能进行套期保值；反之，如果该投资者对预期越不确信，他越有可能进行套期保值。

因此，本部分内容虽然介绍的是跨币种投资的套期保值，但事实上对于不同类型的投资者而言，套期保值并非是必要的，而大多数时候，完美的套期保值也是不可行的。

**2. 动态套期保值与静态套期保值**

完美的套期保值要求消除所有的价格不确定性，对于跨币种投资来说，这一点有时很难实现。在【例5-15】中，投资者选择的外币资产是美元国债，外币收益率本质上是美元的无风险收益率，如果该债券的到期日和投资者的持有期刚好都是一年，则我们能对外币资产的收益率做出精确的预测（题中是3%），投资到期时需要套期保值的精确外币数量是15.15万美元，通过远期外汇交易就可以进行完美套期保值。如果其他条件和【例5-15】相同，但该投资者决定投资S&P500指数而不是美元无风险资产，则一年的外币资产收益率现在是不能确定下来的，由于到期需要套期保值的外币数量是未知的，完美套期保值就无从谈起了。

在外币资产收益率不能确定的情况下，虽然很难进行完美套期保值，但对于风险规避的投资者来说，仍旧可以用金融衍生工具进行不完美套期保值降低风险，只不过需要对套期保值的标的资产数量进行动态调整，这就涉及静态套期保值（static hedge）和动态套期保值（dynamic hedge）的问题。

所谓静态套期保值就是在进行跨币种投资时，在远期、期货、期权、互换等金融衍生品市场上做一笔相反的交易（在本节中通常是卖出外币或支付外币），在这之后不再采取其他措施，直到投资期结束进行交割和结算。比如在【例5-15】中如果风险规避的投资者选择套期保值，这就是典型的静态套期保值。静态套期保值策略有时也被称为"遗忘"策略，一旦进行套期保值，不管被套期保值资产的市场价值如何变化，都不再进行调整。

和静态套期保值不同，动态套期保值根据被套期保值资产的市场价值变化而不断进行调整（这个过程也被称为再平衡），以控制整个投资组合的风险。我们通过一个例子来说明动态套期保值。

**【例5-16】** 假定我国某投资者决定用100万元人民币进行跨币种美元股票投资，投资期限为1年。由于美元股票的价格变动不能事先确定，为了防范汇率风险，该投资者决定用远期外汇交易进行动态套期保值，每3个月进行一次再平衡，使得美元股票的市场价值在每次再平衡后完全被套期保值。该投资者面临的经济情形如表5-10所示。

表 5-10

| | 现在 | 三个月后 |
|---|---|---|
| 美元股票价值（美元） | 14.71万 | 15.21万 |
| 即期汇率（1USD兑换CNY数量） | 6.8000 | 6.8200 |
| 远期汇率（1USD兑换CNY数量） | 6.8100（12个月） | 6.8350（9个月） |
| | | 6.8400（12个月） |

该投资者在现在时刻用 100 万元人民币按照即期汇率兑换 14.71 万美元，该投资者用这些美元购买了美元股票，为了防范汇率风险，该投资者在远期市场上卖出 14.71 万美元（12 个月后到期，空头）。3 个月后，美元股票的价值已经上涨到 15.21 万美元，为了使美元股票的市场价值得到有效套期保值，该投资者应该如何操作？

动态套期保值的基本思想是通过调整金融衍生工具的头寸，匹配被套期保值资产的市场价值。在本例中，由于开始时美元资产的价值为 14.71 万美元，该投资者也在远期市场上卖出了等值的美元，但 3 个月后，美元资产的价值已经变为 15.21 万美元，显然远期市场上 14.71 万美元的美元空头数量和被套期保值资产的市场价值不相匹配。为了匹配美元股票的市场价值，该投资者需要在远期市场上额外卖出 0.5（=15.21－14.71）万美元。需要注意的是，3 个月后距离投资者设定的投资期限只剩下 9 个月，因此需要以 9 个月到期的远期汇率（6.835 0）卖出 0.5 万美元。

从上面的例子中可以看出，虽然动态套期保值不能达到完美套期保值的效果（外币资产价格波动不能消除），但相对于静态套期保值而言，动态套期保值能更有效地匹配外币资产的市场价值，从而降低汇率风险。是否动态套期保值就一定优于静态套期保值呢？答案是否定的，这是因为：首先，动态套期保值的再平衡是需要成本的，包括再平衡的交易成本和人力成本，再平衡的频率越高，这些成本也越大，这会投资的收益率产生显著的负影响。其次，是否进行动态套期保值还和投资者的风险偏好以及预期相关，比如上例中如果该投资者强烈预测美元在未来会进一步升值，静态套期保值方式将使 0.5 万美元的"头寸"未被套期保值，如果该投资者预期正确，静态套期保值将导致更高的收益率。如果该投资者是风险中性的或能承受一定的汇率变动风险，静态套期保值策略就可能优于动态套期保值策略。

## 案例分析

### 振华港机外汇套保巨盈秘籍

2008 年，套期保值给中国内地的投资者和大型上市公司上了深刻的一课。振华港机在 2008 年套期保值中现货虽然发生损失，但交易性金融资产为其净赚了 7.32 亿元，其中主要是远期外汇合同带来的非经常性损益贡献的。振华港机一位工作人员透露了振华港机的"套保秘籍"——用最简单的外汇衍生工具去做外界认为最复杂的外汇套保。

#### 秘籍一：国内首先成立外汇套保小组

振华港机是位于上海的世界排名第一的起重机和大型钢结构制造商，主要生产岸边集装箱起重机、轮胎式集装箱龙门起重机、散货装、卸船机、斗轮堆取料机、门座起重机、浮吊和工程船舶以及大型钢桥构件等。振华港机 80% 以上的产品用于出口，而汇率变动产生的汇兑损益直接影响公司的利润水平，所以振华港机专门成立了一个外汇"套保小组"来规避汇率风险。外汇套保小组的主要决策流是：套保小组从负责签合同的经营办得到反馈的相关订单信息，根据及时收集的汇市信息制定相应的套期保值措施，然后由财务总监提交总裁，最终由总裁定夺。

**秘籍二：根据现货交易合同来做套保**

在经营部报价的时候，财务部要预算毛利率和净利润，振华港机据此来套保，振华港机外汇套保的规模有两个关键条件：一个是外币订单的规模，第二个就是汇市波动的程度。在汇市波动风险比较小的时候，振华港机不一定要锁定全部合同金额，早几年就是如此。毕竟做套期保值也有手续费用支出。近几年，由于汇市波动比较剧烈，所以振华港机就采取了外汇套期保值措施在内的包括保理等业务，主要的目的是控制风险、锁定收入。"以前，在欧元和美元之间，我们也会做套期保值，现在主要是跟着人民币走。我们原材料的采购很大部分是在国内，这跟企业的发展很有关系，因为早几年之前，我们的进口件比例也是比较大的，也是要用外币去购买。那么这两年，我们的国产化率提高了，很多原材料都要在国内采购。因而，人民币对公司的影响更大，而且公司作为在本土的上市公司，收入、利润等各指标都要用人民币来体现。因此，如果人民币汇率波动比较大，我们肯定会采取相应的措施，只是因为汇市变动较大，公司为了保住自己这块利润才会去做套期保值。"该公司某员工表示。

**秘籍三：专人盯住三大汇市不做投机交易**

由于近两年外汇市场的波动比较大，因而外汇套保过程中风险控制的要求也比较高。振华港机的做法是实时跟踪，委派专人紧盯纽约、伦敦、东京外汇市场。并由相关的外汇操作人员从银行，包括从汇市上收集相关的信息，然后反馈给财务总监，财务总监再反馈给总裁。

"因为振华港机交易的金额都比较大，跟各大银行都有往来，所以各大银行对我们的服务也比较好。"该员工评论，"另外一方面，我们的信息一定要及时、全面。一定要从国际国内的经济、政治形势出发，所以这个事情一定要经财务总监上报总裁，包括他们小组也经常讨论。这样群策群力，最后总裁来定，当然个人的眼光也很重要。"

此外，振华港机全球性的业务活动是直接跟全球贸易活动相关联的，所以全球经济的好坏，包括政治上的一些变动，也为他们提供了很好的信息。当被问及振华港机是否会做一些小规模的投机时，该员工解释道："投机的成分是不存在的，因为没有这个必要。即使投机产生收益，公司也不会给某人奖励，因为公司的理念是不鼓励这种投机行为，也不会给予个人奖励。"

**秘籍四：结算货币以美元为主欧元为辅**

振华港机的外汇结算以美元为主，欧元为辅。而在国内一些产生套保损失巨亏的公司中，中信泰富用的是澳元，另外还有些公司用的是日元和新加坡元。

对于振华港机这套结算体系，中国银行一位人士认为比较科学合理，因为国际主要结算货币就是美元和欧元，且这两个货币的央行都有强大支撑能力，而澳元、新元、日元相对比较脆弱。

当前中国也在不断地推动人民币的国际化，作为全球集装箱起重机市场的龙头老大，振华港机为何不用人民币来结算呢？该员工表示，"这个问题我们一直在考虑，特别是在人民币升值的时候。我们也一直在跟客户提，希望客户能够锁定人民币，甚至用人民币来结算我们是最高兴的。但公司的用户不同意，因为对他们来讲，付本国的货币，或者付美元是最为恰当的，风险最小。如让他们锁定人民币，成本支出是不可控的。以前也有过一些采用与人民币挂钩的结算，但主要是出口转内销的国内合资用户。但是这些客户一般也不愿意用人民币结算"。

资料来源：选编自中国证券网。

**案例点评**

振华港机套期保值成功的案例是本章内容在现实中的具体运用。需要注意的是，套期保值的目的不是获得更多的盈利，而是尽可能地锁定风险。

## 核心概念与本章小结

1. 即期外汇交易是在两个营业日内交割的外汇交易，远期外汇交易是指双方约定在将来某一时间按约定的远期汇率买卖一定金额的某种外汇的交易。

2. 套汇是指利用不同外汇市场的外汇差价，在某一外汇市场上买进某种货币，同时在另一外汇市场上卖出该种货币，以赚取利润的外汇交易。市场中较高汇率的买入价大于较低汇率的卖出价才能进行套汇。利率套利是指投资者利用两个不同金融市场上短期资金利率存在的差异，并权衡远期汇率的升贴水情况，将资金从一个市场调往另一个市场（一般是利率较低的市场调往利率较高的市场）以赚取无风险收益的一种外汇买卖。

3. 外汇期货交易是指在期货交易所内，交易双方通过公开竞价达成在将来规定的日期、地点、价格，买进或卖出规定数量外汇的合约交易。在本质上，外汇期货交易是标准化的外汇远期交易。当外汇期货合约价格上升时，期货多头将获利，空头将亏损。

4. 外汇期权也称为货币期权，指合约购买方在向出售方支付一定期权费后，所获得的在未来约定日期或一定时间内，按照规定汇率买进或者卖出一定数量外汇资产的选择权。外汇期权的多头亏损是有限的，最大亏损就是期权费；空头的收益是有限的，最大收益就是期权费。

5. 互换是约定两个或两个以上当事人按照商定条件，在约定的时间内，交换一系列现金流的合约。

本章的内容实践性和操作性较强，这就要求我们在学习本章时要做到两点：首先是要理解各种外汇交易的基本原理；其次是要掌握各种外汇交易的适用性以及盈亏计算。掌握本章的内容有助于在现实的国际金融活动中合理地规避风险。

6. 跨币种投资的收益和风险来自于外币资产价格变动和汇率变动，是否需要套期保值需要考虑多种因素。

## 本章习题

1. 在互换交易中，最终支付固定利率的一方最有可能（　　）。
   A. 认为未来经济将走强　　　　　　B. 在固定利率市场融资具有比较优势
   C. 不会遭受利率风险　　　　　　　D. 当市场利率上升时更有可能遭受损失

2. 假定某德国生产商出口了一批商品给美国某进口商，该德国生产商将在6个月后收到100万美元。由于德国生产商是以欧元作为核算货币，为了防范美元贬值的风险，该德国生产商不应该（　　）。
   A. 在远期外汇市场上卖出美元　　　B. 买入欧元看涨期权
   C. 在期货市场做多欧元　　　　　　D. 买入欧元看跌期权

3. 某投资者预测英镑将有可能大幅贬值，如果该投资者预测准确，以下四个头寸中哪一个最有可能引起巨大的损失？（　　）
   A. 英镑看涨期权多头　　　　　　　B. 英镑看跌期权多头
   C. 英镑看涨期权空头　　　　　　　D. 英镑看跌期权空头

4. 在利率套利中，为了防范汇率风险，投资者将低利率的货币兑换为高利率的货币进行投资时，需要（　　）。
   A. 尽可能投资者于高风险高收益项目　B. 在远期市场买回低利率货币
   C. 买入高利率货币的看涨期权　　　　D. 进行利率互换

5. 某交易商拥有1亿日元远期空头，远期汇率为1日元＝0.008 000美元。如果合约到期时汇率分别为1日元＝0.007 400美元和1日元＝0.009 000美元，那么该交易商的盈亏如何？

6. 已知某时刻以下三个国际金融市场上的即期汇率如下：
   伦敦市场：GBP1 = JPY195.59/79
   纽约市场：GBP1 = USD1.6180/96
   东京市场：USD1 = JPY119.63/65
   如果你有100英镑，能否套汇？应该怎样操作？获利多少？

7. 一个美国人投资在美元上的年收益率为8%，而美元借款年利率为8.25%；投资在英镑上的年收益率为10.75%，而英镑借款的年利率为11%。假定外汇行市如下：
   即期 GBP1 = USD1.498 0/5 000
   一年期掉期率　　　380/365
   假定这个美国人无自有资金，能否套利？用计算表明。

8. 已知一份欧元期货的交易单位是125 000EUR，假定初始保证金为4 250USD，维持保证金为3 000USD。假定你卖出一份欧元期货，价格为1EUR＝1.200 0USD，欧元期货的价格变为多少以下（或以上）时你就需要交纳保证金？一段时间后，假定价格变为1EUR＝1.220 0USD，你的保证金账户盈利或亏损多少美元？

9. A公司和B公司如果要在金融市场上借入5年期本金为1亿美元的贷款，需支付的年利率分别为：

|  | 固定利率 | 浮动利率 |
| --- | --- | --- |
| A 公司 | 3% | LIBOR + 0.5% |
| B 公司 | 5% | LIBOR + 1.5% |

A 公司需要的是浮动利率贷款，B 公司需要的是固定利率贷款。请设计一个利率互换能够使得两家公司节省相同的成本。

10. 假定某年 3 月 15 日，某投资者经过综合分析，预测到英镑对美元的汇率将下跌，于是，他以每英镑 0.06 美元的期权费买入一份该年 6 月 15 日到期的英镑看跌期权，协议价格为 GBP1 = USD1.700 0（欧式期权），合约金额为 25 000 英镑。6 月 15 日市场汇价分别为 GBP1 = USD1.560 00 和 GBP1 = USD1.800 0 时，该投资者的收益（损失）各为多少？

11. 一家跨国公司的高级主管说："我们没有理由使用外汇远期，因为我们预期未来汇率上升和下降的机会是均等的，使用外汇远期并不能为我们带来任何收益。"请对此说法加以评论。

# Chapter 6 第六章

# 开放经济下的内外均衡与政策调节

## 引言

在宏观经济学中,当一国处于封闭条件下达到均衡状态的条件投资等于储蓄,而在开放经济下的均衡不仅包括内部均衡,还包括外部均衡。内外失衡都会对一国经济造成不利的影响,本章主要阐述内外失衡时调节的工具、原理以及理论方法。国际金融作为一门学科,其重要的内容在于两个方面:一是研究汇率是如何决定的,二是从货币金融的角度研究内外均衡的冲突以及怎样调节。只有理解了这两点才能用理论去分析国际金融活动中的现实情况。

## 学习目标

（1）了解开放经济下内外均衡的目标以及"米德冲突"
（2）熟悉国际收支的自动调节机制与人为调节工具
（3）了解丁伯根原则与有效市场分类原则
（4）掌握财政政策与货币政策的搭配、支出变更政策与支出转换政策的搭配
（5）熟悉蒙代尔－弗莱明模型

## 第一节 开放经济下内外均衡的目标与调节工具

### 一、内外均衡

#### （一）内外均衡的概念

宏观经济学中把经济增长、物价稳定、充分就业以及国际收支均衡作为一国所追求的目标。经济增长是长期目标,很多研究也表明经济增长主要是由技术、生产率、制度等因素决定的,政府或货币当局的一些经济调节政策（比如货币政策和财政政策）主要影响的是短期目标,即物价稳定、充分就业和国际收支均衡。所谓的内部均衡指的就是稳定物价和充分就业,外部均衡则是指国际收支均衡。

## (二) 内外均衡目标的关系

### 1. 内部均衡目标之间的关系

内部均衡的目标有两个,即充分就业和稳定物价,当内部没有到达均衡时就表现为失业或通货膨胀。根据凯恩斯的思想,失业和通货膨胀是不会并存的,这是因为,当社会存在大量失业时,表明企业生产的商品销售不出去,所以不愿意多雇用工人,而商品销售不出去意味着社会的总需求不足,整个社会供大于求时是不会有通货膨胀的。当社会存在通货膨胀时,价格上升表明对于商品的需求大于供给,企业为了获得更高利润会增加工人的雇用,因此通货膨胀时失业是不会存在的。

失业和通货膨胀并存的现象称为"滞胀",在现实中"滞胀"确实时有发生,比如美国在20世纪70年代后期就因为石油危机而发生过。由于本章所介绍的内容是关于用经济政策调节内外均衡,属于凯恩斯学派的观点,因此在本章中我们假定失业和通货膨胀不会同时存在。

### 2. 内部均衡和外部均衡的关系

内部失衡有两种表现方式:失业(经常伴随着经济衰退)和通货膨胀;外部失衡也有两种表现方式:国际收支顺差和逆差。当内外失衡时,如果用一些经济政策进行调节,有时候内部均衡和外部均衡的目标是一致的,有时候内部均衡和外部均衡的目标又会产生冲突,这样的冲突被称为"米德冲突"。

所谓"米德冲突"是指在汇率固定不变时,如果政府只运用影响社会总需求的政策来调节内外均衡,这样在开放经济运行的特定区间,便会出现内外均衡难以兼顾的情形。

以下来具体分析"米德冲突"产生的区间。

当内部失衡表现为通货膨胀时,应该用紧缩性的经济政策进行调节,这会引起国民收入的下降。由于进口和国民收入有关,在边际进口倾向一定的条件下,国民收入越低,进口就越低,如果外部状况是顺差,进口降低将会使得顺差增加,离国际收支均衡越来越远;如果外部状况是逆差,进口降低将会使得逆差减小,国际收支得到改善。

当内部失衡表现为失业时,应该用扩张性的经济政策进行调节,这会引起国民收入的上升,进而引起进口的上升。如果外部状况是顺差,进口增加会使得国际收支得到改善;如果外部状况是逆差,进口增加会使得国际收支进一步恶化。

因此,如果优先调节内部均衡,表6-1中第Ⅰ区间和第Ⅳ区间存在"米德冲突"。需要指出的一点是,以上分析认为国际收支的失衡是由经常账户引起的。

表6-1 内外均衡的冲突区间

| 区域 | 内部状况 | 外部状况 |
| --- | --- | --- |
| Ⅰ | 通货膨胀 | 顺差 |
| Ⅱ | 通货膨胀 | 逆差 |
| Ⅲ | 失业 | 顺差 |
| Ⅳ | 失业 | 逆差 |

## 二、内外均衡的调节工具

当一国出现国际收支失衡后,应该如何进行国际收支调节以恢复国际收支均衡呢?就像一个人生病以后如何才能恢复健康呢?一般不用急着打针吃药,自身的免疫能力也许就能抵抗病毒。当国际收支发生失衡以后,也有自动调节机制发挥作用,只有当自动调节机制不能达到均衡时才考虑人为调节。

### (一)国际收支的自动调节机制

#### 1. 国际金本位制度下的自动调节机制

英国经济学家大卫·休谟提出了"价格-铸币流动机制",又称为"价格-现金流动机制"。该理论认为:在国际金本位制度下,各国的国际收支失衡可以通过自动调节机制恢复均衡。因为在国际金本位制度下,黄金可以直接充当货币,而且自由铸造、自由兑换、自由输出入。国际收支失衡会直接影响一国货币供应量,并影响物价,从而改变一国进出口,达到调节国际收支的目的。

在金本位制度下,一国国际收支出现逆差,就意味着对外支付大于收入,即本国黄金的净输出。其他条件不变的情况下,由于黄金外流,国内黄金存量下降,货币供给就会减少,从而引起国内物价水平下跌。物价水平下跌后,本国商品在国外市场上的竞争能力就会提高,外国商品在本国市场的竞争能力就会下降,于是出口增加、进口减少,使国际收支逆差减少,甚至出现国际收支顺差。同样,国际收支顺差也无法持久,因为黄金内流会扩大国内的货币供给,造成物价水平上涨。物价上涨不利于出口而有利于进口,从而使国际收支顺差减少。"价格-铸币流动机制"的这种调节过程可用图 6-1 表示。

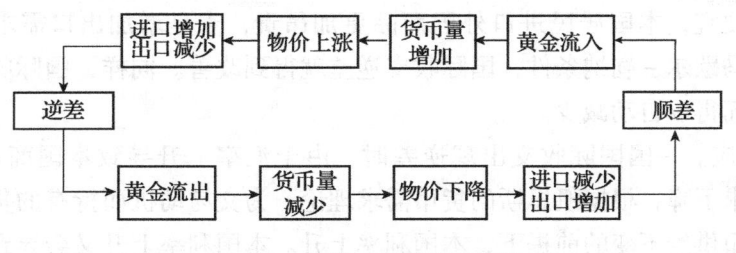

图 6-1 价格-铸币流动机制

#### 2. 纸币流通条件下的自动调节机制

在纸币流通条件下,固定汇率制度和浮动汇率制度下的自动调节机制是不一样的。

(1)固定汇率制度的自动调节机制。在固定汇率制度下,一国国际收支出现不平衡时,自动调整机制仍然发生作用,但自动调节的过程较为复杂一些。国际收支失衡后,外汇储备、货币供应量发生变化,进而影响国民收入、物价和利率等变量,使国际收支趋于平衡。国际收支自动调节机制通过货币供给量的变动,通过国际收支调节的利率机制、收入机制和相对价格机制进行调节,这种调节通过物价效应、利率效应和收入效应发挥作用。

A. 物价效应。一国国际收支出现逆差时，为了维持固定汇率，货币当局就必须干预外汇市场，抛售外汇储备，购回本国货币，造成本国货币供应量的减少。本国货币供给减少又会导致本国商品的价格下降，这意味着在汇率不变的前提下，外国居民进口本国商品更加便宜，本国居民消费本国商品也更加便宜，于是增加出口需求，减少进口需求，国际收支逆差就得到改善。同样，国际收支顺差也通过物价的上升而得以自动减少。

B. 利率效应。一国国际收支出现逆差时，为了维持固定汇率，货币当局抛售外汇储备，购回本国货币，造成本国货币供应量的减少，这会带来市场银根的紧缩、利率上升，导致本国资本外流的减少、外国资本流入的增加，使得资本账户的资金净流入增加。由于逆差意味着资金的净流出，当资本账户资金净流入增加时，国际收支逆差就得到改善。同样，国际收支顺差则会通过利率下降导致本国资本流出的增加、外国资本流入减少，使国际收支顺差改善。

C. 收入效应。在开放经济下，由于一国的国民收入可以表示为 $Y = C + I + G + (X - M)$，当国际收支出现逆差时，表明 $X - M < 0$，下一期的国民收入将下降。国民收入下降后又会引起进口的下降，国际收支逆差就得到改善。

（2）浮动汇率制度的自动调节机制。在浮动汇率制度下，一国货币当局不对外汇市场进行干预，即不通过国际储备的增减变动来影响外汇供应或需求。由外汇市场供求决定汇率，汇率的上升和下降具有自发性，汇率变动对国际收支具有调节功效。如果一国国际收支出现逆差，外汇需求就会大于供给，外汇价格即汇率就会上升。反之，如果国际收支出现顺差，外汇需求就会小于供给，外汇的价格就会下跌。通过汇率随外汇供求变动而变动，国际收支失衡就会得以改善。

A. 物价效应。一国国际收支出现逆差时，资金有净流出，外汇市场的供给就会下降，外汇的价格上涨。这意味着在两国物价没有改变的前提下，由于汇率上升，外国居民进口本国商品更加便宜，本国居民进口外国商品更加昂贵，于是增加出口需求，减少进口需求，如果满足马歇尔－勒纳条件，国际收支逆差就得到改善。同样，国际收支顺差也会通过汇率的下跌而得以自动减少。

B. 利率效应。一国国际收支出现逆差时，由于汇率上升导致本国商品的需求增加，外国商品的需求下降，根据凯恩斯的货币需求理论，为交易动机而持有的货币需求就会增加，在本国货币供给不变的前提下，本国利率上升。本国利率上升又会导致本国资本外流的减少、外国资本流入的增加，使得资本账户的资金净流入增加，国际收支逆差就得到改善。同样，国际收支顺差则会通过利率下降导致本国资本流出的增加、外国资本流入减少，使国际收支顺差改善。

C. 收入效应。在浮动汇率制度下，收入效应发挥作用的原理和固定汇率制下是一致的，逆差导致国民收入下降，国民收入下降又会引起进口的下降，国际收支逆差得到改善。

## （二）国际收支的人为调节机制

虽然国际收支自动调节机制能在一定程度上缓解国际收支失衡状况，但这一机制只能在某些经济条件或经济环境中才起作用,作用的程度和效果也无法保证,而且在固定汇率制下的自发调节过程有时需要牺牲国内宏观经济目标。浮动汇率制度下自动恢复均衡所需要的过程比较漫长。因此,当国际收支出现失衡时,一国政府往往不能完全依靠经济体系内部的自动调整机制来使国际收支恢复均衡,而有必要主动运用政策引导机制来对国际收支进行调节。一般说来,国际收支失衡的调节政策主要有以下三类。

### 1. 外汇缓冲政策

外汇缓冲政策,是指一国政府为对付国际收支不平衡,将外汇储备作为缓冲体(buffer),建立外汇平准基金,该基金保持一定数量的外汇储备和本国货币,当国际收支失衡造成外汇市场的超额供给或需求时,货币当局就动用该基金在外汇市场公开操作,买进或卖出外汇,来消除因国际收支不平衡所形成的外汇供求缺口,从而使国际收支不平衡所产生的影响仅限于外汇储备的增减,而不致导致汇率的急剧变动和进一步影响本国经济。这种政策以外汇为缓冲体,因此被称为外汇缓冲政策。

如果国际收支失衡是由季节性变动或不正常的资本流动所造成,则改变国内经济运行来消除这种失衡,会对国内经济产生不良影响。这时通常采用外汇缓冲政策,使外部失衡的影响止于外汇储备阶段,从而不会影响国内的经济发展。

外汇缓冲政策运用的难点是如何判断国际收支失衡的类型。一般说来,外汇缓冲政策往往只适用于解决国际收支的短期性失衡,而对于长期性的根本性的失衡,运用该政策不仅不能解决失衡,而且会使失衡大量积累,最终使国内经济因不可避免的调整而承受极大的震动。此外,运用该政策还需要具备一定的条件,如必须具备实施外汇缓冲政策所需要的充足外汇以及具备实施公开市场操作的有效条件等。

### 2. 需求管理政策

需求管理政策是指运用扩张或紧缩性财政政策和货币政策来提高或降低收入、物价和利率水平,进而消除国际收支的周期性失衡和货币性失衡。这是战后各国普遍采用的方法。

(1) 支出变更政策。支出变更政策是指直接影响一国总需求或总支出水平的经济政策,主要包括财政政策和货币政策。

A. 财政政策。财政政策是指一国政府通过调整政府支出和税收实现对国民经济需求管理的政策。财政政策通常作为调节国内经济的手段,但由于总需求的变动可以改变国民收入、价格水平和利率,而国民收入、价格水平和利率的变动也会引起国际收支的变动,所以财政政策也成为国际收支的调节手段。以一国出现国际收支逆差为例,财政当局可以运用紧缩性的财政政策从两个方面使国际收支恢复均衡:一方面,减少政府支出或增税会通过乘数效应成倍地降低国民收入,国民收入的降低又会相应地压缩进口,从而使国际收支中的经常账户恢复均衡。另一方面,抑制总需求又会降低通货膨胀率或使物价水平下降,物价下降将会提高本国商品的国际竞争力,产生刺激出口抑制进口的作用,也有利于减少经常账户逆差。但值得注意的是,在采用紧缩性的财政政策以抑制总需求的同时,国民收入和价格水平的下降往往也伴随着利率水平的降低,在资本的国际流动不受限制的情况下，会引起大量资本流出，从而在相当程度上抵消经常账户收支的改善。因此，在一国出现国际收支逆差时，适当进行资本管制，将有利于紧缩性财政政策发挥更好的效果。

B. 货币政策。货币政策是货币当局通过调整货币供应量实现国民经济需求管理的政策。在西方发达国家，中央银行一般通过改变再贴现率、改变法定存款准备金率和开展公开市场业务来调整货币供应量。由于货币供应量的变动会引起国民收入、价格水平和利率的变动，所以货币政策也成为重要的国际收支调节手段。以一国出现国际收支逆差为例，中央银行可以实行紧缩性的货币政策。通过实行紧缩性的货币政策降低货币供应量，一方面可以抑制消费需求和投资需求，使经济增长速度放慢，从而可以减少进口支出，改善一国经常账户状况；另一方面，货币供应量的减少还会导致价格水平下降，提高一国出口商品的国际竞争力，通过出口的增加使经常账户逆差减少。货币政策对国际收支中资本和金融账户的影响不同于财政政策。实行紧缩性货币政策，货币供应量的减少将提高而不是降低利率水平，在资本的国际流动不受限制的情况下，会吸引大量资本流入，导致资本和金融账户出现顺差，使一国国际收支状况得到进一步改善。由此可见，在国际收支失衡的调节过程中，货币政策将比财政政策发挥更大的作用。

(2) 支出转换政策。所谓支出转换政策是指不直接影响一国总需求或总支出水平，而是改变总需求结构的政策，如汇率调整、关税、出口补贴、贸易管制等都属于支出转换政策范畴。

A. 汇率政策。汇率政策是指运用汇率的变动来影响总需求中本国商品的需求和外国商品的需求结构，以此对国际收支失衡进行调节的政策。汇率调整政策对国际收支的影响都是通过改变汇率水平实施的。根据第三章的论述，必须满足马歇尔－勒纳条件，本币贬值才能引起国际收支逆差的减少或顺差的增加。

B. 关税。关税是指进出口商品在经过一国关境时，由政府设置的海关向进出口国所征收的税收。提高关税就意味着外国进口商品价格的提高，可以减少本国对外国商品进口的需求；降低关税意味着外国进口商品价格的下降，可以增加本国对外国商品进口的需求。

C. 出口补贴政策。出口补贴政策是对出口商品发放价格补贴或出口退税等降低出口商品的成本，通过出口补贴政策能够使得本国的出口增加。

D. 贸易管制。贸易管制是指政府采取的直接限制进出口数量的政策措施。比如进口配额制，即由政府规定在一定时期内对部分进口商品的数量进行限制；进口许可证制，即由政府通过发放进口许可证来限制进口商品的种类与数量；歧视性采购政策，即要求政府部门和国有企业必须尽量采购本国产品，限制购买进口商品；歧视性税收，即政府对进口商品征收较高的销售税、消费税等。

一般而言，支出转换政策不会直接对本国的总需求产生影响，但通过一段时间后国际收支的贸易账户余额的变动还是会最终影响到本国的收入水平，比如本币贬值在满足马歇尔－勒纳条件时会引起本国的顺差，国民收入也将上升。支出转换政策的实质是在总需求的内部进行结构性的调整，使得总需求的构成在国内吸收与净出口之间保持恰当的比例。由于关税、出口补贴、贸易管制等政策都属于非市场手段，容易导致外国的报复性措施，因此狭义的支出转换政策专指汇率政策。

### 3. 供给调节政策

从供给角度分析，国际收支调节政策还包括调整产业政策和科技政策等影响供给的政策措施。调整产业政策的核心在于优化产业结构，根据一国资源拥有状况和世界市场需求的变化，制定合理的产业结构规划，对部分产业部门进行调整与限制发展，而对一国优势产业和战略性产业采取政策措施促进其发展壮大，从而提高一国产业的国际竞争力，减少甚至消除结构性国际收支失衡。供给调节政策是一种长期性的政策措施，虽然在短期内难以取得显著效果，但它可以通过提高国民经济的综合实力和国际竞争力，从根本上改善一国国际收支状况。

## 第二节 开放经济下内外均衡的政策搭配

### 一、开放经济下政策调控的基本原理

#### （一）丁伯根原则

荷兰经济学家简·丁伯根（Jan Tinbergen）1903年生于海牙，诺贝尔经济学奖始于1969年，丁伯根是第一个获奖的经济学家。丁伯根于1952年提出了所谓的丁伯根原则，即要实现 $N$ 种独立的政策目标，至少需要相互独立的 $N$ 种有效的政策工具。

如何理解这一原则呢？我们可以用一个简单的线性框架进行分析。假定只存在两个目标 $T_1$、$T_2$ 与两种工具 $I_1$、$I_2$，令目标是工具的线性函数，即

$$T_1 = a_1 \times I_1 + a_2 \times I_2 \\ T_2 = b_1 \times I_1 + b_2 \times I_2 \tag{6-1}$$

在这种情况下，只要决策者能够控制两种工具，每种工具对目标的影响是独立的，决策者就能通过政策工具的配合达到理想的目标水平。从数学上看，只要满足条件 $a_1/b_1 \neq a_2/b_2$（即两个政策工具线性无关），式（6-1）就存在唯一的解，通过控制工具 $I_1$、$I_2$ 的变动就可以达到任何最佳的目标水平 $T_1$、$T_2$。

丁伯根原则为政策制定提供了良好的标准，政府要实现几个独立的经济目标，就必须使用至少同等数量的独立政策工具，一箭双雕、两全其美的政策是很难达到的。对于开放经济而言，这一结论具有鲜明的政策含义。比如，为了实现内部均衡，经常将财政政策和货币政策综合使用，但这两种政策不是独立的，都会引起总需求的增加，如果想在实现内部均衡的同时实现外部均衡，就必须寻找新的政策工具并进行合理配合。

#### （二）有效市场分类原则

在政策工具与政策目标的匹配问题中，丁伯根原则是广为认同的，按照丁伯根原理，政府在进行经济调控时应当保证政策工具的数量不少于其计划目标的个数。从形式上看，

丁伯根原理具有直观、简洁和易于掌握的特点，类似于多元方程组有一个确定解的必要条件是方程的个数不能少于未知变量的数目。但在现实中，在许多情况下，完全独立的工具可能很难找到，比如支出变更政策和支出转换政策对总需求的影响有一定的独立性，但是支出转换政策最终还是会通过贸易账户影响总需求。另外，即使能够找到掌握在不同的决策者手中的独立政策工具，如果决策者不能紧密协调这些政策，而是独立地进行决策的话，怎么会知道彼此要实现的目标呢？

由此，蒙代尔于20世纪60年代提出"有效市场分类原则"：对于目标和实现目标的政策而言，每一目标应该指派给对这一目标有相对最大的影响力、在影响政策目标上有相对优势的工具。蒙代尔认为，如果每一工具根据相对优势合理地被指派给一个目标，并且在该目标偏离其最佳水平时按规则进行调控，那么在分散决策的情况下仍有可能实现最佳调控目标。

如何理解"有效市场分类原则"呢？我们可以举一个生活中的例子：甲和乙两个同学参加运动会，甲跑得比乙快，跳得比乙远，但碰巧跑步和跳远同时进行，一个人不可能同时参加两个项目。乙虽然两个项目都不如甲，但跑步只是慢一点，而跳远差很多。根据有效市场分类原则，乙就去跑步，甲则去跳远。有效市场分类原则其实涉及的是一个政策指派问题，假定货币政策对外部均衡的影响相对较大，财政政策对内部均衡的影响相对较大，则货币政策只实现外部均衡的目标，而财政政策只实现内部均衡的目标。

## 二、政策搭配的运用

### （一）蒙代尔财政政策与货币政策的搭配

#### 1. 内部均衡线的形成

内部均衡的条件是投资等于储蓄：投资与收入及利率有关，国民收入越高，投资水平也越高。利率也会影响投资水平（比如著名的 IS-LM 模型中投资就是由利率决定的），但国民收入对投资的影响是直接的。蒙代尔的政策搭配理论是一种短期调节理论，因此此处我们仅考虑国民收入对投资的影响，即国民收入和投资正相关。储蓄和利率有关，利率越高，储蓄水平也越高，储蓄和利率是正相关的，而利率又和货币供给负相关，因此储蓄和货币供给负相关。当达到内部均衡时有 $I(Y) = S(M)$，如果不考虑其他经济变量的影响，在投资 $I$ 和国民收入 $Y$ 正相关，而储蓄 $S$ 和货币供给 $M$ 负相关的前提下，$I(Y) = S(M)$ 时就有国民收入和货币供给负相关，这意味着当国内达到均衡时国民收入和货币供给是负相关的。假定所有变量之间的关系是简单的线性关系，内部均衡线可以通过图 6-2 表示。

在图 6-2 中，IB 线表示内部均衡线，在该

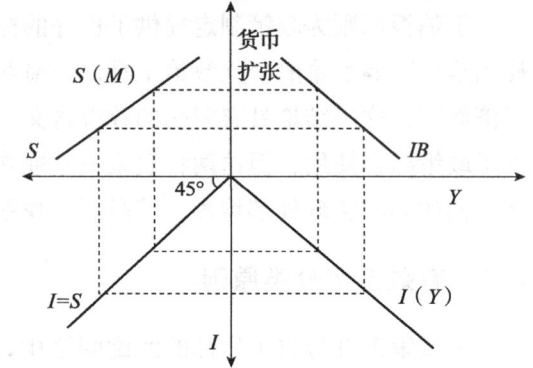

图 6-2 蒙代尔搭配理论内部均衡线的形成

线上的任何一点，由于投资等于储蓄，内部达到了均衡，而不在 IB 线上的点则表示没有达到内部均衡。在 IB 线的右方，在某一货币供给量下，实际收入大于均衡收入，这意味着实际投资大于均衡时的投资水平，因此存在通货膨胀；在 IB 线的左方，在某一货币供给量下，实际收入小于均衡收入，这意味着实际投资小于均衡时的投资水平，因此存在失业。

### 2. 外部均衡线的形成

外部均衡的条件是国际收支均衡，即资金的流入要等于资金的流出，资金既没有净流出也没有净流入。资金的净流出是从经常账户角度考虑的，在汇率和其他经济因素不变的情况下，国民收入越高，进口就越多，资金净流出也越多，即国民收入和资金净流出正相关。资金的净流入是从资本与金融账户考虑的，本国利率越高，外国的资金流入越多，本国资金流出越少，资金净流入也就越多。资金净流入和本国利率是正相关的，而利率又和货币供给负相关，因此资金净流入和货币供给负相关。当达到内部均衡时有 $OF(Y) = IF(M)$，如果不考虑其他经济变量的影响，在资金净流出 $OF$ 和国民收入 $Y$ 正相关，而资金净流入 $IF$ 和货币供给 $M$ 负相关的前提下，$OF(Y) = IF(M)$ 时就有国民收入和货币供给负相关，这意味着当外部达到均衡时国民收入和货币供给也是负相关的。假定所有变量之间是简单的线性关系，外部均衡线可以通过图 6-3 表示。

在图 6-3 中，$EB$ 线表示外部均衡线，在该线上的任何一点由于资金的净流入等于净流出，外部达到了均衡，而不在 $EB$ 线上的点则表示没有达到外部均衡。在 $EB$ 线的右方，在某一货币供给量下，实际收入大于均衡收入，这意味着实际资金净流出大于均衡时的净流出，因此存在逆差；在 $EB$ 线的左方，在某一货币供给量下，实际收入小于均衡收入，这意味着资金净流出小于均衡时的净流出，因此存在顺差。

一般而言，由于外汇市场对利率的变动更加敏感，因此 $EB$ 线比 $IB$ 线要平坦。

### 3. 内外均衡的调节

根据图 6-2 和图 6-3，我们可以把内部均衡线和外部均衡线放在同一个坐标上（见图 6-4）。

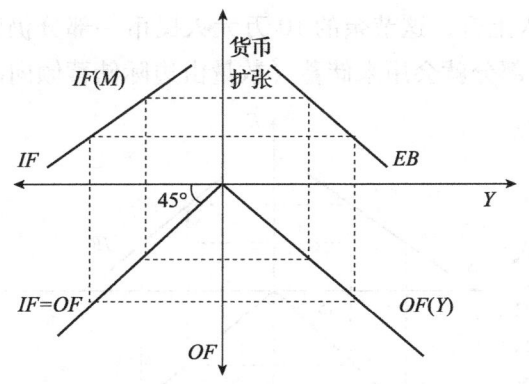

图 6-3 蒙代尔搭配理论外部均衡线的形成

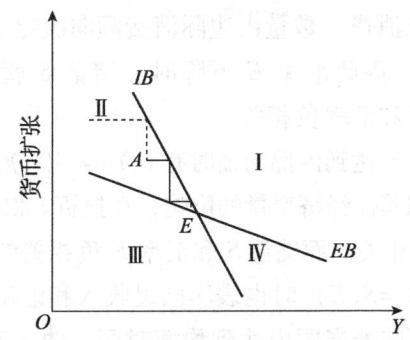

图 6-4 蒙代尔搭配理论内外均衡的调节

在图 6-4 中，内部均衡线和外部均衡线的交点 $E$ 达到了内外均衡，而内外失衡的状况分成四个区域，第 Ⅰ 区域是通货膨胀 + 逆差，第 Ⅱ 区域是失业 + 逆差，第 Ⅲ 区域是失业 +

顺差，第Ⅳ区域是通货膨胀＋顺差。

根据蒙代尔的思想，应该用货币政策实现外部均衡，用财政政策实现内部均衡。由于蒙代尔的调节是短期调节，在短期内，货币政策通过货币供给的变动只影响利率（在图6-4的坐标中表现为垂直移动），财政政策只影响国民收入（在图6-4的坐标中表现为水平移动），我们以第二区域的$A$点来分析为什么只有通过货币政策实现外部均衡，财政政策实现内部均衡才能实现内外均衡。$A$点处于失业＋逆差区域，如果先用扩张性的财政政策实现内部均衡（水平向右移动至$IB$线），再用紧缩性的货币政策实现外部均衡（垂直向下移动至$EB$线），则会离均衡点$E$点越来越近（如图6-4中实线所示）。反之，如果用货币政策实现内部均衡，用财政政策实现外部均衡，则会离均衡点$E$点越来越远（如图中虚线所示）。因此对于第二区域的失衡状况，应该用扩张性的财政政策和紧缩性的货币政策。这样的分析也可以运用到其他区域，如表6-2所示。

表6-2 财政政策与货币政策的搭配

| 区域 | 经济状况 | 财政政策 | 货币政策 |
| --- | --- | --- | --- |
| Ⅰ | 通货膨胀＋逆差 | 紧缩 | 紧缩 |
| Ⅱ | 失业＋逆差 | 扩张 | 紧缩 |
| Ⅲ | 失业＋顺差 | 扩张 | 扩张 |
| Ⅳ | 通货膨胀＋顺差 | 紧缩 | 扩张 |

## （二）斯旺的支出变更政策与支出转换政策的搭配

### 1. 内部均衡线的形成

和蒙代尔的调节理论一样，斯旺调节理论内部均衡的条件也是投资等于储蓄，投资仍是由国民收入决定的，但储蓄是由汇率决定的。根据斯旺的理论，当一国的汇率下降时，本币升值，如果其他经济条件不变，外国商品的价格相对下降，本国居民的实际收入上升，在消费倾向和储蓄倾向的共同作用下储蓄将会增加。这一点容易理解，比如某人购买10万美元的商品，当汇率是7时需要支付70万元人民币，汇率是6时只需要支付60万元人民币。节余了一定的本币，相当于实际收入上升，这节余的10万元人民币一部分仍旧用来消费（数量由边际消费倾向决定），另一部分就会用来储蓄（数量由边际储蓄倾向决定），因此汇率$E$下降时，储蓄$S$就会增加，储蓄和汇率负相关。

当达到内部均衡时有$I(Y)=S(E)$，如果不考虑其他经济变量的影响，在投资$I$和国民收入$Y$正相关，而储蓄$S$和汇率$E$负相关的前提下，$I(Y)=S(E)$时也表明国民收入和汇率负相关，这意味着当国内达到均衡时国民收入和汇率是负相关的。假定所有变量之间是简单的线性关系，内部均衡线可以通过图6-5表示。

在图6-5中，$IB$线表示内部均衡线，$IB$线

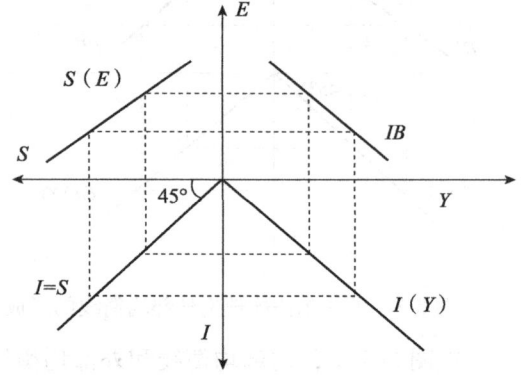

图6-5 斯旺搭配理论内部均衡线的形成

上的点表示内部达到了均衡，而不在 IB 线上的点则表示没有达到内部均衡。在 IB 线右方，在相同汇率下由于实际国民收入大于均衡时的国民收入，而投资和国民收入正相关，此时的实际投资大于均衡时的投资水平，因此在 IB 线的右方存在着通货膨胀。同理，可得在 IB 线的左方存在失业。

### 2. 外部均衡线的形成

外部均衡的条件是资金既没有净流出也没有净流入。斯旺理论关于资金的净流出也是从国民收入角度考虑的，国民收入越高，进口就越多，资金净流出也越多，即国民收入和资金净流出正相关。资金的净流入不是从利率角度考虑而是从汇率角度考虑，当满足马歇尔-勒纳条件时，本币贬值（汇率上升）会引起贸易顺差，资金净流入也就越多，资金净流入和汇率是正相关的。当达到内部均衡时有 $OF(Y)=IF(E)$，如果不考虑其他经济变量的影响，在资金净流出 $OF$ 和国民收入 $Y$ 正相关，而资金净流入 $IF$ 和汇率 $E$ 正相关的前提下，$OF(Y)=IF(E)$ 时就有国民收入和汇率正相关，这意味着当外部达到均衡时国民收入和汇率也是正相关的。假定所有变量之间是简单的线性关系，外部均衡线可以通过图 6-6 表示。

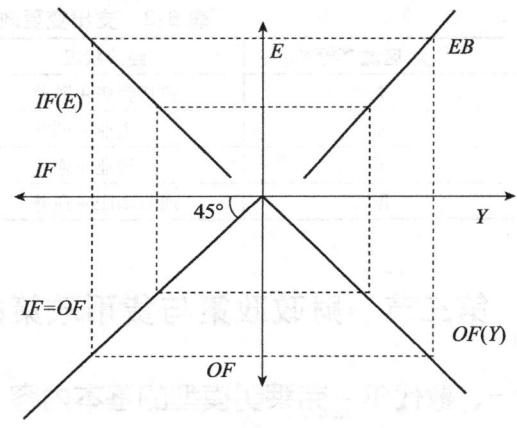

图 6-6 斯旺理论外部均衡线的形成

在图 6-6 中 EB 线表示外部均衡线，EB 线上的点表示外部达到了均衡，即资金的净流入等于净流出。在 EB 线的左方，在相同汇率下由于国民收入小于均衡时的国民收入，此时资金净流出水平小于均衡时的资金净流出水平，因此在 EB 线的左方存在顺差。同理，可得在 EB 线的右方存在逆差。

### 3. 内外均衡的调节

根据图 6-5 和图 6-6，我们可以把内部均衡线和外部均衡线放在同一个坐标上，见图 6-7。

在图 6-7 中，内部均衡线和外部均衡线的交点 E 达到了内外均衡，而内外失衡的状况分成四个区域，第 I 区域是通货膨胀 + 顺差，第 II 区域是失业 + 顺差，第 III 区域是失业 + 逆差，第 IV 区域是通货膨胀 + 逆差。

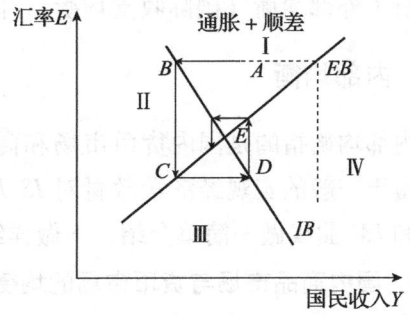

图 6-7 斯旺搭配理论内外均衡的调节

斯旺认为，应该用支出变更政策（通过货币政策和财政政策改变国民收入 $Y$）使得内部均衡实现，而用支出转换政策（通过汇率政策改变汇率 $E$）使得外部均衡实现。㊀以图 6-7

---

㊀ 斯旺调节理论的有效性必须满足内部均衡低斜率的绝对值大于外部均衡线斜率的绝对值，详细论证见本章附录 6A。

中第Ⅰ区域的 A 点为例，由于存在着通胀和顺差，根据斯旺理论，应该用支出变更政策改变国民收入，这样 A 点就将水平移动直至内部均衡实现（移动到 B 点），然后再用支出转换政策变动汇率，B 点就将垂直移动直至外部均衡实现（移动到 C 点）……这样反复使用支出变更政策和支出转换政策以后就将趋于 IB 线和 EB 线的交点 E 点，内外均衡就能够同时实现（如图中实线所示）。反之，如果用支出转换实现内部均衡，用支出变更政策实现外部均衡，则会离均衡点 E 点越来越远（如图中虚线所示）。因此，对于第Ⅰ区域的失衡状况，从总体效果看，应该用紧缩性的支出变更政策和本币升值的支出转换政策。这样的分析也可以运用到其他区域，见表 6-3。

表 6-3 支出变更政策与支出转换政策的搭配

| 区域 | 经济状况 | 支出变更政策 | 支出转换政策 |
|---|---|---|---|
| Ⅰ | 通货膨胀 + 顺差 | 紧缩 | 本币升值 |
| Ⅱ | 失业 + 顺差 | 扩张 | 本币升值 |
| Ⅲ | 失业 + 逆差 | 扩张 | 本币贬值 |
| Ⅳ | 通货膨胀 + 逆差 | 紧缩 | 本币贬值 |

## 第三节 财政政策与货币政策的效果分析：蒙代尔 – 弗莱明模型

### 一、蒙代尔 – 弗莱明模型的基本内容

蒙代尔 – 弗莱明模型的分析对象是一个开放的小型国家，是 IS-LM 模型的衍生与发展，是用 IS-LM 模型分析开放经济下的内外均衡。和 IS-LM 模型一样，蒙代尔 – 弗莱明模型也是建立在总供给曲线是水平的，即物价具有不变性的基础之上。和 IS-LM 模型不一样的是，蒙代尔 – 弗莱明模型不仅分析了内部均衡（国内货币市场和商品市场达到均衡），还分析了外部均衡（国际收支均衡），因此蒙代尔 – 弗莱明模型也被称为 IS-LM-BP 模型。

#### （一）内部均衡

内部均衡指的是国内货币市场和商品市场同时达到均衡状态，即 IS-LM 模型下的均衡。由于一般的宏观经济学教材对 IS-LM 模型都有详细的说明，本章仅对内部均衡时 IS 曲线和 LM 曲线做一简单介绍，不做详细推导。

**1. 国内商品市场与货币市场的均衡**

（1）IS 曲线。当国内商品市场达到均衡时，投资和储蓄相等。这里的投资是实物投资，当利率越高时，进行实物投资越不合算，因此投资与利率呈反方向变动。储蓄是国民收入的函数，当国民收入越高时，储蓄水平也就越高，因此两者同方向变化。当 $I = S$ 时，利率和国民收入就表现出负相关关系（如图 6-8 所示的 IS 曲线）。

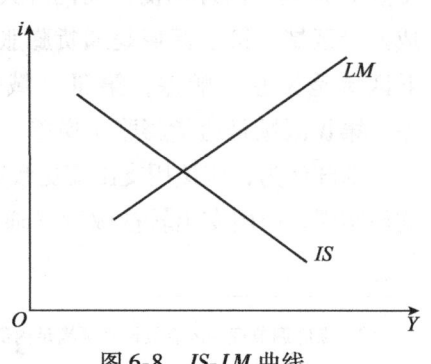

图 6-8 IS-LM 曲线

需要说明的是，IS 曲线上的点表示 $I=S$，但在三部门或四部门时，投资表示的是广义投资，不仅包括私人投资，还包括政府购买、净出口；储蓄表示的也是广义储蓄，不仅包括私人储蓄，还包括政府的税收。在 IS 曲线的右方，投资小于储蓄；在 IS 曲线的左方，投资大于储蓄。

（2）LM 曲线。当国内的货币市场达到均衡时，货币的供给等于货币的需求。根据第四章第五节介绍的内容，利率和货币需求负相关，收入和货币需求正相关，当货币市场均衡时有 $L(Y, i) = M^s/P$。由于 IS-LM 模型的一个基本假定是物价不变，当货币供给是某一外生水平时，货币供给等于货币需求意味着利率和国民收入具有正相关关系（如图 6-8 所示 LM 曲线）。

在 LM 曲线上的任何一点都表示货币的需求等于货币的供给。在 LM 曲线的右方，货币需求大于货币供给；在 LM 曲线的左方，货币需求小于货币供给。

**2. 财政政策与货币政策对国内均衡的影响**

一般而言，财政政策将使得 IS 曲线发生移动，扩张性财政政策将使 IS 曲线右移，紧缩性财政政策将使 IS 曲线左移；货币政策将使得 LM 曲线发生移动，扩张性货币政策将使 LM 曲线右移，紧缩性货币政策将使 LM 曲线左移。

关于财政政策与货币政策对 IS 曲线和 LM 曲线的影响一般宏观经济学教材有详细的阐述，本章不做进一步说明，只指出一点：不仅是财政政策会使得 IS 曲线发生移动，其他一些经济变量的变动也会使得 IS 曲线移动，比如自发性投资的变化、净出口的变化等。在其他条件不变时，只要某个经济因素能够使得国民收入增加，IS 曲线就将发生右移，反之则将左移。比如在其他条件不变时，净出口（贸易账户的顺差）增加，IS 曲线也将右移。

## （二）外部均衡

外部均衡指的是国际收支均衡，即资金的净流入等于净流出，均衡时两者都应该为 0（这是针对综合账户而言的，经常账户和资本账户的净流入和净流出不一定为 0）。我们从经常账户和资本与金融账户两个角度分析。

从经常账户看，如果将经常账户的贷方余额记为 B，这表示经常账户的资金净流入。由于出口是资金的流入，而进口是资金的流出；出口和国民收入有关，出口和进口的差额与汇率有关，满足马歇尔－勒纳条件（蒙代尔－弗莱明模型假定物价不变）时汇率变大贸易顺差增加。因此，经常账户的贷方余额 B 与和国民收入 Y 以及汇率 E 有关。根据前面的分析，B 和国民收入 Y 负相关，和汇率 E 正相关。假定 B 和这两个变量之间是最简单的线性关系，我们可以记为：

$$B = nE - mY \qquad (n, m > 0) \qquad (6\text{-}2)$$

从资本与金融账户看，如果将资本与金融账户的贷方余额记为 P，这也表示资本与金融账户的资金净流入。资本与金融账户的资金净流入与本国利率和外国利率的利差有关，我们将本国利率与外国利率的利差记为 $i - i^*$，则当利差越大时表明到本国投资越有利可图，资金的净流入就越大；当利差越小时到本国投资越不合算，资金的净流入就越小。因此，$P$ 与 $i - i^*$ 是正相关的，假定它们之间是最简单的线性关系，我们可以记为：

$$P = \sigma \cdot (i - i^*) \quad (\sigma \geq 0，表示利率差额对 P 的影响幅度) \tag{6-3}$$

当外部均衡时，国际收支综合账户的资金净流入应该为 0，因此要求 $B = -P$ 或 $B + P = 0$，将式（6-2）和式（6-3）代入即可得外部均衡时需满足：

$$i = \frac{m}{\sigma}Y - \frac{n}{\sigma}E + i^* \tag{6-4}$$

**1. 当资金不完全流动时**

式（6-4）式表明一般情况下，在确定的汇率水平以及外国利率水平下，达到外部均衡时本国利率和国民收入正相关（见图 6-9a）。式（6-4）所表示的曲线就被称为外部均衡线，即 BP 线。在 BP 线的左边，资金有净流入；BP 线的右边，资金有净流出。根据式（6-4），如果汇率上升，BP 线向右下移动。

以上分析的是 $\sigma > 0$ 但没有趋于正无穷的情形，也就是当两国存在利差时，资金是可以流动的，但流动的弹性不是无穷大。关于资金完全不流动或资金完全流动的情形还要做具体分析。

**2. 当资金完全不流动时**

资金完全不流动意味着两国间存在着资本限制，即使存在利差，资金也不能流到高利率的国家去，这意味着 $\sigma = 0$，由此 $P = 0$。当达到外部均衡时就要求 $B = 0$，于是 $Y = \frac{n}{m}E$，此时的 BP 线就是一条垂直线，仅和汇率有关（见图 6-9b）。

**3. 当资金完全流动时**

资金完全流动意味着两国一旦存在利差，资金的流动没有任何限制，资金会迅速、源源不断地流向高利率国家，直至利差消失为止。此时的情形可以用式（6-4）中 $\sigma \to +\infty$ 来表示，当 $\sigma \to +\infty$ 时，式（6-4）就变为 $i = i^*$，BP 线就是一条水平线，仅和外国利率有关（见图 6-9c）。

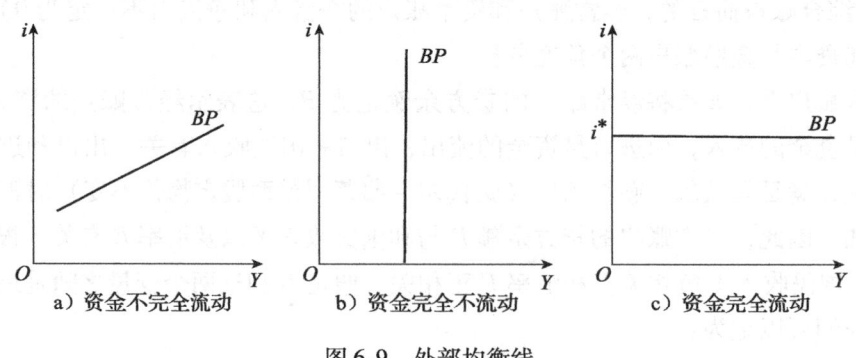

a）资金不完全流动　　b）资金完全不流动　　c）资金完全流动

图 6-9　外部均衡线

### （三）内外均衡

当达到内外均衡时，IS 曲线、LM 曲线和 BP 曲线应该交于一点。由于资金完全不流动的情况比较少，在下文的分析中主要具体分析资金不完全流动和资金完全流动两种情形。当资金不完全流动时，由于 BP 线和 LM 线都是正斜率的，这就涉及斜率比较问题：资金的流动性越强，BP 线就越平坦；资金的流动性越差，BP 线就越陡峭，因此 BP 线既可能比 LM 线平坦，也可能比 LM 线陡峭。在下文的分析中，我们仅仅考虑 BP 线比 LM 线更平坦的情况，关于 BP 线比 LM 线更陡峭的情况读者可以自己思考，但两种情况分析的基本结论是一致的。

## 二、固定汇率制度下货币政策与财政政策的效果

### （一）资金完全流动时

#### 1. 货币政策

当资金完全流动时，BP 线是一条水平线。假定刚开始时一国处于内外均衡状态，比如图 6-10 中的 E 点。如果一国采用扩张性的货币政策使得 LM 线右移至 LM′，由于 IS 曲线没有发生移动，国内新的均衡点是 LM′ 和 IS 曲线的交点 A 点，国内利率下降。当本国利率低于外部利率 $i^*$ 时，由于资金是完全流动的，就会发生资金外流。

由于该国实行固定汇率制度，当本国资金外流到外国投资时，对外币的需求会增加，政府当局必须抛售手中的外汇储备同时回收本币才能维持汇率稳定。在这个过程中，政府当局被迫收回本币，相当于减少货币供给，LM′ 就向左移动。只要本国利率低于外国利率，资金的外流就不会停止，因此只有当 LM′ 向左移动至 LM 时本国利率和外国利率才会相等，才能重新达到均衡状态。

因此，在固定汇率下如果资金是完全流动的，货币政策既不会影响本国的利率水平，也不会影响本国的国民收入，货币政策是无效的。

#### 2. 财政政策

如果采用扩张性的财政政策，IS 曲线将右移至 IS′，此时新的国内均衡下利率将上升（见图 6-11 中的 B 点）。当本国利率高于外部利率 $i^*$ 时，由于资金是完全流动的，就会发生资金内流。

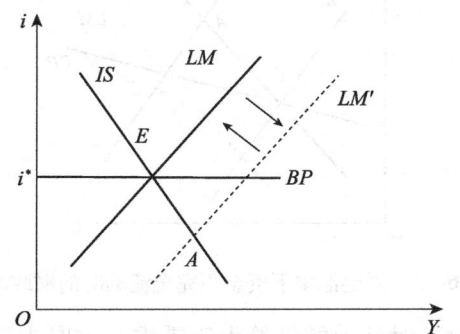
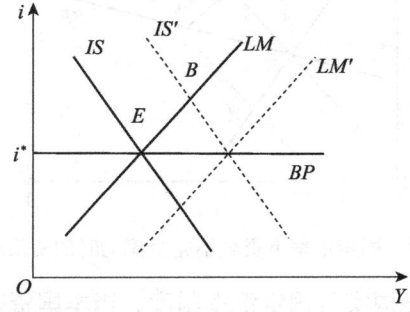

图 6-10　固定汇率下资金完全流动时的货币政策　　图 6-11　固定汇率下资金完全流动时的财政政策

由于该国实行固定汇率制度，当外国资金内流到本国投资时，外币的供给会增加，政

府当局必须回收外币抛售本币才能维持汇率稳定,在这个过程中政府当局被迫增加货币供给,LM 就向右移动。只要本国利率高于外国利率,资金的内流就不会停止,因此只有当 LM 向右移动至 LM' 时本国利率和外国利率才会相等,才能重新达到均衡状态。

因此,在固定汇率下如果资金是完全流动的,财政政策不会影响本国的利率水平,但会影响本国国民收入,扩张性的财政政策将使得本国国民收入大幅上升,财政政策是非常有效的。

## (二) 资金不完全流动时

### 1. 货币政策

当资金不完全流动时,BP 线是一条正斜率的直线。假定刚开始时一国处于内外均衡状态,比如图 6-12 中的 E 点。如果采用扩张性的货币政策使得 LM 线右移至 LM',由于 IS 曲线没有发生移动,国内新的均衡点是 LM' 和 IS 曲线的交点 A 点。

由于 A 点位于 BP 线的右下方,根据 BP 线的意义,A 点的国际收支状况是资金的净流出。该国实行固定汇率制度,当本国资金净流出时,对于外币的需求大于供给,政府当局必须抛售手中的外汇储备同时回收本币才能维持汇率稳定。这个过程和资金完全流动时一样,政府当局被迫收回本币以减少货币供给,LM' 就向左回移。只要国内均衡点在 BP 线的右下方,资金总有净流出,因此只有当 LM' 向左回移至 LM 时资金的净流出才会停止,才能重新达到内外均衡状态。

因此,在固定汇率下如果资金是不完全流动的,货币政策既不会影响本国的利率水平,也不会影响本国的国民收入,货币政策是无效的。

### 2. 财政政策

如果采用扩张性的财政政策,IS 曲线将右移至 IS',此时新的国内均衡下利率将上升(如图 6-13 中的 A 点),由于 A 点位于 BP 线的左上方,根据 BP 线的意义,A 点的国际收支状况是资金的净流入。

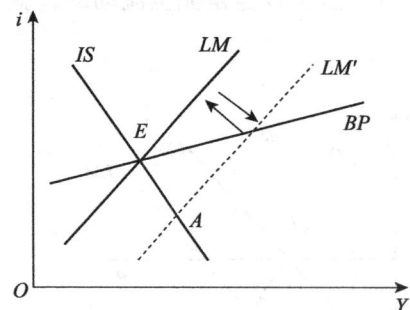
图 6-12　固定汇率下资金不完全流动时的货币政策

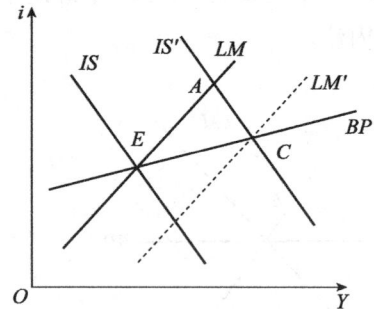
图 6-13　固定汇率下资金不完全流动时的财政政策

该国实行固定汇率制度,当本国资金净流入时,对外币的供给大于需求,政府当局必须回收外币抛售本币才能维持汇率稳定,在这个过程中政府当局被迫增加货币供给,LM 就向右移动。只要国内均衡点位于 BP 线的左上方,资金总有净流入,因此只有当 LM 向

右移动至 $LM'$ 时国内均衡点才刚好位于 $BP$ 线上（见图6-13中的 $C$ 点），才能重新达到内外均衡状态。

因此，在固定汇率下如果资金是不完全流动的，财政政策既会影响本国的利率水平，又会影响本国的国民收入，扩张性的财政政策将使得本国利率和本国国民收入的上升，财政政策是有效的。

## 三、浮动汇率制度下货币政策与财政政策的效果

### （一）资金完全流动时

#### 1. 货币政策

当资金完全流动时，$BP$ 线是一条水平线。和固定汇率制度一样，假定刚开始时一国处于内外均衡状态，比如图6-14中的 $E$ 点。如果一国采用扩张性的货币政策使得 $LM$ 线右移至 $LM'$，由于 $IS$ 曲线没有发生移动，国内新的均衡点是 $LM'$ 和 $IS$ 曲线的交点 $A$ 点，国内利率下降。当本国利率低于外部利率 $i^*$ 时，由于资金是完全流动的，就会发生资金外流。

由于该国实行的是浮动汇率制度，当本国资金外流到外国投资时，对于外币的需求会增加，汇率就会上升。根据式（6-2），国际收支的经常账户资金净流入就会增加，这意味着净出口增加，根据本节的内容，当净出口增加时 $IS$ 曲线将右移。只要本国利率低于外国利率，资金的外流就不会停止，汇率会不断上升，因此只有当 $IS$ 曲线向右移动至 $IS'$ 时本国利率和外国利率才会相等，才能重新达到内外均衡状态。

因此，在浮动汇率下如果资金是完全流动的，货币政策不会影响本国的利率水平，但会影响本国的国民收入和汇率，扩张性的货币政策将使得本国收入大幅上升，同时也导致汇率的上升，货币政策是非常有效的。

#### 2. 财政政策

如果采用扩张性的财政政策，$IS$ 曲线将右移至 $IS'$，此时新的国内均衡下利率将上升（如图6-15中的 $B$ 点），当本国利率高于外部利率 $i^*$ 时，由于资金是完全流动的，就会发生资金内流。

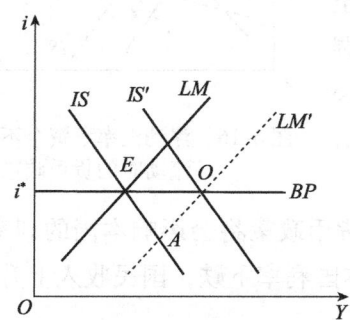
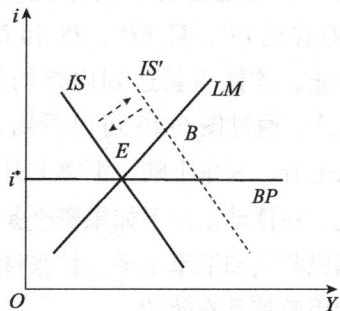

图6-14 浮动汇率下资金完全流动时的货币政策　　图6-15 浮动汇率下资金完全流动时的财政政策

由于该国实行浮动汇率制度，当外国资金内流到本国投资时，外币供给会增加，汇率

就会下降,净出口下降,$IS'$ 曲线将左移。只要本国利率高于外国利率,资金的内流就不会停止,汇率会不断下降。因此,只有当 $IS'$ 曲线向左回移至 $IS$ 时本国利率和外国利率才会相等,才能重新达到内外均衡状态。

因此,在浮动汇率下如果资金是完全流动的,财政政策既不会影响本国的利率水平,也不会影响本国的国民收入,从这个意义上看财政政策是无效的,但扩张性的财政政策会引起汇率的下跌。

在此处有一点需要特别提醒读者注意:在资金完全流动时汇率的变化不会引起 $BP$ 线的移动,这一点通过式(6-4)也可以看出来。究其原理,是因为资本账户的资金流动对利率是具有无限弹性的,只要本国利率和外国利率有一点利差,资本账户立即就有无限的资金净流入或净流出。相较而言,汇率变动对经常账户资金流动的影响就可以忽略不计,只有当本国利率和外国利率一致时才能达到外部均衡,因此 $BP$ 线就不随汇率的变动而发生移动。但是当式(6-4)中的 $\sigma$ 不趋于正无穷时(为一个有限的正数),汇率变动对经常账户资金的流动就不能忽略不计。根据式(6-4),汇率上升,$BP$ 线向右下移动;汇率下降,$BP$ 线向左上移动。

### (二) 资金不完全流动时

#### 1. 货币政策

当资金不完全流动时,$BP$ 线是一条正斜率的直线。假定刚开始时一国处于内外均衡状态,比如图 6-16 中的 $E$ 点。如果一国采用扩张性的货币政策使得 $LM$ 线右移至 $LM'$,由于 $IS$ 曲线没有发生移动,国内新的均衡点是 $LM'$ 和 $IS$ 曲线的交点 $A$ 点。

由于 $A$ 点位于 $BP$ 线的右下方,根据 $BP$ 线的意义,$A$ 点的国际收支状况是资金的净流出,当本国资金净流出时,对外币的需求大于供给。由于该国实行浮动汇率制度,当外币需求大于供给时汇率将上升,这将造成两个影响:一方面,汇率上升会导致 $BP$ 线向右下移动;另一方面汇率上升会导致净出口的增加,进而引起 $IS$ 曲线的右移。只要国内均衡点在新的外部均衡线的右下方,资金总有净流出,这个调整过程就不会停止,只有当 $BP$ 右移至 $BP'$,$IS$ 右移至 $IS'$,且 $BP'$、$IS'$ 和 $LM'$ 交于一点时,调整才会停止,才能重新达到内外均衡状态(如图 6-16 中的 $F$ 点)。通过图 6-16 可以看到,$F$ 点和 $E$ 点相比,国民收入上升,利率下跌,汇率上升。

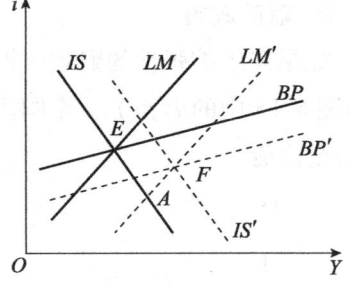

图 6-16 浮动汇率下资金不完全流动时的货币政策

因此,在浮动汇率下如果资金是不完全流动的,货币政策将会影响本国的利率水平、本国的国民收入和汇率水平,扩张性的货币政策将使本国利率下跌,国民收入上升,汇率上升,货币政策是有效的。

#### 2. 财政政策

如果采用扩张性的财政政策,$IS$ 曲线将右移至 $IS'$,达到新的国内均衡时利率将上升

（如图 6-17 中的 B 点），由于 B 点位于 BP 线的左上方，根据 BP 线的意义，B 点的国际收支状况是资金的净流入。

该国实行浮动汇率制度，当本国资金净流入时，外币的供给大于需求，汇率将下跌，这将造成两个影响：一方面，汇率下跌会导致 BP 线向左上移动；另一方面，汇率下跌会导致净出口减少，进而引起 IS' 曲线的左移。只要国内均衡点在新的外部均衡线的左上方，资金总有净流入，这个调整过程就不会停止。只有当 BP 左移至 BP'，IS' 左移至 IS"，且 BP'、IS" 和 LM 交于一点时，调整才会停止，才能重新达到内外均衡状态（如图 6-17 中的 F 点）。通过图 6-17 可以看到，F 点和 E 点相比，国民收入上升，利率上升，汇率下降。

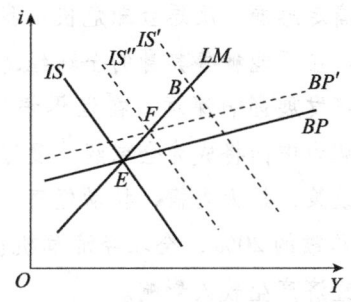

图 6-17　浮动汇率下资金不完全流动时的财政政策

因此，在浮动汇率下如果资金是不完全流动的，财政政策既会影响本国的利率水平，也会影响本国的国民收入和汇率水平，扩张性的财政政策将使得本国利率和本国国民收入的上升，汇率将下跌，财政政策是有效的。

### 四、蒙代尔-弗莱明模型的运用：三元悖论

三元悖论（the impossible trinity），也称三难选择，是由美国经济学家保罗·克鲁格曼就开放经济下的政策选择问题所提出的，其含义是：本国货币政策的独立性、汇率的稳定性、资本的完全流动性不能同时实现，最多只能同时满足两个目标。稳定的汇率制度、资金的完全流动、独立的货币政策这三个目标就如同一个三角形的三个顶点，政府不能同时实现这三个目标，而只能在选择其中两个的同时放弃另外一个，这便被称为三元悖论。上述表述这个关系的三角形被称为"克鲁格曼三角"，见图 6-18。

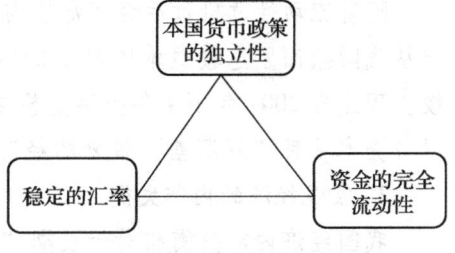

图 6-18　克鲁格曼三角

根据蒙代尔-弗莱明模型的分析，固定汇率制度下如果资金是完全流动的，货币政策无效（货币政策的独立性难以达到）；如果资金是完全流动的，而货币政策是有效的，那么汇率制度一定是浮动的（不能保证汇率的稳定）。如果一国采用固定汇率制度，而本国的货币政策又能有效，那么该国一定会进行资本流动的限制（资金的完全流动性难以保证）。因此，所谓的三元悖论只是对蒙代尔-弗莱明模型的一个概括和运用。

## 案例分析

### 金融危机下我国经济内外失衡与政策搭配探讨

自 2007 年 9 月美国发生次贷危机以来，我国宏观经济发展一直备受瞩目。金融风暴

似乎已经渐行渐远,在国家积极财政政策与货币政策下,中国经济得到了迅速恢复,也正是中国的积极表现,使得受到沉重打击的世界经济与贸易迅速走出低谷,渐入佳境。此时更应痛定思痛,反思金融危机中我国内外失衡状况,及所采取宏观经济政策对内外均衡的影响。在不能独善其身的全球经济联动下,中国宏观经济状况及宏观经济政策选择将对世界经济发展影响深远。在世界银行发布的《2009全球发展金融:制定全球复苏路线图》中就认为中国将成为全球经济复苏的关键力量。在应对此次金融危机时,我国采取积极的财政政策,扩大内需,拉动经济。同时,由于我国是外向型经济国家,出口贸易占据我国GDP总额的20%,全球经济危机促使各国消费水平下降,必然对我国的出口贸易,乃至总体经济产生较大影响。

### 一、金融危机下我国经济内外均衡冲突的特征

作为世界人口第一大国,保持GDP年均增长7%~8%才能维持我国宏观经济的持续稳定发展,才能解决人口因素对经济发展的制约。因此,我国的内部均衡就是要求在宏观经济增长前提下的价格稳定与充分就业。但农业人口在我国比例较大,就业水平不能成为衡量我国内部均衡的主要指标,因而我国的内部均衡则主要指物价稳定下的经济持续增长。外部均衡过大的国际收支顺差会造成国内通货膨胀压力,而过大的国际收支逆差则可能造成国内经济衰退。因此,我国的外部均衡,主要是利用经常项目调节国民储蓄与私人投资的差额,依经济的不同特点、不同发展阶段,在确定相应经常项目余额目标下,合理搭配国际收支结构。

#### 1. 宏观经济的外部失衡

随着流动性危机过后经济危机向实体经济恶化,国内出口额增速放缓,外商投资表现出从我国撤回紧急救援本国经济的特征。尽管"双顺差"形势不变,但外汇储备增速放缓。因此自2007年下半年金融危机爆发至今主导我国宏观经济外部失衡的仍然是经常项目与资本项目"双顺差"带来的经济压力。

#### 2. 宏观经济的内部失衡

我国经济内部失衡相对于长期"双顺差"的外部失衡来说就显得比较隐蔽与复杂。在金融危机阶段,这种内部失衡在外部失衡的激化下,变得显著。美国及欧洲国家经济危机导致整体需求下降,对我国出口造成较大冲击,因而一直以来我们并未受到较严重金融危机威胁,最主要的经济危机表现来自于我国出口贸易的减少,从而带来的经济增长速度变缓及就业压力。

2007年2月我国出口增长率曾经达到51.6%的历史新高点,但2008年11月出现了自我国经济高速发展以来的首次负增长。面对国际金融危机传导的出口危机,我国必须扩大内需继续拉动经济的高速增长,必然要求运用积极的货币政策促进企业加大投资力度,但另一方面通货膨胀压力不断增大,"过热"的宏观经济形势恶化了内部经济形势,使得央行措施面临左右为难,造成了内部失衡。步入2009年下半年,CPI上涨趋势终于得到减缓(见图6-19)。

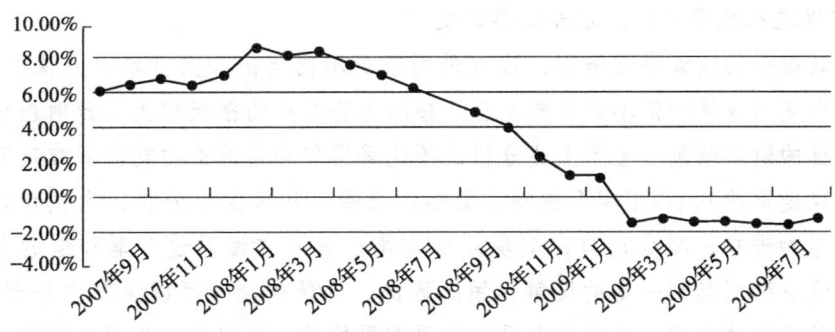

图 6-19 金融危机至今我国 CPI 走势

## 二、金融危机下我国宏观经济政策的搭配选择

世界银行 2009 年 6 月 18 日发布的最新《中国经济季报》指出，尽管中国经济继续感觉到全球危机的冲击，但极具扩张性的财政和货币政策使经济依旧保持着可观的增长速度。报告指出，中国的财政政策刺激主要围绕以基础设施建设为导向的"4 万亿人民币"刺激方案。货币政策刺激则带来了银行新增贷款的激增，直接受政府影响的投资大幅增加。

根据丁伯根法则中对政策工具的数量或控制变量数至少要等于目标变量的数量论述，在面对内外均衡冲突情况下，需要作为最终经济调配者的政府使用非单一政策调节经济发展方向，有效搭配财政、货币及汇率政策使宏观经济达到均衡状态。

**1. 运用积极的财政政策，加大内需摆脱出口依赖**

通过扩大内需解决国内产能过剩，有效缓解外部失衡。2009 年以来我国采取积极的财政政策，主要通过扩大公共投资，降低公共产品价格，建立启动城乡消费的长效机制，并可通过公共投资的扩大来消化加工制造业的产能过剩，促进各行业的协调发展。结合改革和优化税制，实行结构性减税，减轻企业和居民税收负担，扩大企业投资，增强居民消费能力。提高低收入群体收入，大力促进消费需求。调整国民收入分配格局，提高居民收入在国民收入分配中的比重和劳动报酬在初次分配中的比重，增强居民消费能力，扩大消费对经济增长的拉动效应。充分发挥财税政策作用，增加财政补助规模，重点增加中低收入者收入。进一步优化财政支出结构，保障和改善民生。重点从政府投资转向政府对消费的支持。

**2. 采取积极的货币政策，并适时根据宏观经济状况调整政策力度**

继续采取适度宽松的货币政策，继续保持银行体系流动性充裕。引导金融机构合理增加信贷投放，维持货币市场利率平稳运行。进一步观察经济金融形势发展和政策效应，灵活运用多种货币政策工具，调节市场资金供求，保证货币信贷总量满足经济发展需要。加强对金融机构信贷投向的指导，特别加强改善民生类信贷支持，发展消费信贷，对中小企业、自主创新、兼并重组、产业转移、区域经济协调发展的融资支持；加快货币市场基准利率体系建设，提高金融机构风险定价能力和水平。进一步完善人民币汇率形成机制，增强汇率弹性，保持人民币汇率在合理均衡水平上的基本稳定。

### 3. 积极促进人民币升值，完善汇率制度

按照斯旺模型的政策搭配原则，应该采用减少国内支出和实行本币升值的政策搭配，即紧缩性国内支出政策和汇率升值相配合。按照克鲁格曼的搭配理论，此时应该采用汇率升值和紧缩性的财政政策。鉴于上述分析，不论采用何种紧缩性的支出增减政策（财政和货币，或仅仅是财政），而汇率升值却是必然的选择。从理论上分析，人民币汇率升值一方面有助于增加进口、减少出口，实现外部均衡；另一方面通过汇率升值的负向价格效应，可以对通货膨胀起到一定的缓解作用。因此，升值的政策可以缓解内外部均衡冲突。对于一个开放经济体而言，比汇率水平高低更重要的是一个完善的汇率制度和汇率形成机制，这有助于汇率的自行调整从而实现内外经济均衡。因此，从长期看，就是要完善人民币汇率形成机制和汇率制度。逐步扩大人民币汇率浮动区间，增强汇率弹性，利用市场机制调节外汇供求，使汇率有序地向均衡方向调整，减弱汇率稳定要求对货币政策效应的约束。提高货币政策独立性和有效性，发挥汇率作为价格杠杆对国际收支的调节。

资料来源：林伟光. 金融危机下我国经济内外失衡与政策搭配探讨 [J]. 岭南学刊，2010 (2).

**案例点评**

开放经济下的内外失衡以及调节是国际金融理论在现实中的运用，本案例阐述了我国现阶段内外失衡的特征并提出了政策搭配的方案，这也和教材所讲述的内容相一致，是蒙代尔调节理论、斯旺调节理论的具体运用。

## 附录6A　斯旺理论有效的前提

### 一、斯旺理论调节在不同斜率情形下有效性的图示

由于一般教科书上对于斯旺理论成立的前提没有加以任何限制，我们可以考虑以下三种情形。

#### 1. 当 $|k_{IB}| = |k_{EB}|$ 时

当 IB 线斜率（记为 $k_{IB}$，$k_{IB}<0$）的绝对值等于 EB 线斜率（记为 $k_{EB}$，$k_{EB}>0$）的绝对值时，通过斯旺的调节政策，经济状况既不会进一步恶化也不会向均衡点接近（见图6-20）。

当然，以上结论排除了一些特殊情形，比如经济状况正好位于内外均衡点的正上方，如果先用支出转换政策实现外部均衡，不管内部均衡线和外部均衡线的斜率怎样，当达到外部均

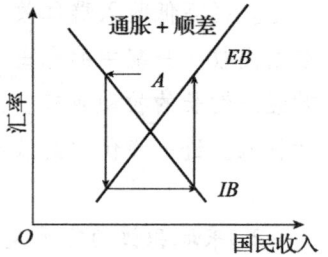

图6-20　斯旺调节理论循环的情形

衡时，由于经济状况垂直变动，刚好调节到内外均衡线的交点，因此内外均衡同时实现。同理，当经济状况位于内外均衡点的正下方时，如果先用支出转换政策实现外部均衡，不管内部均衡线和外部均衡线的斜率怎样，内外均衡都是能够实现的。而当经济状况位于内外均衡点的正右方或正左方时，如果先用支出变更政策实现内部均衡，不管内部均衡线和外部均衡线的斜率怎样也能实现内外均衡。

## 2. 当 $|k_{IB}| < |k_{EB}|$ 时

在图 6-21 中，$EB$ 线比 $IB$ 线要陡峭，这意味着 $|k_{IB}| < |k_{EB}|$。假定刚开始时经济状况处于 $A$ 点，此时仍旧处于通货膨胀和顺差状态，但 $A$ 点离 $IB$ 线和 $EB$ 线的交点很近，因此内外失衡的情况不是很严重。根据斯旺理论进行内外均衡调节，用支出变更政策实现内部均衡，用支出转换政策实现外部均衡，然而这样的调节过程会使得经济状况离均衡点越来越远，内外均衡不可能同时实现。

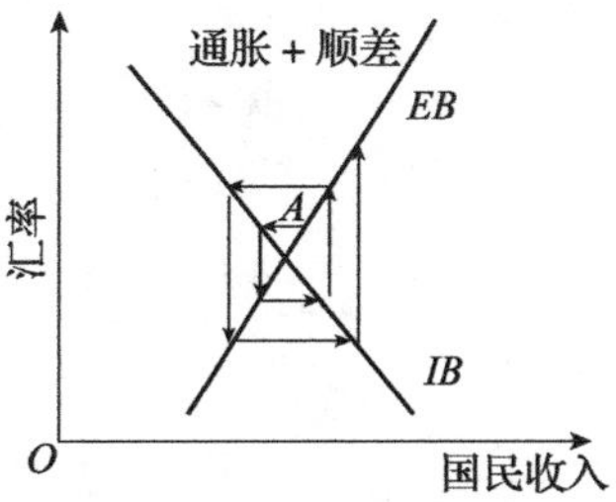

## 3. 当 $|k_{IB}| > |k_{EB}|$ 时

根据本章第二节的内容，此时通过斯旺调节理论能够实现内外均衡。

图 6-21 斯旺调节理论无效的情形

综上所述，斯旺理论有效的充分条件是 $|k_{IB}| > |k_{EB}|$，即 $IB$ 线比 $EB$ 线陡峭。

## 二、斯旺理论成立的充分条件证明

斯旺理论有效的充分条件是 $|k_{IB}| > |k_{EB}|$，这其实是一个无穷级数是否收敛的问题，严格的证明可以参考相关书籍（比如弗登博格的《博弈论》，机械工业出版社，2002，P19 - 20），此处给出一个简要证明以适应本科教学的需要。

假定刚开始时经济状况处于通货膨胀和顺差的 $A$ 点，此时 $A$ 点应该位于均衡点的上方。设内部均衡线为 $E = a - bY$，外部均衡线为 $E = c + dY$（其中 $b$、$d$ 均大于 0），内外均衡点就是两条直线的交点，其坐标可以表示为 $\left(\dfrac{a-c}{b+d}, \dfrac{ab+bc}{b+d}\right)$。由于 $A$ 点位于内外均衡点的上方，因此 $E_A > \dfrac{ab+bc}{b+d}$。我们来考察通过一个周期的调整以后，经济状况能否更加趋近于均衡点。

此处的一个周期可以理解为通过四次调整后 $A$ 点是否能够向均衡点靠拢，由于 $A$ 点在均衡点上方，我们只要考察调整后经济状况的纵坐标是否变小。首先通过支出变更政策实现内部均衡，直线方程为 $E = E_A$；然后通过支出转换政策实现外部均衡，直线方程为 $Y = Y_1 = \dfrac{a - E_A}{b}$；再通过支出变更政策实现内部均衡，直线方程为 $E = E_2 = c + d\dfrac{a - E_A}{b}$；接着通过支出转换政策实现外部均衡，直线方程为 $Y = Y_2 = \dfrac{a-c}{b} - d\dfrac{a - E_A}{b^2}$；最后通过支出变更政策实现内部均衡，直线方程为 $E = E_3 = c + d\dfrac{a-c}{b} - d^2\dfrac{a - E_A}{b^2}$。由于 $E_3 - E_A = c + d\dfrac{a-c}{b} - d^2\dfrac{a - E_A}{b^2} - E_A \left(1 - \dfrac{d}{b}\right) \cdot \dfrac{1}{b}\left[ad + bc - (b+d)E_A\right]$，根据假设 $E_A > \dfrac{ad+bc}{b+d}$，因此 $ab + bc - (b+d)E_A < 0$。又由于 $\dfrac{1}{b} > 0$，只有当 $1 - \dfrac{d}{b} > 0$，即 $b > d$，也就是内部均衡线斜率的绝对值大于外部均衡线斜率的绝对值时，通过一个周期的调整，经济状况才能更加趋近于内外

均衡点。可以证明的是，当 $b>d$ 时通过无穷次调整，经济状况的极限是内外均衡点，但这个简要证明对于本科教学的授课而言已经足够了。整个调整过程如图 6-22 所示。

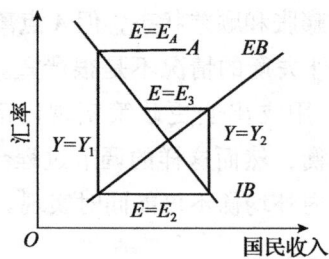

图 6-22　斯旺理论一个周期的调整

## 核心概念与本章小结

1. 内部均衡主要是指物价稳定和充分就业，外部均衡是指国际收支均衡。内部均衡和外部均衡的目标之间可能会产生"米德冲突"。

2. 当国际收支失衡时，自动调节机制会发挥作用。自动调节机制如果不能使得国际收支达到均衡状态就要考虑人为的政策调节。政策调节包括外汇缓冲政策、需求调节政策和供给调节政策。一般而言，需求调节政策是人为调节中运用得最多的，需求调节政策包括支出变更政策和支出转换政策。支出变更政策能够直接改变总需求的大小，主要有财政政策和货币政策；支出转换政策不直接改变总需求的大小，而是改变总需求的结构，主要是指汇率政策。

3. 内外均衡调节时有两个原则，即丁伯根原则和有效市场分类原则。根据蒙代尔的政策搭配理论，应该用财政政策实现内部均衡，用货币政策实现外部均衡。根据斯旺的政策搭配理论，应该用支出变更政策实现内部均衡，用支出转换政策实现外部均衡。

4. 根据蒙代尔－弗莱明模型，在开放经济下，如果一国实行固定汇率制度，只要资金存在流动性，货币政策是无效的，而财政政策是有效的；如果一国实行浮动汇率制度，货币政策是有效的，只要资金不是完全流动的，财政政策也是有效的。所谓三元悖论，即"本国货币政策的独立性、汇率的稳定性、资本的完全流动性不能同时实现，最多只能同时满足两个目标"。这仅仅是对蒙代尔－弗莱明模型分析结论的描述。

本章的内容是从宏观的角度分析一国内外失衡时应该采用什么样的经济政策进行调节，同时也从另一个角度分析了一国的经济政策会对该国的一些经济变量（比如汇率、利率、国民收入等）产生什么样的影响。通过本章的学习，可以为我们分析宏观经济政策的效果打开一扇门，更好地用理论分析现实。

## 本章习题

1. 当一国经济出现通胀和顺差时，为了内外经济的平衡，根据财政货币政策配合理论，应采取的措施是（　　）。

A. 扩张性的财政政策和扩张性的货币政策
B. 紧缩性的财政政策和紧缩性的货币政策
C. 紧缩性的财政政策和扩张性的货币政策
D. 扩张性的财政政策和紧缩性的货币政策

2. 根据蒙代尔-弗莱明模型，如果资本是完全流动的，在浮动汇率制下（　　）。
   A. 货币政策无效　　　　　　B. 货币政策有效
   C. 财政政策有效　　　　　　D. 财政政策和货币政策均无效

3. 根据蒙代尔的政策搭配理论，外部均衡需用（　　）进行调节。
   A. 财政政策　　　　　　　　B. 货币政策
   C. 支出转化政策　　　　　　D. 供给政策

4. 斯旺政策搭配理论的前提是（　　）。
   A. 内外部均衡线一样陡峭　　B. 外部均衡线更陡峭
   C. 内部均衡线更陡峭　　　　D. 以上条件均可

5. 在固定汇率制下，如果资金完全流动，一国采用扩张性货币政策，形成新的均衡时（　　）最有可能下降。
   A. 国民收入　　　　　　　　B. 外汇储备
   C. 实际利率　　　　　　　　D. 资金净流入

6. 在斯旺的调节理论中，为何储蓄和汇率负相关？

7. 试作图分析浮动汇率制下，如果资本是不完全流动的，采用扩张性财政政策的效应。

8. 我国在2006年由于连年贸易顺差，外汇储备突破了万亿美元，而国内的物价又持续上升，此时我国是否存在米德冲突？根据斯旺的理论，对于这样的经济状况应该采用什么样的政策进行调节？

9. 试简述浮动汇率制下发生逆差时，货币-价格机制的自动调节过程。

10. 在斯旺的政策搭配理论下，如果某一小国的内部均衡线为 $E=4-2Y$，外部均衡线为 $E=1+Y$（其中 $E$ 为汇率，$Y$ 为国民收入）。如果某一时间，该国的国民收入为1.2，汇率为2.3，此时该国的内外均衡状况如何（通过计算或作图得出你的结论）？根据斯旺的政策搭配理论应该如何调节？

# Chapter 7
# 第七章

# 国际金融市场

## 引言

国际金融市场是商品信用经济发展的必然产物,其存在已有百年的历史。二战结束后,随着资本主义生产的国际化,一些西方国家的国内金融市场,为了适应国际垄断资本发展的需要,纷纷越出国界,逐渐形成了世界上采用电讯网络一天 24 小时进行交易的若干个大的国际金融市场。本章先对国际金融市场进行介绍,然后对一些重要领域,如欧洲货币市场进行重点论述,最后简要介绍国际外汇市场和国际黄金市场。

## 学习目标

(1) 掌握国际金融市场的概念和构成
(2) 了解国际金融市场的形成与发展过程
(3) 掌握国际金融市场形成的条件、作用
(4) 掌握欧洲货币市场的性质和特点
(5) 熟悉国际货币市场与国际资本市场
(6) 了解国际外汇市场和国际黄金市场

## 第一节 国际金融市场概述

### 一、国际金融市场的概念

金融是指货币资金的融通,即资金的借贷和头寸的调剂。金融市场则是指资金融通的场所或机制。如果金融市场上的资金融通业务发生在本国居民之间,不涉及任何其他国家的居民,称为国内金融市场;如果资金融通活动超越国境,涉及其他国家的居民,则称为国际金融市场。所以,国际金融市场就是在居民与非居民之间,或非居民与非居民之间进行融资活动的场所或机制的总和。

国际金融市场(international financial market)的含义有广义和狭义之分。广义的国际

金融市场是指在国际范围内，运用各种现代化的技术手段与通信工具，进行资金融通、证券买卖以及相关金融业务活动的场所或网络，包括国际货币市场、国际资本市场、国际外汇市场、国际黄金市场及各种衍生金融工具市场等。广义的金融市场实际上是由各国的交易主体组成的进行各种金融资产交易的场所或机制，体现国际金融商品的供求买卖关系。本章所指的是广义国际金融市场。狭义的国际金融市场仅指从事国际资金借贷和融通的场所或网络，包括国际货币市场和国际资本市场。

## 二、国际金融市场的形成与发展

### （一）国际金融市场的形成与发展过程

国际金融市场是在资本主义经济从自由竞争向垄断阶段发展过程中，随着国际贸易的发展、世界市场的形成和国际借贷关系的扩大，逐渐形成和发展起来的。从世界范围来看，国际金融市场的形成发展经过一系列演进过程，可以分为下面三个阶段。

#### 1. 传统国际金融市场的形成

第一次世界大战（简称一战）以前，英国是西方各国中首先完成工业革命的国家，其自由资本主义迅速发展并向海外积极扩张。同时，英国政局较为稳定，1694年成立的英国中央银行——英格兰银行，其业务不断扩大、地位不断巩固和加强，遍布世界各国的银行代理关系逐渐建立，银行结算和信贷制度逐渐得以完善。从海外殖民地掠夺、榨取和积累起来的巨额利润形成巨大的资金力量，使英国成为全球重要的信贷资金来源地。英镑成为当时世界上最主要的国际结算和国际储备货币。最终，伦敦以其政治稳定、经济繁荣和较完备的金融制度等优越条件率先成为世界上最大的国际金融市场。

一战结束后，由于战争的影响，英国在工业生产和国际贸易上的领先优势已不明显，英镑作为主要的国际结算货币和储备货币的地位逐渐削弱，加之英国放弃了金币本位制，加强了外汇和外贸管制，伦敦的国际金融中心地位随之下降。二战结束后，英国经济遭受重创，伦敦国际金融市场的作用随之逐步削弱。同时，美国利用二战积累的巨额资本，成为世界上最大的资金供应者，控制着整个西方经济，美元成为各国的储备货币和国际结算货币，美国纽约金融市场迅速崛起，并超过伦敦，成为当时世界上最大的国际金融市场。

西欧各国经济大多受二战影响，遭到破坏，但是瑞士因为是"永久中立国"，免受战争灾难并且保持了良好的金融环境，瑞士法郎还能够进行自由兑换，这使得苏黎世金融市场的外汇交易和黄金交易非常活跃，金融市场规模也迅速扩大。因此，在这一阶段，纽约、伦敦和苏黎世并列成为世界三大国际金融市场。

#### 2. 欧洲货币市场的形成和发展

20世纪60年代以后，随着德国、日本等国经济的迅速复兴，美国经济日渐衰弱，美国的国际收支出现严重的巨额逆差，黄金持续外流，国际社会对美元的信心动摇，结果使大量美元外流。尽管美国政府采取了一系列限制资本外流的措施，仍然无法阻止大量美元流到美国境外的情况。流出的美元大多集中在欧洲国家,尤其是英国伦敦,形成了境外美元的集散地,成为欧洲美元市场,这便是欧洲货币市场的雏形。同时,西方其他主要货币如德国马克、英镑、瑞士法郎等也相继流出国境,形成境外可自由兑换货币的存储和借贷市场,称为欧洲货币市场。当时,伦敦既是重要的国际金融市场,又是规模最大的欧洲美元市场,恢复了主要国际金融中心的地位。

欧洲货币市场的出现,促进了信贷交易的国际化,冲破了国际金融市场形成的传统模式,为国际金融中心的分散创造了有利而重要的前提条件。20世纪70年代以后,国际金融市场迅速扩展到巴黎、法兰克福、阿姆斯特丹、新加坡、中国香港、东京等地,成为境外欧洲货币市场。而一些地理位置优越、金融管制较松、税收条件较优惠的国家或地区,如加勒比海地区的巴哈马、百慕大、开曼群岛和中东的巴林等地,也成为具有一定代表性的境外美元或其他货币市场。

**3. 新兴国际金融市场的兴起**

20世纪80年代以后,新兴的工业国家经济迅速发展。此时,西方各主要国家普遍掀起了以放松金融管制为主要内容的金融自由化和金融全球化的改革浪潮。这一趋势对新兴国家金融发展产生了深远影响。一方面促使它们推动相应的金融自由化和国际化改革;另一方面,它们成为国际投资的新热点,国际资本流动要求其建立与之相适应的金融环境,从而加速了这些新兴国家的金融发展和国际金融市场的形成。新兴的国际金融市场在亚洲包括新加坡、马来西亚、菲律宾、印度尼西亚、泰国等国家。在拉丁美洲包括墨西哥、阿根廷、巴西等国家。同时,发展中国家的石油输出国,如科威特,由于石油输出赚取了大量石油美元,国际收支持续巨额顺差,是国际金融市场重要的资金来源,在国际金融市场中具有举足轻重的地位。这些国家的金融市场逐步发展为国际性的金融市场。

## (二) 国际金融市场的发展趋势

20世纪70年代中期以来,世界经济形势发生了多次重大变化。国际金融市场的主要发展趋势可以概括为以下几个方面。

**1. 国际金融工具不断创新**

20世纪70年代初期,随着固定汇率制的崩溃,浮动汇率制开始产生,西方国家通货膨胀形势加剧,市场利率波动频繁,外汇风险加大。为了减少或转移因汇率与利率波动给投资者带来损失,在国际金融市场上出现了很多新的金融工具,即金融工具的创新。如活期存款、储蓄存款和定期存款工具,是西方国家传统的银行存款工具。其中,活期存款一般不支付利息,或支付很少的利息,而储蓄存款利息的最高水平又受到限制,这使银行与证券公司在1971年创设的"货币市场互助基金"就没有利率上限的约束,又能享受开支票的便利,并且存款金额起点也较小。

**2. 国际金融管制越来越放宽**

自20世纪70年代中期以来,西方国家金融方面出现了金融管制渐渐放宽的趋势,特别是有关国际资本输入管制方面的放宽或解禁,直接促进了国际金融市场的发展。英国在

1979 年采取了 20 个比较重要的金融管制措施，放宽了对欧洲日元债券发行的管制；美国也取消了对资本输出的管制。西方主要国家在对外金融管制上的放宽或解禁，大大推动了发展中国家国际金融自由化。金融自由化是指西方国家普遍放松金融管制后出现的金融体系和金融市场充分经营、公平竞争的趋势。很多国家逐步放开金融市场，进行业务自由化、市场自由化、价格自由化、资本流动自由化等改革，有利于金融资源的合理流动和配置，提高了资源的运营效率。国际金融管制越来越宽松的环境，为现代国际金融市场的发展提供了前提和基础。

### 3. 国际金融市场全球一体化

国际金融市场正在向全球化的趋势发展。目前的国际金融市场已经不再局限于少数几个发达国家，而是开始向世界各国分散，发展中国家和地区也出现了新兴国际金融市场。由于电子技术的广泛应用，计算机和卫星通信网络正在把遍布世界各地的金融市场和金融机构紧密地联系在一起，全球性的资金调拨和融通几秒钟便可以完成，从而遍及全球的金融中心和金融机构正在形成一个全时区、全方位一体化的国际金融市场。而且，国际金融市场全球化还表现在跨国银行业务的一体化、综合化和网络化。20 世纪 80 年代以来，一些主要资本主义国家，如加拿大、瑞典、澳大利亚等，相继允许外国银行自由进入本国开设分行。跨国银行在海外大量设立分行，形成全球范围的经营网络，促进了全球范围的资本流动，也加速了金融市场的全球一体化。

### 4. 国际金融市场融资方式证券化趋势

20 世纪 80 年代以来，国际金融市场融资方式发生了新的变化，传统的国际信贷比重逐渐下降，金融业务中证券业务的比重不断增大，银行贷款转向具有流动性的债务工具，这就是国际金融市场融资方式证券化趋势。其形成原因是多方面的，主要有两个方面：一是 20 世纪 80 年代初爆发的发展中国家债务危机使国际银行贷款的风险急剧增加，同时贷款成本相对上升；二是有价证券市场流动性的提高和筹资成本的降低，使各种类型的筹资者，包括政府机构和公司借款人等，都把注意力由传统的国际银行贷款渐渐转向发行长短期债券或商业票据。并且连跨国银行本身，也成为债券市场的重要参与者，于是就形成了国际金融市场上融资方式证券化趋势。

## 三、国际金融市场形成的条件

### 1. 稳定的政局

这是形成国际金融市场最基本的前提条件。一国只有政局稳定，资本所有者才有安全感，才有可能吸引国际资本流入，才能积聚国际资本借贷所需的巨额资金，才有可能形成国际金融市场。相反，如果一国政局动荡不安，就无法保证国内经济和金融的稳定，难以吸引国际资本流入，因而也不会形成国际金融市场。

### 2. 自由开放的经济金融政策

自由开放的经济金融政策，一方面可以加强本国与世界其他国家的经济金融往来，并进行各种形式的经济金融合作；另一方面由于金融管制较宽松，如对存款准备金、利率、汇率、外汇交易等无严格的管制条例，充分保证了国际资本的自由流动和资本所有者的收益，容易形成国际资本的集散地，进而形成国际金融中心。

### 3. 健全的金融制度与发达的金融机构

如果一国金融制度和法规不健全，就无法保障金融活动的高效进行，而数量较少、功能不强的金融机构也无法承担从事国际金融业务的重任。

### 4. 优越的地理位置与现代化的通信设施

得天独厚的地理位置，容易吸引各国参与者，方便其交易；完善的通信设施，能保证交易信息的快速、准确与通畅，从而提高交易速度、降低交易费用。绝大多数国际金融中心都同时具备了这些条件，如中国香港、新加坡等。

### 5. 训练有素的国际金融专业人才

一国只有拥有既具备现代国际金融专业知识又具备丰富实务操作经验的国际金融专门人才，才能为国际金融业务提供优质高效的服务，促进国际金融市场的发展。

## 四、国际金融市场的积极作用

健全有效的国际金融市场对全球经济发展起着举足轻重的积极作用，主要体现在以下四个方面。

### 1. 促进国际贸易与投资

通过国际金融市场的融资、结算、资金调拨等方式，便利了国际贸易与投资，在世界范围内调剂资金余缺，使闲置资本转化为盈利资本，促进了生产和资本的国际化。

### 2. 为各国经济发展提供资金

国际金融市场将部分国家的盈余资金融通到资金不足的国家，在全球范围内调剂资金余缺，促进了各国经济的发展。如二战以后兴起的欧洲货币市场推动了欧洲的复兴，特别是德国和日本的经济发展；亚洲美元市场对亚太地区经济建设起到了积极的推动作用。许多发展中国家经济发展所需的资金大部分都是在国际金融市场上筹集的。

### 3. 调节各国国际收支不平衡

国际金融市场的形成和发展，为各国调节国际收支提供了一条新的途径。对国际收支逆差国而言，在制定和调整经济政策时就具有更大的灵活性，有助于内外平衡目标的实现。特别是20世纪70年代后的两次石油危机，使许多石油进口国包括一些发达国家和大多数发展中国家都出现了巨额国际收支逆差，而一些石油输出国则通过石油出口赚取了大量石油美元。通过国际金融市场进行石油美元回流，缓解了很多国家的国际收支不平衡的矛盾。

### 4. 在全球范围内优化资源配置

国际金融市场通过利率、汇率等经济杠杆的调节作用，使资金流向效益最好、投资报酬率最高的国家和地区，从而优化世界经济资源配置，建立合理高效的国际分工体系，促进全球经济发展和福利水平的提高。

## 五、国际金融市场的消极作用

国际金融市场对世界经济发展起到巨大推动作用的同时，也会产生了一些消极影响。主要表现在以下几个方面。

### （一）削弱了各国货币政策的独立性

对于参加国际金融市场的国家，如果对国际资本依赖太重，则会在一定程度上影响本国货币政策的有效性。当一国欲紧缩银根、抑制通货膨胀而提高利率时，国内银行和工商企业可以从国际金融市场借入利率较低的资金，国内的货币供给量并未随利率提高而减少，紧缩性货币政策难以达到预期效果。相反，当一国欲实行扩张性货币政策、降低利率以刺激投资、推动经济增长时，国内资金会转移到利率较高的国际金融市场上，国内利率仍无法降低。

### （二）在一定程度上影响了国际金融的稳定

**1. 汇率利率剧烈波动，金融风险加大**

20世纪70年代后，大多数国家开始实行浮动利率和浮动汇率制。由于国际金融市场上资金的频繁调拨和一些国家经济政治局势动荡不安，再加之国际游资投机活动的推波助澜，大量资金通过套汇、套利活动在几种货币之间频繁移动，使得汇率利率大幅波动，不仅对国际贸易、国际信贷和国际投资产生不利影响，而且加大了金融风险，金融危机时有发生。

**2. 国际资本经常冲击黄金市场，使金价暴涨暴跌，大幅波动**

由于浮动汇率和浮动利率的大起大落，通货膨胀时有发生，石油价格涨跌不定，各类主体出于保值增值或投机等目的频繁冲击黄金市场，金价也由此成为国际金融市场的晴雨表。如1971年8月15日，美国政府宣布关闭"黄金窗口"后，金价由相对稳定变为剧烈变动。从1971年至1979年12月1日金价由每盎司42美元上升到428美元。1981年1月21日，伦敦黄金开盘价高达850美元，当日最高价达870美元。在短短20个交易日，金价涨幅达一倍以上，其中一个重要原因就是国际金融市场为黄金的投机者提供了大量资金。

**3. 不利于逆差国从根本上解决国际收支问题**

国际金融市场上的大量低利率资金，虽然缓解了全球性的国际收支矛盾，但却使许多国家过分依赖于外部融资来弥补本国的国际收支逆差，而不是设法调整经济结构，增强产品的国际市场竞争力，从根本上改善国际收支状况。长此以往，不但阻碍国际收支的调整，还导致了部分国家外债的积累，甚至可能产生债务危机。

### （三）国际金融市场的运行在一定条件下存在着通货膨胀的倾向

国际金融市场的通货膨胀倾向与主要货币发行国为稳定汇率、干预外汇市场的操作有密切联系。若日元汇率下跌，外汇市场上就会出现抛售日元，抢购欧元、瑞士法郎等硬货币的现象，这使欧元、瑞士法郎有升值趋势。但为稳定汇率，硬货币发行国不得不大量抛本币收购日元，造成国内货币供给量增加，引起物价上涨。这种并非国内的原因，而是根源于外国经济问题的通货膨胀，被称为"输入性通货膨胀"。国际金融市场汇集的大量游资对汇率和利率的变化反应敏感且迅速，一旦某种货币汇率发生较大变化，大量游资的冲击极有可能造成相关国家的通货膨胀。

### （四）形成国际信贷领域的"超级风险"

国际金融市场上的借贷关系不同于国内借贷，相比之下有以下特点：第一，借款人可以是本国居民，也可以是非居民。借款人往往不是资金的最终需求者，最终借款人和最初的贷款人往往存在错综复杂的连锁关系，贷款人难以了解资金运用情况。第二，借款特别是短期借款金额巨大又缺乏抵押担保，同时银行间的激烈竞争使贷款缺乏慎重。第三，短存长贷也是增加国际信贷风险的一个重要因素。在这种市场运行的背景下，一旦信贷相对集中，偿还出现困难，就会引起连锁反应，危及整个国际金融市场体系的稳定。

## 第二节　欧洲货币市场

### 一、欧洲货币市场的概念

欧洲货币市场（Euro-currency market）又称离岸金融市场，它是金融自由化的产物，离岸金融活动是伴随着以欧洲美元为代表的欧洲货币的出现而产生的。20世纪50年代末，由于美国的金融管制，特别是Q条例的颁布，使得美元大量外流。伦敦当时是境外美元的主要集散地，随着境外美元市场迅速向世界各地扩散，欧洲美元市场逐步发展为欧洲货币市场。目前，欧洲货币市场的交易量已远远超过传统国际金融市场，是当今国际金融市场的核心。为深入领会欧洲货币市场的内涵，我们必须明确欧洲货币市场及欧洲货币的概念。

欧洲货币（Euro-currency）是指在货币发行国境外的银行存储与贷放的货币。这里的"欧洲"一词，其实质是"非国内的"或"境外的"，因此，欧洲货币又称境外货币。

欧洲货币市场是指在货币发行国境外从事该种货币借贷或交易的市场，是一种新型的国际金融市场。在理解欧洲货币市场时，要注意以下几个方面。

#### （一）欧洲货币市场中的"欧洲"并不单单指欧洲境内

欧洲货币市场起源于欧洲，但不限于欧洲。之所以称为"欧洲"，只是人们的一种习惯。现在，这一市场地域范围已经逐渐扩展到亚洲、北美洲和拉丁美洲，其币种也从美元扩大到英镑、欧元、瑞士法郎、日元等在境外可自由兑换的货币。

#### （二）欧洲货币泛指欧洲货币市场交易的各种"境外货币"

如欧洲美元是指美国境外的银行所吸收和贷放的美元资金，欧洲日元是在日本境外的银行所吸收和贷放的日元资金。欧洲货币还可以指在货币发行国境外以该货币为面值发行债券的面值货币。欧洲货币必须具备两个条件：① 必须是可自由兑换货币；② 必须在发行国境外进行交易。经营欧洲货币存储与贷放的银行称为欧洲银行（Euro - bank），由欧洲货币的供求借贷活动形成的市场就是欧洲货币市场。

### (三) 欧洲货币市场不仅仅指货币市场

欧洲货币市场是指经营欧洲货币的市场，但不等同于货币市场。事实上，所有离岸货币资金业务，无论是1年以内的货币市场交易，还是1年以上的资本市场交易，都包括在欧洲货币市场之中。因此，欧洲货币市场包括短期和长期（1年以上）的资金交易。

## 二、欧洲货币市场的产生和发展原因

欧洲货币市场的产生和发展是由多种因素造成的：东西方"冷战"和西方主要国家对资本流动的控制促成了欧洲美元市场的出现；美国的国际收支逆差使得美元大量外流，尤其是欧洲货币市场本身所具有的特点进一步推动了该市场的发展。

### (一) 东西方"冷战"

20世纪50年代初东西方冷战时期，由于美国在朝鲜战争期间冻结了我国在美国的全部资产，苏联及东欧国家担心自己在美国的资产也会被冻结，便将其国家银行持有的美元资金转存美国境外的其他银行，主要是存放在伦敦的各大商业银行。而当时的英国政府正需要大量的资金以恢复英镑的地位和支持国内经济发展，所以准许伦敦的各大商业银行接受境外美元存款和办理美元信贷业务。于是，欧洲美元市场的雏形就出现了。但是，由于此时欧洲美元存款的数额十分有限，所以并未引起人们极大的关注。

### (二) 英镑发生危机

1957年，英国国际收支出现大幅度逆差，外汇短缺，造成国内资金紧张，爆发英镑危机。英国政府为了维持英镑的稳定而加强了外汇管制，禁止英国的各大商业银行向英镑区以外的居民发放英镑贷款。于是英国的各大商业银行为了逃避外汇管制，维持其在国际金融领域的地位，纷纷转向经营美元业务，开始吸收美元存款并向海外客户贷放，因此，一个在美国境外大规模经营美元存款和放款业务的短期资金市场——欧洲美元市场开始在伦敦出现了。

### (三) 美国政府的管制

1958年以后，美国国际收支开始出现赤字，并且规模逐渐扩大。进入20世纪60年代以后，不断增加的国际收支赤字使美国政府被迫采取一系列措施限制资金的外流，而这些限制性措施却使美国的商业银行加强其海外分行的经营活动，以逃避政府的金融法令管制。1963年7月，美国政府对购买外国有价证券的美国居民征收"利息平衡税"，即美国居民购买外国居民在美国发行的有价证券（包括美国商业银行对非本国居民的贷款），所得利息一律要纳税。1965 年，美国政府又颁布了"自愿限制对外贷款指导方针"，要求美国的银行和跨国公司自愿限制对外贷款以及对外直接投资的规模。在 1968 年，美国又颁布了"国外直接投资法规"，使上述自愿限制变成了法定规则。此外，美国联邦储备银行颁布了"Q 条例"，对银行定期存款利率规定了上限。这一系列措施实际上使美元资金不断地流向国外。美国银行和跨国公司为了盈利纷纷把资金调至海外支行，或者把筹资的重点放在欧洲美元市场，以支持其国外分公司的经营活动，从而为欧洲美元市场提供了大量的资金，促进了欧洲美元的存储与贷放规模的扩大。

### （四）西欧国家放松外汇管制

20 世纪 50 年代末开始，西欧一些国家逐步放松外汇管制，恢复其货币的自由兑换和资金的自由流动，这也为欧洲美元和其他欧洲货币市场的顺利发展提供了良好的条件。于是，除了欧洲美元外，欧洲货币的币种增加，出现了欧洲德国马克、欧洲法国法郎等币种。这样，欧洲美元市场便发展成为欧洲货币市场。

### （五）汇率的波动和金融市场动荡

自 20 世纪 60 年代末开始至 70 年代，一些主要西方国家国内通货膨胀严重，货币疲软，同时，美国的国际收支赤字又使国际金融市场上资金充斥，于是投机性的国际游资流向联邦德国、日本和瑞士等硬通货国家，这些国家的中央银行为了维持外汇市场的稳定，采取了一些限制资本流动的措施。于是各国商业银行和跨国公司纷纷把手中的马克、瑞士法郎等硬通货投向欧洲货币市场，从而推动了欧洲货币市场的发展。20 世纪 70 年代以后，国际石油市场大幅度提价，石油输出国赚取了巨额石油美元资金，并大量地投资到欧洲货币市场获取利息，使得欧洲货币市场存款总额急剧增加，市场规模迅速扩大。

由于跨国公司在亚洲的扩张和渗透，形成了亚洲美元市场，这可以看成是欧洲货币市场在亚洲的延伸。亚洲美元市场的结构与欧洲货币市场相似，主要包括银行信贷市场和债券市场，经营货币有美元、日元、德国马克、瑞士法郎等自由外汇，其中以美元为主，也称亚洲美元。

目前，欧洲货币市场既包括欧洲各主要金融中心，同时还包括日本、中国香港、新加坡、加拿大、巴林、巴拿马等全球性或区域性的国际金融中心。这种在全球范围内经营境外货币存放款等业务的国际金融中心，就是广义上的欧洲货币市场，也称为超级货币市场或境外货币市场。

## 三、欧洲货币市场的性质和特点

与传统的国际金融市场相比，欧洲货币市场是一个真正的完全自由的国际金融市场，具有许多突出的优点。

## （一）基本上摆脱了所在国政府法令的约束

传统的国际金融市场必须受所在国政府政策法令的约束，而欧洲货币市场基本上不受当地政府的金融政策、法令的管制和约束。究其原因：一方面，欧洲货币市场本身就是为逃避主权国家金融管制的产物，是一个超国家的资金市场，远在货币发行国境外，货币发行国自然无权干涉；另一方面，市场所在国政府为吸引更多的资金流入，繁荣金融市场，则尽量采取种种优惠措施，创造宽松的管理环境。

## （二）市场交易主体以非居民为主，一般不对本国居民开放

传统国际金融市场的交易活动一般存在于本国居民和非居民之间，即外国筹资者和本国投资者之间或外国投资者和本国筹资者之间；欧洲货币市场的借贷活动，则存在于外国投资者与外国筹资者之间，即存在于非居民之间，又称两头在外。

## （三）市场交易币种以外国货币为主，很少涉及本国货币

欧洲货币市场是在货币发行国境外进行该货币存储与贷放所形成的市场，所以交易的币种以境外自由外汇为主，一般不涉及市场所在国货币。

## （四）突破了国际金融市场地理位置的限制

传统国际金融市场，通常是在国际贸易和国际金融业务极其发达的中心城市，而且必须是国内资金供给中心。欧洲货币市场则不然，只要某一地区金融管制较松、税收政策优惠或地理位置优越，即能吸引投资者和筹资者，如百慕大、拿骚、卢森堡、巴林、开曼群岛等，都是新兴的避税型离岸金融市场。

## （五）具有相对独立的利率体系

由于欧洲银行享有免税和免交存款准备金等优惠政策，所以欧洲货币市场的利率不受所在国利率水平的限制。其存款利率略高于国内金融市场利率，而贷款利率略低于国内金融市场利率，存贷款利差较小，对资金余缺双方都极具吸引力。

## （六）拥有广泛的银行网络和庞大的资金规模，能够向全球提供多样化的金融服务

欧洲货币市场主要是银行间市场，银行网络非常发达，交易活动一般都是通过电报、电话、电传等方式在银行之间或银行与客户之间进行。欧洲货币市场的交易以批发为主，由于该市场的资金来自世界各地，数额极其庞大，各种可兑换货币和金融服务项目应有尽有，可以满足不同客户对资金融通和金融服务的需求。

## 四、欧洲货币市场的类型

根据活动区域内资金的来源和运用情况，欧洲货币市场可以分为主导中心、簿记中

心、集资中心和代收中心四大类。

（1）主导中心（primary centers）是指在欧洲货币业务方面发挥全球性金融媒介作用，在资金、利率、汇率等方面影响那些单一职能金融中心，具有发达金融设施的全能市场。伦敦和纽约是典型的主导中心。

（2）簿记中心（booking centers）也称避税型离岸金融中心，尽管其资源匮乏，但海空交通便利、税收政策优惠、金融监管宽松，从而吸引了大批国际商业银行来此设立金融设施。其主要功能是提供银行转账业务，以规避母国的金融管制和税收。开曼群岛、拿骚、巴哈马群岛、泽西岛是这类中心的代表。

（3）集资中心（funding centers）又称吸收中心，是指吸收外国资金，并主要向本地区提供贷放服务，从而解决本地区经济发展需要的离岸金融中心。新加坡和巴拿马是集资中心的代表，其任务主要是为东南亚和拉美地区经济发展筹集资金。

（4）代收中心（collection centers）又称发散中心，主要吸收本地区闲散资金，并向外部贷放，从而解决本地区投资渠道狭窄、资金供给过剩问题的离岸金融中心。中东地区的巴林即属于这类中心，其任务是为本地区大量的石油美元寻求投资渠道。

## 五、欧洲货币市场的业务与构成

欧洲货币市场是一个资金借贷市场，主要业务形式有：欧洲银行短期信贷、国际银团贷款、欧洲债券的发行和交易、欧洲票据发行便利、货币互换和利率互换等，近年来还出现了欧洲股票。根据业务形式不同，欧洲货币市场由以下子市场构成。

### （一）欧洲银行短期信贷市场

欧洲银行短期信贷期限短，具有批发性质，是欧洲货币市场规模最大的基础性业务，主要在银行同业间进行。这一市场的业务有如下特点：一是期限短，一般 3 个月以内；二是金额巨大，具有批发性质，单笔交易一般几百万、上千万美元，甚至有超过 1 亿美元的交易；三是灵活方便，在借款期限、交易币种、交易地点和还款方式等方面有较大的选择余地，这也是欧洲货币市场对借款人的吸引力之所在；四是利率由双方协商确定，一般低于对国内大客户的优惠放款利率。银行间同业拆借使用伦敦银行间同业拆借利率（LIBOR），银行对非银行客户贷款的利率以 LIBOR 为基础，再加一定的加息率。

### （二）欧洲银行中长期信贷市场

该市场的贷款期限一般在 1 年以上，贷款金额多在 1 亿美元左右，为分散贷款风险，往往由一家或几家信誉卓著的大银行牵头，组织多家银行组成银团，共同为大客户提供贷款，称为辛迪加贷款。辛迪加贷款业务具有以下特点：一是期限长、金额大，期限一般为 3~5 年，最长可达 10 年。二是利率以 LIBOR 为基础，加上一定的加息率。为防范利率风险，一般采用浮动利率形式，每 3 个月或半年调整一次。三是必须签订贷款协议，有的还须政府担保。

### (三) 欧洲债券市场

欧洲债券是借款人在货币发行国以外或在该国离岸金融设施发行的以该货币为面值的债券。欧洲债券市场是欧洲债券的发行和交易市场。欧洲债券的面值货币可以是美元、瑞士法郎、日元、欧元等。发行人主要为工商企业、政府机构及国际组织，期限多为3~5年，最长可达20年。

目前，欧洲债券市场上的债券种类主要有：一是普通固定利率债券，其特点是债券的利率和到期日在发行前已明确规定；二是浮动利率债券，债券利率一般以6个月期的LIBOR或美国商业银行优惠放款利率为准，加上一定的附加利率；三是可转换债券，购买者可按发行时规定的兑换比例，转换为相应数量的股票；四是授权证债券，购买者可获得一种权利，并据此按协定条件购买某些其他资产，类似于买入期权；五是合成债券，具有固定利率债券和利率互换合同的特点。

### (四) 欧洲货币市场的创新

欧洲货币市场上的金融创新工具有票据发行便利、互换交易、远期利率协定等。

## 六、欧洲货币市场的作用和影响

欧洲货币市场的迅速发展，对世界经济和金融产生了广泛而深远的影响。

### (一) 欧洲货币市场的积极作用

**1. 提高资金运作效率，降低银行经营成本**

欧洲货币市场的产生缩小了传统国际金融市场之间在时间和空间上的距离，使跨国商业银行可以24小时不间断运行，从而提高了资金运作效率，提高资本在国际间的流动性，大大降低了银行的经营成本。

**2. 降低交易成本，减轻债务人负担**

欧洲货币市场为规避金融市场上的利率管制、外汇管制及减轻税收负担等提供了便利的场所和条件，在一定程度上降低了交易成本和债务人的财务负担。

**3. 为各国经济发展提供资金便利**

欧洲货币市场是国际资金再分配的重要渠道。在这一市场上，金融机构发达、资金规模巨大、借款成本较低、融资效率高，已成为各国获取资金推动经济发展的重要场所。二战后日本和德国经济的迅速崛起，得益于在欧洲货币市场上筹措的巨额资金。

**4. 一定程度上缓解了全球性的国际收支不平衡的矛盾**

欧洲货币市场为一国弥补国际收支逆差提供了成本相对低廉的资金来源，也为顺差国巨额国际收支盈余提供了一个较好的出路。特别是一些石油输出国，通过欧洲货币市场将大量石油美元输送到全球各地，有效地缓解了国际收支不平衡的矛盾。

#### 5. 推动了跨国公司国际业务的发展

跨国公司是欧洲货币市场上非常活跃的参与者，跨国公司的跨境投资既带动了国际资本的流动，又产生了对资金的巨额需求。欧洲货币市场可为跨国公司的国际投资提供大量的资金来源，又为资金在国际间的转移提供便利，推动了跨国公司业务经营的国际化。

#### 6. 对东道国的积极作用

对市场所在国而言，由于设立离岸金融设施产生的税收、服务等收入有助于增加本国的就业，提高国民收入水平；有利于利用外资和先进的金融管理技术，培养专门人才，推动本国金融体系的发展和国际化。

### (二) 欧洲货币市场的消极影响

#### 1. 削弱各国宏观调控措施的独立性

欧洲货币市场为相关国家政府的宏观调控措施的实行增加了难度和不确定性，有可能造成国内金融体系的混乱。一方面，当一国为紧缩银根、调高利率时，商业银行可转向欧洲货币市场借入资金；反之，当一国采取降低利率的扩张性货币政策时，商业银行则会将资金调往国外，从而使政策目标难以实现。另一方面，离岸金融活动也可能对国内的信用规模和金融稳定构成威胁和冲击。

#### 2. 诱导主要货币发行国过量发行货币，造成潜在的经济风险

当离岸金融中心吸收了大量的国际货币后，国际货币发行国的货币供给量将不可避免地上升，这种国际货币的扩张在特定的条件下有可能引发通货膨胀在国际间的传递，破坏国际货币和经济秩序的稳定。

#### 3. 金融风险加大，金融监管困难

欧洲货币市场经常是国际信贷领域超级风险的根源。由于欧洲货币市场的特殊性，市场所在国对进行严格金融监管缺乏必要的热情，为从事高风险的金融活动和衍生金融产品交易创造了便利条件。又由于欧洲货币市场没有一个类似中央银行的机构，使其缺乏规范的监管和最后的贷款支持，且没有存款保险制度。所有这些，有可能对境外金融机构的母体乃至母国的金融体系产生巨大的风险，还有可能被不法分子利用，从事金融犯罪活动或隐藏非法所得。

## 第三节 国际货币市场和国际资本市场

### 一、国际货币市场

#### (一) 国际货币市场的含义

国际货币市场，又称短期资金市场，是国际间从事期限在1年或1年以内的短期资金借贷业务所形成的市场。国际货币市场是国际金融市场的重要组成部分。

国际货币市场的主要特点为：① 资金融通期限短，有的是隔夜拆借；② 融通资金主

要解决公司短期资金的需要或政府临时的支付困难;③货币市场上的各种金融工具有较强的流动性,变现能力强。

### (二) 国际货币市场的组成与业务活动

国际货币市场的参与者主要包括商业银行、票据承兑公司、票据贴现公司、证券交易商、证券经纪人等。根据不同的借贷交易方式,可分为银行短期借贷市场、短期证券市场和票据贴现市场等。

**1. 银行短期借贷市场**

这是国际银行间同业拆借及银行对工商企业提供短期信贷资金的场所,目的在于融通临时性的流动资金余缺。

国际银行间同业拆借的期限长短不一。最短为日拆,还有1周、1个月、3个月、6个月等,最长不超过1年。拆借利率以伦敦银行间同业拆借利率(London inter-bank offered rate, LIBOR)为基准。拆借金额巨大,以伦敦为例,最少为25万英镑,多则可达数百万英镑。交易方式简便灵活,同业拆放业务由经纪人每日通过电信网络或互联网相互联系进行,多为信用贷款,无须担保或抵押,完全凭信誉,交易简便,无须签订专门的书面贷款协议。

**2. 短期证券市场**

短期证券市场是指国际间进行短期证券发行和交易的市场,证券的期限不超过1年。这类证券具有良好的市场属性,流动性强、安全性高,同时兼顾了收益性。

(1) 国库券是指各国政府财政部为调剂国库资金的余缺而发行的短期债券。由于国库券是政府发行的,以财政的可靠收入作为保证条件,因此国库券的风险系数几乎等于零,其信用程度高于任何一家商业企业的信用程度。加上期限短、流动性强,国库券成为短期投资的最好目标。因此,国库券是流动性最强、安全性最高的金融工具,其期限一般为3个月、6个月和9个月,以折扣方式发行,到期按面额归还。在美国的短期证券市场上,国库券占主要地位,发行量最大。

(2) 大额可转让定期存单(negotiable certificate of deposits, CDs)起源于美国,是商业银行为吸引大额资金来源而发行的期限在1年以内的定期存单。在美国,存单的标准面额为100万美元甚至更高,利率高于同期普通银行存款利率,可在二级市场上自由流通转让,但不能提前支取,到期按票面金额和约定利率归还本金和利息。

(3) 商业票据(commercial bill)又称融资票据,是信誉良好的大公司为筹措短期资金而签发的票据,期限为14~270天不等,可通过银行发行,采用按票面金额贴现的方式进行交易,也有的商业票据带有票面利息或附票。

(4) 银行承兑票据(bank acceptance bill)是指经过银行承诺兑付的商业汇票。银行承兑票据以银行信用为基础,信誉较高。由于承兑后的票据信用增强,所以流动性大大提高,成为一些投资者投资的目标。其持票人可以在到期前到银行贴现,或者在二级市场转售,转售时的价格按面值打一定折扣,卖价与面额的差额即为持票人的收益。

### 3. 票据贴现市场

票据贴现市场（discount market）是指对未到期的信用凭证（短期国库券、存单、汇票等）通过贴现方式进行资金融通形成的交易市场。贴现就是把未到期的信用凭证打个折扣（按一定的贴现率）从银行或有关金融机构换取现金的一种融资方式。在凭证到期时，银行或金融机构持该凭证向发票人或承兑人兑取现金，如果该凭证还没有到期而银行或金融机构又急需现金，可将此凭证向中央银行进行再贴现。

贴现从表面看是一种票据的购买，实质上是一种特殊的放款，而且对于贴现公司而言，利息预先得以扣除，风险较小。贴现业务是货币市场资金融通的一种重要形式，贴现利率一般高于银行贷款利率，贴现票据主要有国库券、短期债券、银行承兑票据和商业承兑票据等。中央银行通常在再贴现业务中通过再贴现利率，调节货币供给量和信贷规模，实现货币政策目标。在国际贴现市场上，跨国公司、跨国银行、国际金融机构和主要发达国家的中央银行等是贴现交易的主要参与者。

## 二、国际资本市场

### （一）国际资本市场的概念

国际资本市场是指期限在1年以上的资金借贷和证券发行交易的市场，也称中长期资金市场。国际资本市场是国际金融市场的重要组成部分，其交易工具一般是较长期的有价证券。

### （二）国际资本市场的构成

国际资本市场有广义和狭义之分。广义的国际资本市场是由国际银行中长期信贷市场和国际证券市场构成的。狭义的国际资本市场仅指国际证券市场。

#### 1. 国际银行中长期信贷市场

银行中长期信贷市场是国际银行为各国政府和企业提供中长期信贷资金所形成的市场。一般期限在1~5年的为中期信贷，5年以上的为长期信贷。

国际银行中长期信贷市场的主要特点有以下几个方面：

（1）资金来源广泛。其资金主要来源于世界各国的商业银行和银团贷款。信贷资金供应较为充足，借款人筹资比较方便。

（2）贷款在使用上比较自由。借款人可以自由决定所借款项的使用方向，贷款银行一般不进行干预，也不附加任何条件。

（3）贷款条件严格，借款成本相对高。由于中长期信贷的时间长、金额大、风险高，所以借款双方要签订严格的贷款协议，有时还需要政府机构的担保。同时，商业银行中长期贷款使用市场利率，而且多为浮动利率，贷款人还要收取管理费、代理费、杂费和承担费等。这些因素加大了借款人的还款压力和借款成本。

（4）贷款方式灵活多样，手续简便易行。银行信贷期限可长可短，金额可大可小，贷款货币也可以选择多种，银行贷款的民间性质使其不用政府有关部门审批，手续简便易行。

国际银行中长期贷款主要有双边贷款和银团贷款两种形式。双边贷款又称为独家银行贷款，是指一国的一家银行向另一国的政府、银行、公司企业等借款人发放的贷款。双边贷款规模受到单个银行的贷款额度的限制，而且期限较短，一般为3~5年。

银团贷款又称为辛迪加贷款，是由一家银行牵头、几家银行组成银团，按共同的条件向另一国的借款人提供的长期巨额贷款。辛迪加贷款的主要特点是：一是贷款规模较大，其数额可以达到几亿甚至几十亿美元；二是贷款期限长，一般为7~10年，最长可达20年；三是币种选择灵活，主要币种仍然是欧洲美元；四是贷款成本相对较高，其利率通常为LIBOR加上一定的加息率，而且借款人还要负担其他的一些费用。

国际辛迪加贷款快速增长的原因是这种贷款方式给借贷双方都带来了一些好处，主要体现在以下四个方面：

第一，既增加了国际银行的信贷收益，又可以避免同业竞争，并能有效地分散贷款风险，减少或阻止借款人违约行为的发生，尤其是有利于减少国家债务人利用"主权豁免"的特权给银行利益造成的损害。

第二，提供辛迪加贷款的主办银行都是国际信贷市场上著名的资金实力雄厚的大银行，通过主办银行牵头组织对该项目贷款感兴趣的几十家甚至上百家银行一起参与提供贷款，使不同规模的银行都能在相同条件下发挥各自的比较优势，开展信贷业务。

第三，需要巨额资金支持的项目往往是一家银行难以承受的，辛迪加贷款为这类项目的借款人提供了良好的融资方式。同时，由于辛迪加贷款单笔交易额的增加，交易越来越多地以搭桥贷款和备用贷款的形式出现。

第四，由于辛迪加贷款多采用浮动利率、对借款人附有契约约束、贷款风险由辛迪加银行共同分担等特点，因而对辛迪加银行有利。同时，对借款人来说，进入辛迪加市场无须信用评级，市场准入门槛较低，也便利了借款人。

**2. 国际债券市场**

国际债券是指长期资金的筹措者在国外发行上市的、以外国货币定值并销售的债券。从事国际债券交易形成的市场称为国际债券市场，其参与者由借款人和投资人（包括参与者所在国政府、金融机构、企业或个人）以及中介人所构成。借款人即国际债券的发行人，投资人是国际债券市场债券的购买者，而中介人是承销国际债券的金融机构。国际债券市场是资本市场的重要组成部分。

对于投资者来说，债券能够获得稳定的收入，流动性很好，有利于分散投资风险。对于借款人来说，能在较短时间内筹集到巨额资金。因此，许多国际性大银行也从传统的融资方式向债券融资方式转变。

国际债券的类型有如下几种：

（1）按照是否以发行地市场的货币为面值，可以分为外币债券和欧洲债券。外币债券是指本国发行人到国外债券市场上发行的以外币计值的债券。从事外币债券发行和买卖的市场就是外币债券市场。外币债券的发行担保由发行所在国的证券机构承担，并在该国的主要市场上进行发售。发行外币债券必须得到发行所在地国家证券监督机构的同意，并受到该国金融法规的制约。在美国发行国际债券要在美国证券交易委员会注册，发行的美元债券称为"扬基债券"。在日本发行债券要经过日本大藏省批准，发行的日元债券称为"武士债券"。在英国发行的英镑债券要得到英格兰银行批准，称为"猛犬债券"。境外机构在中国市场上发行的人民币债券称为"熊猫债券"。

欧洲债券是发行人到国外债券市场上发行的，不以发行地国家的货币计值而是以其他自由可兑换的货币为面值的债券。欧洲债券是欧洲货币市场重要的融资工具。由于欧洲债券是境外债券，基本上不受任何一国金融法令和税收条例的限制。发行前不需要到市场所在国提前注册，发行手续简便、自由灵活。而且，欧洲债券大多不是记名债券，具有充分的流动性。欧洲债券市场由辛迪加或财团控制，借款者大部分是跨国银行或跨国公司、企业或地方政府。其计价货币最主要的是欧洲美元，此外还包括欧洲日元、欧洲英镑、欧元等。

（2）按照发行方式，可以分为公募债券与私募债券。公募债券是指债券在证券市场上公开销售，购买者为社会的各个阶层。公募债券的发行必须经过国际上认可的债券信用机构的评级，发行后可以上市转让流通，具有较强的流动性。一般由证券承销商和银行共同组成包销集团，承揽全部债券发行工作，然后再把债券发售给投资人。其发行的费用高，推销成本很大。

私募债券是指私下向限定数量的投资者发行的债券，一般不能上市转让，所以其债券利率高于公募债券利率，并且发行价格较低。此外，这种债券发行金额较小、期限较短、手续简便，但筹资数量有限。

（3）按照利率确定方式，可以分为固定利率债券、浮动利率债券和零息债券。

固定利率债券（straight bond）或称普通债券。这是一种从发行日至到期日的利率固定不变的债券，利息每年支付一次，期限一般在5~10年。固定利率债券流行于市场利率稳定时期，当市场利率波动较大时，这种债券的发行易受影响。

浮动利率债券（floating rate bond）。这种债券的利率不是固定的，可以定期进行调整，每季度或半年调整一次，其利率通常以LIBOR作为参考利率，再加上一个附加利率。此债券有最低的利率下限，但没有利率上限，限期一般为5~15年。其市场价格比固定利率债券小得多，对投资者有很大的吸引力。

零息债券（zero coupon bond）。这种债券没有利率，而是以低于面值的价格发行，到期日按面值支付本金，面值与发行价的差额为投资者的资本利得。这是一种以折价方式出售的债券。这给将资本增值不作为收入纳税国家的投资者带来低税或逃税的机会，因此对投资者有很大的吸引力。

此外，为保证投资者的利益，发行国际债券需要由国际公认的评级机构对债券资信进行等级评定。债券评级的主要内容包括：第一，债券发行人还本付息的清偿能力；第二，债券发行人在金融市场上的声誉、历次偿债情况、有无违约记录；第三，发行人破产的可能性。目前美国最主要的评级公司有标准普尔公司和穆迪公司。

**3. 国际股票市场**

国际股票市场是指在国际范围内发行并交易股票的场所或网络,包括两种存在形式:一种是有形市场,有固定的交易场所和交易时间,如在证券交易所中买卖股票;另一种是无形市场,没有固定的交易场所,投资者通过现代化通信工具或网络买卖股票。

国际股票市场可以分为发行市场和流通市场两种。

(1) 国际股票发行市场。国际股票发行市场是指发行人直接或通过中介机构向投资者出售新发行的股票进行筹资的市场,也称为一级市场或初级市场。股票的发行方式是股票经销出售的方式。按照股票发行对象和程序的不同,股票发行可以分为公募发行和私募发行两种方式。

1) 公募发行。公募发行是指发行人委托金融中介机构面向社会公众公开发行股票,是最基本的发行方式。其发行的难度较大,发行程序复杂,对发行人有较高的信用要求,并符合发行地证券主管部门规定的各项发行条件,经批准后方可发行。采用公募方式发行的优点是:第一,公募发行以众多投资者为发行对象,可以在短时间内迅速筹集到大额资金;第二,公募发行的股票可以申请在交易所上市,有利于增强股票的流动性,并提高发行人的社会信誉。公募方式的缺点是发行过程比较复杂,登记核准所需时间较长,且发行费用较高。

2) 私募发行。私募发行,又称证券直接发行,指发行人直接对特定的投资人销售证券。私募的发行范围小,一般以少数与发行人或经办人有密切关系的投资人为发行对象,主要包括两类:一类是个人投资者,如公司老股东或发行单位的员工;另一类是机构投资者,如大型金融机构或与发行人有密切往来关系的企业等。

私募发行的优点是有确定的投资人,发行手续简单,可以节省发行时间,费用低廉;不足之处是投资者数量有限,证券不能公开上市,流通性差,而且不利于提高发行人的社会信誉。

(2) 国际股票流通市场。国际股票流通市场又称为二级市场或次级市场,是对已发行股票进行买卖、转让的市场。它一方面为股票持有者提供随时变现的机会;另一方面为新的投资者提供投资机会。国际股票流通市场是国际股票市场最为活跃的部分,为国际股票提供了流动性,推动了整个国际股票市场的发展。

目前,国际股票流通市场分为场内交易市场和场外交易市场两种形式。

1) 场内交易市场。场内交易市场是指由证券交易所组织的股票集中交易的市场,即证券交易所。所谓证券交易所,由证券管理部门批准,为证券集中交易提供固定场所和服务。目前世界三大证券交易所是纽约证券交易所、伦敦证券交易所和东京证券交易所。

证券交易所一般可分为会员制和公司制两种组织形式。会员制证券交易所是以会员协会形式成立的不以盈利为目的的组织。只有取得交易所会员资格的经纪人和交易商,才能在交易所进行交易。经纪人和交易商的区别在于:前者只能充当证券买者与卖者的中间人,从事代客买卖业务,收入来自佣金;后者则可以直接进行证券买卖,收入来自买卖差价。目前大多数国家（包括中国）的证券交易所均实行会员制。

公司制证券交易所以盈利为目的，是由各类出资人共同投资入股建立起来的公司法人。公司制证券交易所对在本所内的证券交易负有担保责任，必须设有赔偿基金。证券交易所的股东不得担任证券交易所的董事、监事或经理，以保证交易所经营者与交易参与者的分离，如瑞士日内瓦证券交易所和美国纽约证券交易所等。

2）场外交易市场。场外交易市场，是指在交易所以外的证券交易市场。由于早期场外交易的相当部分是在证券商的柜台进行的，所以又称柜台交易或店头交易市场。

场外交易市场的特点是：①它是一个没有组织的、非集中固定的交易场所，交易主要通过电话、互联网等通信方式进行；②交易对象以没有在交易所登记上市的证券为主，某些情况下也对在交易所已上市证券进行交易；③证券交易可以委托证券商代理，也可由客户直接与证券商进行；④证券的成交价格不是通过集中竞价的方式确定的，而是由证券商持续报出证券的买价和卖价两种价格或由交易双方协商议定价格。

场外交易市场近年来又分离出两个市场，即第三市场和第四市场。

第三市场是指原来在证券交易所上市的股票移到场外进行交易而形成的市场，实际上是上市股票的场外交易市场，是场外交易市场的一部分。第三市场发展的原因是股票投资机构化，机构投资者需要为场内交易的大额股票交易支付大笔佣金，一些证券商为吸引这些业务，把上市股票移到场外进行交易。其优点是成本低、价格便宜、手续简便。

第四市场是指不通过经纪人或自营商，证券交易通过计算机网络直接进行大宗证券交易的市场。第四市场也是由机构投资者的大额交易需求产生的。机构投资者的一些大额股票交易甚至不通过证券商，而是直接寻找交易对方协商成交，主要目的是节约交易费用。这种市场受到大机构的欢迎，优点是无须中间人、交易成本低、成交迅速、交易保守秘密。

## 第四节　国际外汇市场

### 一、外汇市场的概念、特征与作用

#### （一）外汇市场的概念

外汇市场是外汇供求关系的总和，是指经营外汇业务的银行、各种金融机构以及个人进行外汇买卖、调剂外汇供求的交易场所，包括有形的外汇买卖场所和无形的外汇交易网络系统。

外汇市场的主体是外汇的供应者、需求者及外汇买卖的中介，外汇市场的客体是被大多数国家或者地区接受的不同国家的货币，外汇交易机制是外汇交易的载体或者各种形式的外汇市场。

商业银行在经营外汇业务的过程中，不可避免地会出现买进和卖出外汇数量上的不平衡。如果同一种外汇买进大于卖出，称为"多头"；如果卖出大于买进，则为"空头"。

在经营外汇业务的过程中，商业银行为了避免因为汇率的变动而造成外汇买卖业务上的损失，往往遵循"买卖平衡"的原则。也就是说，对于所经营的每一种外汇，如果出现"多头"，则将多余部分的外汇卖出；如果出现"空头"，则将不足部分的外汇买进。但是，这并不意味着商业银行在外汇买卖的过程中会立即进行平衡，因为商业银行经营外汇业务的目的主要是为了盈利。根据实际情况看，商业银行会根据自身的资金实力、各个国家的经济和金融状况以及对不同外汇汇率变动趋势的预测分析，决定对不同种类的外汇是立即平衡还是推迟平衡。一般而言，我们将推迟平衡称为进行外汇投机。

### （二）外汇市场的特征

#### 1. 国际外汇市场的特征

随着经济全球化进程的加快，国家之间经济交往的范围和规模不断扩大，外汇市场也得到了迅速发展，目前国际外汇市场的日交易额已经超过万亿美元。从当前国际外汇市场来看，主要有以下两方面的特征。

（1）外汇市场全球一体化。外汇市场的分布呈全球化格局。美洲有纽约、多伦多，欧洲有伦敦、巴黎、法兰克福，亚洲有东京、中国香港和新加坡等外汇市场。从地理位置上来讲，国际外汇市场遍布全球。而且，外汇市场高度一体化，全球市场连成一体，各市场在交易规则、方式上具有较大的同质性。各市场在交易价格上相互影响，一个市场发生动荡，往往会发生连锁反应，影响其他市场。

（2）外汇市场全天候 24 小时运作。由于时差关系，世界各主要外汇市场相互交错，从全球范围看，外汇市场是一个 24 小时全天候运作的昼夜市场。每天以伦敦为主的欧洲外汇市场最早开始营业（北京时间下午三四点），然后是纽约等北美市场开市（北京时间晚上八九点），至纽约等北美汇市收市时（北京时间早晨四五点），大洋洲、亚洲市场陆续开始交易，每天在东京、中国香港等亚洲市场即将收盘时（北京时间下午三四点），伦敦等欧洲外汇市场又重新开市。如此周而复始，世界外汇市场形成了一个遍布全球各地的相互间有机联系的巨大网络，是一个不分昼夜 24 小时连续作业的市场。

#### 2. 我国外汇市场的特点

我国外汇市场的特点主要包括：第一，与大多数国际外汇市场一样，外汇交易以现代化的通信设施和电子计算机网络为依托；第二，交易主要集中在人民币与美元、人民币与欧元、人民币与日元、人民币与港元之间的现汇交易；第三，在交易层次上，主要有客户与外汇指定银行之间的交易、银行同业间的外汇交易及外汇指定银行与中央银行之间的外汇交易三个层次；第四，汇率主要由市场的供求关系决定；第五，中央银行主要运用货币政策对外汇市场进行宏观管理和调控。

### （三）外汇市场的作用

（1）由于外汇市场的存在，有效地实现了购买力的国际转移，使各个国家之间经济交易的清算或者结算变得便捷。

（2）由于外汇市场的存在，为国际间的资本转移和资金融通提供了便利。

（3）由于外汇市场的存在，为国家、机构、公司（企业）和个人提供了防范外汇风险的渠道和工具。

## 二、外汇市场的类型

### （一）按外汇市场的组织形态划分

按照外汇市场的组织形态划分，外汇市场可以分为有形市场和无形市场。有形市场也称为欧洲大陆式的外汇市场，是指有固定形式的交易场所，一般是在证券交易所的交易大厅内设立外汇交易所，有从事外汇经营业务的各个银行代表在营业日的规定交易时间内，集中在此从事外汇交易。目前欧洲大陆的外汇交易市场除了瑞士外，大多数都采用这种有固定地点的交易形式。如巴黎外汇市场、法兰克福外汇市场、米兰外汇市场等均采用这种市场形式。

无形外汇市场也称为英美式外汇市场，即没有固定交易场所的市场，所有交易都通过联结银行与外汇经纪人或者客户的电话、电传及互联网等通信工具所组成的网络进行。伦敦、纽约、苏黎世等外汇市场都是这种市场组织形式。

目前，新发展起来的外汇市场大多采用无形市场的形式，由于通过现代化的通信手段进行外汇交易，方便快捷，越来越受到客户的欢迎。

### （二）按外汇市场的交易对象划分

按照外汇市场的交易对象划分，外汇市场分为外汇批发市场和外汇零售市场。前者是指银行同业之间买卖外汇或者调剂余缺所形成的市场。后者是指经营外汇业务的银行与顾客（进出口商或个人等）之间的交易所构成的外汇市场。批发市场是外汇市场的主要组成部分，交易额占外汇市场交易额的90%以上。

### （三）按政府对外汇交易是否进行干预划分

按照政府对外汇交易是否进行干预划分，外汇市场可以分为官方外汇市场和自由外汇市场。前者是按照外汇市场所在国政府外汇法令及所指定的外汇管理机构规定的官方汇率进行外汇买卖的市场，其外汇交易的范围、规模以及汇率水平都受到较为严格的控制。后者是指不受政府控制，按照市场供求关系变化所形成的汇率进行交易的市场。在该市场上，政府、机构和个人可以自由买卖任何币种、任何数量的外汇，政府介入这种市场，主要是为了稳定汇率。

### （四）按外汇交易交割期限的不同划分

按照外汇交易交割期限的不同划分，外汇市场可以分为即期外汇市场和远期外汇市场。买卖双方的外汇和本币的收付行为称为交割。即期外汇市场又称现汇市场，是指在外汇交易的当日或交易完成后的两个营业日内进行交割的市场，其基本功能是进行货币兑换，在最短时间内实现国际购买力或资本的转移。远期外汇市场又称期汇市场，即进行远期外汇买卖的市场。买卖双方在进行远期外汇交易时签订合约，交割日可以是在交易成交的第二个营业日之后的任何一个双方商定的日期进行，期限通常为 3 个月、6 个月、9 个月等，最长不超过 1 年。远期外汇市场的基本功能主要是套期保值和投机。

### 三、外汇市场的构成

从外汇市场的主体即参与者来看，外汇市场主要由以下四方面构成。

#### （一）外汇指定银行

外汇指定银行简称外汇银行，是指经各国中央银行或者货币当局批准可以经营外汇业务的商业银行和其他金融机构。外汇指定银行主要包括以下四种类型：专门经营外汇业务的本国商业银行；兼营外汇业务的本国商业银行；在本国的外国商业银行分行；经营外汇业务的其他金融机构。外汇指定银行是外汇市场上最重要的参加者，其外汇交易业务是外汇市场活动的重要组成部分。

外汇指定银行通常与以下几种类型的对象发生交易：外汇经纪人、工商企业、个人及中央银行。其主要业务包括：①外汇买卖业务，即买卖外国货币、外币有价证券、外币支付凭证等即期和远期外汇业务。从性质上看，主要有代理买卖和自营买卖两个方面。②汇兑业务，包括汇出汇款、代理外国银行解付外汇款项、购买各种支票、发行和兑付旅游支票、代理外国银行承兑及支付各种票据等业务。③押汇业务，包括输出汇票、发放进口信用证、保兑外国银行开出的信用证等进出口押汇业务。④外汇存款和放款业务。⑤其他外汇业务等。

#### （二）外汇经纪人

外汇经纪人是那些在银行与银行之间、银行与客户之间进行联系，专门介绍外汇买卖、收取佣金的中间人。外汇经纪人作为一种专门职业，必须获得营业资格（一般由所在国中央银行批准）。经纪人本身并不买卖外汇，只是联系外汇买卖双方，为其提供准确、迅速的交易行情，使外汇交易顺利进行。目前由于网络技术的迅速发展，买卖双方更倾向于直接交易，外汇经纪人的地位有一定程度的削弱。外汇经纪人一般分为两种类型：一般经纪人和跑街经纪人。一般经纪人充当外汇买卖的中介，赚取佣金；跑街经纪人专门代理客户买卖外汇，收取佣金。

#### （三）中央银行

中央银行参与外汇市场与普通参加者有本质的不同，其根本目的在于以外汇买卖的经济手段来干预外汇市场，稳定本币汇率，实现经济的稳定增长。通常的做法是设立外汇平准基金，在本币汇率上升时买进外汇，在本币汇率下跌时抛出外汇，通过外汇的抛出和买进来维持本币汇率的稳定及合理调节国际储备的规模和结构。此外，中央银行还通过制定和颁布相关条例和法令来维护外汇市场的秩序。所以，从某种意义上讲，中央银行是外汇市场的特殊参与者和实际操纵者。

### （四）顾客

顾客是指外汇银行的顾客，包括交易性的外汇买卖者，如进出口商、国际投资者、旅游者等；保值性的外汇买卖者，如套期保值者；投机性外汇买卖者，如外汇投机商。

## 第五节 国际黄金市场

### 一、黄金市场的概念

黄金市场是金融市场的重要组成部分，是集中进行黄金买卖的交易中心。目前世界上有40多个可以自由买卖黄金的国际市场，其中伦敦、苏黎世、纽约、芝加哥和中国香港并称为世界五大黄金市场，其他主要黄金市场还有巴黎、法兰克福、中国澳门、新加坡、曼谷等。

历史上，黄金与货币制度紧密相连。在金属本位制时期，黄金曾作为货币在市场上流通，金本位制和布雷顿森林体系时期，黄金是重要的国际储备。1973年布雷顿森林体系崩溃后，各国货币与黄金脱钩，黄金不再是货币材料。1976年牙买加协议后，黄金的国际储备地位进一步下降，但各国仍非常重视黄金储备的持有。当本国货币汇率大幅度波动时，该国会通过增减黄金储备的方法来稳定汇率。黄金虽然失去了昔日的光彩，但其前景并非十分黯淡。

二战后各国的黄金管制逐步放松，黄金市场得到长足发展。20世纪70年代以来，黄金市场规模扩大，交易量猛增，投机活动日益频繁，出现了黄金期货市场等新兴交易市场。

### 二、黄金市场的供求与价格变化

#### （一）黄金市场的供给

世界黄金市场的供给来源主要有四个方面。

（1）新开采的黄金。这是世界黄金市场最主要的供给来源。近10年来世界主要产金国新开采的黄金，保证了世界黄金总需求的60%左右。目前，主要产金国有南非、美国、澳大利亚、加拿大、俄罗斯、中国、巴西等，其中南非是最大的产金国，黄金产量占资本主义世界黄金产量的70%左右。

（2）各国政府、国际金融机构及私人抛售的黄金。各国政府为解决国际收支逆差、稳定金价、维持本币汇率，会在黄金市场上抛售黄金。国际货币基金组织等国际金融机构为实现其宗旨、目标等，也会在市场上抛售黄金。

（3）预测金价下跌做空头的投机商。

（4）拥有黄金需要出售的企业和个人。

## （二）黄金市场的需求

（1）工业用途。其比例约占世界黄金需求的 2/3 或更多，主要用于电子产品、钟表、镀金及装饰品的生产。

（2）官方储备。各国中央银行、国际货币基金组织和国际清算银行都拥有大量的黄金作为储备资产。尤其是国际收支逆差国，经常在黄金市场购入黄金，增加储备。近年来一些国际收支顺差国，也利用本币升值、金价较低的时机购入黄金，以调整国际储备结构。

（3）私人储藏。私人出于保值或投资的目的，也会购入黄金。二战后，随着一些国家对黄金买卖管制的放宽，私人储藏黄金数量大为增加。

（4）黄金投机。

## （三）影响黄金价格的因素

黄金价格是黄金市场的中心内容，其价格高低首先取决于流通中的纸币实际代表的黄金量或价值量，同时受供求关系等诸多因素的影响。

（1）黄金的供求关系。这是最重要的因素：当黄金供过于求时，金价会下跌；反之，金价就会上升。近 20 年来，黄金开采量一直比较稳定，这正是金价基本稳定的关键因素。

（2）通货膨胀。如果发生全球范围的通货膨胀并且不断加剧，纸币持续贬值，人们出于保值目的就会抢购黄金或硬通货，从而使黄金价格上升。1973～1975 年的全球通货膨胀时期，物价指数与金价同创高峰便是其中一例。

（3）利率和汇率。如果主要国家货币贬值，银行利率调低，则人们出于保值目的购入黄金，使金价上升；反之则金价下跌。

（4）油价。世界石油一向以美元标价。由于油价上升，各行业成本增加，造成成本推进型通货膨胀，所以油价上升是世界性通货膨胀的诱因之一。当石油价格较低时，人们对物价前景看好，购买黄金保值或投资黄金的压力减弱，金价会趋于下降；反之，则相反。

（5）黄金价格政策。20 世纪 60 年代时，西方国家采取维持金价的政策，金价较稳定。70 年代初，西方国家采取自由放任的金价政策，从而加剧金价在短期内的急剧上升。到了 90 年代末，由于一些国家实现了抛售黄金储备的政策，又导致金价的下跌。

（6）国际重大政治事件。世界上一些重大或突发事件，如战争、动乱、政变等均会对黄金价格产生影响。

（7）心理预期与投机。预期与投机是短期内金价变动的最重要的因素，也是造成金价暴涨暴跌的直接原因。

## 三、世界主要黄金市场

### （一）伦敦黄金市场

黄金交易在伦敦始于 17 世纪。二战之前，伦敦是世界上最大的黄金市场。19 世纪伦敦成为世界金融中心，黄金交易随之兴盛起来。当时世界主要黄金产地如南非、加拿大、澳大利亚等，多是英国的殖民地，它们出产的黄金都运送到伦敦提炼、销售和储存。19 世纪美国的淘金热，更是大大推进了伦敦黄金市场的发展。二战后初期，伦敦黄金市场被迫关闭，1954 年重新开放，后经几十年的发展，伦敦黄金市场重新恢复了昔日的繁荣。

伦敦黄金市场 70% 是现货交易，其余为期货交易。黄金交易以美元计价，支付货币可以由买方选择。伦敦金市的定价对全球黄金市场的价格最具影响力，世界各地的客户一般都以这一牌价进行黄金交易。即使不使用这一牌价，也会作为重要参考。

伦敦黄金市场的主要特征包括以下两点：

（1）实行每日两次定价交易。每天 10:30 和 15:00，由以罗斯柴尔德父子公司为首席代表的伦敦五大金商通过商讨确定当时的黄金交易价格。

（2）伦敦黄金市场是黄金集散地，倾向于经营批发业务，交易的黄金主要是金条，是世界上唯一可成吨买卖黄金的市场。

### （二）苏黎世黄金市场

苏黎世是世界著名的黄金交易中心，地位仅次于伦敦黄金市场，居第二位。苏黎世黄金市场的兴起与二战期间伦敦黄金市场的衰落密切相关。二战后，伦敦黄金市场非居民化，苏黎世黄金市场通过与南非协商，取得了南非 80% 的黄金产量，迅速发展起来，苏黎世逐渐成为世界性的黄金自由交易市场。

苏黎世黄金市场原本以瑞士银行、瑞士联合银行和瑞士信贷银行为中心。1997 年瑞士银行与瑞士联合银行合并成立了瑞士银行集团，三大金商遂演变为两大金商。苏黎世黄金市场也是以现货交易为主，除了定价制度外，交易方式与伦敦相同。苏黎世黄金市场有如下特点：

（1）黄金实物交易的中心和首屈一指的金币零售交易市场。

（2）两大金商除了作为经纪人代客户买卖外，还以其本身掌握的黄金储备参加交易，操纵市场。

（3）苏黎世黄金市场国内交易与国际交易的计价方式不同。国内交易的计量单位是公斤，计价货币是瑞士法郎；国际交易的计量单位是盎司，计价货币是美元。

### （三）美国黄金市场

1974 年美国解除了私人持有黄金的禁令后，黄金市场飞速发展起来，主要经营期货交易。美国的主要黄金市场有纽约、芝加哥、底特律、旧金山和布法罗等，其中纽约商品交易所和芝加哥国际货币市场是两个主要的黄金市场。

美国商品交易委员对黄金市场的期货交易进行严格监督，但在美国黄金市场上，投机交易仍占极大比重，市场上成交的黄金期货在到期日实际交割的只有2%左右。纽约黄金市场的交易必须在交割月的第一个交割日办理交割手续。

### （四）香港黄金市场

香港黄金市场始于1910年。1974年港英当局取消《禁止黄金进出口条例》后，香港黄金市场发展为国际性的黄金市场，是世界五大金市之一。同时，香港黄金市场是唯一星期六下午开市的黄金市场。

香港黄金市场由三部分组成：传统的香港金银贸易场、当地伦敦金市场和黄金期货市场。三个组成部分表面上各自独立，但由于伦敦、瑞士、美国、德国的著名金商在香港设有机构，其跨市买卖实际上将这几部分联结在一起。

## 案例分析

### 日本离岸金融市场

离岸金融业务从20世纪50年代末期至今已有40余年的历史。其间，离岸金融市场的范围由西欧发展到加勒比地区、东南亚地区、中东地区以及北美和日本。融资方面由以往的信贷发展到发行债券和股票，金融工具的形态日趋多样化，衍生金融工具产品的发展日新月异。与离岸金融方式有关的融资活动逐渐成为国际金融市场的主要动力。目前，约有50个离岸市场分布在全球经济发达的地区和相对比较发达的发展中国家及地区。它们对全球经济一体化及金融一体化的发展发挥着重要的作用。

日本在1985年3月的汇率审议会上，展开了日元国际化的讨论，持有日元国际化观点的参会者提出要创设离岸金融市场。同年4月，也是在这次审议会上，成立了"关于东京国际化的专门部会"，讨论离岸市场应具备的形态。9月，有关部门汇总了离岸金融市场构造的种种意见。通过一系列的基础工作，1986年12月1日，作为金融市场国际化的一个重要象征，日本开设了离岸金融市场（Japan offshore market, JOM）。

日本的离岸金融市场，随着国内短期金融市场自由化的加速，欧洲日元交易也越来越呈现出同国内市场接轨的趋势。特别是在无担保按期归还贷款市场引入提前支付交易利息开始以0.01%为计算刻度的这种方法，更加速了自由化的进程，两市场间的联系近年来因此更得以加强。所以业内普遍认为今后两市场将进一步迈向一体化。另外，自从1994年10月日本国内对远期利率协议（forward rate agreement, FRA, 是一种远期合约，买卖双方约定未来某一时间的协定利率和参考利率，在清算日根据约定的期限和名义本金金额，由交易的一方向另一方支付协议利率和参考利率利息差额的现值。为了在现在将未来借款的远期利率成本锁定，投资者可以买入远期利率协议）交易解禁以来，利息互换交易（Swap）、FRA交易等的显著发展，日元的离岸金融市场更加活跃，同时也推动了亚洲以及世界金融市场的进一步发展及繁荣。

日本离岸市场自开设后发展迅速。到 1988 年年底余额已达到 4 142 亿美元，其规模已超过香港、新加坡、纽约，成为仅次于伦敦的世界第二大离岸市场。此后，虽然受到国际清算银行（BIS）有关规定的影响，但到 1994 年年底，余额已达到了 7 262 亿美元（资料来源：日本《外汇年鉴》1994）。

离岸市场初创时期，交易中的外币部分占到了总数的近 80% 左右。由于离岸市场账户中欧洲日元交易蓬勃发展，日元比重迅速上升，外币部分（主要为美元）占比降到 1/3，而日元部分却占了 2/3。

从资产负债情况看，贷出款、贷入款的比例相当低，而总分行账户及存款、按期归还贷款占了相当大的比例。这反映了 JOM 市场主要以银行间资金交易为中心开展业务。由于总行账户中日本银行海外分行与总行之间的交易占了大半，所以几乎都是与非居民进行的交易。而在存款和按期归还贷款中，居民和非居民的比例大致相同。离岸金融市场框架主要内容包括：离岸账户的设立主体和设立方法、离岸账户的业务、金融税制上的措施。

**离岸账户的设立**

离岸账户的设立主体为在日本获得许可的经营外汇业务的银行。这些银行必须设立专门的离岸账户与已存在的国内账户分开，进行"外—外"型的金融交易。离岸账户的资金运用方法也只限于面向非居民的贷款，汇向离岸账户、海外金融机构及总行的存款。

因为离岸市场的交易是"外—外"型的金融交易，所以离岸账户的资金筹措、运用的交易对象只限于非居民、其他的离岸账户及总行的国内账户。离岸账户的资金筹措方式仅限从非居民、其他离岸账户及总行存入或借入的非结算性存款。筹措的货币较为自由，可以是日元或其他货币。

在金融方面，有关离岸账户款项的存入，需要讨论是否应取消利息政策、准备金制度及存款保险制度的有关限制。

在税制方面，也须讨论对于离岸账户的存款是否应适当实行减免政策，而且地方税及增值税（印花税）方面也应有相关的减免。

**离岸账户的特点**

离岸账户不设结算性的现金存款科目，原因是对离岸账户核算的交易及相关的债权债务，其结算必须通过国内账户进行。因此，离岸账户不容许设置结算性的现金存款会计科目使资金出现滞留问题。

离岸账户的会计核算，是将符合离岸账户条件的非居民存款或向非居民的借款列入负债方，将符合离岸账户条件的对非居民贷款及购买非居民的债券列入资产方，然后比较其余额用于判断是否会违反入超限制，即判断是否具备了租税特别措施法规定的免税条件。所谓入超是指为使日本离岸市场避免外来资金的冲击，日本外汇省严格规定了 JOM 资产、负债业务的限额，超过此限额即出现入超现象。入超限额的规定分为两种情况：一是"日超"，即规定每个工作日由离岸账户向国内账户转账的金额，不得超过上个月离岸账户对非居民运用资金的月平均的10%（转账限额）。其根据每个工作日营业结束时的离岸账户的资金来源方（即"负债余额"）是否超过资金运用方（即"资产余额"）。二是"月超"，即规定每个月由离岸账户的月合计额，其根据每月离岸账户资金运用方的月发生额是否超过资金来源方的月发生额进行计算和判断。

为促使离岸业务发展，日本对银行及金融机构支付的离岸业务负债利息不征收利息税。但如果出现入超的情况，当地税法要求按全部负债余额计算的利息补税。

由于离岸账户不允许设立结算性现金存款会计科目，所以利息分红的收受、利息的支付、贷款本金的偿还或出售等方面的结算业务必须通过国内账户进行。即离岸账户本身不是一个独立的账户体系，而是专门用于判断是否符合租税特别措施法免税条件的账户。并且是一个将合格资产或合格负债提取出来，组成一个人为的账户。很显然，其唯一目的是验证金融机构是否拥有与合格负债相匹配的合格资产。

资料来源：姜玉英. 日本离岸市场的发展及启示 [J]. 金融会计，2005 (10)。

**案例点评**

离岸金融市场能够提高资金运作效率，降低交易成本，为各国经济发展提供资金便利。日本通过日元离岸金融市场的发展，使得日元成为国际货币，推动了日本跨国公司国际业务的发展。

## 核心概念与本章小结

1. 国际金融市场包括国际货币市场、国际资本市场、国际外汇市场、国际黄金市场以及金融衍生工具市场等，可以分为传统的国际金融市场和离岸金融市场。

2. 欧洲货币市场是离岸金融市场的总体，主要由欧洲货币短期资金融通市场、欧洲中长期信贷市场和欧洲债券市场构成。

3. 国际货币市场指居民与非居民之间，进行期限为1年或1年以下的短期资金融通与信贷的场所或网络，主要由国际短期信贷市场、外国和欧洲大额可转让定期存单市场、欧洲票据及欧洲商业票据市场、国库券市场和国际回购市场构成。

4. 欧洲货币短期资金融通市场是指期限在1年或1年以下的，以欧洲货币为交易对象的资金借贷市场。具体又可以分为欧洲银行同业拆借市场、欧洲货币存款市场和欧洲票据市场。

5. 国际资本市场是指在国际范围内进行各种期限在1年以上的中长期资金交易活动的场所与网络，主要由国际银行中长期信贷市场、国际债券市场和国际股票市场构成。

6. 国际银行中长期贷款是指由一国的一家商业银行，或一国（多国）的多家商业银行组成的贷款银团，向另一国银行、政府或企业等借款人提供的期限在一年以上的贷款，是国际资本市场的重要组成部分，主要有双边贷款和银团贷款两种形式。双边贷款是一国的一家银行向另一国的政府、银行、公司企业等借款者发放的贷款。银团贷款即辛迪加贷款，是由一国或几国的若干家银行组成的银团，按共同的条件向另一国借款人提供的长期巨额贷款。

7. 国际债券是一国政府、企业、金融机构等为筹措外币资金在国外发行的以外币计值的债券。按照是否以发行地所在国货币为面值可分为外国债券和欧洲债券。外国债券是发行者在某外国债券市场上发行的以市场所在国货币为标价货币的国际债券。

8. 国际股票市场是指在国际范围内发行并交易股票的场所或网络，是在各国国内股票市场的基础上发展起来的。发达国家股票市场的对外开放与跨国公司的海外筹资是推动国际股票市场产生和发展的主要原因。

国际金融市场是金融资产交易的市场。希望通过本章学习，引导学生理解国际金融市场的相关概念及构成，尤其是欧洲货币市场的基本情况，以及国际货币市场和国际资本市场、国际外汇市场和国际黄金市场的相关情况。

## 本章习题

1. 欧洲货币市场是指（　　）。
   A. 伦敦货币市场　　　　B. 欧洲国家货币市场
   C. 欧元市场　　　　　　D. 境外货币市场
2. 以下和另外三种债券不同的债券是（　　）。
   A. 欧洲债券　　　　　　B. 武士债券
   C. 扬基债券　　　　　　D. 猛犬债券
3. 欧洲货币市场交易中比重最大的币种是（　　）。
   A. 欧洲欧元　　　　　　B. 欧洲美元
   C. 欧洲日元　　　　　　D. 欧洲英镑
4. 国际金融市场形成的条件有哪些？
5. 欧洲货币市场产生和发展的原因是什么？
6. 欧洲货币市场的特点是什么？
7. 试述国际金融市场的作用。
8. 设有三位美国客户甲、乙、丙在美国境内的一家银行存款：甲100万美元，乙50万美元，丙80万美元。由于某种原因，甲、乙将全部存款转存于苏黎世银行。请问：此时上述三客户，谁的美元变成了欧洲美元？共产生了多少欧洲美元？

# 第八章

# 国际货币体系

## 引言

国际货币体系先后经历了国际金本位制度、布雷顿森林体系和牙买加体系。本章首先介绍金本位体系、布雷顿森林体系和牙买加体系的内容、作用、特征及其局限性;进而在对当前国际货币体系的特点与内容进行评价的基础上,介绍当前国际货币体系改革的主要方案;最后对国际货币体系的创新——欧洲货币一体化的进程、内容及欧元的运作机制、启动的意义进行详细的论述。

## 学习目标

(1) 了解并掌握国际货币体系的内容和其演进历程
(2) 熟悉布雷顿森林体系的核心内容
(3) 熟悉牙买加体系的内容、运行特征及其优缺点
(4) 了解并熟悉欧洲货币一体化的进程、内容和对现行货币制度的影响

## 第一节 国际货币体系概述

### 一、国际货币体系的概念与内容

#### (一) 国际货币体系的概念

国际货币体系,又称国际货币制度,是指为适应国际贸易和国际支付的需要,各国政府对货币在国际间支付、结算、汇兑和转移所制定的规则、措施以及相应的组织机构的总称。

国际货币体系是随着国际经济交往的不断扩大而产生与发展的。由于国际贸易的迅速发展和国际资本流动的日益频繁,需要通过货币在国际间进行结算、支付,从而产生了在国际范围内协调各国货币关系的需求。国际货币体系正是在协调众多国家货币金融制度的

基础上产生的。

在全球经济和金融发展的过程中,时时存在一种矛盾的趋势:既有向心力,使世界各国在一体化进程中形成相互依存、相互促进的关系;同时又有离心力,有可能造成世界经济的分崩离析和金融危机的爆发。在这种矛盾的发展中,世界经济和金融究竟是趋于稳定,还是走向混乱,国际货币体系健全与否是其中一个关键因素。

### (二) 国际货币体系的主要内容

建立国际货币制度的初衷是从贸易和金融方面协调各国的经济活动,保障国际贸易和支付结算的顺利进行,促进国际贸易和国际信贷的发展,促使世界各国的生产和就业达到更高的水平。国际货币体系涉及国际金融的各个方面,主要包括以下四点。

#### 1. 国际收支及其调节机制

通过一系列制度安排,有效帮助与促进国际收支严重失衡的国家通过各种措施进行调节,尽量降低调节成本,缩短调节时间,并在国际范围内公平地分担国际收支调节的责任和义务。

#### 2. 汇率制度的安排

由于汇率变动将直接影响到各国之间经济利益的再分配和国际金融的稳定,因此,形成一种较为稳定的、为各国共同遵守的国际间汇率安排,是国际货币制度要解决的核心问题。包括一国货币能否成为可自由兑换货币,和其他货币之间的汇率如何确定与维持,是采用固定汇率制还是浮动汇率制,是自由浮动还是管理浮动等。

#### 3. 国际储备资产的选择

国际货币制度中的一个重要问题是国际储备资产的确定,即在某一特定时期以何种货币作为中心储备货币;各国储备资产的规模和结构如何确定,才能既满足国际清算和支付需要,又可使储备成本降到最低。

#### 4. 国际货币合作与管理

通过 IMF、BIS 等国际金融机构制定为各成员方所认同与遵守的若干规则、惯例和制度,来协调各国的货币金融政策,实现全球经济和金融的稳定发展。

## 二、国际货币制度的分类

按不同的划分标准,国际货币制度可形成多种分类体系,这里介绍两种重要的、有代表性的分类体系。

### (一) 根据汇率制度的不同

汇率在一切国际货币体系中都占据中心地位,汇率制度的选择和优劣比较也一直是西方学者争论不休的焦点。按照汇率可变动或调整的弹性大小排序,可将国际货币制度分为永久固定的汇率制、可调整的固定(钉住)汇率制、爬行钉住汇率制、管理浮动汇率制和自由浮动汇率制等。如金币本位制下的汇率是典型的、长期不变的固定汇率制,而布雷顿森林体系则实行可调整的固定汇率制。

### （二）根据储备资产不同

根据储备资产的性质可以将国际货币体系分为以下三类：一是纯商品本位，即以金属商品货币作为储备资产，如国际金币本位制；二是纯信用本位制，即以信用货币作为国际储备资产，如目前的牙买加货币体系；三是混合本位制，即储备资产中既有金属货币，也有信用货币，如金汇兑本位制。19 世纪末以来，这三种类型的货币本位制都先后实行过。

## 三、国际货币制度的演变过程

从历史发展的过程看，国际货币体系大致经历了三个发展阶段：

第一阶段是国际金本位制时期，具体包括三种制度形式：金币本位制，始于 1880 年，至一战爆发结束；一战结束后各国转而实行金块本位和金汇兑本位制，至二战爆发金本位制彻底崩溃。

第二阶段为布雷顿森林体系，始于二战结束后的 1945 年，终止于 1973 年。

第三阶段为牙买加体系，始于 1976 年《牙买加协定》的正式签署，并一直延续至今。

## 四、国际货币制度的作用

不同时期的国际货币制度，都有其深刻的历史背景，与当时的经济金融发展相适应，并促进了经济金融的发展。其重要作用体现在：

（1）确定了国际收支调节机制与各国可遵守的调节政策，为各国纠正国际收支失衡状况提供了依据和便利。

（2）建立了相对稳定的汇率机制，一定程度上防止了汇率的大起大落，为国际贸易和投资创造了有利条件，如国际金本位制和布雷顿森林体系的固定汇率制。

（3）创造了多元化的储备资产，为国际经济的发展提供了足够的清偿力，减少了国际清偿力不足的危机。

（4）促进了各国货币金融政策的协调。在统一的国际货币体系框架下，各国都要遵守一定的共同准则，各国经济政策在一定程度上可得到协调与相互谅解。

当然，任何一种国际货币制度都有其历史局限性，国际货币制度需要不断改革和发展，以更好地适应国际经济和金融发展的需要。

## 第二节　国际金本位制

### 一、国际金本位制的形成

金本位制是以黄金作为本位币币材、金币为本位币的货币制度，是一种商品本位制。

国际金本位制是在世界范围内首次出现的货币制度，典型的国际金本位制是国际金币本位制，大约形成于1880年，到1914年一战爆发时结束。

国际金本位制的形成可以追溯到19世纪。英国作为资本主义发展最早的国家，1816年制定了《金本位制度法案》，开始采用金本位制。到19世纪70年代后，主要资本主义国家都先后实行了金本位制。到20世纪初，除少数国家，如中国仍实行银本位制外，世界各国普遍实行金本位制，从而形成了统一的国际货币制度，即国际金本位制。

## 二、国际金本位制的内容与特点

### （一）黄金充当国际货币，金币可以自由铸造，但有一定的重量和成色要求

国际金币本位制的典型特征是黄金可以自由铸造、自由兑换和自由输出入，具有稳定物价和自动调节国际收支平衡的功能。这是因为，金币的自由铸造可使金币价值与其所含的黄金价值保持一致；银行券可自由兑换为等额的黄金或金币，保证了代用货币能稳定地代表一定数量的黄金进行流通，从而保持了物价和汇率的稳定。黄金作为唯一重要的国际储备资产，其价值稳定，保证了储备体系的稳定。

### （二）实行固定汇率制度，货币之间汇率由铸币平价决定

由于金本位制下各国货币由黄金制成，因此货币之间的汇率由各国本位币的含金量之比自发决定，称为铸币平价。现实中的汇率以铸币平价为中心上下小幅波动，波幅上下限为黄金输送点。金本位制下的固定汇率制称为典型的、长期不变的固定汇率制。

### （三）金币具有无限清偿权，可以自由输出入

这一点也是金本位下国际收支的自动调节机制的基础。英国经济学家休谟于1752年提出了金本位制可自动调节国际收支平衡的理论，称为价格－铸币流动机制。以逆差国为例，当一国出现国际收支逆差时，会引起黄金外流，国内货币供给量减少，物价下降，促进出口，改善逆差直至平衡。后来的新古典学派对这种自动调节机制做了补充，强调国际短期资本流动加快对平衡国际收支的作用。

## 三、国际金本位制的形式和演变过程

国际金本位制从历史沿革看，先后采取了三种形式。

### （一）金币本位制

金币本位制是最早的，也是典型的、纯粹的金本位制，国际金本位制从狭义上讲，就是金币本位制。盛行于1880~1914年，自由铸造、自由兑换和自由输出入是其三大特点。在金币本位制下，各国政府以法律形式规定货币的含金量，两国货币含金量之比是决定汇率的基础，称为铸币平价。黄金自由输出入国境所形成的价格－铸币流动机制可自动调节

国际收支的平衡，在金币本位制下，物价稳定、汇率稳定，经济发展迅速。一战爆发之后，各国军备开支增加，财政赤字严重，为解决财政困难，各国不断增加代用货币的发行量，使银行券的含金量下降，兑换性无法保证。同时，政府还限制黄金的自由铸造和自由输出入，维持金币本位存在的三大前提条件遭到破坏，金币本位制崩溃。

## （二）金块本位制和金汇兑本位制

一战结束后，国际货币体系的重建问题受到各国的普遍重视，然而由于黄金供给不足和在各国分配不均等矛盾，金币本位制的恢复几乎不可能。1922 年在意大利的热那亚召开的世界货币金融会议决定采用节约黄金的原则，除美国继续实行金币本位制外，英法两国实行金块本位制，其余国家实行金汇兑本位制。美元、英镑和法国法郎等货币成为主要储备货币，国际货币体系摆脱了对单一货币的依赖，称为国际金汇兑本位制。

在金块本位制下，金币规定为本位币，但不参加流通，银行券在一定条件下可兑换金块。如美国在 1925 年规定，银行券每次只能兑现 400 盎司黄金；法国 1928 年规定，居民只有持有 215 000 法郎以上的银行券才能要求银行兑换黄金。

在金汇兑本位制下，国内也不流通金币，只流通银行券。本国货币与实行金币本位或金块本位制的国家（假设为 A 国）的货币保持固定比价，并将本国的黄金或外汇存放在 A 国，作为平准基金。国内居民要兑换黄金时，需要先用银行券兑换外汇，然后用外汇去 A 国购买黄金。由此可见，金汇兑本位制是一种带有附属性质的货币制度，本国在对外贸易及货币金融政策等方面要受到与其相联系的国家的影响和控制。一战之前的马来西亚、菲律宾及一些拉美国家都曾采用过这种货币制度。

金块本位制和金汇兑本位制是削弱的、残缺不全的金本位制，原因有三：第一，国内没有金币流通，黄金对货币供给量和物价的自动调节机制不复存在；第二，银行券的兑换性大打折扣，金本位制下的自由兑换不复存在，削弱了货币制度的基础；第三，实行金汇兑本位制的国家将本国经济依附于英镑和美元，一旦英美两国的货币金融形势动荡不安，依附国的经济将受到影响。如果依附国大量提取外汇、兑换黄金，英国和美国的货币体系也将受到威胁。这种脆弱的国际货币制度，经过 1929～1933 年的大危机后，逐渐趋于瓦解。

金本位制崩溃后，世界各国实行了信用货币制度，纸币为本位币，且不能兑换黄金。各国货币之间的汇率由于失去了稳定的决定基础而变得动荡不安。这期间虽然一些国家也曾为挽救国际货币制度做出努力，但收效甚微。二战爆发后，金本位制彻底崩溃。

## 四、国际金本位制的作用

### （一）国际金本位制的积极作用

在国际金本位制时期，世界经济发展迅速，国际贸易和投资成倍增长，这得益于金本位制提供的有利的发展环境。事实上，金币本位制时期是资本主义世界经济发展最快的黄金时代。其具体表现在：

（1）金币本位制下，黄金的自由铸造使得金币的面值与所含金属价值趋于一致，避免了通货膨胀的发生，保证了物价的稳定，从而为国内经济的发展提供了稳定的环境。

（2）在国际金本位制下，由于市场货币汇率以铸币平价为基础，幅度限制在黄金输送点的界限内，因而汇率一般比较稳定，消除了国际经济合作中一个重要的不确定因素，促进了国际贸易的发展和国际资本的流动。

（3）国际金本位制对国内市场供求和物价的调节主要依靠市场的力量，将政府干预降到最低程度，避免了人为的政策失误。

（4）由于各国货币直接与黄金挂钩，黄金可以自由买卖、自由输出入，因而对国际收支平衡可以起到自动调节作用。另一方面，由于价格－铸币流动机制对国际收支的调节是渐进的，避免了经济的大起大落，减轻了对经济的震荡。

### (二) 国际金本位制的缺陷

国际金本位制并非完美无缺，也存在以下一些先天的缺陷：

（1）由于资源的稀缺性，世界黄金产量的增长缓慢，无法满足商品生产和流通规模扩大及社会财富快速增长对黄金的需求，这是金本位制的先天和致命的缺陷。如果各国继续采取金币本位制，产出和收入就会遭到货币紧缩的困扰，货币危机、失业率上升、经济萧条等状况将不可避免。此外，随着社会进步和技术发展，非货币用金的需求也在增长，这一切都使得国民经济发展与货币基础萎缩的矛盾日益突出。

（2）金本位制的自动调节机制，前提条件是各国都必须遵守所谓的游戏规则，即黄金可自由输出入国境，政府应按照官价无限地兑换黄金和外汇，纸币发行要有十足的黄金做准备等。但由于没有一个国际性机构来监督，顺差国可能将顺差冻结，以便获得更多的顺差，国际收支的调节责任全部由逆差国承担，所以金本位制本身带有紧缩的倾向，可能造成部分国家的经济衰退，破坏国际货币体系的稳定。

（3）由于黄金是本位币币材，为投放货币的目的，需要花费大量的人力和资源将黄金开采出来，再储藏在看守严密的国库中，造成不必要的资源浪费，机会损失巨大。

## 第三节  布雷顿森林体系

### 一、布雷顿森林体系的建立

布雷顿森林体系是二战后以美元为中心的国际货币体系。二战爆发后，国际金本位制彻底崩溃，国际金融秩序陷入一片混乱，客观上要求重建国际货币新秩序，以保证国际贸易、国际结算和资本流动的正常进行。与此同时，西方国家之间的实力对比发生了巨大变化。英国的经济实力进一步削弱，但在货币金融领域仍有一定实力，英镑仍是主要储备货币之一，伦敦仍是重要的国际金融中心，英国在资本主义世界的地位仍相当重要，因此英国希望继续保持其国际地位。另一方面，美国在工业生产、对外贸易和投资等方面迅速增长，为建立美元的霸主地位奠定了坚实的物质基础。早在二战结束前，美国就积极策划，意图建立一个以美元为中心的国际货币体系。

1943 年，美英两国政府从本国利益出发，对建立国际货币新秩序提出各自的方案，分别是美国的怀特计划和英国的凯恩斯计划。

怀特计划是美国财政官员怀特提出的《国际稳定基金方案》。该方案主张采取存款原则，由各国以本国货币、黄金和政府债券交纳份额，形成国际货币稳定基金，各国交纳份额的多少决定了各国的投票权。基金组织发行一种名为尤尼他（Unita）的国际货币，其含金量为 137.143 格令，折合 10 美元。各国货币与尤尼他之间建立法定平价，不得随意变动。基金组织的作用是维持成员方货币之间汇率的稳定，协助解决成员方国际收支的不平衡，维持国际货币秩序。由于美国经济实力强大，其所交纳的份额最多，所以这一方案能保证美国对基金组织的控制权，进而取得国际金融领域的霸主地位。

凯恩斯计划是英国财政部顾问、著名经济学家凯恩斯从英国立场出发制定的。凯恩斯计划主张采用透支原则，建议设立一个名为国际清算同盟的世界性中央银行，由它发行一定量的以黄金表示的国际货币班柯（Bancor），作为清算单位。各国可以以黄金兑换班柯，但不得以班柯兑换黄金。成员方的货币直接与班柯建立固定比价，并允许成员方调整汇率。各国在国际清算同盟中开设往来账户，通过存款账户来清算各国官方之间的债权债务。顺差国可将盈余存入账户，逆差国则可按规定的份额申请透支或提存，各国的透支总额为 300 亿美元。实际上，这是将两国之间的支付清算扩大为多边清算。清算后，若一国的借贷余额超过份额的一定比例，顺差国和逆差国都必须采取国际收支调节措施。这其实是将对国际收支的调节视为顺差国和逆差国的共同责任。这对经常发生逆差的英国非常有利。

由此可见，这两个计划反映了英美两国经济实力的对比变化和在争夺金融霸权上的尖锐矛盾。1943 年 9 月至 1944 年 4 月，两国政府代表团在双边谈判中展开激烈争论。最后，英国被迫放弃凯恩斯计划，同时美国也对英国做了一些让步。1944 年 7 月，在美国新罕布什尔州的布雷顿森林召开的国际货币金融会议上，通过了以怀特计划为基础的《布雷顿森林协定》，该协定由《国际货币基金协定》和《国际复兴与开发银行协定》组成，从而建立起布雷顿森林货币体系。

布雷顿森林协定的宗旨是：①建立一个永久性的国际货币机构以促进国际货币合作，这一机构就是国际货币基金组织；②促进汇率稳定，避免竞争性的货币贬值；③建立多边支付制度，以促进国际贸易发展和各国生产性资源的开发；④通过向成员方融通短期资金等手段，协助解决成员方的国际收支不平衡，缩短不平衡持续的时间。

## 二、布雷顿森林体系的主要内容

布雷顿森林体系的主要内容涉及国际货币体系和国际金融机构两个方面。

### (一)成立一个永久性的国际金融机构:国际货币基金组织

根据布雷顿森林协定,建立一家永久性的国际金融机构——国际货币基金组织,旨在促进国际货币合作,稳定成员方货币之间的汇率,改善国际收支;布雷顿森林协定设立的另一家国际金融机构是国际复兴与开发银行,即世界银行,其宗旨是为成员方提供贷款,推动成员方的资源开发和经济发展。

### (二)国际储备体系

布雷顿森林体系确立了以黄金为基础,以美元作为最主要的国际储备货币的储备体系。建立了双挂钩制度,即美元直接与黄金挂钩,黄金官价是1盎司兑换35美元,美国政府承担向各国政府或中央银行用美元按官价兑换黄金的义务。同时,其他国家的货币与美元挂钩,建立固定比价关系,美国政府规定美元的黄金平价,其他国家也规定本币的黄金平价,通过两种平价的对比,从而确定其他货币与美元的比率。这种双挂钩制度是布雷顿森林体系赖以存在的两大基础。

### (三)实行固定汇率制

在汇率机制上,布雷顿森林体系采取了固定汇率制。国际货币基金组织规定,成员方在进行即期外汇交易和黄金买卖时,汇率和金价只能在法定汇率和法定黄金平价上下1%的范围内小幅波动。超过这个界限,中央银行就有义务干预外汇市场,维持汇率稳定。只有当一国国际收支发生根本性不平衡,中央银行确实无法维持既定汇率时,基金组织才允许该国货币法定升值或贬值。这种固定汇率制度,又称为可调整的固定汇率制或可调整的钉住汇率制。美元成为各国货币必须围绕的中心,从而确立了美元的霸主地位。

### (四)国际收支调节机制

当成员方发生国际收支困难时,国际货币基金组织通过三种方式进行帮助。一是敦促成员方广泛协商,促进国际货币合作。二是为成员方提供短期资金融通的便利。逆差国需要动用储备时,可采用购买方式从基金组织取得短期贷款,借时用本国货币向基金组织购买一定数额的外汇,归还时用外汇赎回本国货币。贷款只限于成员方弥补国际收支逆差,即用于贸易和非贸易的经常项目支付。三是建立成员方之间的多边支付清算制度,不得限制经常项目的支付,不得采取歧视性的货币措施,并对现有的国际协议进行协商,以此创造国际收支平衡调节的外在条件。《国际货币基金协定》还制定了稀缺货币条款,当基金组织将某国货币全部贷出时,即可宣布该货币为稀缺货币,成员方有权对稀缺货币发行国进行贸易歧视,对稀缺货币采取临时性的兑换限制。这其实是强调了国际收支调节的对称性原则,即将国际收支的调节视为顺差国和逆差国的共同责任。然而到目前为止,IMF从未宣布过哪一国货币为稀缺货币。

## 三、布雷顿森林体系的积极作用

在二战后最初的十几年中,布雷顿森林体系运行良好,促进了战后国际经济的恢复和发展,以及国际贸易的大幅度增长。

### (一) 以美元为中心的储备体系在一定程度上解决了国际清偿力不足的问题

布雷顿森林体系以黄金为基础,以美元作为最主要的国际储备货币,美元与黄金建立了固定比价,可随时兑换为黄金,美元在某种意义上等同于黄金。在二战后黄金产量增长缓慢乃至停滞的情况下,美元的供给弥补了国际储备的不足,一定程度上解决了国际清偿力短缺的问题。

### (二) 汇率相对稳定,有利于国际贸易和投资

布雷顿森林体系通过双挂钩制度建立黄金平价和固定汇率制,使各国中央银行承担维护外汇市场稳定的义务,建立汇率变动的严格程序,确保了各国货币汇率在相当长的时间内保持稳定,避免了竞争性的货币贬值,促进了国际贸易、国际投资与国际信贷的发展。

### (三) 采用多种方式调节国际收支

布雷顿森林体系采用三种措施调节国际收支失衡,为逆差国提供短期信贷,协助解决国际收支困难,使逆差国不必采取紧缩性的国内经济政策及外汇贸易管制等外部措施,国内经济比较稳定,与战前相比,危机和失业等状况有所缓和。另外,倡导成员方之间的广泛协商和合作,有助于世界经济的协调发展。

## 四、布雷顿森林体系的缺陷

尽管布雷顿森林体系对当时的经济发展起到了积极的推进作用,但这一体系存在一些重大缺陷,使其无法适应国际经济形势的变迁,并最终导致了崩溃。

### (一) "特里芬难题"

"特里芬难题"是美国耶鲁大学教授特里芬于 20 世纪 50 年代首先提出的。他指出,美元的信心和清偿力之间的矛盾是无法克服的,这是布雷顿体系的先天缺陷。他揭示了布雷顿森林体系的内在不稳定性和危机发生的必然性。布雷顿体系实行美元-黄金本位制,美元作为一国货币,其发行必须受制于美国的货币政策和黄金储备;作为世界货币,美元供给还要满足世界经济发展和国际贸易、国际结算的需要。由于布雷顿森林体系下,各个国家的货币和美元挂钩,而美元又和黄金挂钩,因此实际上布雷顿森林体系实行的是其他国家的货币通过美元和黄金相联系的固定汇率制度。二战以后,随着经济的发展,世界对货币的需求量增加,如果多发行其他货币,为了维持和美元的固定汇率,美元的发行也要

增加，这就很难维持美元和黄金的固定汇率。也就是说，美元的清偿力和经济发展是不能兼顾的，这就是所谓的"特里芬难题"。事实上，任何一种货币和黄金相挂钩充当国际储备货币都将面临这种进退两难的局面。所以，布雷顿体系的危机根源于美元的可兑换性危机，或称为人们对美元的信心危机。

## (二) 国际收支调节机制缺乏效率

布雷顿森林体系在国际收支调节方面的初衷是，通过国际货币基金组织的融资、成员方调整国内政策或汇率调整等手段使顺差国和逆差国的国际收支恢复平衡。理论上讲，成员方在国际收支困难时受到双重保护：暂时性国际收支失衡由国际货币基金组织贷款解决，根本性失衡则靠调整汇率解决。但这两种调节机制都未能很好地发挥作用，原因主要有两个。① 汇率机制僵化。虽然实行的是可调整的固定汇率制，但由于固定汇率的多边性而增加了调整平价的困难，且汇率的波动幅度只有 ±1%，降低了汇率机制灵活调节国际收支的效率。② 基金组织的贷款往往附加条件，要求逆差国调整国内经济政策，但由于一国很难依靠一套政策实现内外平衡的目标，所以在恢复国际收支平衡的过程中不可避免地影响到国内经济的稳定和对外贸易的协调发展。

## (三) 国际收支调节机制不对称，逆差国负担过重

尽管基金组织规定了顺差国和逆差国共同承担调节国际收支逆差的责任，但实际上，基金组织将更多的压力放在逆差国紧缩经济上，而非顺差国膨胀经济。就其他调节形式而言，逆差国承担的货币贬值压力远比顺差国货币升值的压力大，逆差国实施贸易管制措施的情况比顺差国放宽外汇和贸易管制的现象更为普遍。产生这种不对称现象的根本原因是：逆差国为弥补逆差不得不向基金组织申请贷款，且要接受苛刻的附加条件，在调整国内经济的过程中，必然要动用国际储备缓冲，国际储备是有限的，若逆差不能在较短时间内得以根本改善，则会造成国际储备的枯竭。从理论上讲，顺差国则可无限制地增加国际储备，且可采用冲销干预来消除外汇储备增加引起的基础货币投放过多的影响，所以相对而言，顺差国的调节压力要小得多。虽然基金组织也制定了稀缺货币条款以保证国际收支调节义务的公平承担，但在整个布雷顿森林体系时期，从未真正使用过。

## (四) 储备体系缺乏有效的调节机制，并直接威胁到货币体系的生存

从国际经济和贸易发展的角度看，储备货币的供给不能太少，否则将构成制约国际经济贸易发展的瓶颈，也不能过多，过多将引发世界性的通货膨胀和货币体系的混乱。布雷顿森林体系以美元作为唯一的储备货币，不能通过储备货币多元化分散美元贬值的风险，又由于汇率机制的僵化，无法发挥汇率杠杆在调节储备货币供需中的作用。在布雷顿森林体系下，其他国家为降低调节成本倾向于不断积累储备，美国作为储备货币发行国，享有铸币税的好处，倾向于不断输出美元。对美元供给的唯一限制是其他国家用美元向美国兑换黄金。当美元供给不足时，各国争相积累美元，引发美元的大量输出；当美元供给过剩

时，由于对美元失去信心，各国又大量抛售美元，要求美国兑换黄金，这一矛盾直接威胁到布雷顿森林体系的生存。

## 五、布雷顿森林体系的崩溃

布雷顿森林体系是以美元为中心的国际货币体系，其运行过程与美元的兴衰演变紧密联系在一起，是一个从美元荒到美元灾，最终到爆发美元危机的过程。

### （一）美元荒

二战后，欧洲各国不同程度地受到战争的破坏，经济实力大大衰弱。只有美国经济实力非但没有削弱，反而增强，国内经济和对外贸易都大幅度增长。所以在战后初期，美国商品长驱直入，源源不断地输出到西欧、日本等地，国际收支连年顺差，积累了巨额财富，当时西方世界黄金储备的3/4都集中在美国。与此相反，其他国家因经济实力尚未恢复，商品和服务缺乏竞争力，对美国产生巨额贸易逆差，加之黄金储备非常有限，不足以偿付对美国的逆差。所以，各国普遍感觉到美元匮乏，因而形成所谓的"美元荒"。

### （二）"美元灾"

1948年，美国启动马歇尔计划（又称欧洲复兴计划），为欧洲国家提供了150亿美元的经济援助，大量美元开始流入欧洲各国，推进了西欧国家的经济复苏和发展。西欧国家的商品开始在国际市场上与美国商品竞争，甚至输出到美国，国际收支状况得以改善，由逆差逐步转为顺差，黄金和美元储备的积累逐步增加。同时，由于美国继续对外援助、投资和贷款，军备开支庞大，国内的低利率政策又促使美元大量外流。自1950年起国际收支开始出现逆差，黄金储备逐渐减少，50年代后期，美国的国际收支状况更加恶化，各国持有的美元继续增加，由战后初期的美元短缺转变为美元泛滥，又称"美元灾"。

### （三）第一次美元危机及拯救

第一次大规模的美元危机爆发于1960年。20世纪50年代后期西欧国家出现美元过剩后，一些国家开始用美元向美国兑换黄金，美国的黄金储备开始外流。到1960年，美国的短期外债高达210.3亿美元，已超过其黄金储备。国际社会开始担心美国政府还能否继续履行兑换黄金的义务及美元是否会贬值。对美元的信任危机终于导致1960年10月的大规模抛售美元、抢购黄金和其他硬通货的风潮。为维持固定汇率制和美元的可兑换性，西方国家采取了一系列应急措施。

（1）1961年10月，英国、法国、德国、意大利、荷兰、比利时、瑞典、瑞士等西方八国为稳定黄金市价达成不成文的"巴塞尔协定"。

（2）1961年10月，美国、英国、德国、意大利、荷兰、比利时和瑞士等七国为维持黄金官价而建立"黄金总库"。

（3）国际货币基金组织联合西方十个工业化国家于1961年11月签署了"借款总安

排",目的是从其他国家借入资金以支持美元,缓和美元危机。

(4) 1962年3月,美国与其他14个西方主要国家签订双边《互惠借款协定》,又称为《货币互换协定》。

上述拯救美元的几大措施都是操作性的而非制度性的,既没有法律约束力,又无法摆脱双挂钩制度的两难,所以布雷顿森林体系的制度性缺陷无法从根本上得以解决。

## (四) 第二次美元危机及拯救

第二次较大规模的美元危机爆发于1968年。20世纪60年代中期美越战争爆发后,美国的财政赤字不断增加,国内通货膨胀严重,物价飞涨,美元的对内价值持续降低。同时由于海外投资的膨胀,资本项目连年逆差,导致国际收支状况进一步恶化,黄金储备急剧减少,国际社会对美元和黄金的固定比价再次产生怀疑。法国首先向美元发起进攻,向美国大量兑换黄金。1967年英镑危机爆发后,外汇市场上人们将投机的目标转向美元。到1968年3月,美国的黄金储备只够偿付其短期外债的1/3。主要西方国家再次出现了抛售美元、抢购黄金的风潮,在伦敦、苏黎世和巴黎等黄金市场上爆发了第二次美元危机。短短半个月内,美国的黄金储备流失14亿美元,单靠美国的黄金储备和西方七国设立的黄金总库,已无力维持美元与黄金的固定比价,美元地位岌岌可危。美国政府为挽救美元,采取了以下主要措施:

(1) 要求英国自1968年3月15日起关闭伦敦的黄金市场,宣布停止在伦敦黄金市场上按照黄金官价出售黄金。

(2) 解散黄金总库,实行黄金双价制。黄金双价制是指在两种不同的黄金市场上采用两种不同价格的制度。在官方交易的黄金市场上,仍维持每盎司35美元的黄金官价;在私人交易的市场上,金价由市场供求关系决定,即实行市场价。黄金双价制出台后,黄金的市场价和官价逐渐拉开距离,美国的国际储备得以保存,但美元危机并未真正消除。黄金双价制是对布雷顿森林体系的双挂钩制度的一种妥协,事实上,将国际货币体系的生存基础维系在黄金这一单一商品上,虽然在世界黄金产量增长缓慢的情况下,可以暂时维持黄金官价,但最终会因黄金供给的增长、金价无法稳定而使货币体系走向混乱和崩溃。

## (五) 第三次美元危机及拯救

第三次美元危机是战后最严重的一次,爆发于1971年,并最终导致了布雷顿森林体系的崩溃。1971年,美国发生了自1893年以来的第一次贸易逆差,国际收支逆差总额高达300亿美元,黄金储备减少至110亿美元,不到其短期外债的1/6。外汇市场上抢购黄金及硬通货、抛售美元的浪潮在5月和7月两度迭起,美元市场价值的走低已不可避免。美国政府陷入了两难境地:若宣布美元贬值,黄金升值,一方面鼓励了外汇市场上大量抛售美元、抢购黄金的外国中央银行和投机者;另一方面会引起人们对美元的信心进一步降低,危及布雷顿森林体系的生存。若保持美元不贬值,在单一的储备体系下,可供选择的措施非常有限。1971年8月15日,尼克松政府不得不宣布实行"新经济政策":关闭

"黄金窗口"，美国不再承担向其他国家兑换黄金的义务；同时对所有进口商品征收 10% 的进口附加税。新经济政策引起了西方国家的强烈不满，在国际货币秩序极度混乱的情况下，西方十国集团经过讨价还价，于 1971 年 12 月 18 日达成一项妥协方案，称为《史密森协议》，其主要内容包括以下四项：

（1）美元对黄金贬值 7.89%，黄金官价由每盎司 35 美元升至 38 美元。美元贬值的目的在于提高美国的黄金储备，恢复国际社会对美元的信心。

（2）日元、德国马克、比利时法郎、荷兰盾等货币均有不同程度的升值，而意大利里拉、瑞士法郎、瑞典克朗等货币各贬值 1%。这次汇率调整是战后各国经济发展不平衡状况的客观反映，是布雷顿森林体系向牙买加体系演变的一个转折点，也是储备货币多元化的开端。

（3）扩大汇率的波动幅度。各国货币对美元的汇率波幅从 ±1% 扩大到 ±2.25%，以增强汇率制度的灵活性和弹性。

（4）美国停止兑换黄金，但取消 10% 的进口附加税。

《史密森协议》是西方国家为挽救布雷顿森林体系所做的最后努力。它勉强维持了固定汇率制，试图通过扩大汇率波幅提高汇率在调节国际收支中的灵活作用；美元的贬值和黄金官价的提高，增加了各国黄金储备的价值。但美元的可兑换性到此结束，即美元与黄金兑换的链条中断，这意味着布雷顿森林体系的核心部分已经瓦解，因为国际货币体系已不再是美元－黄金本位制了。尽管其他货币与美元之间的固定比价仍勉强维持，但不过是苟延残喘而已。

1973 年 2 月美元危机再次爆发，美国政府被迫将美元贬值 10%。此后不久，意大利、瑞士、日本、德国等主要西方国家货币纷纷与美元脱钩，不再承担维持本币与美元固定汇率的义务，转而实行浮动汇率制。至此，布雷顿森林体系彻底崩溃。

## 第四节 牙买加体系

国际货币制度的现状是在布雷顿森林体系崩溃后，世界各国就国际货币关系达成了"牙买加协定"，并由此形成国际货币新秩序。

### 一、牙买加体系的形成

布雷顿森林体系崩溃后，大多数国家放弃了固定汇率制，转而实行浮动汇率制，在储备体系和国际收支调节机制等方面缺乏统一的标准，国际货币体系陷入无序状态。为研究国际货币制度的改革问题，国际货币基金组织早在 1972 年 7 月就成立了国际货币制度委员会，由 11 个西方工业国家和 9 个发展中国家组成，又称"二十国委员会"。1974 年 6 月，该委员会举行第六次会议，拟订了《国际货币制度改革纲要》。1974 年 7 月，国际货币基金组织设立国际货币制度临时委员会，代替二十国委员会，负责对国际货币制度改革问题进行研讨。1976 年 1 月国际货币基金组织在牙买加首都金斯敦召开会议，国际社会就黄金地位、汇率制度、特别提款权等问题达成共识，签署了《牙买加协定》。

## （一）修订基金份额

各成员方向基金组织交纳的份额由原来的 292 亿特别提款权增加到 390 亿特别提款权，增加了 33.6%。各成员方所交纳份额的比重有所改变，主要石油输出国的份额比重增加一倍，由 5% 增加到 10%；主要西方国家除德国和日本略有增加外，其他都有不同程度的降低；发展中国家比重保持不变。

## （二）汇率安排多样化

在汇率制度上，基金组织承认目前的浮动汇率合法化，但仍希望在机会成熟时逐步恢复到固定汇率制。具体内容有：成员方可根据自己的情况选择汇率制度，但必须事先取得基金组织的同意，基金组织承认固定汇率制和浮动汇率制暂时并存；各成员方的汇率政策须与基金组织协商确定，并应接受基金组织的监督，以确保有秩序的汇率安排和避免操纵汇率来阻止国际收支的必要调节和谋取不公平的竞争利益；实行浮动汇率制的国家，应根据本国经济条件的变化，逐步恢复到固定汇率制，在此过程中，禁止采取损人利己的货币贬值措施；经总投票权 85% 的绝大多数票数通过，认为国际经济条件成熟时，基金组织可以采用稳定而可调整的货币平价制度，即固定汇率制。

## （三）黄金非货币化

《牙买加协定》主张淡化黄金的货币角色，降低黄金的国际储备地位，逐步恢复黄金的普通商品本色。相关条款如下：黄金与货币彻底脱钩，不再是平价的基金，也不能用它来履行对国际货币基金组织的义务，成员方货币不能与黄金挂钩；基金组织将其黄金总额的 1/6（约 2 500 万盎司）按市场价格出售，超过官价的部分成立信托基金，用于对发展中国家的援助，另外 1/6 则按官价归还各成员方。

## （四）提高特别提款权的国际储备资产地位

基金组织建议，在未来的国际货币体系中，应改原来的美元本位制为特别提款权本位制，以特别提款权作为最主要的储备资产，降低黄金、美元及其他主要货币的储备货币地位。特别提款权作为基金组织按成员方份额的一定比例无偿分配的账面资产，主要在官方之间使用，即基金组织与成员方政府之间、成员方政府之间清偿债权债务使用。基金组织也提倡特别提款权在私人之间的使用。

## （五）扩大对发展中国家的资金融通

经过发展中国家代表在临时委员会中的不懈努力，《牙买加协定》充分考虑了发展中国家的经济利益，逐步扩大了对发展中国家的资金融通。具体内容如下：基金组织将按市价出售黄金的利润所得设立信托基金，以优惠条件向较贫穷的发展中国家提供贷款，帮助它们解决国际收支困难；扩大基金组织的信贷部分贷款额度，由成员方份额的 100% 提高到 145%；提高基金组织的出口波动补偿贷款额度，成员方的份额由 50% 提高到 75%。

## 二、牙买加体系的运行机制

《牙买加协定》签订后至今的国际货币制度，实际上是一个在国际储备方面以美元为中心的多元化储备体系，在汇率制度方面多种浮动汇率制并存的体系。

### （一）以美元为中心的多元化的储备体系

与布雷顿森林体系相比，《牙买加协定》在国际储备体系方面的变化主要体现在三个方面：一是美元等主要储备货币的地位及变化；二是欧洲货币单位（现为欧元）和特别提款权的地位及变化；三是黄金的储备地位及变化。

**1. 美元主导货币地位不断下降，欧元、日元等硬货币地位在上升**

对美元国际地位变化可从以下几个方面考察：

（1）作为国际计价单位。布雷顿森林体系时期，所有国家的货币都钉住美元，但截至 1990 年年底，只有 25 个国家的货币钉住美元，进入 21 世纪之后，钉住美元的货币进一步减少，说明美元作为价值标准的作用在削弱。另外，在国际贸易中，一些重要的原材料及大宗商品习惯上采用美元计价（如石油），黄金交易也采用美元计价。但由于美元价值波动较大，汇率大起大落，因而在国际贸易中，日元、瑞士法郎、欧元等硬货币的使用范围在扩大。

（2）作为支付手段。20 世纪 80 年代以来，在世界各主要金融市场上，美元仍是大多数外汇批发业务的交易货币。同时，在国际贸易结算中，世界进出口贸易总额的 2/3 以上以美元结算。但近年来，日元、欧元等作为结算货币的使用频率在增加。

（3）作为国际价值储藏手段。美元在各国官方储备中的比重一直处于下降趋势，从 1973 年的 76.1% 到 1990 年的 56.4% 再到 2000 年的不足 50%。与此同时，日元、欧元在国际储备中的地位在上升。

总之，美元作为主要货币的地位在不断下降，但由于历史和现实原因，其中心地位短期内不可能被取代。

**2. 特别提款权地位的变化**

1970 年，国际货币基金组织为解决大多数国家国际储备不足的问题，创设了一种账面资产——特别提款权（SDRs）。《牙买加协定》提高了 SDRs 的国际储备地位，基金组织希望以特别提款权逐步取代黄金和美元成为最主要的国际储备货币，以彻底摆脱"特里芬难题"的困扰。但从牙买加体系的运行过程看，这只是基金组织的美好愿望，由于 SDRs 没有内在价值，各国政府对其并不热衷。事实上，《牙买加协定》后，特别提款权在国际储备中的比重不但没有增加，反而有所降低。

**3. 黄金储备的地位变化**

1973 年美元与黄金脱钩后，黄金的储备地位持续下降。但由于历史原因，黄金仍是较好的保值手段，其非货币化过程必将是一个缓慢的过程，并不以人的意志为转移。目前，各国政府仍非常重视黄金储备的持有。IMF、BIS等国际金融机构也持有大量的黄金储备。由于国际货币制度的改革没有根本性突破，各国政府对黄金的前途仍持观望态度。

### （二）多种浮动汇率制并存

自《牙买加协定》后，浮动汇率制成为世界主流，国际汇率体系在不断地向具有更大灵活性的安排发展。其中，发达国家多采用单独浮动或联合浮动，也有采用钉住自选的货币篮子或实行管理浮动。发展中国家多数采用钉住美元、法国法郎、特别提款权及自选的货币篮子等，实行单独浮动的很少。对于如此多种汇率制度的安排，一般称之为浮动汇率制，也有学者认为是混合体制或无体制的体制。

进入20世纪80年代以来，选择钉住汇率制的国家比重在下降，选择有灵活性汇率的国家比例变化不大，而选择更加灵活的汇率制度的国家比例在不断上升。进入90年代以后，这种趋势更为明显：在1981年IMF的144个成员方中，实行灵活汇率或更加灵活汇率的成员方有50个，实行钉住汇率的成员方有94个；到1998年，在182个成员方中，实行灵活汇率或更加灵活汇率的成员方增加到118个，而实行钉住汇率的成员方减少到64个。从相对经济规模看，在布雷顿森林体系刚刚解体的1975年，采用钉住汇率制的国家的贸易量占世界贸易总量的70%，而采用浮动制的国家贸易量只占8%。到90年代末，情形正好相反。

### （三）国际收支调节手段灵活多样

20世纪80年代后，世界经济发展不平衡状况加剧，国际金融形势动荡不安：发展中国家的债务危机频繁发生，美国经常账户的长期赤字，日本、德国国际收支盈余等，导致世界性的国际收支不平衡。对于国际收支的不平衡，特别是经常项目失衡，牙买加体系提供了多种调节手段以供选择。

**1. 汇率机制的调节**

由于多数国家实行浮动汇率制，汇率机制自然成为国际收支调节的主要方式。理论上讲，浮动汇率调节国际收支是一种自动调节机制。具体讲，顺差国本币升值，从而有利于进口，抑制出口，导致顺差减少乃至消失；逆差国本币贬值，促进出口，抑制进口，改善逆差直至平衡。但由于现实经济的复杂性，加之马歇尔－勒纳条件的制约，汇率机制的调节作用受到一定限制。

**2. 利率机制的调节**

目前，国际金融市场上以浮动利率为主，利率的杠杆作用更加灵活。在资本市场开放的前提下，一国出现了经常项目逆差，可通过高利率吸引外资流入，最终通过国际收支资本账户的盈余来弥补经常账户的赤字，实现国际收支平衡。

**3. 国际货币基金组织的贷款调节**

国际货币基金组织为协助成员方实现国际收支平衡，缩短不平衡持续的时间，设置了各种针对不同对象、不同期限、不同用途的贷款，如普通贷款、补偿与应急贷款、石油贷款、信托基金贷款、结构调整贷款、制度转型贷款等。IMF发放的贷款，对成员方克服国际收支困难无疑有积极的一面。但其附加条件苛刻，甚至有负面效果。如在亚洲金融危机过后，IMF对泰国、韩国的贷款条件要求实行紧缩性的财政货币政策、实施自由化改革等措施无疑是火上浇油。由此可见，IMF贷款要收到良好效果，必须根据不同的贷款对象、不同时期和不同情况区别对待。

**4. 国际金融市场融资调节**

牙买加体系下，存在发达的国际金融市场，为各国调节国际收支提供了一条新的途径。逆差国可以在国际金融市场上申请短期贷款以缓解国际收支的暂时困难，也可以发行中长期债券，为谋求经济发展和国际收支的根本改善筹措长期资金。由于外部融资的便利性，逆差国在制定和调整经济政策时就具有更大的灵活性，有助于内外平衡目标的实现。但对发展中国家而言，外债的规模要适度，否则有可能产生债务危机。

除上述调节机制外，还可以采用外汇缓冲等措施来调节。总之，牙买加体系下，多种调节机制并存。

## 三、牙买加体系的积极作用

### （一）多元化的储备体系一定程度上化解了"特里芬难题"

多元化的储备体系基本上摆脱了布雷顿森林体系时期的美元与依附货币相互牵连的弊端，即使发生美元危机，也不一定危及整个货币体系的稳定。对于国际货币而言，最难协调的是"信心和清偿力"之间的矛盾，"特里芬难题"揭示了任何国家的货币单独充当国际储备货币都难以避免这一矛盾。储备货币多元化可使这一矛盾分解，使充当储备货币的收益与风险由多方分担。

### （二）以浮动汇率制为主的汇率体系比较灵活

主要储备货币的浮动汇率可以根据市场供求状况及时自动调整，从而灵敏地反映瞬息万变的经济形势，这对国际贸易和国际金融交易非常有利。同时，浮动汇率制使各国的宏观经济政策更具独立性和有效性，不必为维持固定汇率而丧失国内经济目标。

### （三）国际收支调节机制存在着互补关系

在牙买加体系中，由于多种调节机制并存，各种措施和手段相互补充，避免了依靠单一调节手段的失灵风险。

## 四、牙买加体系存在的问题

牙买加体系是国际金融动荡的产物，自形成以来，对国际经济发展和国际金融体系的正常运行起到了一定的积极作用。但该体系的缺陷，也随着时间的推移逐步暴露出来。

## (一) 多元化的国际储备体系仍不稳定

在牙买加体系下,各国根据国际贸易、国际结算等的需要和可能,保持储备货币多元化,以分散汇率风险,稳定储备资产价值,并获取较高的收益。但多元化的储备体系仍具有内在的不稳定性。由于储备货币发行国享有铸币税的特权,不少西方国家对多元化储备体系采取放任态度,因此国际储备有日益分散化的趋势。这些国家特别是美国国际收支状况的变动,直接影响到国际储备的价值变化,也影响到国际清偿力的稳定。

## (二) 主要储备货币之间汇率大起大落

牙买加体系是以管理浮动汇率制为主的汇率体系,尽管是管理浮动,但汇率体系仍不稳定,主要储备货币之间汇率大起大落:美元与日元之间的汇率变动,几十年间升贬值幅度超过100%,汇率波幅如此之大,实属罕见。目前,欧元一路走升,美元、日元涨跌不定。造成汇率波动的原因是多方面的,如各国经济发展的不平衡、国际收支的严重失衡、短期资本的频繁流动、通货膨胀的加剧、金融政策的不协调等。汇率波动又加剧了外汇市场的投机,使外汇市场更加混乱,严重损害了世界经济的发展。

## (三) 国际收支调节机制仍不健全

在牙买加体系下,虽然多种调节措施可相互补充,但对大规模、长期、巨额的国际收支不平衡的调节作用仍非常有限。长期以来,美国及大多数发展中国家的国际收支一直处于逆差地位,日本、德国和一些石油输出国则保持顺差,若顺差国不愿减少盈余,逆差国不能减少赤字,则全球性的国际收支平衡目标就永远难以实现。牙买加体系对国际收支调节的对称性原则仅仅提及,但缺乏具体方案,导致国际收支不平衡的状况日益严重,货币体系陷入深刻危机。

## (四) 国际资本的大规模流动

《国际货币基金协定》将资本流动的控制权授予成员方,各成员方可以决定控制的范围、方法和机构等,而不问其动机如何。资本流动的原因可能是国际收支、外汇汇率、限制外国资本在某些部门的投资、增加本国投资或为配合国内的货币政策等。资本流动从期限看,可以是长期资本流动,也可以是短期资本流动。尽管各成员方对资本流动都实行不同程度的限制,但对短期资本流动往往很难控制。在浮动汇率制下,国际游资的频繁流动对汇率体系的稳定构成极大的威胁,20世纪80年代后历次金融危机的爆发都与资本的大规模流动不无关系,在危机爆发后,投机资本又起到推波助澜的作用。

在目前的货币体系下,如何增强国际货币基金组织的权力,加强各成员方的政策合作,限制破坏性资本流动,促进有利的资本流动,从而改善全球资源配置,提高投资效益,是国际货币体系改革的一个重要课题。

## 第五节　区域货币一体化

第二次世界大战以后，国际货币关系既有矛盾冲突的一面，也有合作协调的一面。主要表现在以国际货币基金组织为中心的国际货币体系内，区域性货币集团的不断发展，欧洲货币体系的形成就是一个例证。另外，非洲、拉美、中东等地区的发展中国家，自 20 世纪 60 年代以来也积极推行经济和货币一体化，取得明显成效。如中非关税与经济联盟、东非共同体、西非货币联盟及阿拉伯货币基金组织的建立和发展，为各个地区实现货币一体化和组成货币集团创造了一定的条件。在区域货币一体化的实践过程中，最成功的当推欧洲货币一体化。

### 一、欧洲货币一体化的概念

欧洲货币一体化是布雷顿森林体系崩溃后国际货币一体化的突出表现与大胆尝试。1999 年 1 月 1 日，欧洲货币一体化结出硕果——欧元，这是 20 世纪 70 年代以来国际金融领域最为重要的事件之一，其作用与意义十分重大而深远。

欧洲货币一体化，是指欧共体成员方在货币金融领域进行合作，协调货币金融关系，最终建立一个统一的货币体系，其实质是这些国家为了货币金融领域的多方面合作而组成的货币联盟。这种货币一体化有三个显著特征：一是汇率的统一，即成员方之间实行固定汇率制，对外则实行统一的浮动汇率；二是货币的统一，即货币联盟发行单一货币；三是机构的统一，即建立统一的中央货币机关，负责发行共同货币，制定和执行统一的货币政策，规定及保管各成员方的国际储备。

### 二、欧洲货币一体化的进程

#### （一）欧洲支付同盟

欧洲货币一体化的进程最早可追溯到 1950 年欧洲支付同盟的成立，欧洲支付同盟是战后西欧国家为尽快恢复经济和贸易而成立的。其主要内容包括：参加国在所有的清算中都要采用一种货币；欧洲内部贸易的不平衡由一个多边机构来统筹；顺差国向支付同盟提供自动信贷，再由支付同盟提供给逆差国。1958 年欧洲清算同盟由欧洲货币协定取代，但它为以后欧洲货币体系的建立提供了许多经验。

#### （二）欧洲货币同盟

1969 年，欧共体首脑在海牙举行会议，提出建立欧洲货币联盟的建议，并于 1971 年 2 月通过了《魏尔纳报告》，该报告指出，从 1971 年至 1980 年 10 年内分 3 个阶段实现货币联盟的目标。第一阶段从 1971 年到 1973 年年底，主要目标是缩小成员方货币汇率波动幅度，成立欧洲货币合作基金，加强货币经济政策的协调。第二阶段从 1974 年到 1976 年年底，是巩固阶段，主要目标是逐步集中成员方的外汇储备，维持成员方之间的固定汇率，逐步实现相互间资本的自由流动。第三阶段从 1977 年到 1980 年年底，主要目标是把欧共体建成一个稳定的统一经济区，区域内要素可自由流动，建立共同固定汇率制度、共同储备制度、共同中央银行，实行统一的欧洲货币。其间由于美元危机、石油危机的影响及欧共体国家经济发展程度的巨大差异，分阶段目标几乎全部落空。20 世纪 70 年代一体化取得的唯一重大的成果是创设了欧洲记账单位（European unit of account，EUA）作为确定联合浮动汇率制的换算砝码，其实质是共同货币的萌芽。

### （三）欧洲货币体系

1977 年和 1978 年爆发的严重的美元危机，猛烈冲击西欧国家的联合浮动汇率制。为稳定欧洲货币，西欧国家决定进一步加强货币合作，于 1978 年的欧共体国家首脑会议上通过了建立欧洲货币体系（European monetary system，EMS）的决定，并于 1979 年 3 月 13 日生效。欧洲货币体系将目标暂时缩小到稳定欧共体成员方货币汇率上。最初参加的国家有法国、德国、意大利、比利时、荷兰、卢森堡、爱尔兰和丹麦，希腊、西班牙和葡萄牙随后加入，英国虽暂不加入，但英格兰银行却按规定比例认缴了黄金和美元储备，参加了欧洲货币基金。欧洲货币体系的建立，标志着欧洲货币一体化已进入稳定发展的新阶段。

**1. 创设欧洲货币单位**

创设欧洲货币单位（European currency unit，ECU），替代 1975 年 3 月设立的欧洲记账单位（EUA）。ECU 是欧洲货币体系的核心，其价值由欧共体 12 个成员方的货币加权平均确定，类似于特别提款权。

在创设之初，欧洲货币单位的作用主要局限在以下几个方面：一是作为确定参加国货币之间中心汇率的计算标准；二是作为衡量各国货币汇率偏离中心汇率的差异指标器；三是作为干预汇率和信贷的计算标准；四是作为储备计算工具和各成员方中央银行之间的清算工具。随着欧洲货币一体化进程的加快，欧洲货币单位的用途越来越广，被作为欧洲债券、外国债券、大额存单等有价证券的面额货币。

**2. 稳定的汇率生成机制**

欧洲货币体系的汇率制度是一种联合浮动汇率制，即成员方货币之间实行固定汇率制，对非成员方货币则实行联合浮动汇率。除了维持原有的 ±2.25% 的波动幅度外，还规定了汇率波动的警戒线，一旦汇率波动超出警戒线，有关国家就要进行联合干预。欧洲货币体系有两种汇率干预体系，一是平价网体系，又称格子体系；二是货币篮子体系，又称篮子体系。这使得汇率机制更加稳定。欧洲货币体系的联合浮动汇率制因此被很多经济学家推崇为最适货币区的典范。

**3. 建立欧洲货币基金**

欧洲货币基金（European Monetary Fund，EMF）由欧洲货币体系创设，其主要作用是干预汇率和向成员方提供贷款，以稳定外汇市场，协助成员方克服暂时的国际收支困难。在成员方发生暂时资金困难时，欧洲货币基金主要采取三种信贷方式：一是短期信贷，主要用于干预外汇市场；二是短期贷款，用于解决成员方暂时性的国际收支困难；三是中期财政贷款，贷放给国际收支出现严重困难的成员方。EMF 以成员方交纳各自黄金外汇储备的 20% 作为资金来源，并以此作为发行欧洲货币单位的准备。

欧洲货币体系的建立与发展，为稳定欧共体国家之间的货币汇率、促进经济和贸易发展做出了积极贡献。然而，欧洲货币体系也存在一些问题，如汇率调整负担和调整方向的不对称、稳定汇率机制缺乏对紧缩性货币政策的自动修正功能等。总之，尚有待于进一步完善和发展。

### （四）《德洛尔报告》和《马斯特里赫特条约》

20 世纪 80 年代后，欧共体面临新的挑战：1980~1987 年，欧共体的经济增长及在高科技领域和新兴产业上的发展落后于日美等国；从欧共体内部看，经济一体化所取得的三大成就——共同农业政策、关税同盟和欧洲货币体系也由于种种原因发展缓慢或停滞不前。为进一步加强各国经济、政治和货币的一体化进程，1989 年 6 月，以欧共体委员会主席雅克·德洛尔为首的委员会向马德里峰会提交了《经济与货币联盟研究委员会报告》，又称《德洛尔报告》。该报告建议分三阶段实现欧洲经济与货币联盟（Economic and Monetary Union，EMU），但没有规定每一阶段的具体期限。报告还提出了建立统一中央银行的设想。

1991 年 12 月欧共体首脑在荷兰小镇马斯特里赫特签署了《马斯特里赫特条约》，以下简称《马约》。这是欧洲货币一体化进程中一个重要的里程碑，也是国际货币演变史上的重要事件。《马约》关于欧洲货币联盟发展的最终目标是，最迟在 1999 年 1 月 1 日前建立欧洲经济和货币联盟，届时在同盟内成立统一的中央银行，负责制定和执行欧共体货币政策，并发行统一的货币——欧元。

《马约》建议，EMU 的形成分为以下三个阶段：

第一阶段，从 1990 年 7 月 1 日到 1993 年年底，主要任务是实现所有成员方加入欧洲货币体系的汇率机制，实现资本的自由流动，协调各成员方的经济政策。

第二阶段，从 1994 年 1 月 1 日到 1996 年年底，进一步实现各国宏观经济政策的协调，建立独立的欧洲货币管理体系，称为欧洲中央银行体系，作为欧洲中央银行的前身，各国货币汇率的波动幅度在原有基础上进一步缩小并趋于固定。

第三阶段，从 1997 年年初至 1999 年 1 月 1 日，这一阶段的目标是最终建立独立的欧洲中央银行、发行统一的欧洲货币。《马约》还规定，只有在 1999 年 1 月 1 日前达到以下四个趋同标准的国家，才被认为具备参加欧盟的资格条件：第一，通货膨胀率不得高于三个通货膨胀率最低的成员方平均水平 1.5 个百分点；第二，政府长期债券利率不得高于三个通货膨胀率最低的成员方平均利率 2 个百分点；第三，汇率波动幅度在两年内必须保持在欧洲货币体系汇率机制所规定的 ±2.25% 的幅度以内且中心汇率没有重组过；第四，当年财政赤字不得超过 GDP 的 3%，累积公债不超过 GDP 的 60%。经过不懈努力，欧共体成员方于 1993 年 10 月底通过了《马约》，1993 年 11 月 1 日，欧共体更名为欧盟。1995

年，芬兰、瑞典和奥地利加入欧盟，欧盟成员方增加为15个。同年，《马德里决议》将单一货币正式定名为欧元（EURO）。欧洲货币一体化自此进入了稳定发展阶段。进入21世纪后，随着捷克与斯洛伐克等东欧国家加入欧盟，欧盟的版图进一步扩大，实力进一步增强。

### （五）欧元的产生

1998年5月2日，欧盟15国在布鲁塞尔召开特别首脑会议，确认已符合条件的欧洲11国——奥地利、比利时、芬兰、法国、德国、意大利、爱尔兰、卢森堡、荷兰、西班牙和葡萄牙为欧元创始国，在1999年1月1日率先进入第三阶段，首批加入欧洲单一货币体系。同时决定在原有的欧洲货币局基础上成立欧洲中央银行。

1999年1月1日，欧洲中央银行如期发行欧元，欧洲货币单位以1比1的比例转换为欧元，欧元与成员方货币的兑换比率锁定，欧洲中央银行正式运转并实施统一的货币政策。欧元在上述11个国家可以以支票、信用卡等非现金方式流通，银行间大额结算开始使用欧元，各金融市场以欧元进行结算。

1999年1月1日到2001年年底，各国货币与欧元共同流通，企业和个人在交易结算时可选择使用；2002年1月1日起，欧元纸币和硬币开始在欧元区国家流通，欧洲中央银行和各国银行逐步收回各国的纸币和硬币，各国货币开始逐渐退出市场；2002年7月1日起，各国货币完全退出流通，欧元取代各国货币成为欧洲统一的货币，欧洲货币一体化计划圆满完成。

## 三、欧元的特点及对现行国际货币体系的影响

欧元的产生是世界经济史上一个具有里程碑意义的事件，不仅对欧盟成员方的经济活动，而且对世界其他国家的经济往来及对国际金融市场、国际货币体系的运行与发展，都将产生重大而深远的影响。

### （一）欧元的特点

#### 1. 欧元是跨主权国家创造的信用本位货币

与其他信用货币相同，欧元是一种信用货币，不与黄金挂钩，也不规定含金量，其流通基础是人们对欧盟内部高效率的协调能力、经济实力和经济增长潜力所赋予的信心。欧元在国际贸易、国际结算中使用范围日益扩大，在很多国家的储备体系中所占比重不断增加，已成为各国外汇市场外汇交易的主要币种，充分显示了强势货币的风采及其意欲与美元、日元等主要货币分庭抗礼的决心。实践证明，无论是欧盟内部还是国际社会对欧元都充满了信心，欧元流通有良好的信心基础。

#### 2. 欧元区国家财政货币政策的分离可能对欧元价值产生影响

一国范围内的货币、财政政策也会在政策目标侧重点、政策措施手段等方面产生矛盾，这种矛盾对跨主权国家货币——欧元来讲显得尤为突出，在统一的欧洲中央银行与独立的各主权国家政府之间，很难保证在必要时完全协调一致。所以各国之间分离的财政货

币政策可能会从内部动摇欧元的价值，造成价值的不稳定。

## （二）欧元对现行国际货币体系的影响

### 1. 欧元对国际货币基金组织协调能力的挑战

从历史上看，IMF 在缓解两次石油危机对世界经济的危害、救援 20 世纪 80 年代拉美国家债务危机、化解 20 世纪 90 年代亚洲金融危机、帮助发展中国家进行结构性改革并促进其经济发展等方面都表现出了较强的协调能力。但在解决国际清偿力不足、特别提款权分配、南北货币关系协调及 IMF 贷款条件等方面，其表现差强人意，成员方颇有微词。与 IMF 相比，欧洲货币联盟作为同样的跨主权国家的国际货币机构，在保证欧元汇率稳定、成员方国际收支平衡等方面发挥了更加出色的协调能力。另外，在货币问题上以一个声音说话的欧洲，将会替代 IMF 内部美、日、德三极上德国的位置，并将大大增强这一极的力量，从而使 IMF 在协调西方发达国家关系问题上难度加大。

### 2. 对国际储备体系的挑战

欧元产生以前，多元化的国际储备体系可概括为以美元为主导的日元、德国马克、瑞士法郎、特别提款权及其他硬货币并存的体系。欧元的产生及运营，一是对美元在国际储备体系中的主导地位带来严峻的挑战。从经济实力上看，欧盟国家的 GDP 总额占 OECD 国家 GDP 总额的 38.3%，超过了美国和日本。以如此强大的经济实力为依托的欧元，其价值一路攀升，在运行的短短几年内，已被很多国家作为国际储备的主要货币之一，在国际货币体系中挤占了美元的一部分份额，并可能在中长期内动摇美元的主导地位，从而形成未来国际储备体系中非对称三极（美、欧两极强，日元一极弱）的局面。二是对特别提款权（SDR）的国际储备地位带来重大影响。尽管欧元和特别提款权都是国际清偿力的一部分，但欧元的天然禀赋远优于 SDR。因为欧元是欧洲中央银行统一发行的现实货币，SDR 是 IMF 人为创造的账面资产，欧元的信用基础比 SDR 好；从支付手段看，SDR 基本限于官方结算使用，而欧元的使用范围比 SDR 广泛得多。实践也证明，欧元受官方和非官方欢迎的程度是 SDR 所无法比拟的。IMF 所设想的替代美元和黄金成为主要储备货币和国际清偿力的 SDR 在欧元的挑战之下，更加暴露出内在缺陷性，其国际储备货币的地位日渐动摇。

### 3. 对国际货币体系的改革和发展及区域货币一体化起到示范和启发作用

汇率制度安排多样化、黄金非货币化和国际政策协调艰难是目前牙买加体系之所以被称为"非体系的体系"的重要原因。牙买加体系在储备体系、国际收支调节机制、国际资本流动等方面存在的种种缺陷，有待于进一步改革和完善。欧元以其稳定的汇率体系、跨国界的政策协调和统一的中央银行等成功经验为目前的国际货币体系改革提供了示范。欧元是人类历史上第一次可用于非官方结算的跨国界的信用货币，其诞生及几年来的成功运行，为未来统一世界货币提供了宝贵的经验，对其他区域货币一体化也具有启发作用。

## 四、欧元体系的缺陷

欧元诞生以来其积极作用是没有疑义的，然而自 2008 年以来全球金融危机引起了欧洲债务危机，欧元体系的一些固有缺陷也暴露出来。欧洲主权债务危机爆发的主要引线或导火索可以说是希腊，希腊在2001年达到欧盟的财赤率要求，同年加入欧元区。但是，这一过程对希腊而言，付出的代价相当巨大。具体而言，希腊为了尽可能缩减自身外币债务，与高盛公司签订了一个货币互换协议。这样，希腊就通过货币互换协议减少了自身的外币债务，达到足够的财赤率加入欧元区。但通过与高盛所签订的协议来看，希腊必须在未来很长一段时间内支付给对方高于市价的高额回报。随着时间的推移，希腊的赤字率显然会走入低迷状态，进而导致了2009年的主权债务危机。惠誉（国际著名评级机构）将希腊信贷评级由A-下调至BBB+，前景展望为负面，由此引起了一连串的连锁反应。主权债务危机充分暴露出欧元体系深层次的体制性缺陷。

## （一）欧盟国家财政与货币的二元结构

欧元区成立之初，只是统一了货币政策，却没有统一财政政策，财政大权依然被视为是各国主权范围内的事情。这种二元结构从一开始就遭到质疑，但直到债务危机爆发，其危害性才真正显现。长期以来，欧元区在经济方面将货币政策交给欧洲央行，这是一个硬约束；同时，依靠《稳定与增长公约》来监管成员方的财政政策，这是一个软约束。从主权国家的角度来说，财政政策的自主权对其管理和调节经济有着非常重要的意义。欧盟原本希望通过各国的财政自律来实现经济平衡，但在宏观层面上，欧元区成员方财政政策的溢出效应干扰了统一货币政策的运作。在货币联盟条件下，各成员方一直以来都有一种内在的财政赤字扩大的倾向，因为财政赤字的加大可以刺激本国经济增长，增加就业。此外，由于欧元区缺乏统一的财政控制预算，一国债务只能由本国财政作为担保，没有统一的财政作基础，欧元信用也显得相对脆弱。债务危机凸显了欧元与美元信用基础的差异。高盛等国际投机资本正是看到了欧洲货币联盟制度设计中的"二元悖论"，利用信用违约掉期交易沽空欧元，拉高信用违约掉期利率，从而获取巨额收益。

## （二）欧盟国家内部经济结构长期失衡

欧元区各成员方经济发展水平差距较大，经济结构和金融周期不一致。总体看来，最先出现债务危机的希腊等国属于欧元区中相对落后的国家，其经济更多依赖于劳动密集型制造业出口和旅游业。随着这些国家加入欧元区，生产要素成本大幅上升，劳动力优势不复存在，而这些国家又不能及时调整产业结构，使得经济国际竞争力不断下降。以希腊为例，2010年服务业在其GDP中占比达到52.57%，而工业占GDP的比重仅有14.62%。希腊的支柱产业属于典型依靠外需拉动的产业，这些产业过度依赖外部需求，因此经济在后金融危机时代变得举步维艰。在这样的窘境下，为了拉动经济快速发展，反而加大了对旅游业及其相关的房地产业的投资力度，投资规模很快就超过了自身能力，导致负债提高。欧盟作为同一货币的总体，内部一些国家出现债务危机就很有可能产生连锁反应，导致整个欧元区经济动荡。

## 案例分析

### 周小川：关于改革国际货币体系的思考

此次金融危机的爆发与蔓延使我们再次面对一个古老而悬而未决的问题，那就是什么样的国际储备货币才能保持全球金融稳定、促进世界经济发展。历史上的银本位、金本位、金汇兑本位、布雷顿森林体系都是解决该问题的不同制度安排，这也是国际货币基金组织（IMF）成立的宗旨之一。但此次金融危机表明，这一问题不仅远未解决，由于现行国际货币体系的内在缺陷反而愈演愈烈。

理论上讲，首先，国际储备货币的币值应有一个稳定的基准和明确的发行规则以保证供给的有序；其次，其供给总量还可及时、灵活地根据需求的变化进行增减调节；最后，这种调节必须是超脱于任何一国的经济状况和利益。当前以主权信用货币作为主要国际储备货币是历史上少有的特例。此次危机再次警示我们，必须创造性地改革和完善现行国际货币体系，推动国际储备货币向着币值稳定、供应有序、总量可调的方向完善，才能从根本上维护全球经济金融稳定。

**1. 此次金融危机的爆发并在全球范围内迅速蔓延，反映出当前国际货币体系的内在缺陷和系统性风险**

对于储备货币发行国而言，国内货币政策目标与各国对储备货币的要求经常产生矛盾。货币当局既不能忽视本国货币的国际职能而单纯考虑国内目标，又无法同时兼顾国内外的不同目标。既可能因抑制本国通胀的需要而无法充分满足全球经济不断增长的需求，也可能因过分刺激国内需求而导致全球流动性泛滥。理论上特里芬难题仍然存在，即储备货币发行国无法在为世界提供流动性的同时确保币值的稳定。

当一国货币成为全世界初级产品定价货币、贸易结算货币和储备货币后，该国对经济失衡的汇率调整是无效的，因为多数国家货币都以该国货币为参照。经济全球化既受益于一种被普遍接受的储备货币，又为发行这种货币的制度缺陷所害。从布雷顿森林体系解体后金融危机屡屡发生且愈演愈烈来看，全世界为现行货币体系付出的代价可能会超出从中的收益。不仅储备货币的使用国要付出沉重的代价，发行国也在付出日益增大的代价。危机未必是储备货币发行当局的故意，但却是制度性缺陷的必然。

**2. 创造一种与主权国家脱钩并能保持币值长期稳定的国际储备货币，从而避免主权信用货币作为储备货币的内在缺陷，是国际货币体系改革的理想目标**

（1）超主权储备货币的主张虽然由来已久，但至今没有实质性进展。20世纪40年代凯恩斯就曾提出采用30种有代表性的商品作为定值基础建立国际货币单位"Bancor"的设想，遗憾的是未能实施，而其后以怀特方案为基础的布雷顿森林体系的崩溃显示凯恩斯的方案可能更有远见。早在布雷顿森林体系的缺陷暴露之初，基金组织就于1969年创设了特别提款权（SDR）以缓解主权货币作为储备货币的内在风险。遗憾的是，由于分配机制和使用范围上的限制，SDR的作用至今没有能够得到充分发挥。但SDR的存在为国际货币体系改革提供了一线希望。

（2）超主权储备货币不仅克服了主权信用货币的内在风险，也为调节全球流动性提供了可能。由一个全球性机构管理的国际储备货币将使全球流动性的创造和调控成为可能，当一国主权货币不再作为全球贸易的尺度和参照基准时，该国汇率政策对失衡的调节效果会大大增强。这些能极大地降低未来危机发生的风险、增强危机处理的能力。

### 3. 改革应从大处着眼，小处着手，循序渐进，寻求共赢

重建具有稳定的定值基准并为各国所接受的新储备货币可能是个长期内才能实现的目标。建立凯恩斯设想的国际货币单位更是人类的大胆设想，并需要各国政治家拿出超凡的远见和勇气。在短期内，国际社会特别是基金组织至少应当承认并正视现行体制所造成的风险，对其不断监测、评估并及时预警。

同时还应特别考虑充分发挥 SDR 的作用。SDR 具有超主权储备货币的特征和潜力，同时其扩大发行有利于基金组织克服在经费、话语权和代表权改革方面所面临的困难。因此，应当着力推动 SDR 的分配。这需要各成员方政治上的积极配合，特别是应尽快通过 1997 年第四次章程修订及相应的 SDR 分配决议，以使 1981 年后加入的成员方也能享受到 SDR 的好处，在此基础上考虑进一步扩大 SDR 的发行。

SDR 的使用范围需要拓宽，从而能真正满足各国对储备货币的要求。

- 建立起 SDR 与其他货币之间的清算关系。改变当前 SDR 只能用于政府或国际组织之间国际结算的现状，使其能成为国际贸易和金融交易公认的支付手段。
- 积极推动在国际贸易、大宗商品定价、投资和企业记账中使用 SDR 计价。这不仅有利于加强 SDR 的作用，也能有效减少因使用主权储备货币计价而造成的资产价格波动和相关风险。
- 积极推动创立 SDR 计值的资产，增强其吸引力。基金组织正在研究 SDR 计值的有价证券，如果推行将是一个好的开端。
- 进一步完善 SDR 的定值和发行方式。SDR 定值的篮子货币范围应扩大到世界主要经济大国，也可将 GDP 作为权重考虑因素之一。此外，为进一步提升市场对其币值的信心，SDR 的发行也可从人为计算币值向以实际资产支持的方式转变，可以考虑吸收各国现有的储备货币以作为其发行准备。

### 4. 由基金组织集中管理成员方的部分储备，不仅有利于增强国际社会应对危机、维护国际货币金融体系稳定的能力，更是加强 SDR 作用的有力手段

（1）由一个值得信任的国际机构将全球储备资金的一部分集中起来管理，并提供合理的回报率吸引各国参与，将比各国的分散使用、各自为战更能有效地发挥储备资金的作用，对投机和市场恐慌起到更强的威慑与稳定效果。对于参与各国而言，也有利于减少所需的储备，节省资金用于发展和增长。基金组织成员众多，同时也是全球唯一以维护货币和金融稳定为职责，并能对成员方宏观经济政策实施监督的国际机构，具备相应的专业特长，由其管理成员方储备具有天然的优势。

（2）基金组织集中管理成员方储备，也将是推动 SDR 作为储备货币发挥更大作用的有力手段。基金组织可考虑按市场化模式形成开放式基金，将成员方以现有储备货币积累

的储备集中管理，设定以 SDR 计值的基金单位，允许各投资者使用现有储备货币自由认购，需要时再赎回所需的储备货币，既推动了 SDR 计值资产的发展，也部分实现了对现有储备货币全球流动性的调控，甚至可以作为增加 SDR 发行、逐步替换现有储备货币的基础。

资料来源：中国人民银行网站，www.pbc.gov.cn。

**案例点评**

国际储备资产的选择是国际货币体系的主要内容之一，本案例讨论的其实是如何选择国际储备资产以"推动国际储备货币向着币值稳定、供应有序、总量可调的方向完善"。但不论选择何种资产作为国际储备，一定要具有普遍接受性。SDR 能否成为主要的国际储备资产还有待于时间的检验。

## 核心概念与本章小结

1. 国际货币体系是指在国际经济关系中，为满足各类国际交易需要，各国政府对货币的国际职能，以及其他有关国际货币金融问题所制定的协定、规则和建立的相关组织机构的总称。国际货币体系一般包括以下四个方面的主要内容：汇率及汇率制度；国际储备资产的确定；国际收支及其调节机制；国际货币的合作和管理。

2. 第二次世界大战后建立的国际货币体系又称为布雷顿森林体系，其基本内容可概括为美元和黄金挂钩、各国货币与美元挂钩的"双挂钩"制度。该体系对世界经济起到过积极的作用，但其本身存在着致命的缺陷，这一缺陷被称为"特里芬难题"。

3. 牙买加体系实际上是一个在国际储备方面以美元中心的多元化储备体系，在汇率制度方面多种浮动汇率制并存的体系。牙买加体系起到了一定的积极作用，但也有其固有缺陷。

4. 欧元是区域货币一体化的典型代表，欧元体系对欧盟成员方的经济活动，对世界其他国家的经济往来及对国际金融市场、国际货币体系的运行与发展，有着重大而深远的影响。但欧元体系也有深层次的缺陷：欧盟国家财政与货币的二元结构以及欧盟国家内部经济结构的长期失衡。

国际货币体系建立的目标在于促进国家间的贸易，维持世界经济稳定、有序发展，使各国的资源得到有效的开发利用。在现实中，国际货币体系的目标未必能够完全实现。通过本章的学习，我们可以更好地了解各种国际货币体系下国际金融活动运行的相关规则，也有助于我们在分析现实经济状况时考虑宏观国际金融环境的影响。

## 本章习题

1. SDRs 是（　　）。
   A. 欧洲经济货币联盟创设的货币　　B. 欧洲货币体系的中心货币
   C. IMF 创设的储备资产和记账单位　D. 世界银行创设的一种特别使用资金的权利

2. 布雷顿森林体系崩溃的最主要原因是（　　）。
   A. 米德冲突　　　　　　　　　B. 格雷欣法则
   C. 三元悖论　　　　　　　　　D. 特里芬难题
3. 在布雷顿森林体系下，西方各国实现的是（　　）的汇率制度。
   A. 自由浮动　　　　　　　　　B. 多种多样
   C. 和美元挂钩　　　　　　　　D. 和一篮子货币挂钩
4. 何谓国际货币体系？它包括哪些内容？试说明其演进历程。
5. 布雷顿森林体系的核心内容有哪些？它在历史上发挥的作用如何？
6. 简述牙买加货币体系的内容、运行特征及其优缺点。
7. "在金本位制度下，不可能发生通货膨胀"，判断这种表述正确与否并说明理由。
8. 在布雷顿森林体系下，如果一国的汇率平价被低估，该国的中央银行会采取何种措施进行干预？这会对该国的国际储备和货币供给产生什么影响？
9. "1973年取消固定汇率制度后，意味着各国可以实行更独立的货币政策"，判断这种表述正确与否并说明理由。

# Chapter 9 第九章

# 国际金融机构及协调

## 引言

国际金融机构泛指从事国际金融业务、协调国际金融关系、维护国际货币和信用体系正常运作的超国家机构。其设立为各国进行协商提供了适当的场所,所签订的一些国际协议有助于约束各国政府的行为。国际金融机构为促进国际经济发展,有效解决国际金融领域内各种矛盾提供了重要途径,也是协调各国货币金融政策的有效方式。

## 学习目标

(1) 了解国际金融机构的分类
(2) 了解国际货币基金组织的宗旨、职能和业务活动
(3) 了解世界银行集团的构成,国际复兴开发银行、国际开发协会以及国际金融公司的宗旨、职能和业务活动
(4) 了解国际金融协调的含义、内容和形式
(5) 了解《巴塞尔协议》和《全球金融服务贸易协议》的主要内容

## 第一节 国际金融机构概述

### 一、国际金融机构的产生和发展

国际金融机构的产生与发展同世界政治经济情况及其变化密切相关。第一次世界大战爆发后,各主要国家政治经济发展的不平衡,使得各国间的矛盾尖锐化,利用国际经济组织控制或影响他国成为一种必要的选择。同时,战争、通货膨胀及国际收支恶化又造成诸多工业国家面临国际金融的困境,各国也希望借助国际经济力量稳定自身的金融环境。这样,建立国际性金融机构便成为多数工业国家的共同愿望。

1930 年 5 月,英、法、意、德、比、日等国在瑞士的巴塞尔成立国际清算银行(Bank for International Settlements),这是建立国际金融机构的重要开端,其主要任务是处

理战后德国赔款的支付及协约国之间债务清算问题。在后来的发展中，这一机构在促进各国中央银行合作，特别是在推动各国银行监管合作方面，发挥着越来越重要的作用。

第二次世界大战后，随着生产和资本国际化，国际经济关系得到空前发展，国际货币信用关系进一步加强，国际金融机构迅速增加。1944年7月，44个主要国家参加的美国新罕布什尔州布雷顿森林会议，确定建立国际货币基金组织（International Monetary Fund，IMF）和国际复兴开发银行即世界银行（International Bank for Reconstruction and Development，IBRD），目的在于重建一个开放的世界经济及稳定的汇率制度，并为世界经济及社会发展提供资金。

1956年国际金融公司（International Finance Corporation，IFC）正式成立，目的是扩大对发展中国家私人企业的国际贷款，促进外国私人资本在这些国家的投资。1959年10月在美国财政部的建议下，成立国际开发协会（International Development Association，IDA），作为世界银行的附属机构，目的是向更贫穷的发展中国家提供更为优惠的贷款，加速这些地区的经济发展。

自此，世界银行集团（World Bank Group，包括IBRD、IFC、IDA）正式出现，并成为全球最大的国际金融机构。与此同时，随着国际经济金融关系的发展，大量的区域开发合作性国际金融机构也迅速发展起来。

战后国际金融机构迅速发展的主要原因是：①美国控制国际金融、扩大商品和资本输出的需要；②工业国家的经济恢复及新兴国家民族经济的发展对资金的迫切需求；③生产和资本的国际化，要求各国政府共同干预经济活动，金融干预是一个重要方面，这种趋势的加强为国际性金融机构的建立创造了有利条件；④随着生产和资本国际化而来的经济和货币金融一体化的要求，为国际金融机构的产生发展奠定了基础。

## 二、国际金融机构的分类

国际金融机构可分为两种类型。一是全球性金融机构，最重要的首推国际货币基金组织和世界银行集团。二是区域性金融机构，具体又包括两种类型：一类是联合国附属的区域性金融机构，可称为准全球性金融机构，如亚洲开发银行、泛美开发银行、非洲开发银行等；另一类是真正意义上的地区性金融机构，如欧洲投资银行、阿拉伯货币基金组织、伊斯兰开发银行、国际经济合作银行、国际投资银行、加勒比开发银行等。

20世纪60年代以前，全球性国际金融机构一直为美国所控制。因为这些机构通过决议的原则不是一国一票，而是依出资份额多寡而定，美国在这些全球性国际金融机构中拥有约20%的资本份额。所以这一时期，国际金融机构为巩固美元地位，维护以美元为中心的国际货币体系起了很大作用。60年代后，"十国集团"的成立打破了美国一统天下的局面，形成主要工业国家共同操纵国际金融的格局。"二十国委员会"的成立，标志着发展中国家的兴起。"二十四国集团"的成立进一步显示出发展中国家在国际金融领域中不可忽视的作用。美国在这些国际金融机构的份额逐渐下降，而且份额大小已不是决定通过与否的唯一因素。正是由于这些力量的重新组合，使得全球性国际金融机构的性质逐渐朝着真正代表全世界各国利益的方向转化。

### 三、国际金融机构的作用

国际金融机构在世界经济发展中的主要作用是：
（1）提供短期资金，调节国际收支逆差，缓解国际支付危机；
（2）提供中长期发展资金，促进发展中国家的经济发展；
（3）稳定汇率，促进国际贸易的发展；
（4）创造出新的结算手段，解决发展中国家国际结算手段匮乏的矛盾。
总之，国际金融机构在促进加强国际经济合作、稳定国际金融秩序、发展世界经济方面起到了重要的作用。

## 第二节 国际货币基金组织

### 一、国际货币基金组织的建立及宗旨

国际货币基金组织是根据布雷顿森林会议通过的《国际货币基金协定》成立的全球性国际金融机构。1944年7月1日至22日，44个国家的代表在美国新罕布什尔州的布雷顿森林举行了"联合与联盟国家货币金融会议"，签订了"布雷顿森林协定"（Bretton Woods Agreement），决定成立国际货币基金组织与国际复兴开发银行。1946年3月国际货币基金组织正式成立，1947年3月1日开始活动，1947年11月15日成为联合国所属专营国际金融业务的机构，总部设在华盛顿，会员包括150多个国家和地区，其中39个国家为创始成员方。

《国际货币基金协定》明确了该组织的宗旨：① 为成员方提供一个常设的国际货币机构，促进国际货币合作。② 促进国际贸易均衡发展，以维持和提高就业水平和实际收入，发展各成员方的生产能力。③ 促进汇率的稳定和维持各成员方有秩序的外汇安排，以避免竞争性的货币贬值。④ 协助建立各成员方间经常性交易的多边支付制度，并设法消除妨碍世界贸易发展的外汇管制。⑤ 在临时性基础上和具有充分保障的条件下，为成员方融通资金，使之在无须采取有损于本国及国际经济繁荣措施的情况下，纠正国际收支的不平衡。⑥ 努力缩短和减轻国际收支不平衡的持续时间及程度。

布雷顿森林会议的参加者赋予国际货币基金组织的主要职能有：① 确立一套有关汇率政策、与经常项目有关的支付以及货币的可兑换性问题的行为准则。② 当成员方纠正或避免其国际收支不平衡时，应向其提供短期信用帮助。③ 为成员方在国际货币问题上进行磋商和协作提供场所。④ 消除"竞争性的货币贬值"与"阻碍国际贸易发展的外汇管制"，促进国际贸易的发展。⑤ 督促成员方执行相应的基金协定条款。

我国是国际货币基金组织的创始成员方之一，由于历史的原因，中断关系多年，1980年4月17日基金组织正式通过决议恢复我国合法席位。1980年5月末，我国政府向该组织先后委派了正副理事，正副理事分别由中国人民银行行长和国家外汇管理局副局长兼中

国银行副行长出任。同年9月，我国政府第一次派代表担任基金组织的执行董事，使执行董事的董事名额从21人扩大到22人。

## 二、组织机构

国际货币基金组织由理事会、执行董事会、总裁和若干业务职能机构组成。

国际货币基金组织的最高权力机构是理事会，由各成员方派理事和副理事一人组成，任期5年（可以连任）。担任理事一职的通常是各国中央银行行长或财政部长，副理事只有在理事缺席时才有投票权。理事会的主要职能是接纳新会员、决定或调整成员方的份额、分配特别提款权及处理国际货币制度的重大问题。理事会每年秋季举行一次定期会议（即IMF年会），必要时可举行特别会议。由于理事会过于庞大，1974年10月设立了由22个部长级会员组成的临时委员会，每年举行3~4次会议。临时委员会具有管理和修改国际货币制度和修改基金条款的决定权，因而成为事实上的常设决策机构。

理事会下设执行董事会。执行董事会是IMF负责处理日常事务的常设机构，除接纳新成员方、调整基金份额和修订协定条款等重大事项以外，基金组织的一般事务及政策事务均由执行董事会行使权力。执行董事会初期由12人组成，目前由24人组成，由持有基金份额最大的美、英、德、法、日、沙特阿拉伯6国各派一人担任常任执行董事，其他执行董事由其他成员方按国家集团或按地区分组推举产生（中国和俄罗斯为单独选举集团，各指派一名执行董事）。

国际货币基金组织设总裁一人，副总裁三人（原设一人），总裁由执行董事会选举产生（每5年选举一次），总管业务工作，是基金组织的最高行政领导人。总裁兼任执行董事会主席，平时无投票权，只有在执行董事会投票表决出现双方票数相等时，才可投决定性的一票。总裁可以出席理事会，但没有投票权。通常，总裁由西欧人士担任，而世界银行集团总裁由美国人担任。

## 三、基金组织的份额

### （一）份额的含义

国际货币基金组织实行份额制度，其资金来源主要是成员方所交纳的份额。份额类似于股金，凡参加基金组织的成员方都必须认缴一定的份额，份额一旦认缴，就成为基金组织的资产（资本），构成基金组织的主要资金来源（基金组织的资金来源还有借款和信托基金）。按基金组织的规定，成员方的份额每5年左右调整和扩大一次，1946年基金组织成立之初的份额总量为76亿美元，到目前为止，已经过9次调整和扩大。

### （二）份额的确定

每个成员方认缴份额的多少，是根据成员方的国民收入、黄金外汇储备总量、平均进口额、出口变化率、出口占国民收入的比例等变量所构成的复杂的公式计算得出的。在20

世纪六七十年代，基金组织对上述构成做了某些修改：① 把进出口额改为经常项目的支出与收入；② 增加了经常项目变化额的权重，减少了国民收入和国际储备的权重。

### （三）份额的认缴办法

在《牙买加协议》生效以前，份额的 25% 以黄金交纳，其余 75% 以本国货币交纳。《牙买加协议》生效后，黄金地位发生了变化，份额的 25% 不再以黄金支付，而以 IMF 规定的储备资产（特别提款权或可兑换货币）交纳，其余 75% 仍以本国货币交纳（可以以成员方凭券支付的、无息的国家短期有价证券代替本国货币交纳份额）。成员方交纳的基金份额原以美元为计算单位，1969 年以后，改以特别提款权为计算单位。一般每 5 年进行一次调整和检查。截至 1999 年年底，成员方认缴的份额总数为 2 120 亿特别提款权，美国的份额占 18% 左右，因而实际上对基金组织的方针政策享有否决权。1980 年 4 月我国恢复在基金组织的合法席位以后，认缴份额 23.91 亿特别提款权，占总份额的 2.66%。第 9 次调整后，我国份额增加到 46.87 亿特别提款权，但占总份额的比重下降到 2.211%。2001 年 2 月 5 日，基金组织理事会通过关于中国特别增资会议，中国的份额增加到 63.692 亿特别提款权，在 183 个成员方中与加拿大并列排在第八位（前七位是美国、日本、德国、英国、法国、意大利、沙特阿拉伯）。

### （四）份额的作用

对于一个成员方来说，份额不仅决定了加入基金组织时应交纳的款项数额，还决定了在基金组织的投票权的多少、从基金组织分得的特别提款权的多少以及从基金组织借款或提款权的多少。基金组织的一切重大问题由投票决定，只有 80% 的票数，有些特别重大的问题要有 85% 的多数票同意才能通过。成员方的投票权主要取决于其份额：① 每个成员方都有基本票数 250 票；② 每增加 10 万特别提款权（原为 10 万美元）的份额，在基本票数的基础上增加 1 票；③ IMF 贷出的成员方货币每达 40 万特别提款权（原为 40 万美元），则该成员方增加投票权 1 票；④ 成员方从 IMF 借款，每借 40 万特别提款权（原为 40 万美元），则减少该成员方的投票权 1 票。

## 四、国际货币基金组织的活动

### （一）汇率监督

设立国际货币基金组织的原始目的是保障有秩序的固定汇率安排，维护布雷顿森林体系的正常运行。因此，通过汇率监督，维持汇率稳定成为基金组织的主要活动之一。

在不同的国际货币制度下，基金组织汇率监督的侧重点是不同的。在布雷顿森林体系下，全球实行固定汇率制度，基金组织对成员方的汇率进行直接管理与监督，各成员方按规定确定自己货币的金平价，其汇率的波动应维持在基金组织所允许的范围之内（最初是黄金平价上下 1%，后改为 2.25%）。成员方要改变黄金平价时，必须与基金组织进行磋商并得到它的批准。布雷顿森林体系崩溃以后，各方普遍实行浮动汇率制，不再负有维持统一平价的义务，成员方调整汇率不再经过基金组织的批准，但基金组织汇率监督的职能并没有丧失，仍然对各成员方及全球的汇率和外汇管制情况进行监督与全面评价。其主要通过下述办法对汇率进行监督：① 如基金组织提出要求，成员方需向其提供必要的资料，并同它就汇率问题进行磋商；② 基金组织工作人员也为汇率监督工作收集所需资料，以全面评估成员方的汇率政策。汇率监督不仅适用于那些经济落后的地区，而且更重要的是适用于那些经济实力强大的地区，因为这些地区的经济政策和国际收支状况会对世界经济产生重大影响。

基金组织的汇率监督包括个别监督和多边监督两个方面，二者相互补充。个别监督是基金组织对个别成员方的汇率政策和有关的经济政策进行监督，主要内容是检查成员方的汇率政策是否与《国际货币基金协定》规定的义务相一致，并在分析成员方经济状况和宏观政策的基础上评估其汇率政策。多边监督是以基金组织执行董事会和理事会临时委员会提出的半年一度的《世界经济展望》为依据，并且主要集中在对国内国外调整的中期方法上，强调对国际货币金融领域的合作及加强经济财政政策的协调。

### （二）磋商与协调

《国际货币基金协定》第一条规定：设置一个常设机构，便于国际货币问题的商讨和协作，以促进国际货币合作，原则上除会议外，基金组织还应每年与各成员方进行一次磋商，对成员方的经济、金融形势和政策做出评价。磋商的目的有两个：一是使基金组织能够履行监督成员方汇率政策的责任；二是有助于基金组织了解成员方的经济发展和政策措施，从而使基金组织能够迅速处理成员方申请贷款的要求。

### （三）国际储备创造

1967年4月，比利时提出方案，主张设立基金组织的自动提款权，以解决可能出现的国际流通手段不足问题。1968年3月，"十国集团"在采纳比利时方案的基础上提出"特别提款权"方案。1969年基金组织年会上正式通过这一方案，并决定1970年1月实施特别提款权。特别提款权的分配，按照基金组织成员方所交纳份额的同一百分比进行。分配后即成为成员方的资产，可与黄金、美元并列，作为储备的一部分。当成员方发生国际收支逆差时，可动用特别提款权，偿付逆差，也可用以偿还基金组织的贷款。特别提款权按4种主要货币即美元、欧元、日元及英镑加权平均定值，定值篮子中的货币名单及其定量每5年进行一次调整。这种方法使得特别提款权价值相对稳定。

## 五、国际货币基金组织的资金来源与运用

### （一）国际货币基金组织的资金来源

#### 1. 份额

国际货币基金组织的资金主要来源于成员方交纳的份额。份额的性质类似于股份公司

的股份。成员方交纳后，即成为基金组织的资产。份额起着国际储备的作用，用以解决成员方国际收支不平衡的短期资金需要。份额的计算单位最初是美元，现在是特别提款权。1976 年牙买加会议后，成员方份额的 25% 以特别提款权或外汇交纳，其余 75% 以本国货币交纳。目前使用的份额计算公式有 5 种，其变量包括成员方 GNP、经常账户交易额及官方储备等数据，将这些公式计算出的结果进行综合平均后，即可为每个成员方推导出单一的"计算后所得份额"，并可用来对成员方在世界经济中所处的相关地位进行广泛的衡量。基金组织的一切活动都与成员方的份额相关，份额决定了成员方的借款权和投票权。每一成员方有 250 基本票，每 10 特别提款权份额再加 1 票。因此，成员方的份额越大，表决权也越大，得到的贷款也越多。

**2. 从成员方借入资金**

国际货币基金组织通过和成员方协议，向成员方借入资金。借款除了通过政府渠道（如从各国财政部或中央银行借款），也可向私人机构借款。

**3. 信托基金**

从 1976 年 1 月起，基金组织将其所持有的黄金的 1/6 分 4 年按市价出售，所获利润建立起的信托基金向最贫困的发展中国家提供优惠贷款。

## (二) 国际货币基金组织的资金运用

国际货币基金组织最主要的业务活动是向成员方提供资金融通，以协助成员方改善国际收支状况。基金组织设有多种类型的贷款，根据不同的政策向成员方提供资金。基金组织的贷款具有以下特点：① 对成员方贷款不称借款而称提款或购买，还款时称为购回；② 仅向成员方政府贷款；③ 贷款无论用什么货币都以特别提款权计值，利息也以特别提款权支付；④ 贷款与成员方的份额大小成正比；⑤ 贷款基本上都附有使用条件。如基金组织 1997 年 8 月向泰国提供 180 亿美元贷款时，要求泰国政府实施紧缩性财政政策，进一步削减财政开支，将增值税税率从 7% 提高到 10%；全面改革金融体制，关闭 56 家金融机构；进行自由化改革，发展外向型经济。

基金组织资金运用中的主要贷款种类包括：

(1) 普通贷款 (normal credit tranche)。这是基金组织最早也是最基本的一种贷款，用于解决成员方一般性国际收支困难。最高贷款额为成员方所缴份额的 125%。在成员方认缴份额 25% 以内的贷款称为储备部分贷款 (reserve tranche)，这部分贷款因有成员方交纳的黄金（特别提款权）和外汇保证，所以成员方可自由动用，无须特别批准，也不付息。相当于成员方份额 25% ~ 125% 的贷款称为信用部分贷款 (credit tranche)，也叫基本贷款，由 4 档信用部分贷款组成：第 1 档信用部分贷款（25% ~ 50%）的审批条件较松，后 3 档信用部分贷款（50% ~ 125%）的条件越来越苛刻，审核手续越来越严格。因此，后 3 档信用部分贷款又被称为高档信用部分贷款。

(2) 中期贷款 (extended facility)，又称扩展贷款，是基金组织于 1974 年设立的用于解决成员方较长期的国际收支逆差的专项贷款。如果一个成员方的储备部分贷款和 4 个信用部分贷款都提完了仍不能满足需要，接下来只有求助于该项贷款。中期贷款的最高借款额可达成员方份额的 140%，但控制更严，不仅规定了行为准则，而且规定借款国必须实施的具体政策措施。

（3）补充贷款（supplementary credit facility），又称"韦特文基金"，设立于 1977 年，主要用于补充普通贷款和中期贷款之不足，帮助成员方解决持续的巨额国际收支逆差问题。使用该项贷款需符合下列条件：国际收支调整时间超过一年；所需资金超过普通贷款和中期贷款的额度；须与高档信用部分贷款和中期贷款搭配使用。

（4）出口波动补偿贷款（compensatory financing facility）。该项贷款设立于 1963 年，当初级产品出口国因市场跌价、自然灾害等原因造成出口收入下降，并因此发生国际收支困难时，可在原有普通贷款外申请该项贷款。贷款限额为成员方份额的 75%~100%，期限为 3~5 年。

（5）缓冲库存贷款（buffer stock financing facility）。该项贷款设立于 1969 年 6 月，其目的在于帮助初级产品出口国稳定出口商品国际市场价格。国际缓冲库存是一些初级产品（锡、可可、糖等）生产国根据国际商品协定建立一定数量的存货。当国际市场价格波动时，向市场抛售或买进该项产品以稳定价格，从而稳定进口收入。该项贷款最高限额为成员方份额的 50%，期限 3~5 年。

（6）信托基金贷款（trust fund faciliy）。该项贷款设立于 1976 年，是基金组织用信托基金（主要是出售黄金所得利润）以优惠条件向较贫穷的发展中国家提供的贷款，以帮助这些国家解决国际收支困难问题。1981 年我国获得这项贷款 3.1 亿特别提款权。至 1980 年年底信托基金贷款发放结束。此外，基金组织还陆续设立其他一些临时贷款，如结构调整贷款、加强结构调整贷款、补偿和应急贷款等，用以帮助广大发展中国家应付收支逆差的困难局面。

（7）结构调整贷款。该贷款设立于 1986 年 3 月，旨在帮助低收入发展中国家通过宏观经济调整，解决国际收支长期失衡问题。贷款资金来源于信托基金贷款偿还的本息，贷款利率为 1.5%，期限最长可达 10 年，且有 5 年的宽限期。1987 年年底，基金组织又设立了扩大的结构调整贷款，贷款最高额可达份额的 250%。

（8）体制转轨贷款。这项贷款设立于 1993 年 4 月，旨在帮助苏联和东欧国家克服从计划经济向市场经济转轨过程中出现的国际收支困难，以及其他同这些国家有传统的以计划价格为基础的贸易和支付关系的国家克服因贸易价格基础变化引起的国际收支困难。该项贷款的额度为份额的 50%，期限为 4~10 年。借款时成员方须已取得普通贷款中的信用贷款或扩大的结构调整贷款，而且必须制订一项经济稳定与制度改革方案。

在上述贷款中，普通贷款、补偿与应急贷款、缓冲库存贷款和中期贷款的资金来源为基金组织的自有资金（即成员方认缴的份额），除储备部分贷款不收利息外，贷款利率均为 6% 左右，另加 0.5% 的手续费。补充贷款和临时贷款的资金来源于基金组织的借款，贷款利率为基金组织的借款成本另加 0.5% 的手续费和 0.2~0.325 的加息率。信托基金贷款、结构调整贷款与扩大的结构调整贷款属于基金组织的优惠贷款。

实际上，一个成员方不可能同时借得上述各类贷款。就我国而言，以主要利用储备部分贷款和第一档信用部分贷款为宜，因为这部分贷款无附加条件，手续比较简单，并且还可作为国际储备的一部分。

## 第三节 世界银行集团

世界银行集团目前由国际复兴开发银行、国际开发协会、国际金融公司、多边投资担保机构和解决投资争端国际中心5个会员机构组成。国际复兴开发银行主要向发展中国家提供中长期贷款，国际开发协会专门向低收入国家提供长期贷款，国际金融公司是世界银行对发展中国家私人部门投资的窗口，以上三个都是金融机构。

### 一、国际复兴开发银行

国际复兴开发银行简称世界银行（World Bank），是与国际货币基金组织密切联系、相互配合的全球性国际金融机构，也是布雷顿森林体系的产物。成立于1945年12月，1946年6月开始营业，1947年11月成为联合国的一个专门机构，其总部设在华盛顿。根据布雷顿森林协定，只有国际货币基金组织的成员方才有资格申请加入世界银行。我国于1980年5月恢复在世界银行的合法席位。

#### （一）世界银行的宗旨

世界银行的宗旨在《国际复兴开发银行协定》第一条款中有明确规定：① 与其他国际机构合作，为生产性投资提供长期贷款，协助成员方的复兴与开发，并鼓励不发达国家开发生产与资源；② 通过保证或参与私人贷款和私人投资的方式，促进私人对外投资；③ 用鼓励国际投资以开发成员方生产资源的方法，促进国际贸易的长期平衡发展，维持国际收支平衡；④ 在提供贷款保证时，应同其他方面的贷款相配合。

#### （二）世界银行的组织结构

**1. 理事会**

世界银行的组织结构与国际货币基金组织相差不多，其最高权力机构为理事会，由每一成员方委派理事和副理事各一名组成，理事和副理事任期5年，可以连任（副理事只有在理事不在时才有投票权）。成员方一般委派财政部部长或中央银行行长担任理事。理事会的主要职责是：批准新会员、决定普遍地增加或者调整成员方应缴股本、决定银行净收入的分配及其他重大问题。

**2. 执行董事会**

执行董事会是世界银行负责日常事务的机构，行使由理事会授予的职权。世界银行现有执行董事22人，其中由持有股份最大的美、英、德、法、日5国指派的5人担任常任执行董事，其余17人由其他成员方按地区分组推选（我国为独立选区）。执行董事会主席由世行行长担任。

**3. 行长**

行长是世界银行的最高行政长官，由执行董事会选举产生，负责领导世界银行的日常工作及任免世界银行的高级职员和工作人员。理事、副理事、执行董事和副执行董事不得兼任行长。行长无投票权，只有在执行董事会在表决中双方票数相等时，才可投下决定性的一票。

### (三) 世界银行的资金来源

一是成员方交纳的股金。世界银行的成员方在加入时均需认购该行的股金，认购股金根据该国的经济实力，并参照该国在国际货币基金组织所交纳的份额大小而定。世界银行成立之初，协定规定银行法定股本为 100 亿美元，分为 10 万股，每股 10 万美元（1978 年以后世界银行的股本以特别提款权计值）。之后世界银行又经过了多次增资，到 1995 年理事会决定所规定的法定认缴股本已达到 1 840 亿特别提款权。但成员方并不是按认缴股本交纳股额，而是在参加时先交纳其应缴股本的 20%（其中 2% 以黄金或美元交纳，18% 以本国货币交纳），其余 80% 是待缴股本，只有当世界银行因偿还债务或保证贷款债务而催交时才交纳。到目前为止，世界银行尚未发生过征集成员方待缴股本之事。由于实际缴额大大小于应交额（约 80% 为待缴股金），所以银行实有资本是有限的。

二是借款。向国际金融市场借款是世界银行资金来源的主要方面。在实有资本极其有限而又不能吸收短期存款的情况下，世界银行主要通过在国际金融市场上发行债券来筹措资金。发行中长期债券，是世界银行的主要资金来源，在世界银行的贷款总额中，约有 80% 资金依靠发行债券而来。世界银行发行债券，主要通过投资银行、商业银行等中间包销商向私人投资者出售的方式进行，债券偿还期从 2 年到 25 年不等，利率随行就市。但由于世界银行的信誉较高，利率要低于普通公司债券和某些国家的政府债券。除了在国际金融市场上发行债券以外，世界银行也直接向成员方政府、中央银行等机构发行中短期债券来筹集资金。

三是通过将贷出款项债权转让给私人投资者（主要是商业银行）收回一部分资金。从 20 世纪 80 年代以来，世界银行常把一部分贷出款项的债权有偿转让给商业银行等私人投资者，以提前收回其资金，并转为贷款的一个资金来源。

四是净收益。世界银行自 1947 年开办以来，除第一年略有亏损外，历年都有盈余。世界银行的净收益不分配给股东，除将一部分净利润以赠款的形式拨给国际开发协会及撒哈拉以南非洲地区特别基金以外，其余均留作准备金，充当银行的自有资金，成为发放贷款的一个资金来源。

### (四) 世界银行的资金运用

世界银行通过长期贷款和投资解决成员方战后恢复和发展经济的资金需要。世界银行成立的最初目的是资助成员方，主要是帮助西欧各国恢复其受到战争破坏的经济。1948 年以后，世界银行便转而主要向亚、非、拉发展中国家提供中长期贷款。目前，世界银行的主要任务是向发展中国家提供开发性贷款，资助其兴办特定的长期建设项目，以提高生产能力，促进经济增长与资源开发。贷款方式有两类，第一类是按收入组别分配资金，贷款的主要对象是中等收入国家；第二类是按经济部门分配资金，重点是各种基础设施，如公路、电信、港口、动力设备及能源开发等。世界银行贷款总额中的主导部分是部门和项目贷款。

**1. 世界银行贷款条件**

① 贷款对象限于具有偿还能力的成员方政府。② 借款国在不能按合理条件从其他渠道获得资金时，才能向银行申请贷款。③ 贷款必须用于特定的工程项目（即项目贷款），专款专用。

**2. 世界银行贷款的特点**

① 贷款用途较广。② 贷款期限较长，平均期限约在 6～9 年，最长可达 40 年。③ 贷款数额不受份额限制，且利率较市场低。因此，基金组织的不利方面在一定程度上可以从世界银行贷款的有利因素中得到弥补。

**3. 贷款的种类**

（1）项目贷款又称为投资项目贷款，是世界银行最主要的贷款，用于帮助成员方某个具体的发展项目。世界银行对工农业发展、文教卫生、能源开发、交通运输、城市发展等方面的贷款都属于此类贷款。

（2）部门贷款。部门贷款由部门投资及维护贷款、部门调整贷款和中间金融机构贷款组成。部门投资及维护贷款用于改善部门政策和投资重点，加强借款国制订和执行投资计划的能力；部门调整贷款用于支持某一具体部门的全面政策和体制的改革；中间机构贷款是指世界银行将资金贷给借款国的中间金融机构，再由中间机构转贷给借款国。

（3）结构调整贷款。此贷款用于帮助借款国在宏观经济、部门经济和结构体制等方面进行必要的调整和改革，更有效地利用资金和资源，从而有助于中长期实现更持久的国际收支平衡，以及在严重不利条件下维持经济增长并为其在未来恢复增长势头打下基础。这类贷款从 1980 年开始发放，世界银行对使用结构调整贷款有较严格和苛刻的条件。

（4）联合贷款。这种贷款并不是世界银行的一个贷款种类，而是指进行贷款的一种方式，是指世界银行与借款国以外的其他贷款者联合起来，为世界银行贷款资助的某一项目共同融资。在这种贷款方式下，世界银行和其他借款人可以各自按照自身的贷款条件分别与借款国进行谈判并签订协定，然后根据协定贷款人分头提供融资，这种形式的联合贷款叫平行联合贷款。联合贷款还有一种形式，称为组合式联合贷款，即世界银行与其他贷款者，根据事先同意的比例出资，将资金混合起来，按照世界银行的贷款程序和商品劳务采购原则与借款国签订借贷协议。

（5）"第三窗口"贷款，是指世界银行和国际开发协会提供的两项贷款（世界银行的一般性贷款和国际开发协会的优惠贷款）之外的一种贷款。该贷款条件介于上述两种贷款之间，即比世界银行的一般性贷款条件宽，但不如国际开发协会的贷款条件优惠。这种贷款主要发放给低收入的发展中国家。

## 二、国际开发协会

国际开发协会是一个专门从事向欠发达国家提供无息长期贷款的国际性金融组织。成立于 1960 年 9 月 24 日,11 月开始营业,总都设在华盛顿。名义上它是独立的机构,但实际上经营方针、贷款原则都与世界银行相同。只有世界银行的成员方才可成为协会的成员,而且在组织机构上,国际开发协会与世界银行是一套人马、两块牌子,有"第二世界银行"之称。两者唯一的区别在于,国际开发协会主要是为更贫穷的发展中国家提供长期优惠贷款,作为世界银行贷款的补充,以促进这些国家经济发展和生活水平的提高。

### (一) 国际开发协会的资金来源

(1) 成员方认缴的股本。成员方认缴股本数量按其在世界银行认股比例确定。第一类为发达国家和高收入国家,共 21 个,这些国家认缴股本应以黄金和自由外汇缴付;第二类为发展中国家,这些国家认缴股本的 10% 需以黄金或自由外汇缴付,其余 90% 以本国货币缴付,且这些货币在未征得货币发行国认可之前,国际开发协会不得使用。

(2) "补充资金"。由于成员方交纳的股本有限,远不能满足成员方不断增长的信贷需要,而协会章程又规定协会不得在国际金融市场上发行债券来筹集资金。因此,协会不得不要求成员方政府不时地提供补充资金,以继续进行其业务活动。提供补充资金的国家既有第一类国家,也有第二类国家。

(3) 世界银行拨款。

(4) 协会自身的经营利润。

### (二) 国际开发协会的贷款

国际开发协会的贷款只贷给低收入的贫穷国家,不收利息,但计收 0.75% 的手续费。贷款期限为 35~40 年,平均期限为 38.5 年,宽限期为 10 年,最长达 50 年,可以部分或全部用本国货币偿还。这种长期无息贷款,被称为"软贷款",以区别于世界银行的"硬贷款"。根据协会章程规定,信贷一般针对特定项目,比较集中在农业开发项目上;其次用于较长时期才能见效或难以用收入效益表示的项目,如教育及人力资源的开发等。协会提供的信贷主要集中在南亚地区。我国至 1989 年财政年度末,从国际开发协会获得的软贷款金额达 33.37 亿美元。但从 1999 年开始,国际开发协会不再对我国发放贷款。

## 三、国际金融公司

国际金融公司于 1956 年 7 月 24 日正式成立,只有世界银行的成员方才能成为金融公司的会员。由于世界银行贷款以成员方政府为对象,对私人企业贷款须由政府机构担保,这在一定程度上限制了世界银行业务的扩展。所以 1954 年世界银行同成员方政府协商后决定建立国际金融公司。公司宗旨是：专门对成员方私人企业的新建、改建和扩建等项目提供资金，促进不发达国家中私营经济的增长及其市场的发展。国际金融公司是世界银行的附属机构，但在法律上却是独立实体。公司的组织机构与世界银行一样，最高权力机构是理事会，下设执行董事会主持日常事务，其正副理事、正副执行董事同时也是世界银行的正副理事和正副执行董事，公司经理由世界银行行长兼任。

### （一）国际金融公司的资金来源

国际金融公司的资金来源一是成员方认缴的股本。公司最初的法定股本为1亿美元，分为10万股，每股1 000美元，成员方交纳股本须以黄金或自由兑换货币交纳，每个成员方有基本投票权250票，每增加1股，增加1票。此后，公司多次增资。二是从世界银行以及通过发行债券从国际金融市场借入资金。三是公司历年经营业务所得利润收入。

### （二）国际金融公司的贷款与投资

与世界银行和国际开发协会相比，国际金融公司的贷款与投资有如下特点。第一，国际金融公司主要向成员方的私人公司提供贷款或直接投资于私人企业。其中，贷款不需要成员方政府提供担保。第二，国际金融公司常常与私人商业银行等联合贷款，从而起到促进私人资本在国际范围流动的作用。第三，国际金融公司一般只对中小型私人企业提供贷款，贷款数额一般为200万～400万美元，而直接投资的对象仅仅是不发达国家的私人企业，投资额不超过项目资金的25%，最低的只有2%。第四，国际金融公司在提供资金时，往往采取贷款与资本投资相结合的方式，但是公司并不参与投资企业的经营管理。第五，贷款具有较大灵活性，既提供项目建设的外汇需要，也提供本地货币开支部分。所贷资金既可以作为流动资金，也可作为购置固定资产之用。

国际金融公司的贷款期限一般为7～15年，还款时须用原借入的货币，贷款的利息率不统一，视投资对象的风险和预期收益而定，但一般高于世界银行的贷款利率，对于未提取的贷款资金，公司收取1%的承担费。国际金融公司在进行投资时，还向项目主办企业提供必要的技术援助，向成员方政府提供政策咨询服务，以协助创造良好的投资环境，从而达到促进私人资本投资的目的。

## 四、多边投资担保机构

多边投资担保机构（Multilateral Investment Guarantee Association，MIGA）成立于1988年，是世界银行集团中最新成立的一个机构，主要是为发达国家向发展中国家进行直接投资提供担保。

### （一）多边投资担保机构的宗旨和组织机构

多边投资担保机构的宗旨是鼓励生产性的外国直接投资向发展中国家的流动以及资本在发展中国家之间的流动，从而促进国家的经济增长，并以此补充世界银行、国际开发协会的业务活动。为实现其目标，该机构的主要任务之一是经东道国批准，对外国投资者在该国的非商业性风险提供担保，包括再保和分保以及开展合适的辅助性服务，以促进向发展中国家和在发展中国家之间的投资活动。

多边投资担保机构与国际开发协会在组织机构方面完全不一样，其在财务上和法律上是一个完全独立于世界银行的实体，有自己的业务和法律人员。多边投资担保机构设理事会、董事会、总裁。机构的一切权力归理事会，理事会由成员方按其自行确定的方式指派理事和副理事各一名组成。董事会负责机构的一般业务，董事人数可由理事会根据成员方的变动进行调整，但不应少于 12 人，世界银行行长兼任董事会主席，总裁在董事会的监督下处理机构的日常事务。

### (二) 多边投资担保机构的业务

#### 1. 担保业务

多边投资担保机构对以下四类非商业性风险提供担保：①货币转移险，即由于投资所在国对货币兑换和转移的限制而造成的风险；②征用险，即由于投资所在国的法律或行动而造成投资者丧失其投资的所有权、控制权的风险；③违约险，即在投资者无法进入主管法庭，或这类法庭不合理地拖延或无法实施这一项已做出的对他人有利的判决时，政府撤销与投资者签订的合同而造成的风险；④战争和内乱险，即武装冲突或动乱造成的风险。另外，多边投资担保机构公约规定，应东道国和投资者的申请，该机构董事会经特别多数票通过，可将公约的担保范围扩大到上述四项风险以外的政治风险。

多边投资担保机构提供的保险合同期限通常为 15 年，在特殊情况下为 20 年，保险费的收取依项目的类型和所需保险的类型而定，每项保险的年保险费通常在承保额的 0.5% ~ 1.25% 范围内，最高保险限额为 5 000 万美元。

#### 2. 中介和咨询业务

多边投资担保机构除承保非商业性风险之外，还向其发展中成员方提供投资中介，对有兴趣的成员方提供有关投资的情报，使投资者及时了解发展中国家的投资机遇和商业运转情况，以便投资。提供技术援助和咨询服务，在发展中国家开展一系列培训，帮助东道国改变投资环境，加强对外来投资的吸引力，以促进向发展中成员方和在发展中成员方之间的投资流动。其主要渠道有：投资促进会议、执行发展计划、外国投资政策圆桌会议、外国直接投资法律咨询服务和外国投资咨询服务公司。

## 第四节 区域性国际金融机构

### 一、亚洲开发银行

亚洲开发银行（Asian Development Bank，ADB）是一家仅次于世界银行的第二大开发性国际金融机构，也是亚太地区最大的政府间金融机构。根据联合国亚洲及远东经济委员会（1974年改名为亚洲太平洋经济委员会）决议，亚洲开发银行于1966年11月24日成立，总行设在马尼拉。截至2002年，成员方已发展为60个，其中亚太地区成员方43个，来自世界其他地区的成员方17个。根据章程规定，其宗旨是促进亚洲和太平洋地区的经济增长与合作，并协助本地区的发展中成员方集体和单独地加速经济发展的进程。

为实现其宗旨，亚洲开发银行的主要任务包括以下四项。① 促进为开发目的而在本地区进行的公私资本投资。② 利用自身拥有的资金，为本地区的发展中成员方提供资金支持，其中特别考虑本地区较小或较不发达成员方的需要。③ 帮助本地区成员方协调其发展政策和计划，并为拟订、资助和执行发展项目和计划提供技术援助。④ 以适当方式同联合国及其附属机构以及参加本地区开发基金投资的国际公共组织、其他国际机构和各国公司进行合作。亚洲开发银行是独立机构，但实际上属于联合国执行区域性货币信贷安排的国际金融机构，与联合国的国际货币基金组织、世界银行、发展计划署、亚太地区经济与社会委员会、粮食及农业组织等机构保持密切联系。

亚洲开发银行的最高权力机构是理事会。理事一般由各成员方财政部长或中央银行行长充任，代表本国政府行使投票权。理事会下设执行董事会，负责日常业务。执行董事会由12人组成，其中8人选自本地区成员方，4人选自地区外的成员方，任期两年，可以连任。亚洲开发银行最高行政负责人是行长，由理事会选举产生，任期5年，可以连选连任。行长一般没有投票权，只有在投票出现等数时，方可投出决定性的一票。亚洲开发银行的表决制度与国际货币基金组织、世界银行等国际金融机构类似。投票权分为两类：一类为基本投票权，另一类是比例投票权。每个成员方的基本票是相同的，基本票相当于总投票权的1/5，比例票数相当于成员方持有亚洲开发银行的股份。成员方认缴股本数额的决定分两种情况：本地区成员方的认缴股本根据其人均国民生产总值、财政收入及出口额等因素决定；地区外成员方认缴股本根据其对亚太地区介入意图、相应的外援政策以及预算中用于参与地区性国际金融机构的财政援助情况决定。几十年来，日本和美国实缴股本一直保持前两名，中国为亚洲开发银行第三大认股国和发展中国家最大的认股国。

亚洲开发银行的资金来源包括普通资金（ordinary capital resources）、亚洲开发基金（asian development fund）、技术援助特别基金（technical assistance special fund）、日本特别基金（Japan special fund）及联合金融资金（CO-financing）。其中主要是前三项，即用于硬贷款的普通资金；用于软贷款的亚洲开发基金和用于以赠款形式进行技术援助的技术援助特别基金。亚洲开发银行资金运用的主要形式是贷款，包括两大类。一类是用普通资金发放的普通贷款（称硬贷款），主要贷给收入较高的发展中国家和地区，用于工业、农业、电力、运输、邮电等部门开发工程项目。贷款期限10～30年，贷款利率低于市场利率，一般半年调整一次。另一类是用特别基金发放的特别贷款（称软贷款），主要贷给较贫困的发展中成员方，贷款优惠，具有援助性质。贷款期限40年，不收利息，仅收1%的手续费。此外，亚洲开发银行还用特别基金向成员方提供技术援助、股票投资以及联合融资。亚洲开发银行贷款原则和程序与世界银行类似，主要向本地区成员方政府、政府所属机构、公私企业等提供贷款。贷款形式包括项目贷款、规划贷款、部门贷款、开发金融机构贷款、综合项目贷款、特别项目贷款等，其中最主要的是项目贷款。

1986年3月10日，亚洲开发银行正式宣布中华人民共和国为成员方。1987年年会上，中国当选为亚洲开发银行董事国，同年7月1日正式设立执董办公室，专门负责中国对亚洲开发银行的各种事务。1989年5月4~6日亚洲开发银行第22届年会在北京召开，标志着中国与亚洲开发银行合作关系进入新阶段。亚洲开发银行成为我国引进外资的重要渠道。

亚洲开发银行相对其他国际金融机构，对我国的经济发展有着更直接的关系和影响。尽管目前日、美在争取对亚洲开发银行的控制权方面竞争激烈，但亚洲开发银行经济方针政策不会有大的变化。因此，在21世纪，我国与亚洲开发银行的合作关系应进一步密切和发展。

## 二、非洲开发银行

非洲开发银行（Africa Development Bank，AFDB）是非洲国家创办的区域性国际金融机构，成立于1964年9月，1966年7月正式营业，总行设在象牙海岸首都阿比让。成立初期有23个成员方，都是非洲国家。1978年后允许区外国家参加。中国于1985年5月10日正式加入非洲开发银行。非洲开发银行的宗旨是为成员方的经济和社会发展提供资金，协助非洲大陆制定总体发展战略，协调各国的发展计划，以便逐步实现非洲经济一体化。为实现这一宗旨，非洲开发银行的主要任务是利用本行的各种资金为本地区成员方提供各种开发性贷款和技术援助。

非洲开发银行的最高权力机构为理事会，由各成员方委派理事和副理事各一名，其人选一般由各国财政部长或负责经济事务的部长充任。理事会下设执行董事会，负责银行日常业务。行长由董事会选举产生，任期5年，并兼任董事会主席。

非洲开发银行的资金主要由成员方认缴股本构成。非洲开发银行成立时核定资本为2.5亿记账单位（1记账单位=1971年贬值前的1美元），以后数次增资。此外，向国际金融市场借款、发达国家的捐款及经营利润也构成了非洲开发银行的资金来源。非洲开发银行还设立了非洲开发基金等四个合办机构，根据不同需要，筹措资金开展业务。非洲开发银行的贷款业务分为普通贷款和特种贷款。前者使用普通资本基金，后者使用特别基金。贷款主要为项目贷款，其次是结构和政策调整方面的贷款。

## 三、泛美开发银行

泛美开发银行（Inter-American Development Bank，IADB）是以美国和拉美国家为主，联合一些西方国家和前南斯拉夫合办的区域性国际金融机构，1960年正式营业。泛美开发银行的宗旨是动员美洲内外资金，为拉美成员方的经济和社会发展提供项目贷款和技术援助，以促进拉美经济的发展和"泛美体制"的实现。泛美开发银行的最高权力机构是理事会，由成员方委派一名理事和候补理事组成，人选一般由成员方财政部长或中央银行行长充任。理事会下设执行董事会,负责日常业务。泛美开发银行的最高领导人是行长。理事会和执行董事会的投票权分为两部分:一是基本投票权,各成员方平均分配;二是按认缴资本额分配的投票权,其中基本投票权比重较小。目前,在泛美开发银行的投票权中美国占绝对优势。泛美开发银行的资金来源主要是成员方认缴的股本和借款两大部分。该行最初核定资本10亿美元,以后数次增资。此外,该行的净收入以及用成员方实足捐款设立的特别业务基金(fund for special operations)也构成了资金来源。泛美开发银行的资金主要用于成员方的项目贷款,这是该行的主要业务活动。贷款期限一般为10~25年,利率一般为筹资成本加上0.5%的利差。特别业务基金用于成员方长期、低息的项目贷款。贷款期限一般为20~40年,宽限期为5~10年,利率在1%~4%,可全部或部分用本国货币偿还。

## 第五节 国际金融协调

### 一、国际金融协调及作用

#### (一) 国际金融协调的含义

国际金融协调(international finance coordination)是指世界各国政府和有关国际金融机构为促进国际金融体系和金融市场的稳定与发展,在国际磋商和国际协议的基础上,在国内政策方面相互进行的配合,或对国际金融活动进行的联合行动。从狭义来讲,国际金融协调是指各国在制定国内金融政策的过程中,通过各国的磋商等方式对某些金融政策进行共同的设置。而从广义来讲,凡是在国际范围内能够对各国国内金融政策产生一定程度制约的行为均可视为国际金融协调。我们所说的国际金融协调是指广义的国际金融协调,既包括全球性的常设机构所进行的国际协调,也包括世界各国及各地区进行的、对国际经济形势产生重大影响的协调。

实施国际金融协调的主体是各国政府和主要的国际金融组织,目的是保持国际金融市场的稳定与发展,维护各国的经济利益。国际金融协调的对象是国际金融活动,其特征是各国保持一致的立场或采取联合行动,协调成败的关键是各国能在多大程度上对国内的金融政策做出牺牲,以及政府愿意动用多少国内资源进行干预。

#### (二) 国际金融协调的作用

国际金融协调作为维持国际货币金融体系稳定的机制,其主要作用有以下三点。

(1) 国际金融协调可以促进国际经济的发展。第二次世界大战以后,经济与金融全球化的趋势日益增强。经济金融全球化极大地促进了国际经济的发展。但与此同时,经济金融全球化也给金融市场稳定带来了极大的波动和风险,一旦整个金融体系的某个环节发生问题就可能引发一场全球性的危机,1992年的西欧金融风暴、1997年的东南亚金融危机就是例证。尽管这些危机与全球化和信息化极强的传导性不无关系,但最主要的原因应当说是各国行动上的非协调性以及国际金融体系太不完善。加强国际金融协调，就可以避免这种国际金融危机的发生，或减轻国际金融危机的影响，促进国际经济的发展。

（2）国际金融协调是有效解决国际金融领域内各种矛盾的重要途径。随着全球化的发展，各国之间在货币金融领域的依赖性也在加强，但矛盾和冲突也在所难免，如汇率和利率变动导致的各种矛盾、国际收支失衡导致的各种矛盾等。而这些矛盾和冲突有时会激化，而矛盾的激化则会对整个国际金融体系造成严重的冲击，从而损害各方的利益。为避免各国在货币金融领域内各种矛盾的产生与激化给各方利益造成严重影响，就有必要进行国际金融的协调与合作。

（3）国际金融协调是协调各国货币金融政策的有效方式。世界各国的货币金融政策效果是相互作用、相互牵制的，所以国家之间就有必要在金融政策方面进行广泛的合作与协调，任何国家都不能自行其是，尤其不能采取有损于他国经济利益的政策，而应该在金融政策方面进行广泛的磋商、协调与合作。这种磋商与协调包括制度性的、经常性的磋商与协调，也包括非制度性的磋商与协调，以利于共同对付金融市场的动荡，维持市场的稳定与发展。

## 二、国际金融协调的内容与形式

### （一）国际收支协调的内容

国际金融协调的内容主要包括国际收支失衡的国际协调、汇率的国际协调与国际货币体系本身的国际协调。

（1）国际收支失衡的国际协调。国际收支失衡不仅影响各国的经济发展，也会危及世界经济的正常运行，因而始终是国际金融协调的一项重要内容。从布雷顿森林体系时代开始，国际货币基金组织就设有多种贷款，为各成员方克服国际收支失衡提供资金融通。更主要的是，各国之间经常通过各种磋商与对话（如西方七国财长会议）来协调各国的经济政策，以便调节国际收支。

（2）汇率的国际协调。由于汇率的不稳定不仅会造成国际货币和经济关系的紊乱，而且会给有关国家的国际收支和经济增长带来危害。因此，当汇率出现大幅度波动，严重偏离均衡汇率时，就有必要进行国际协调。汇率的国际协调是指国际社会在货币经济政策方面采取有针对性的步骤和措施，协调管理和干预主要货币的汇率变动。

（3）国际货币体系本身的国际协调。国际金融体系指支配各国金融政策关系的规则、机构以及国际金融交易所依据的惯例。为维持国际经济与金融的正常秩序，就有必要根据形势的变化，加强国际金融协调与合作，改革国际金融体系。

### （二）国际金融协调的形式

从国际金融协调地域范围和参加国的构成情况来看，有全球性国际金融协调、区域性金融协调与合作、国家间的双边与多边协调三种形式。

（1）全球性国际金融协调是世界各国通过签订国际协议、成立有关国际金融组织、建立和完善有利于国际经济交往的国际金融体系等方式来解决那些仅靠少数几个国家或个别地区无法解决的国际金融问题的一种国际金融协调方式。全球性国际金融协议和国际金融组织的形成是世界范围内国际金融协调的一种结果和表现形式。反过来，全球性国际金融协议和国际金融组织的形成又对解决全球性的国际金融问题，促进各国间的国际金融协调发挥着巨大的作用。二战后，全球性金融协调的主要成果及表现形式是达成了布雷顿森林协议，建立了国际货币基金组织和世界银行集团。

（2）区域性国际金融协调是一个地区内的有关国家在货币金融领域内所实行的协调与合作。区域性国际金融协调的典型是欧洲货币联盟。目前，欧盟已经统一了货币，设立了统一的中央银行，实现了货币市场与资本市场的统一以及货币政策的统一。

（3）国家间双边或多边国际金融协调主要包括两大类，一类是发达国家间的金融协调，另一类是发展中国家间的金融协调。发达国家间在国际金融领域的协调主要体现在完善制度、政策协调与信息交换三个方面；发展中国家间的国际金融协调主要是通过建立合作银行、设立发展基金、创建汇兑机制、协调财政货币政策来实现。

## 三、国际金融协调的实践

### （一）《巴塞尔协议》

20 世纪 70 年代以来，全球经济一体化的趋势不断加强，金融领域的创新活动日益活跃，一些发达国家的政府和国际社会都深感必须加强对金融尤其是对银行的监管。在国际银行业监管领域，最具影响力的组织当属巴塞尔委员会，它所制定的指导性文件不仅为其成员方监管当局所接受，而且成为其他发达国家和众多发展中国家共同遵循的标准。在其制定的众多文件中，最为重要的是三个：《巴塞尔协议》《巴塞尔核心原则》和《巴塞尔新资本协议》。

#### 1.《巴塞尔协议》产生的历史背景

在 20 世纪 60 年代，西方国家银行国际化有了迅速发展。迅速发展的银行国际化给传统的银行经营带来了巨大的变化，许多国家银行纷纷在国外设立分支机构或附属机构。为逃避各国金融当局的监管，产生了许多境外市场。各跨国银行对外币的依赖日益严重，银行的国际竞争日益激烈，经营风险也随之加大。1973 年布雷顿森林体系崩溃，各主要发达国家纷纷实行浮动汇率制，使得银行国际经营的风险更加增大，银行破产倒闭事件时有发生。1973 年美国圣地亚哥国民银行倒闭，1974 年美国富兰克林银行和西德的赫斯塔特银行宣布破产，引起了国际金融界的震撼。谋求建立适度的国际银行业协调监督管理，保证银行业在激烈的竞争中保持稳定成为人们关注的热点。1974 年 9 月，西方十国（即美国、英国、法国、联邦德国、意大利、日本、荷兰、加拿大、比利时、瑞典）和瑞士、卢森堡的中央银行行长在瑞士巴塞尔举行会议，讨论跨国银行的监督与管理问题。1975 年 2 月，经英格兰银行总裁查理森提议，在国际清算银行主持下成立了监督银行国际活动的协调机构——"银行管理和监督活动常设委员会"（简称巴塞尔委员会），负责对国际银行的监管。

巴塞尔委员会由十二国金融当局的银行监督官组成，是一个常设组织，每年召开三次例会，讨论有关银行国际监督的事宜。该委员会的第一任主席是英格兰银行的乔治·布鲁顿。自 1977 年以来，该组织主席长期以来由英格兰银行业务监督处主任彼得·库克担任，所以国际上又把巴塞尔委员会称为库克委员会。巴塞尔委员会的宗旨是使国际银行机构受到充分的监督，其会员相互合作以便协调对国际银行制度的监督，并担任制订适应各自内监督制度的计划，以便有效地应付银行业务的变化。

### 2.《巴塞尔协议》的产生与演变

巴塞尔委员会最早和影响最深远的倡议之一，是创立了各种关于监督机构之间分担责任的主要准则，这些准则通称为《巴塞尔协议》。1975 年 9 月 26 日，即巴塞尔委员会成立不久，就形成了第一个对银行的国际监管条例，即《对银行的外国机构的监管》。1975 年 12 月，十国集团和瑞士中央银行批准了这份文件，将其称之为《巴塞尔协议Ⅰ》。《巴塞尔协议Ⅰ》的主要内容有：① 协议的宗旨是制定国际合作监督的指导原则，按股权原则确定分行、多数股子银行、少数股子银行的定义，监督银行的流动性、清偿力、外汇活动和外汇头寸；② 任何银行的国外机构都不能逃避监督，母国与东道国共负监督责任，东道国有责任监督其在境内的外国银行；③ 东道国为主监督外国分行的流动性和外国子银行的清偿能力，总行为主监督其在外国分行的清偿能力，外国子银行的流动性主要向东道国负责；监督当局之间应互通情报，克服银行保密法限制，允许总行直接检查海外机构，否则东道国当局代为检查。

《巴塞尔协议Ⅰ》存在严重不足，如合作范围过于狭窄、各国监督仍缺乏有效的协调统一等。1982 年意大利最大的私人银行安布鲁西亚银行及其设在卢森堡的附属机构安布鲁西亚控股公司宣布破产。由于意大利和卢森堡互不愿承担责任，使该银行的破产殃及 200 多家银行，损失共达 4.5 亿美元，西方银行体系再次出现危机，国际银行监管的缺陷暴露无遗。针对危机中暴露出的问题，十国集团和瑞士于 1983 年 5 月又通过了《巴塞尔协议Ⅱ》，即修改后的巴塞尔协议——《对银行国外机构监督的原则》。《巴塞尔协议Ⅱ》规定：任何银行都不能逃避监督，如果母国当局对其海外银行监督不充分，东道国有权禁止这些银行在其境内活动；分行的清偿力监督由母国当局负责，子行的清偿力监督由母国和东道国共同分担，合资银行的清偿力监督则分属于合资的国家；分行和子行的流动性监督由东道国当局负责，但母国管理当局应对整个银行集团的流动性负责。

虽然《巴塞尔协议Ⅱ》对《巴塞尔协议Ⅰ》作了较大修改，但仍旧回避了最后贷款人的问题，而且没有提出具体可行的监督管理标准，协议本身也存在不少问题。1987 年 12 月 16 日，巴塞尔委员会在瑞士巴塞尔召开了"国际清算银行对银行进行管制和监督常设委员会"会议。1988 年 7 月，西方十国集团各成员方中央银行行长聚会于巴塞尔，原则上通过了巴塞尔委员会制定的《关于统一国际资本衡量和资本标准的协议》（*proposal for international convergence of capital measurement and capital standards*），简称为《巴塞尔协议》，也就是《巴塞尔协议Ⅲ》。现在我们经常提到的《巴塞尔协议》就是这个协议。《巴塞尔协议》是国际银行业统一监管的一个划时代文件，该协议对银行资本比率、资本结构、各类资产的风险权数等都做了统一规定，其主要目的有两个：一是通过制定银行资本与风险资产的比率，规定计算方法和标准，以保障国际银行体系健康而稳定地运行；二是通过制定统一的标准，以消除国际金融市场上各国银行之间的不平等竞争。

### 3. 《巴塞尔协议》的主要内容

《巴塞尔协议》的主要内容分四个部分，即资本的组成、风险权重的计算标准、标准比率规定、过渡与实施安排。

《巴塞尔协议》把资本分为两级，即核心资本与附属资本。巴塞尔委员会认为，核心资本作为资本基础的第一级，是银行资本的最重要组成部分，包括股本和公开储备，核心资本占银行资本的比例至少要占银行资本基础的50%。附属资本作为资本基础的第二级，包括非公开储备、重估储备、一般储备金或普通呆账准备金、长期次级债务和带有债务性质的资本工具，其总额不得超过核心资本总额的100%。

银行管理层需要防备各种不同的风险，对大多数银行来说最主要的风险是信贷风险。《巴塞尔协议》根据资产的相对风险程度，将资本与资产负债表上的各类资产以及表外项目所产生的风险挂钩，以评估银行资本所应具有的适当规模。银行资产根据其风险程度分为五类：0%风险的资产、10%风险的资产、20%风险的资产、50%风险的资产、100%风险的资产。风险越大，加权数就越大。银行的表外业务也应按"信用换算系数"换算成资产负债表内的相应项目，然后按同样的风险权数计算法计算。

为保证国际银行拥有一个长期统一稳健的资本比率，巴塞尔委员会要求，从文件公布之日起，银行要逐步建立起所需的资本基础，到1992年年底，银行的资本对加权风险资产的比例应达到8%，其中核心资本至少应达到4%（这一比率又称为资本充足率）。

为了保证顺利、平稳地过渡到新的监管体系，巴塞尔委员会同意设置一个过渡期，让各银行调整和建立所需的资本基础。《巴塞尔协议》规定，从1987年年底到1992年为过渡期，1992年年底必须达到8%的资本对风险加权资产的比率目标。

### 4. 《巴塞尔核心原则》

《巴塞尔协议》突出强调了资本充足率的标准和意义，建立了全球统一的风险管理标准，强调了国家风险对银行信用风险的重要意义，对国际银行业的发展和各国的银行监管必然产生深远的意义。但《巴塞尔协议》也存在不足之处，如容易导致银行过分强调资本充足的倾向，从而忽视银行业的盈利性及其他风险；仅仅注意到信用风险，而没有考虑到银行经营过程中越来越大的市场风险与操作风险等。在这种情况下，巴塞尔委员会发布了《有效银行监管的核心原则》。

（1）《巴塞尔核心原则》的产生背景。1988年《巴塞尔协议》在促进各国银行间的公平竞争和增强国际金融体系的安全性方面发挥了巨大作用。但随着时间的推移，其缺陷也越来越明显。20世纪70年代以来，为了逃避金融管制，大规模的金融创新开始成为潮流。20世纪80年代，金融衍生工具成为最重要的金融创新内容，新的金融产品，特别是金融衍生工具刺激了越来越多的国际银行从事投机交易。进入 20 世纪 90 年代，金融创新、衍生金融产品发展依然很快，银行业也越来越深入地介入金融创新与衍生金融工具的交易，金融市场的动荡对银行业的影响也越来越大，不少银行因市场风险管理失控而破产倒闭。如 1995 年 2 月，具有 233 年历史的英国皇家银行——巴林银行因经营日经指数期货而被国际荷兰集团以一英镑的价格收购。同年，日本大和银行纽约分行因舞弊经营国债期货而破产倒闭，法国里昂信贷银行发生信用危机。1997 年，在泰国金融危机过程中有 56 家金融机构关闭。特别需要指出的是，这些银行基本上都是在银行资本与风险资产基本正常的情况下遭遇风险损失或破产的。如 1994 年年底，巴林银行的资本充足率远远超过 8%。到 1995 年倒闭前，人们还认为巴林银行是安全的。国际银行业"事故银行"数目之多、损失之巨，显示出传统的监管方式已经走到了尽头，实践要求新的监管方式的出台。于是，巴塞尔委员会在 1996 年年初推出了《〈巴塞尔资本充足协议〉的补充协议》，1997 年 4 月提出了《有效银行监管核心原则》，并于同年 9 月下旬在中国香港举行的国际货币基金组织和世界银行的年会上正式通过，要求世界各国金融监管当局在 1998 年 10 月之前进行认可。巴塞尔银行监管委员会将与其他有关组织一起，督促各国加快实施银行业有效监管核心原则的进程。

（2）《巴塞尔核心原则》的主要内容。《银行有效监管核心原则》包括 25 条原则，主要从有效银行监管的先决条件、发照与审批等 5 个方面提出了基本要求。

① 有效银行监管的先决条件。《巴塞尔核心原则》在原则第 1 条中提出了有效银行监管的先决条件：稳健可持续的宏观经济政策、完善的公共金融基础设施、有效的市场约束、高效率解决银行问题的程序、适当的系统性保护机制、适当的银行监管法律框架、建立监管者之间分享信息及信息保密的各项安排。

② 发照程序和对机构变化的审批。在原则 2~5 条中，强调要对银行在市场准入及银行业务方面进行有效的监管，必须明确监管者在市场准入方面监管的权限及具体监管内容，监管者必须有权审查和拒绝银行收购，有权审查银行的大笔收购与投资。

③ 持续银行监管手段。原则 16~20 条明确了监管者有权制定并利用审慎法规和要求来控制风险，银行监管体系必须包括某种形式的现场检查和非现场检查，监管者必须有能力对银行进行综合并表监管。

④ 监管者的正式权力。在原则 22 条中，强调银行必须掌握完善的监管手段，以便在银行未能满足审慎要求或当存款人的安全受到威胁时采取纠正措施。

⑤ 跨国银行业。原则 23~25 条要求母国银行监管者必须实施全球性并表监管，对银行在世界各地的所有业务进行充分的监管。东道国银行必须要求外国银行按东道国国内机构所同样遵循的高标准从事当地业务，而且从并表监管的目的出发必须有权分享其母国监管当局所需的信息。

5. 《巴塞尔新资本协议》的新要求

1988 年《巴塞尔协议》发布以后，全球银行业经历了重大变化，促使巴塞尔委员会着手对其进行全面的调整与修订。2001 年 1 月 16 日，巴塞尔银行监管委员会经过长期研究和探讨，发布了新资本协议草案第二稿，在全球范围内征求意见。2001年年底，巴塞尔委员会正式公布了《巴塞尔新资本协议》，并于2004年实施。新的资本协议对银行风险管理的整体思路、方法做了新的总结与规范，将对国际银行业及全球所有银行的业务、风险管理体系、业务报告路线以及与投资者的关系、与监管者的沟通等带来深远的影响。

(1)《巴塞尔新资本协议》的主要内容。新资本协议在全面继承以1988年巴塞尔协议为代表的一系列监管原则成果的基础上，继续延续以资本充足率为核心、以信用风险控制为重点，着手从单一的资本充足率约束，转向突出强调银行风险监管从最低资本金要求、监管部门的监督检查和市场约束三个方面，进而提出了衡量资本充足率的新的思路和方法，以使资本充足率和各项风险管理措施更能适应当前金融市场发展的客观要求。

最低资本充足率要求是新资本协议的重点，资本的定义和最低资本充足率仍保留1988年协议的要求不变（即8%），但明确了应包括市场风险和操作风险。在信用风险的衡量和计算方法上改变了原协议主要根据债务人所在国是不是经合组织成员方来区分，而是按外部出口信用评级结果核定，在此基础上提出了三种可供选择的方案，即标准化方案、初级内部评级方案及高级内部评级方案。在衡量最低资本充足率时，引入了市场风险（主要指市场波动、经济周期等因素导致的风险）和操作风险（主要指内部处理程序上失误、系统错误、内部员工的错误行为等因素导致的风险），以期实现全面风险管理。

新资本协议认为，为了促使银行的资本状况与总体风险相匹配，监管当局有责任利用现场和非现场稽核等方法审核银行的资本充足状况。有效的监管约束应遵循四个基本原则：① 监管当局有权根据银行的风险状况及外部的经营环境，要求银行保持高于最低水平的资本充足率；② 银行应建立严格的内部评估体系，使其资本水平与风险度相匹配；③ 监管当局应检查和评价银行内部资本充足率的评估情况及其战略，以及银行监测和确保资本充足率的能力；④ 在银行资本下滑或有此类迹象时，监管当局要争取及早干预，以避免银行的资本低于抵御风险所需的最低水平。

《巴塞尔新资本协议》充分肯定了市场约束有利于加强监管和增加资本充足率，有利于提高金融体系的安全性和稳固性。为了确保市场约束的有效实施，银行应提高透明度，建立信息披露制度。协议要求，银行在半年内至少披露一次财务状况、重大业务活动、风险度及风险管理状况。同时，新协议要求银行应披露特定业务领域以及风险管理操作中的损失等方面的数据。

(2)《巴塞尔新资本协议》的主要特征。

① 新资本协议使资本水平能够更真实地反映银行风险。新资本协议提出，银行资本储备除要反映其信用风险以外，还必须同时反映调拨风险和操作风险；要借助外部信用评级确定资产风险权重，使风险衡量更为客观；在评估资产风险权重和资本充足率时，要考虑抵押品的价值和质量、担保人的信用和能力；在确定资本充足水平时，要充分考虑各种风险缓解技术、工具的影响。这些规定扩大了银行风险管理的范围，使风险计量更为谨慎、周密。

② 进一步强调了银行内控机制建设的重要性。新资本协议放弃了1988年巴塞尔协议

中单一化的监管框架，提出银行和监管当局可以根据业务的复杂程度、本身的风险管理水平等灵活选择监管方式，提出综合考虑各种风险因素的充足的资本储备是银行风险管理的第一支柱，外部评级与内部评级体系是确定最低资本充足率的依托。在资产评级方面，除了继续保留外部评级这一方式外，更多地强调银行要建立内部风险评估体系，并提供了标准化方案、初级内部评级方案、高级内部评级方案等三种可供选择的方案。这些规定既强化了银行建立内控机制的责任，又增加了银行风险管理手段的灵活性。

③ 硬化了对银行风险管理的监管约束。新协议强调了监管当局的严格评估与及时干预，提出了监管当局要准确评估银行是否达到最低资本要求，评估银行资本水平是否与实际风险相适应，评估银行内部评级体系是否科学可靠；提出监管当局要及早干预，防止银行资本充足水平低于实际风险水平。这些规定强化了监管当局职责，硬化了对银行风险管理的监管约束。

④ 第一次引入了市场约束机制。新资本协议充分肯定了市场具有迫使银行有效而合理地分配资金和控制风险的作用，提出了银行应当及时向社会披露关键信息，如对银行的资本结构、风险结构、资本充足率、内部评估系统及风险资产计量法、风险资产管理的战略与制度、管理过程等提出了定性和定量的信息披露要求；提出了银行应具有经董事会批准的正式披露政策，包括公开披露财务状况和经营状况的目的和战略，并规定了披露的频率和方式。这些规定有助于强化对银行的市场约束，提高外部监管的可行性和及时性。

## (二)《全球金融服务贸易协议》

服务贸易是现代国际经济领域的重要组成部分，是世界贸易组织体系的重要调整对象。金融服务贸易是国际服务贸易的极为重要的组成部分，也是世界贸易组织在服务贸易领域谈判中取得的巨大成就。1999年3月1日，《全球金融服务贸易协议》正式生效，至此，国家间开放银行、保险、证券和金融信息市场在一定范围内正式认可。《全球金融服务贸易协议》的达成是全球金融开放的一个阶段性成果，标志着全球金融一体化迈开了可喜的一步，对全球金融服务业的开放必将起到极大的推动作用。

### 1.《服务贸易总协定》中的金融服务贸易规则体系

国际服务贸易在第二次世界大战以后迅猛发展，但与此同时，各国服务贸易的摩擦也日益激烈。20世纪80年代以来，推进服务贸易自由化成为发达国家的强烈要求。当时，美国、欧共体与其他少数几个发达国家极力主张将服务贸易列为《关税与贸易总协定》乌拉圭回合谈判的议题，但遭到发展中国家的强烈反对。但是在1986年埃斯特角部长会议上，由于发达国家在有些领域对发展中国家给予了一定的特殊考虑，因此发展中国家在服务贸易方面做出了适当的让步。经过艰苦的谈判，最终在1993年达成了《服务贸易总协定》。《服务贸易总协定》共包括3个部分29条和8个附件，其中《金融贸易服务附件》是最重要的内容之一。协议规定了缔约国所承诺的一般义务和原则，包括最惠国待遇、国民待遇、政策法规与条约的透明度、发展中国家的更多参与、紧急保障措施、市场准入等条款。

### 2. 《全球金融服务贸易协议》的达成

金融服务贸易作为服务贸易谈判的一个主要议题，是乌拉圭回合中服务贸易谈判的重要内容之一。但由于金融业在经济和社会发展目标中的核心地位，使得谈判一直存在分歧。1993 年年底，乌拉圭回合最终协议文本形成，但金融服务贸易并没有达成最终共识。世界贸易组织成立后，各国便立即着手筹备谈判的有关事宜。1995 年 7 月 28 日，世界贸易组织金融服务贸易委员会达成一项有 90 多个国家参加的金融服务协议，该协议是各国在乌拉圭回合谈判中做出实质性承诺和其后一半以上成员方应允新承诺的基础上形成的。有关谈判原定于 1995 年 6 月 30 日结束，然而在该期限到期前一天，美国谈判代表公开指责一些国家对开放国内金融市场的承诺仍不充分，并因此退出谈判。缺少美国这样的金融大国签字，使得这一协议成为过渡性的协议。1997 年年初，全球金融服务贸易谈判重新在日内瓦拉开，在这轮谈判中，谈判者分为两方，其他成员方为一方，美国为另一方，在金融市场开放程度上讨价还价。美国凭借其强大的经济实力做出了对本国金融市场积极开放的姿态，要求其他成员方响应。在这种情况下，其他许多成员方都先后修改了原先所做承诺。到 1997 年 12 月 13 日凌晨，谈判各方达成一致意见，70 个国家签署了以 56 份金融开放承诺为基础的《全球金融服务贸易协议》。

### 3. 《全球金融服务贸易协议》的主要内容

《全球金融服务贸易协议》主要包括一个核心文件以及成员方提交的承诺表和豁免清单，这些承诺主要包括以下内容：

（1）关于国民待遇和市场准入。发达国家因其金融业的高度发达而普遍愿意开放金融市场，只对市场准入和国民待遇规定了极少的限制。发展中国家虽然也保证给予外国金融机构以国民待遇，但对市场准入规定了很多条件和限制。

（2）关于提供服务的方式。发达国家允许其他国家以一切可能的方式在本国设立金融机构和向本国消费者提供金融服务，同时也保障本国公民在境外消费金融服务。发展中国家以保护本国消费为由，在许多部门禁止或严格限制外国金融机构跨境提供金融服务，而只允许其以在国内设立分支机构的方式提供服务，以便于监管和控制。

（3）关于开放的具体金融部门。绝大多数国家愿意开放再保险服务和银行业中的存款和贷款业务，而对于保险业中的人寿保险、银行业中的清算和票据交换、证券业中的衍生金融产品交易等，许多发展中国家不做具体承诺或加以严格限制。

在金融服务协议的最后承诺中，发达国家主要将内部或双边及区域待遇多边化；如欧盟承诺不限制外国金融机构准入其市场，并在完全的最惠国待遇基础上提供国民待遇。日本将 1994 年日美达成的双边金融服务协议中规定的给予美国的待遇多边化；加拿大则承诺把《北美自由贸易协定》中有关好处给世界贸易组织的所有成员；发展中国家，特别是韩国、印度、泰国、菲律宾、巴西、南非等也承诺不同程度地开放金融市场，例如允许外资在本国金融机构参股、允许外资在本国设立保险公司等。

《全球金融服务贸易协议》只是规定各国在将来某一时刻所应达到的开放程度，至于以何种方式以及以什么样的速度达到这一程度，则取决于各国不同的承诺安排。

**4. 《全球金融服务贸易协议》对世界经济的影响**

《全球金融服务贸易协议》是第一个规范国际金融服务贸易的多边协议，对未来全球金融体系以及世界经济的发展必然产生深远的影响。首先，世界各国将以前所未有的速度推进金融市场的对外开放。世界贸易组织的 102 个成员方在该协议中做出了在金融贸易服务领域开放市场的承诺。其中，有 58 个成员方承诺在保险市场上允许外资可以较以前更大的市场准入范围进入，有 59 个成员方承诺外资可以在银行业拥有全资附属公司或分行，有 44 个成员方允许外资券商在当地设立全资附属公司及分支机构。由此可见，全球金融市场将会以前所未有的速度进一步对外开放。其次，《全球金融服务贸易协议》将促进世界经济的进一步发展。金融服务贸易开放是国际贸易发展的必然要求，同时又为国际贸易的进一步发展提供了便利条件，进而促进国际贸易的发展，进而对世界经济的发展起到重要的推动作用。同时，《全球金融服务贸易协议》的达成，有利于世界金融体系的稳定，提高各国投资者的信心，促进国际经济的发展。最后，《全球金融服务贸易协议》提供的连续不断的多边谈判机制，使金融自由化迈向更高层次，有助于推动更广泛深入的国际经济合作。

## 案例分析

### "亚投行"的成立与宗旨

亚洲基础设施投资银行（Asian Infrastructure Investment Bank，AIIB，简称亚投行）是一个政府间性质的亚洲区域多边开发机构。重点支持基础设施建设，成立宗旨是为了促进亚洲区域的建设互联互通化和经济一体化的进程，并且加强中国及其他亚洲国家和地区的合作，是首个由中国倡议设立的多边金融机构，总部设在北京，法定资本 1 000 亿美元。

2013 年 10 月 2 日，中华人民共和国国家主席习近平在雅加达同印度尼西亚总统苏西洛举行会谈，习近平倡议筹建亚洲基础设施投资银行，促进本地区互联互通建设和经济一体化进程，向包括东盟国家在内的本地区发展中国家基础设施建设提供资金支持。新的亚洲基础设施投资银行将同域外现有多边开发银行合作，相互补充，共同促进亚洲经济持续稳定发展。同月，国家总理李克强出访东南亚时再提出筹建亚投行的倡议。

2014 年 10 月 24 日，包括中国、印度、新加坡等在内的 21 个首批意向创始成员方的财长和授权代表在北京正式签署《筹建亚投行备忘录》，共同决定成立亚洲基础设施投资银行，标志着这一由中国倡议设立的亚洲区域新多边开发机构的筹建工作进入新阶段。根据《筹建亚投行备忘录》，亚投行的法定资本为 1 000 亿美元，中国初始认缴资本目标为 500 亿美元左右，出资达 50%，为最大股东。各意向创始成员同意将以国内生产总值（GDP）衡量的经济权重作为各国股份分配的基础。2015 年试运营的一期实缴资本金为初始认缴目标的 10%，即 50 亿美元，其中中国出资 25 亿美元。

2015 年 6 月 29 日，《亚洲基础设施投资银行协定》（简称《协定》）签署仪式在北京举行。亚投行 57 个意向创始成员方财长或授权代表出席了签署仪式，其中已通过国内审批程序的 50 个国家正式签署《协定》，其他尚未通过国内审批程序的意向创始成员方见证签署仪式。截至 2015 年 12 月 25 日，包括缅甸、新加坡、文莱、澳大利亚、中国、蒙古、奥地利、英国、新西兰、卢森堡、韩国、格鲁吉亚、荷兰、德国、挪威、巴基斯坦、约旦在内的 17 个意向创始成员方（股份总和占比 50.1%）已批准《协定》并提交批准书，从而达到《协定》规定的生效条件，即至少有 10 个签署方批准且签署方初始认缴股本总额不少于总认缴股本的 50%，亚洲基础设施投资银行正式成立。

2016 年 1 月 16 日，亚洲基础设施投资银行开业仪式在钓鱼台国宾馆举行。开业仪式的举行意味着在历经 800 多天的筹备筹建后，全球迎来了首个中国倡议设立的多边金融机构开张运营。中国财政部部长楼继伟被选举为亚投行首届理事会主席，金立群当选亚投行首任行长，还有 5 位副行长分别来自英国、德国、印度、韩国、印度尼西亚。

中国提倡筹建亚洲基础设施投资银行，一方面能继续推动国际货币基金组织（IMF）和世界银行（WB）的进一步改革，另一方面也是补充当前亚洲开发银行（ADB）在亚太地区的投融资与国际援助职能。

亚洲基础设施投资银行是继提出建立金砖国家开发银行（NDB）、上合组织开发银行之后，中国试图主导国际金融体系的又一举措。这也体现出中国尝试在外交战略中发挥资本在国际金融中的力量。更值得期待的是，亚洲基础设施投资银行将可能成为人民币国际化的制度保障，方便人民币"出海"。

亚投行正式宣告成立，是国际经济治理体系改革进程中具有里程碑意义的重大事件，标志着亚投行作为一个多边开发银行的法人地位正式确立。

资料来源：根据新华网、凤凰网和人民网文献整理选编。

**案例点评**

亚洲基础设施投资银行是我国继提出建立金砖国家新开发银行（NDB）、上合组织开发银行之后，试图主导国际金融体系的又一举措。亚投行的成立将改变国际金融格局，提高亚洲国家抗风险的能力。亚投行可能成为国际货币体系的重要机构，并将形成一个以人民币为主导地位的新的国际货币体系。随着更多国家加入亚投行，亚投行的机制将从多方面冲击"后布雷顿森林"的国际货币体系。

## 核心概念与本章小结

1. 国际金融机构包括国际货币基金组织、世界银行集团等全球性金融机构和区域性金融机构。

2. 国际货币基金组织的主要职能是进行全球监督和资金融通。世界银行集团由国际复兴开发银行、国际开发协会、国际金融公司、多边投资担保机构和国际投资争端处理中心 5 个成员机构组成。国际复兴开发银行主要向发展中国家提供中长期贷款，国际开发协会专门向低收入国家提供长期贷款，国际金融公司是世界银行对发展中国家私人部门投资的窗口。

3. 在国际银行业监管领域，最具影响力的组织是巴塞尔委员会，在其制定的众多文件中，最为重要的是《巴塞尔协议》《巴塞尔核心原则》和《巴塞尔新资本协议》。

4. 金融服务贸易是国际服务贸易的重要组成部分。《全球金融服务贸易协议》的签订，标志着全球金融一体化进程的加快，推动了全球金融服务的开放。

国际金融机构对国际货币制度与世界经济的发展有深远的积极影响，比如 IMF 在促进成员方取消外汇管制、限制成员方进行竞争性货币贬值、支持成员方稳定货币汇率和促进发展中国家经济发展等方面起了重要的作用。通过本章的学习，我们可以了解世界主要金融机构的构成、功能以及作用，这也有助于我们了解国际金融活动的宏观背景与具体参与者。

## 本章习题

1. 以促进成员方之间的国际货币合作为宗旨的国际金融机构是（　　）。
   A. IFC                  B. IMF
   C. IDA                  D. IBRD

2. 在现行国际金融体系中，发挥最重要作用的机构是（　　）。
   A. 国际货币基金组织      B. WTO
   C. 世界开发银行          D. 经济合作与发展组织

3. 向成员方提供中长期贷款，帮助成员方发展经济的国际金融机构是（　　）。
   A. 世界银行              B. 国际开发协会
   C. 国际货币基金组织      D. 国际金融公司

4. 试比较国际货币基金组织和国际复兴开发银行的基本职能与业务活动。

5. 国际货币基金组织、国际复兴开发银行、国际开发协会和国际金融公司的贷款对象、贷款条件各有什么特点？

6. 试述《巴塞尔新资本协议》的主要特点。

7. 试述《全球金融服务贸易协议》对中国经济与金融发展的影响。

# 参考文献

[1] 马君潞,陈平,范小云. 国际金融 [M]. 北京:高等教育出版社,2011.
[2] 陈雨露. 国际金融 [M]. 4版. 北京:中国人民大学出版社,2011.
[3] 陈长民. 国际金融 [M]. 北京:中国人民大学出版社,2010.
[4] 刘舒年. 国际金融 [M]. 3版. 北京:中国人民大学出版社,2011.
[5] 李政丹. 国际金融教程 [M]. 北京:中国金融出版社,2010.
[6] 蒋振中. 国际金融 [M]. 2版. 上海:上海财经大学出版社,2010.
[7] 沈晶. 国际金融实务 [M]. 北京:清华大学出版社,2010.
[8] 韩长春. 国际金融 [M]. 2版. 北京:中国人民大学出版社,2010.
[9] 王东吾. 国际金融实务 [M]. 广东:暨南大学出版社,2011.
[10] 刘玉操. 国际金融实务 [M]. 3版. 大连:东北财经大学出版社,2010.
[11] 迟国泰. 国际金融 [M]. 5版. 大连:大连理工大学出版社,2011.
[12] 孔立平. 国际金融 [M]. 北京:清华大学出版社,2010.
[13] 叶耀明. 国际金融与管理教程 [M]. 上海:同济大学出版社,2010.
[14] 高建侠. 国际金融 [M]. 北京:中国人民大学出版社,2011.
[15] 李军燕. 国际金融 [M]. 大连:大连大学出版社,2011.
[16] 孙睦优. 国际金融 [M]. 北京:清华大学出版社,2012.
[17] 孙黎. 国际金融实务 [M]. 西安:西安交通大学出版社,2012.
[18] 谢群. 国际金融 [M]. 北京:经济科学出版社,2010.
[19] 蒋海涛. 国际金融 [M]. 上海:上海交通大学出版社,2010.
[20] 谭中明. 国际金融学 [M]. 苏州:江苏大学出版社,2011.
[21] 张金清. 金融风险管理 [M]. 上海:复旦大学出版社,2009.
[22] 曹凤岐. 货币金融管理学 [M]. 北京:北京大学出版社,2008.
[23] 爱默德 A 穆萨. 国际金融 [M]. 廉晓红,等译. 北京:中国人民大学出版社,2008.
[24] 于波涛,于渤. 国际金融 [M]. 北京:清华大学出版社,2008.
[25] 陈信华. 国际金融学教程 [M]. 北京:汉语大词典出版社,2008.
[26] 盛洪昌. 国际贸易与国际金融 [M]. 北京:中国时代经济出版社,2008.
[27] 姜波克. 国际金融新编 [M]. 上海:复旦大学出版社,2008.
[28] 奚君羊. 国际金融学 [M]. 上海:上海财经大学出版社,2008.
[29] 叶蜀君. 国际金融 [M]. 北京:清华大学出版社,2009.
[30] 查尔斯·希尔. 国际金融 [M]. 孙忠,译. 北京:人民邮电出版社,2008.
[31] 朱海洋. 国际金融 [M]. 上海:上海交通大学出版社,2008.
[32] 卞志村,吴洁. 国际金融学 [M]. 北京:人民出版社,2009.
[33] 赵丽娜,韩光华. 国际金融 [M]. 北京:经济科学出版社,2009.

[34] 唐树伶. 国际金融 [M]. 北京：电子工业出版社，2009.

[35] 李天德. 国际金融学 [M]. 成都：四川大学出版社，2008.

[36] 黄梅波. 国际金融学 [M]. 厦门：厦门大学出版社，2009.

[37] 王曼怡，朱超. 国际金融新论 [M]. 北京：中国金融出版社，2009.

[38] 白宇飞. 全球金融危机与世界经济新格局 [M]. 北京：企业管理出版社，2009.

[39] 张莲英. 国际金融学 [M]. 北京：中国社会科学出版社，2009.

[40] 李学峰，马君潞. 国际金融市场学 [M]. 北京：首都经济贸易大学出版社，2009.

[41] 汪洪涛. 新编国际金融教程 [M]. 上海：复旦大学出版社，2009.

[42] 彭文华. 国际金融 [M]. 重庆：重庆大学出版社，2009.

[43] 王雅松. 国际金融 [M]. 上海：立信会计出版社，2009.

[44] 杨胜刚，姚小义. 国际金融 [M]. 北京：高等教育出版社，2009.

[45] 弗雷德里克 S 米什金，钱炜青. 货币金融学 [M]. 高峰，译，北京：清华大学出版社，2009.

[46] 范德胜. 我国巨额外汇储备的形成和运用研究——基于 1997～2010 年中国国际收支平衡表的分析 [J]. 南京社会科学，2011（9）.

[47] 刘红忠，王颖宁. 欧元稳定性的理论探讨 [J]. 国际金融研究，2000（10）.

[48] 孙涛. 外汇储备、紧缩性货币政策与货币危机 [J]. 国际金融研究，2000（4）.

[49] 樊纲. 21 世纪的金融全球化和国际金融改革 [J]. 中国外汇管理，2000（1）.

[50] 萨奇，刘墨海，耿群，等. 全球化中的美元地位问题 [J]. 中国外汇管理，2001（2）.

[51] 钟伟. 亚洲单一货币：路途遥远但值得期待 [J]. 中国外汇管理，2001（2）.

[52] 金中夏. 国际金融体系改革方案比较 [J]. 国际经济评论，1999（5-6）.

[53] 姜玉英. 日本离岸市场的发展及启示 [J]. 金融会计，2005（10）.

**相关链接**

中国人民银行 www.pbc.gov.cn

中国银行业监督管理委员会 www.cbrc.gov.cn

中国银行 www.bank-of-china.com

中国建设银行 www.ccb.cn

中国保险业监督管理委员会 www.circ.gov.cn

中国证券业监督管理委员会 www.csrc.gov.cn

国家外汇管理局 www.safe.gov.cn

巴塞尔银行监管委员会 www.bis.org

国际货币基金组织 www.imf.org

世界银行 www.worldbank.org

人民网 www.people.com.cn

美国联邦储备局 www.bog.frb.fed.us